KB214916

헤르만 바빙크의 기독교 신앙 안내서

- 모든 성도를 위한 기독교 핵심 교리 해설 -

다함

도서출판 **다함** 은

1. **다**윗과 아브라**함**의 자손

아브라함과 다윗의 자손으로, 하나님 구원의 언약 안에 있는 택함 받은 하나님 나라 백성을 뜻합니다.

2. 마음과 뜻과 힘을 **다하여** 하나님을 사랑하라

구약의 언약 백성 이스라엘에게 주신 명령(신 6:5)을 인용하여 예수님이 가르쳐 주신 새 계명
(마 22:37, 막 12:30, 눅 10:27)대로 마음과 뜻과 힘을 다해 하나님을 사랑하겠노라는 결단과 고백입니다.

사명선언문

1. 성경을 영원불변하고 정확무오한 하나님의 말씀으로 믿으며, 모든 것의 기준이 되는 유일한 진리로 인정하겠습니다.
2. 수천 년 주님의 교회의 역사 가운데 찬란하게 드러난 하나님의 한결같은 다스림과 빛나는 영광을 드러내겠습니다.
3. 교회에 유익이 되고 성도에 덕을 끼치기 위해, 거룩한 진리를 사랑과 겸손에 담아 말하겠습니다.
4. 하나님 앞에서 부끄럽지 않도록 항상 정직하고 성실하겠습니다.

헤르만 바빙크의 기독교 신앙 안내서
- 모든 성도를 위한 기독교 핵심 교리 해설 -

초판 1쇄 인쇄 2024년 06월 25일
초판 1쇄 발행 2024년 07월 10일

지은이 | 헤르만 바빙크
옮 김 | 박하림
감 수 | 이상웅

디자인 | 장아연
교 정 | 김석현
펴낸이 | 이웅석
펴낸곳 | 도서출판 다함
등 록 | 제 402-2018-000005호
주 소 | 경기도 군포시 산본로 323번길 20-33, 701-3호(산본동, 대원프라자빌딩)
전 화 | 031-391-2137
팩 스 | 050-7593-3175
블로그 | https://blog.naver.com/dahambooks
이메일 | dahambooks@gmail.com

ISBN 979-11-90584-97-5 [04230] | 979-11-90584-00-5 (세트)

Originally published in English in the U.S.A. under the title:
Guidebook for Instruction in the Christian Religion, by Herman Bavinck

Copyright © 2022 by Gregory Parker Jr. and Cameron Clausing

Korean edition © 2024 by Da-Ham Publishing Co.
with permission of Hendrickson Publishing Group, represented by Tyndale House Publishers.
License arranged through rMaeng2, Seoul, Republic of Korea.

All rights reserved.

이 한국어판의 저작권은 알맹2를 통하여 Tyndale House Publishers와 독점 계약한 도서출판 다함에 있습니다.

모든 성도를 위한 기독교 핵심 교리 해설

헤르만 바빙크의
교회를 위한 신학
B 07

헤르만 바빙크의
기독교 신앙 안내서

Guidebook for Instruction in the Christian Religion

*Handleiding bij het Onderwijs
in den Christelijken Godsdienst*

헤르만 바빙크 지음

박하림 옮김

이상웅 감수

다함
도서출판

목차

추천사 ⋯ 006

감사의 글 ⋯ 023

머리말 ⋯ 027

서언 ⋯ 030

서론 ⋯ 035

1. 하나님에 대한 지식 ⋯ 057

2. (일반) 계시 ⋯ 071

3. (특별) 계시 ⋯ 089

4. 성경 ⋯ 105

5. 성경과 신앙고백 ⋯ 127

6. 하나님의 본질과 속성 ⋯ 139

7. 삼위일체 ⋯ 159

8. 창조와 섭리 ⋯ 181

9. 인류의 기원과 본질과 운명 ⋯ 203

10. 죄와 죽음 ⋯ 215

11. 은혜 언약 ⋯ 233

12. 그리스도의 인격 ⋯ 251

13. 그리스도의 사역 ⋯ 279

14. 성령님의 부으심 ⋯ 303

15. 소명 ⋯ 317

16. 칭의 ⋯ 339

17. 성화 ⋯ 355

18. 그리스도의 교회 ⋯ 375

19. 은혜의 수단 ⋯ 395

20. 세상의 완성 ⋯ 407

색인

주제색인 ⋯ 442

성구색인 ⋯ 454

추천사

헤르만 바빙크는 많은 목회자가 신학의 표준으로 삼았던 『개혁교의학』을 저술한 교수입니다. 무려 4권으로 구성된 개혁교의학만 놓고 보면 헤르만 바빙크는 목회자들의 선생으로 생각되기 쉽습니다. 하지만 헤르만 바빙크는 목회자 뿐만 아니라 모든 사람을 위한 교사임을 바로 이 책『기독교 신앙 안내서』로 입증했습니다. 『기독교 신앙 안내서』는 모든 사람에게 개혁파의 신앙고백을 소개하는 친절한 입문서입니다.

이 책을 추천하는 이유는 다음과 같습니다. 첫째, 이 책은 헤르만 바빙크 입문서로 적합합니다. 많은 사람이 『개혁교의학』에 도전했다가 그 방대함과 난해함에 실패를 맛보곤 하는데, 그보다 먼저 이 책『기독교 신앙 안내서』에 도전하시길 추천합니다. 『기독교 신앙 안내서』는 정상까지 도달하는 데 긴 시간이 필요하지 않지만, 그 열매와 감동은 결코 적지 않습니다. 둘째, 이 책은 개혁주의 신학을 체계적으로 정리하는 데 적합합니다. 개혁주의 신학을 알고자 하는 사람들이 많습니다. 그들에게 어떤 책은 너무 무겁고, 어떤 책은 너무 가볍습니다. 어떤 책은 지나치게 추상적이어서 이해하기 어렵고, 어떤 책은 지나치게 개인적이어서 공감하기 어렵습니다. 그런 점에서『기독교 신앙 안내서』는 적당한 균형을 지니고 있습니다. 개혁주의 신학을 충분히 설명하면서도 무겁지 않고, 헤르만 바빙크의 신학을 담고 있으면서도 추상적이지 않습니다.

이 책을 꼭 읽었으면 하는 사람들은 다음과 같습니다. 첫째, 교사입니다. 이 책은 교사가 학생에게 바른 신앙을 전수하는 데 꼭 필요한 지식을 쌓아줄 것입니다. 둘째, 직분자입니다. 이 책은 직분을 맡은 자가 건강한 교회를 세우는 데 필요한 기준을 세워줄 것입니다. 셋째, 부모입니다. 이 책은 부모가 자녀를 올바른 신자로 세우는 데 필요한 경건함을 전해줄 것입니다. 넷째, 목회자입니다. 목회자에게 이 책이 필요한 이유는 아우구스티누스가 들었다고 전해지는 이 문장으로 충분하다고 생각합니다. "톨레 레게!"

김태희 목사
(비전교회 담임(부산 구포) /『웨스트민스터 대요리문답 해설』저자)

우리는 다음 세대 신앙교육에 대한 고민이 많은 시기를 보내고 있습니다. 전통적으로 개혁교회는 자녀들의 신앙교육이 가정과 학교와 교회에서 유기적으로 이뤄져야 한다고 강조했습니다. 그런데 현재 한국교회의 상황은 여러 통계자료나 글을 통해서 알 수 있듯이 다음 세대 신앙교육에 대한 뚜렷한 대안은 제시되지 못한 채 고민만 깊어지는 현실입니다. 학교는 입시와 경쟁으로 세속화된 지 오래고, 부모들은 가정에서 자녀들의 신앙교육을 어떻게 시켜야 하는지 모르는 경우가 많습니다. 안타까운 것은 교회에서조차 올바른 교리가 가르쳐지지 않는 경우가 많다는 사실입니다.

이런 상황에서 바빙크의 『기독교 신앙 안내서』가 출간된 것은 너무나도 반가운 소식입니다. 이 책은 기독교의 핵심 교리를 간결하면서도 명료하게 소개한 탁월한 교리 교육서입니다. 이 책의 특징은 다음과 같습니다.

첫째, 『개혁교의학』의 순서를 따라가면서도 전혀 어렵지 않게 서술되어 있습니다. 네 권으로 된 『개혁교의학』이 바빙크의 주저(主著)라는 사실은 누구나 동의할 것입니다. 하지만 그 네 권을 제대로 이해하면서 독파해 내기란 웬만한 목회자나 학자들에게도 어려운 과업입니다. 하지만 『기독교 신앙 안내서』는 신앙생활을 좀 하신 분이라면 누구나 이해할 수 있도록 쉽게 쓰여진 친절한 책입니다.

둘째, 이 책은 성경을 가지고 정확한 개념을 소개합니다. 공부란 개념을 잡는 것입니다. 교리 공부도 마찬가지입니다. 이 책은 핵심 교리에 등장하는 개념들을 소개하되 성경을 가지고 소개하기에 매우 유익합니다. 성경을 어느 정도 읽은 분들은 이 책이 술술 읽힐 것이며, 반대로 이 책을 통해 성경을 더욱 깊이 이해하게 될 것입니다.

셋째, 이 책은 배열과 분량 면에서 매우 접근하기 쉽게 되어 있습니다. 계시론, 신론, 창조론, 인간론, 죄론, 언약론, 기독론, 성령론, 구원론, 교회론, 종말론 등 핵심 교리들을 매 챕터에 길지 않게 다뤄주어서 처음 교리 공부를 하는 분들이 질리거나 지겹지 않게 해 놓았습니다. 그러면서도 바빙크 신학의 중요한 특징인 유기체적 성격이 드러나서, 전체가 하나로 꿰어지는 미학적 특성을 보여줍니다.

마지막으로 한 가지 더 첨언하자면, 이 책은 아우구스티누스와 칼뱅의 신학 그리고 개혁교회의 신조를 따라가되 그것이 직접적으로 과도하게 드러나지 않으면서도 배경으로 은은하게 깔려 있도록 설계해 놓았습니다. 따라서 신학에 문외한인 사람도 비교적 친숙하게 핵심 교리를 숙지할 수 있게 했습니다. 비유하자면 베테랑 산악인이 일반인들을 데리고 천천히 산행을 안내하여 어느덧 높은 봉우리까지 올라가도록 도와주는 것과 유사합니다.

중간에 포기하지 않고 한 걸음씩 내딛다 보면 성경이 반복적으로 보여주는 핵심 교리의 아름다움을 만끽하게 되실 것입니다. 후회도 실패도 없을 일이라 장담하니 꼭 한 번 시도해 보시기 바랍니다. 그리고 다음 세대를 위해서 이 책의 내용을 많이 나눠주시길 부탁드립니다.

우병훈 교수
(고신대학교 신학과 교의학)

110년 동안이나 숨겨져 온 작고 아름다운 보석과 같은 『기독교 신앙 안내서』는 신칼뱅주의 신학자 헤르만 바빙크가 1913년에 출간한 책입니다. 앞서 그는 『개혁교의학』(전 4권, 1906-1911)을 출간했고, 또한 대학생 수준의 독자들을 위해서는 『하나님의 큰 일』(1909)을 이미 출간한 후에, 다시 20가지 주제로 된 기독교 교리 해설서를 출간한 것입니다. 후기의 바빙크는 교의학 혹은 조직신학에 대한 관심이 식어져버렸다고 주장하는 이들이 적지 않으나, 이 책을 보더라도 바빙크는 여전히 성경적이고 개혁파적인 진리(교리)에 대한 애정을 충분히 간직하고 있었다는 것을 확인할 수 있습니다.

이전의 책들과 달리 본서에서 바빙크는 어떤 신학자나 철학자의 이름을 거의 언급하지 않고, 20개의 주요 교리들을 해설하되 청소년들이 기독교 교리 교육 시간에 교재로 사용할 수 있는 수준으로 쉽게 해설합니다. 따라서 본서는 21세기를 살아가고 있는 우리 한국 그리스도인들에게도 유용하고 건전한 기독교 신앙 안내서의 역할을 할 것으로 예상하고 기대합니다.

대가일수록 어려운 내용을 쉽고 간결하게 다루며, 독자들로 하여금 속이 시원하다는 느낌을 자주 누릴 수 있게 해주는데, 본서를 통해 드디어 한국의 그리스도인들은 바빙크가 신학자와 목회자를 위한 "신학의 대가"일 뿐 아니라, 일반 신자들을 친절하게 안내해주는 유능한 "교리의 교사"라는 사실을 절감하게 될 것입니다. 방대한 성경의 내용을 개관하거나 간추리는 것이 쉽지 않기 때문에 수많은 미로와 미궁들이 주변의 매체들에 존재하기 마련인데,

성경적인 진리의 골자들을 흥미진진하게 읽고 학습하기를 원하는 모든 한국의 그리스도인, 특히 청소년과 청년 성도에게 본서를 읽고 숙고할 것을 적극적으로 권합니다.

톨레 레게!(tolle lege!) - 집어들고 읽어보십시오.

이상웅 교수
(총신대학교 신학대학원 조직신학)

"신앙교육"은 목회의 핵심이자 본질입니다. 하나님께서 교회를 세우시고 목사를 부르셔서 사용하시는 첫 번째 목적은 구원이고, 두 번째는 구원받은 성도의 양육이기 때문입니다.

'신앙 교육'에 대한 저의 고민은 크게 세 가지입니다. 첫째는, 가장 중요한 고민인데 "어떻게 하면 성경의 교훈과 개혁주의 신학의 교리를 정확하고 바르게 가르칠 수 있는가?" 그리고 "이를 위한 가장 좋은 도구는 무엇인가?"입니다. 두 번째는 '부드러운 젖'에 만족하여 '단단한 음식'을 먹지도, 먹으려고도 하지 않으며, 먹이지도 않는 현실에 대한 안타까움입니다. 신앙의 유아기를 지나 장성함에 이르기 위해 반드시 지나가야 하는 신앙의 성장기(청소년기)를 위한 도구가 절실히 필요했습니다. 세 번째는 '헤르만 바빙크'를 성도들과 함께 나누고 싶은 소망입니다. 그 안에 담긴 보화들을 나누고 싶지만, 그 내용의 어려움과 방대함에 늘 주저했습니다.

『헤르만 바빙크의 기독교 신앙 안내서』는 제가 가진 이 세 가지의 고민을 한 번에 해결해 주었습니다. 이 책은 성경적이며, 개혁주의 신학의 정수를 담고 있습니다. 수많은 질문과 고민 속에서 성장하는 성도에게 가장 필요한 답이 있고, 무엇보다 헤르만 바빙크의 신학과 교훈을 쉽고 간결하게 잘 정리했기 때문입니다. 그래서 이 책은 '신앙교육' 뿐만 아니라 우리의 신앙에 대한 '백과사전'과 같은 역할을 충분히 할 수 있습니다. 목차와 색인(주제, 성구)에 우리의 믿음에 대한 거의 대부분의 질문과 답이 담겨 있습니다.

책을 읽으면서 여러 번 울컥하고 깊은 감동도 받았습니다. 교리교육서이고, 신앙 교육서인데 이렇게 은혜로울 수도 있다는 사실에 놀라웠습니다.

목회 현장에서 성도를 바르게 양육하길 원하는 모든 목회자와 신앙의 성숙을 고민하는 모든 성도에게 이 책을 권합니다. 특별히 모든 신학생이 반드시 읽어야 할 책입니다. 더불어 많은 교회에서 이 책을 읽고 나누는 일들이 왕성하게 일어나기를 간절히 바랍니다.

이수환 목사
(강변교회 담임)

학자와 목사들을 위한 바빙크의 『개혁교의학』과 『개혁파 윤리학』,
대학생을 위한 『하나님의 큰 일』의 번역에 이어, 이제는 고등학생
들을 위해 훌륭하게 번역되고 풍성한 주석이 달린 『기독교 신앙 안
내서』가 준비되었습니다. 이 책은 개혁파 기독교 신앙의 부요함을
처음 접하는 사람들에게는 세 권 중 가장 중요할 수도 있습니다.
또한 이 책은 훌륭한 현대 개혁주의 신학자에 대한 훌륭한 입문서
이자, 다음 세대에게 어린 시절부터 신앙의 풍요함을 전달하고자
하는 박식한 한 교수의 간절한 마음의 표현이기도 합니다. 시기적
으로도 매우 적절합니다! 바빙크는 서문에서 자신의 시대의 교육
현실에 대해 우리의 시대와 놀랍도록 닮은 모습으로 묘사합니다.
이 책의 출간은 격찬받아 마땅합니다.

존 볼트
(미국 칼빈 신학교 조직신학 명예 교수)

점점 더 많은 신학자들이 하나님에 대한 지식이 깊어지기를 원하
는 일반 기독교인들이 쉽게 접하고 읽을 수 있는 책을 쓰려고 노력
하고 있습니다. 한 세기 전, 헤르만 바빙크도 이와 같은 목적으로
자신의 대작인 『개혁교의학』을 접근이 쉽고, 초교파적으로 쉽게
읽을 수 있는 요약본으로 출간하고자 했습니다. 특히 바빙크는 독
자층으로 호기심 많은 청년층을 염두에 두었습니다. 『기독교 신앙
안내서』는 모든 교회를 위한 바빙크 신학의 훌륭한 입문서입니다.

풍성한 신학은 학자들만을 위한 것이 아니라 모든 하나님의 백성을 위한 것입니다! 새로운 세대를 위해 이 책을 영어로 번역해 준 캐머런 클로징(Cameron Clausing)과 그렉 파커(Greg Parker)의 공헌에 감사드립니다.

에이미 버드
(『성의 개혁과 성경적 남성성과 여성성의 회복』
(The Sexual Reformation and Recovering
from Biblical Manhood and Womanhood)의 저자)

뛰어난 학자이자 다작을 남긴 저술가였던 헤르만 바빙크는 뛰어난 대중 연설가로도 명성을 떨쳤습니다. 본래 고등학생과 대학교 저학년 학생들을 위한 기독교 교리 입문서로 쓰인 『기독교 신앙 안내서』는 그의 신학에 입문하기에 좋은 포인트가 될 것입니다. 바빙크의 책을 이제 번역본으로 만나볼 수 있게 된 것은 매우 반가운 일입니다.

데이비드 퍼거슨
(케임브리지 대학교 신학 흠정 교수)

바빙크 르네상스를 이어가는 이 새로운 책 『기독교 신앙 안내서』의 번역은 보물처럼 반가운 일입니다. 이 책은 『개혁교의학』보다 더 많은 독자층을 대상으로 하면서도, 하나님의 말씀에 여전히 충실하며 더 쉽게 이해할 수 있습니다. 첫 문장은 모든 것을 요약합니다. "인간의 최고선은 하나님이며, 오직 하나님뿐입니다." 서론은 훌륭한 개요이며, 번역의 명료함은 바빙크의 글의 아름다움과 진실함을 모두 전달해줍니다. 이 책은 개인 공부와 그룹 학습 모임에 모두 적합합니다.

마이클 호튼
(캘리포니아 웨스트민스터 신학대학원
그레샴 메이첸 조직신학 및 변증학 교수)

이번 책을 통해 파커와 클로징은 영어권 독자들을 위해 바빙크의 작품들 중 또 하나의 보물을 발굴해냈습니다. 뛰어난 신학자로 널리 알려진 바빙크의 이 『기독교 신앙 안내서』에서 우리는 그의 학문적 엄격함뿐 아니라 젊은 그리스도인과 일반 독자들을 위한 교리교육과 탄탄한 신학 교육에 대한 헌신도 확인할 수 있습니다. 바빙크는 독자들에게 기독교 신앙의 부요함을 신학적으로 깊으면서도 놀랍도록 접근하기 쉽게 안내합니다. 이 책은 교회와 세상을 위한 선물입니다.

제시카 주스트라
(리디머 대학교 종교와 신학 조교수)

최근 몇 년 동안 헤르만 바빙크의 신학에 대한 관심이 일어나고 있어 매우 감사하게 생각합니다. 그는 전통적인 정통 신앙에 깊이 천착해 있으면서도 성경과 현대를 모두 진지하게 받아들이면서 창의적이고 풍성하게 풀어낼 수 있었던 보기 드문 신학자 중 한 명입니다.

그러나 이 책에서는 젊은 청년을 포함한 더 많은 독자를 위해 자신의 신학적 역량을 간결하면서도 접근하기 쉬운 방식으로, 단순하거나 허접하지 않으면서 짧고 이해하기 쉽게 풀어냈습니다. 장과 책보다는 단락과 페이지를 사용하여 방대한 내용을 쉽고 빠르게 다룹니다.

그 과정에서 그는 신학적 진리를 풀어낼 때 머리보다는 가슴에 집중하는 아우구스티누스의 모델을 따르는 것처럼 보입니다. 클로징과 파커의 훌륭한 작업 덕분에 이 책은 모든 이에게, 특히 바빙크에 대해 들어봤지만 그의 방대학 교의학 책들이 부담스러웠던 분들에게 기쁨으로 추천할 만한 책입니다. 이 책이 바빙크를 이해하는 첫 걸음이 될테지만, 마지막 걸음은 아니길 바랍니다.

켈리 M. 캐픽
(커버넌트 신학교 신학 교수)

바빙크 신학에 대한 새로운 관심은 매우 고무적인 움직임입니다. 파커와 클로징의 새 교리 안내서의 번역으로 인해 그 움직임이 더욱 추진력을 얻게 되었습니다.

브랜든 D. 스미스
(시더빌 대학교 신학 및 신약학 조교수)

헤르만 바빙크의 『기독교 신앙 안내서』는 기독교 신학에 대한 그의 가장 간결한 저술이지만 그의 다른 긴 저작들보다 결코 그 깊이가 떨어지지 않습니다. 오히려 이 책은 그의 『개혁교의학』(학자들을 위한)이나 『하나님의 큰 일』(대학생과 전문직을 위한)보다 늦게 쓰여졌기 때문에 어떤 면에서는 그의 더 성숙한 사상을 반영한다고 볼 수 있습니다. 또한 이 책은 오늘날 미국의 고등학생 정도의 독자를 염두에 두고 쓰여졌기 때문에, 가장 넓은 독자층을 위해 기독교 신앙을 설명한 책이기도 합니다. 저는 이 책을 읽으면서 심오한 학문이 이렇게 쉽게 접근할 수 있게끔 만들어진 것에 정말 기뻤습니다. 바빙크의 이 책은 아무리 강력하게 추천해도 지나치지 않습니다.

팀 켈러
(리디머 시티 투 시티)

바빙크의 이 책은 보물같은 책입니다. 고등학생도 이해할 수 있는 수준으로 명확한 신학적 교육을 제공한다는 본래의 목적이 이 번역 작업으로 인해 충실하게 이루어졌습니다. 그리고 이와 더불어 최근 몇 년 동안 영어권 세계에서 학문적 위상과 명성이 급격하게 높아진 헤르만 바빙크의 풍성하고 다채로운 신학에 대해서도 쉽게 소개합니다. 바빙크의 신학에 익숙한 독자들에게 클로징과 파커의 수고로운 작업은 바빙크의 문구와 용어의 뉘앙스를 이해하는 데 큰 도움을 줍니다. 요컨대, 이 책은 읽고, 다시 읽고, 가까이 두고 읽을 만한 가치가 있는 책입니다.

조나단 마스터
(그린빌 장로교 신학대학원 총장)

책을 읽는 동안 저는 그레고리 파커 주니어와 캐머런 클로징이 네덜란드어를 알고, 우리처럼 네덜란드어를 모르는 사람들에게 그 지식을 통해 이 책을 제공해준 것에 대해 하나님께 거듭 감사했습니다. 이 뛰어난 작품은 삼위일체 하나님의 영광과 위엄과 은혜를 알려주고, 명쾌하고 교훈을 주며 무엇보다도 독자의 마음을 사로잡습니다. 정식으로 신학 교육을 받지 않은 그리스도인들도 이 책을 이해하기 어렵지 않으며, 신학 교육을 받은 독자들도 이 책에서 큰 유익을 얻을 수 있을 것입니다.

키스 플러머
(케언 대학교 신학대학원 학장)

그레고리 파커 주니어와 캐머런 클로징은 바빙크의 『기독교 신앙 안내서』를 쉬운 현대 영어로 우리에게 전해준 공로에 대해 진심으로 찬사를 받아야 합니다. 이 책은 여러 면에서 바빙크의 진면목을 보여줍니다. 고상하면서도 친근하고, 심오하면서도 명료합니다. 개혁주의 신학의 전통에서 가장 뛰어난 정통 신학자 중 한 명인 바빙크가 쓴 이 책을 읽다 보면, 그가 학문적 맥락에서 신학을 가르쳤지만 언제나 교회와 모든 성도를 위해 가르쳤다는 사실을 분명하게 깨닫게 될 것입니다.

재커리 퍼비스
(에든버러 신학대학원 교회사 강사)

바빙크는 가장 심오한 신학도 매우 탁월하게 명료해질 수 있다는 것을 우리에게 보여줍니다. 그는 경험적 편협함과 답답한 교조주의를 모두 피하면서 독자들에게 기독교 신앙의 비밀에 대한 대표적인 맛을 선사합니다. 이 책의 편집자들은 오늘날 교리 교사들에게 헤아릴 수 없을만큼 유용한 자료를 제공한 공로에 대해 찬사를 받아야 합니다. 이 책은 교회 청년부, 대학교의 기독 학생회, 복음의 신학적 깊이를 탐구하고자 하는 모든 신자가 반드시 읽어야 할 필독서입니다.

아도니스 비두
(고든 콘웰 신학대학원 신학 교수)

20세기를 대표하는 개혁주의 신학자 중 한 명인 헤르만 바빙크의 명성은 이제 확고히 자리 잡았습니다. 영어권 세계에서는 본서와 같은 책이 번역된 덕분에 그가 뛰어난 교리 교사로 인정받기 시작했습니다. 바빙크의 『기독교 신앙 안내서』는 개혁 교회의 보편적 신앙에 대한 심오하면서도 간단한 입문서입니다. 파커와 클로징의 번역은 우아하고 읽기 쉬워 바빙크가 염두에 둔 독자들(고등학생)에게도 유용할 것입니다. 또한 이 책의 학술적 가치는 점점 늘어나고 있는 바빙크 연구 분야에도 유용할 것입니다. 이 책이 기독교 교회, 학교, 가정에서 널리 구매되고 읽히고 가르쳐지기를 진심으로 바랍니다.

스캇 스웨인
(올랜도 리폼드 신학 대학원 제임스 우드로 하셀 조직신학 교수)

※ 일러두기

1. 이 책의 영역본에서 주로 인용하는 *Magnalia Dei*의 판은 한국 어판 『하나님의 큰 일』과 상당 부분 다르기 때문에, 한역본의 본 문과 각주에서 *Magnalia Dei*를 인용할 때는 정확한 정보 제공 을 위해서 대부분 『하나님의 큰 일』이 아니라 원서 제목 그대로 표기했습니다.

2. 바빙크는 원서에서 조직적 교회를 언급할 때 '교회'(kerk), 유 기적 교회를 언급할 때 '회중'(gemeente)이라는 단어로 구분 해서 사용했고, 영역본에서는 Kerk를 church, Gemeente를 congregation으로 일괄 번역하여 표기했습니다.
   그러나 한국어판에서는 Gemeente(영어: congregation)라는 단 어를 문맥과 상황을 고려하여 교회, 회중, 신자, 성도, 공동체, 백 성이라는 단어로 혼용했습니다. (370쪽 각주 1번을 참조하세요.)

3. 원서와 영역본에서 성경구절 인용에 오류가 있는 부분은 한국 어판에서 수정했습니다. 어떤 구절을 수정했는지는 일일이 표 기하지 않았습니다.

4. 원서와 영역본에는 없지만, 한국어판에서는 각 장의 끝에 '토론 과 나눔을 위한 질문'을 수록했습니다. (49쪽을 참조하세요.)

5. 영역본에는 주요 네덜란드어 단어를 괄호 안에 포함했는데, 한 역본에서는 가독성을 높이기 위해 대부분 제거했습니다. (53쪽 을 참조하세요.)

6. 본문에 있는 소제목은 영역본에는 없는 것이지만, 네덜란드어 원서에는 있습니다. 본문의 내용과 번역에 맞게 용어를 약간 수 정했습니다.

7. 본문에서 인용부호 없이 성경구절을 인용하여 기술하는 경우, 영역본의 표현을 그대로 따르기보다는 가능하면 해당 성경구 절을 직접 인용하여 표기했습니다. 성경을 직접 인용할 때는 대 한성서공회의 개역개정 4판을 사용했습니다.

감사의 글

가치 있는 책을 저술하는 일이나 이 책처럼 번역하는 일은 결코 혼자 힘으로 할 수 없습니다. 우리는 번역의 여러 영역에서 도움을 준 제임스 에글린턴(James Eglinton) 박사님에게 깊은 감사의 말씀을 전합니다. 그는 관대한 마음으로 이 프로젝트에 대한 우리의 열정을 키워주었고, 특히 서문을 써 주신 것에 대해 감사의 말씀을 전하고 싶습니다. 돌프 뜨 펠더(Dolf te Velde) 박사님도 특별히 언급해야 합니다. 그분은 바쁜 시간 가운데서도 시간을 내어 번역에 문제가 없는지를 원고 형태로 읽고 확인해주셨습니다. 그는 너그럽고 큰 도움을 주었습니다.

또한 우리는 제임스가 창시한 에든버러 바빙크 학파에도 감사를 드립니다. 이 학자들은 네덜란드 신칼뱅주의자들의 번역을 위한 비옥한 토양을 만들어주었습니다. 코리 브록(Cory Brock) 박사, 브루스 파스(Bruce Pass) 박사, 나다니엘 그레이 수탄토(Nathaniel Gray Sutanto) 박사, 시미안 수(Ximian Xu) 박사, 테렌스 추(Terrence Chu), 이스라엘 호세 게레로 레이바(Israel José Guerrero Leiva), 세바스찬 비예네가르드(Sebastian Bjernegård)에게 감사의 말씀을 전합니다. 이분들의 학술적이면서도 교회 지향적인 활동이 없었다면 이 책은 영어권 세계에 소개되지 못했을 것입니다. 또한, 이 프로젝트에 대해 이분들이 주신 격려도 잊혀져서는 안 될 것입니다.

또한 우리는 헨드릭슨 출판사의 직원분들께도 감사의 말씀을 전합니다. 이분들과 함께 일하게 되어 기뻤고, 이분들은 바빙크 르네상스를 이루는 데 큰 역할을 해주었습니다. 더불어, 성경과 주제 색인을 작업해주신 헨리 J. 혹스트라(Henry J. Hoekstra)에게도 감사의 말씀을 전합니다.

무엇보다 우리는 변함없는 지지를 보내준 가족들에게 감사의 말씀을 전하고 싶습니다. 그들의 사랑과 인내 그리고 연구에 대한 지지 덕분에 번역과 편집 작업을 완료하는 데 필요한 시간을 확보할 수 있었습니다. 번역 프로젝트는 즐거우면서도 고된 작업인 경우가 많기 때문에, 위에 언급한 분들 외에도 여러 방면으로 이 프로젝트를 지원해주신 친구들에게도 감사의 마음을 전합니다. 저, 그렉(Greg)은 특히 알버트 챙(Albert Cheng) 박사, 타이 카이저(Ty Kieser) 박사, 게일 도른보스(Gayle Doornbos) 박사, 댄 호프스테터(Dan Hoffstetter), 마크 혼(Mark Horn), 앤드류 키난(Andrew Keenan)과 케이틀린 키난(Caitlin Keenan), 트레버 스미스(Trevor

Smith)와 수지 스미스(Susy Smith), 마크 에반스(Mark Evans), 알렉 심슨(Alec Simpson), 카밀 심슨(Camille Simpson), 제프 민들러(Jeff Mindler), 데이빗 스마일리(David Smiley)에게 감사의 말씀을 전하고 싶습니다. 제 인생의 아이들에게도 감사의 말을 전합니다. 매들린 조이(Madelyn Joy), 캘빈 조셉(Calvin Joseph), 주다 그레이슨 (Judah Gracen), 에버렛 벤자민(Everett Benjamin), 로지 제임스(Rosie James), 찰스 마이클(Charles Michael), 어거스틴 조셉(Augustine Joseph), 맥시밀리언 거스타프(Maximillian Gustav), 매그놀리아 진 (Magnolia Jean). 여러분과 함께 이 프로젝트를 진행하게 되어 정말 기뻤습니다. 저, 캠(Cam)은 이 번역 작업을 진행하는 동안 제가 가르쳤던 커버넌트 신학교(Covenant College)와 크라이스트 신학교(Christ College)의 동료들을 특별히 언급하고 싶습니다. 커버넌트 신학교의 성경과 신학과의 허브 워드(Herb Ward) 박사, 한스 마두메(Hans Madueme) 박사, 스콧 존스(Scott Jones) 박사, 켈리 카픽 (Kelly Kapic) 박사, 댄 맥도겔(Dan. MacDougall) 박사, 켄 스튜어트 (Ken Stewart) 박사, 제프 드라이든(Jeff Dryden) 박사를 언급하고 싶습니다. 크라이스트 신학교의 교수진들은 특히 이 프로젝트의 막바지에 저를 격려해주었습니다. 머레이 스미스(Murray Smith), 그렉 고스웰(Greg Goswell) 박사, 존 맥클린(John McClean) 박사, 존 프렛 (Jon Pratt) 박사, 이안 스미스(Ian Smith) 박사님에게 감사의 말씀을 전합니다. 마지막으로 저는 제 가족의 끊임없는 격려가 없었다면 이 프로젝트를 완수할 수 없었을 것 같습니다. 제 아내 타린(Taryn)

은 이 프로젝트를 완수하도록 지속적인 동기부여를 해주었습니다. 그녀는 제가 제 정신을 차리고 현실과 연결될 수 있도록 도와주는 든든한 반석입니다. 제 아이들 음포 그레이스(Mpho Grace)와 캘빈 잭(Calvin Jack)은 이 프로젝트의 영감이 되어주었습니다. 저는 제 아이들의 신앙을 격려하고 성장시키며, 예수님께로 인도하는 데 이 책을 사용할 수 있는 날이 오기를 고대합니다.

오직 하나님께 영광을!

그레고리 파커 주니어(Gregory Parker Jr.)
펜실베니아 바르토에서

캐머런 클로징(Cameron Clausing)
호주 시드니에서

머리말

헤르만 바빙크가 4권으로 된 걸작 『개혁교의학』 재판을 펴냈을 때, 독자들은 그 명료성과 박식함, 깊이와 너비를 칭송했습니다. 바빙크는 수천 페이지에 걸쳐 성경과 철저히 상호작용하면서, 기독교 역사를 가로질러 기독교 신학의 발전으로, 현대에서 기독교 신학이 나아간 길로 독자들을 이끌었습니다. 이 책이 의도했던 독자층인 학계와 목회자들과 신학생들 사이에서 이 책은 곧바로 표준이 되었습니다. 그러나 이런 뛰어난 업적에도 불구하고 비판적인 시각도 존재했습니다. 한 신문 비평은 『개혁교의학』의 결과들이 "경건 서적이 아니라 오로지 학문적으로 교육받은 사람들만을 위해 쓰인 학술 서적"이라고 독자들에게 경고하면서, "그런 작품의 가격은 분명히 모든 사람이 감당할 수준이 아니라는 것을 뜻한다"라고 지적하기도 했습니다.

　물론 많은 교수들은 이런 비판을 쉽게 무시할 수 있었습니다. 방대한 분량의 교의학 서적이 필요하고, 호평을 받을 수는 있지만, 일반 독자들이 접근하기는 쉽지 않을 것입니다. 전문가들과 일반 독자들의 간극은 너무나 컸습니다. 그러나 바빙크는 그런 교수가 아니었습니다. 철저하게 내성적인 책벌레인 바빙크는 자신의 『개혁교의학』의 결과를 필요로 했던 교회와 대중(자신의 말을 빌리자면 "우리 시대에 필요한 신학"이 필요한 대중)의 신학적 교제를 위해 평생을 헌신했습니다. 비록 그것이 자신의 『개혁교의학』을 더 쉽게 소화할 수 있는 형태로 다시 만드는 것을 뜻하더라도 말입니다.

　이 때문에 우리는 바빙크가 『개혁교의학』의 두 축약본을 만드는 데 많은 시간을 들였음을 알게 됩니다. 한 권은 (신학을 전공하지는 않았지만) 대학 수준의 교육을 받은 독자들을 대상으로 하는 교의학 책이고, 다른 한 권은 고등학교 고학년생과 대학부 새내기들을 위한 교의학 책입니다. 첫 번째 책인 『하나님의 큰 일』(*Magnalia Dei*)은 한동안 『우리의 합당한 믿음』(*Our Reasonable Faith*)이라는 제목으로, 최근에는 『하나님의 큰 일』(*The Wonderful Works of God*)이라는 훨씬 더 정확한 영어 제목으로 번역되었습니다. 그러나 두 번째 책인 바빙크의 『기독교 신앙 안내서』(*Guidebook for Instruction in the Christian Religion*)는 한 세기 동안 잊혀 있었으며, 지금까지 영어 번역본이 나온 적이 없었습니다. 바빙크는 이 책에서 "너무 길지도, 비싸지도 않은 책으로 우리 기독교, 즉 개혁파 신앙고백의 주요 내용을 이해하고 싶은 모든 사람"에게 무언가를 제공하고자 했습니다.

이 책은 바빙크가 사망한 이후 한 세기 동안 거의 잊혔던, 학생들을 신앙으로 격려하는 데 헌신했던 신실한 그리스도인 바빙크의 면모를 보여줍니다. 그 외에도 이 책은 신앙에 대한 그의 특유의 탁월한 표현을, 매우 단순하면서도 심오하게 보여줍니다. 이 책이 이렇게 오랫동안 방치되어 있었다는 것은 근래에 바빙크의 작품이 왕성하게 번역되어가는 상황에 어울리지 않는 큰 실수라고 할 수 있습니다. 이제 이 노력의 결실을 누리는 모든 사람은 캐머런 클로징과 그렉 파커에게 감사의 빚을 지고 있습니다. 클로징은 에든버러 대학의 박사 졸업생이며, 파커는 현재 박사 과정 학생입니다(편집자 주 - 2024년 현재 두 사람 모두 박사학위를 받았습니다). 그들의 노력의 결실은 시기적절합니다. 교회가 어떻게 그 신학을 젊은 성도에게 전달할 수 있을지 고민하는 이 시대에, 클로징과 파커는 시대가 변할지라도 진리는 나아간다는 사실을 (부끄럽지 않게!) 항상 인식하면서, 바빙크처럼 자신들이 처한 상황에서 청소년들과 젊은 청년들에게 신학을 전달하는 열정적인 신학자라는 점을 보여주었습니다. 저는 이 책이 우리 세대의 많은 사람들에게도 같은 영감을 주기를 소망합니다.

제임스 P. 에글링턴(James P. Eglinton)
에든버러 대학교 개혁 신학 멜드룸 시니어 강사

서언

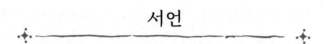

도르트 총회의 제17회기가 1618년 11월 30일 금요일에 열렸습니다. 논의는 최선의 교리교육 방법에 대한 것이었습니다. 폭넓은 심의와 여러 국내외 저명한 신학자가 의견을 주고받았습니다. 이후에 총회 는 교리교육에 대해 여전히 검토하고 고려해야 할 가치가 있다고 결 정 내렸습니다.[1]

---

1 도르트 총회에 대한 입문을 위해서는 다음을 참고하세요. Herman J. Selderhuis, "Introduction to the Synod of Dordt (1618-1619)," in *Acta et Documenta Synodi Nationalis Dordrechtanae*, vol. 1, ed. Donald Sinnema, Christian Moser, and Herman J. Selderhuis (Göttingen: Vandenhoeck & Ruprecht, 2015), xv-xxxii. 도르트 총회는 네덜란드의 도르트레흐트(도르트)에 있는 네덜란드 개혁 교회에 의해 열린 국제 회 의였습니다. 총회는 하나님의 주권과 인간의 책임 사이의 관계에 대해 개혁과 내부에서 논의를 해결하고자 모였습니다. 여기서 "국내" 신학자 에 대한 바빙크의 언급은 네덜란드 신학자에 대한 언급입니다. 도르트

가장 먼저 총회는 세 종류의 교리교육을 구별했습니다. 교리교육은 집에서 부모에 의해, 학교에서 교사에 의해, 교회에서 목사와 장로에 의해 이루어집니다. 더욱이 총회는 그 대상을 (헤세인의 조언을 따라 8세까지) 어린이, 소년과 소녀, 젊은 남녀를 비롯한 세 집단으로 나누었습니다. 그리고 총회는 이런 각 집단에게 각각 다른 주제를 가르치도록 권장했습니다.[2] 셋째, 총회는 그 주제가 그들의 기억에 확실히 각인되어야 한다고 강조했습니다. 어린이가 자신이 배우고 있는 내용이 무엇인지를 이해할 수 있도록 총회는 보충하는 설명에 대해 강력하게 주장했습니다.

총회는 유례없이 영국, 프랑스, 팔츠, 브란덴부르크, 헤세, 스위스 주, 나사우-배터라비아, 제네바, 브레멘, 동프리슬란트에서 온 26명의 총대가 함께해서 열린 유일한 국제 개혁파 총회입니다.

2 도르트 총회에 참석한 완전한 참여자 목록은 다음을 보세요. Fred van Lieburg, "The Participants in the Synod of Dordt," in *Acta et Documenta Synodi Nationalis Dordrechtanae*, lxiii-cvii, lxxxiii. 특히 프랑스 총대가 총회에 없는 이유는 총대가 그 회의에 참여하는 것을 국왕 루이 8세가 허락하지 않아서일 것입니다. 파우벨 베이츠가 그린 유명한 총회 그림은 가운데에 긴 책상이 놓여 있는 도르트레흐트의 클로페니에르스둘런의 강당을 묘사하고 있습니다. 책상에는 항변파와 피고인들이 앉아 있습니다. 반면에 국제 고소인은 항변파를 에워싸고 있습니다. 이 그림은 한 쌍으로 된 빈자리를 묘사하고 있습니다. 이 자리는 프랑스가 없음을 상징화해서 빈자리로 보여주고 있습니다. 헤세인에 대한 언급은 헤세에서 온 국제 총대에 대한 언급입니다. 초대장은 1618년 6월 25일에 헤세의 백작에게 보내져 세 명 또는 네 명의 신학자를 보낼 것을 요구했습니다. 1618년 10월 17일에 헤센인은 게오르기우스 크루키게르, 파울 슈타인, 다니엘 앙겔로크라테르, 로도푸스 고클레니우스를 보낼 것이라고 알렸습니다. 여기에 대해서 다음을 보세요. *Acta et Documenta Synodi Nationalis Dordrechtanae*. 특히 29쪽에 어린이, 청소년, 청년의 교리교육에 관한 총대의 조언이 있습니다.

그동안 시대가 변했고 우리도 시대에 따라 변했습니다. 가정에서 이루어지는 교리교육은 시간과 열정과 능력의 부족 때문에 많은 가정에서 실천되지 않습니다. 교회의 교리교육은 많은 곳에서 그저 적당히 진행됩니다. 학교에서 사회 교육의 내용과 분량이 너무 광범위합니다. 그래서 신앙 교육을 할 시간이 거의 없습니다. 방금 언급한 총회는 교리교육을 하루에 두 시간씩 하도록 제안했습니다. 이제는 초등학교에서 매일 성경 역사를 배우고, 고등학교에서 성경 역사와 교회 역사 또는 교리를 매주 한 시간씩 배운다면 좋아할 것입니다.

또한 시대의 변화도 주제에 영향을 미쳤습니다. 예를 들어 종교개혁 시대에는 광범위하게 다루어져야 했던 성례와 같은 교리들은 이제는 더 빨리 다룰 수 있게 되었고, 일반 계시와 특별 계시, 일반 은총, 영감의 본질, 여러 교회와 분파의 가르침, 진화론 등 당시에는 거의 언급되지 않거나 전혀 다뤄지지 않던 주제들이 이제는 조용히 지나칠 수 없을 만큼 중요해졌습니다. 더욱이 도르트 총회는 교회와 학교에서 이루어지는 교리교육 사이에 나타나는 차이를 정확히 주목하고, 결국 교회의 자녀들을 준비시키는 목적은 교회의 정회원이 되기 위한 것임을 올바르게 언급했습니다. 총회는 신앙 교육을 교회의 자녀들에게 기독교에 대한 지식을 소개하는 교육의 주제들 중 하나로 생각합니다.

이런 생각 때문에 초등교육 이후의 학교에서 신앙 교육이 시작됩니다. 질문과 답변의 형태가 아니라 규칙적이고 조직적인 순서로 주제를 다루어 상호 연결된 신앙의 종교적 진리를 분명하게 드러내고, 나아가 학생들의 의식에 스며들어 그 모든 생각에 통일성을 가져다주기를 바라면서 이런 방식으로 이 자료를 제시하는 것입니다. [이를 위해서는] [신앙을] 구별하고, [신앙의] 일관성을 파악하고, [궁극적으로] 다른 모든 지식에 대한 신앙의 중요성을 파악해야 합니다. 마지막으로 성경적 의미에서 자료를 설명하기 위해, 이런 일은 가르침뿐만 아니라 위로를 주기도 하며 마음과 양심에 적용된다는 면에서 자료를 논의해야 합니다. **신앙** 교육은 반드시 참된 의미의 교육이어야 하며, 반드시 인간의 영혼이 가질 수 있는 가장 부드럽고 거룩한 **신앙** 교육이어야 합니다.

이 책을 집필하면서 이런 요구가 제 앞에 있었습니다. 이 경험을 통해 제가 그 요구에 어떻게 대답했는지를 보여줄 것입니다. 더욱이 이 책을 집필할 때, 저는 우리 기독교의 김나지움,[3] 공립학교, 교사 교육, 일반 학교의 고학년 학생들을 염두에 두었고, 더욱이

---

3 19세기와 20세기 초 네덜란드에서, 김나지움은 중고등학교의 한 형태였습니다. 김나지움은 라틴어와 헬라어 수업을 강조했습니다. 『신학 백과사전』에 대한 바빙크의 1902년 강의에서, 한 학생의 강의 노트는 다음과 같은 점을 제안합니다. "김나지움은 어떤 특정한 주제를 소개하는 장소가 아니라, 오히려 그러한 구별없이 함께 공통적인 토대를 놓기 위한 곳이다." Unknown student, Lecture Notes, *Encyclopaedie d. Theol.* (1902), courtesy of James Eglinton, University of Edinburgh 11, 14. [Dutch: Gymn. bedoelt niet in te leiden in bepaald vak, maar om alleen zonder ondersch. saam te plaatsen op gemeensch. grondslag.]. 독일어 "교양 교육"이라는 개념과 비슷한 개념을 이끌어내면서, 바빙크는 전체 공동체에 대한 교육을 훌륭하다고 인식합니다. 독일어 "교양 교육"의 개념에 대한 설명을 보려면 다음을 참고하세요. Frederick Beiser, *The Romantic Imperative* (Cambridge: Harvard University Press, 2003).

너무 광범위하거나 비싸지 않은 책으로 우리 기독교, 개혁파 신앙 고백의 주요 내용을 이해하고자 하는 사람들을 염두에 두었습니다. 저는 이 과정에서 신중한 계획을 가지고, 이 책을 동일한 출판사에서 수년간 작업했던『하나님의 큰 일』(*Magnalia Dei*)[4]이라는 책과 긴밀하게 연결했습니다. 대부분의 경우, 원한다면 논의된 주제에 대한 확장 및 추가 설명을『하나님의 큰 일』에서 찾을 수 있다는 것을 분명히 확인했습니다.

헤르만 바빙크
암스테르담
1913년 9월

---

4 Bavinck, *Magnalia Dei: onderwijzing in de christelijke religie naar gereformeerde belijdenis*. 2e druk (Kampen: J. H. Kok, 1931). 초판에 대한 번역은 다음을 보세요. Bavinck, *The Wonderful Works of God: Instruction in the Christian Religion according to the Reformed Confession*, trans. Henry Zylstra (Philadelphia: Westminster Seminary Press, 2019); Bavinck, *Magnalia Dei: onderwijzing in de christelijke religie naar gereformeerde belijdenis*, 1e druk (Kampen: J. H. Kok, 1909); 헤르만 바빙크,『하나님의 큰 일』, 김영규 옮김 (서울: CLC, 2007).

서론

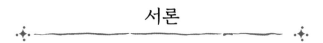

헤르만 바빙크: 교회를 위한 신학자

네덜란드 개혁파 신학자 헤르만 바빙크(1854-1921)는 네덜란드 호허페인에서 기독개혁교회에 소속된 얀 바빙크 목사와 헤지나 바빙크의 아들로 1854년 12월 13일에 태어났습니다. 헤르만은 대학 시절에 깜픈과 레이든 대학에 동시에 재학했습니다. 헤르만은 양 교육기관에서 공부를 마친 후에 깜픈에 있는 신학교에서 교의학 교수로 임명되기 전까지 1년간 프라너꺼르에 있는 기독개혁교회에서 목사로 섬겼습니다. 그는 깜픈에서 재직하는 동안(1883-1902)

교의학, 윤리학, 신학 백과사전 등의 여러 과목을 가르쳤습니다.[1] 1902년에는 아브라함 카이퍼의 뒤를 이어 암스테르담에 있는 자유대학교의 교의학 교수로 임명되어 남은 생애 동안 학생들을 가르쳤습니다. 바빙크는 암스테르담에 있는 동안 네덜란드 의회에서 활동하기도 했습니다.[2] 헤르만 바빙크는 평생에 걸쳐 활동적인 설교자이자 목회자로 살면서 더 큰 사회에 참여하기 위해 노력했습니다. 그는 자신이 물려받았던 개혁파 전통에 충실하기를 열망하면서, 동시에 자신의 시대와 상황에서 제기되는 질문에 반드시 답해야 한다는 것을 알고 있었습니다.

바빙크는 깜픈 초기 시절에 자신만의 교의학과 윤리학을 준비하기 시작했습니다. 그는 윤리학을 완성하거나 출판하지 않았지만, 그의 교의학은 1880년대의 강의안을 통해 분명하게 알 수 있듯

---

1 독일에서 현대 대학이 나타남에 따라 새로운 질문이 제기되었습니다. 어떻게 다양한 하위학문들이 신학에서 조화되는지(즉, 석의, 역사, 조직신학, 실천신학), 어떻게 신학을 대학에 있는 다른 학문과 연결시킬지 (즉, 철학, 역사, 자연 과학 등), 어떻게 학문(과학)으로서의 신학과 교회의 신학 사이의 관계를 정의할 것인지에 대한 질문입니다. "신학 백과사전"은 이런 질문과 다른 질문에 답하는 것을 목표로 삼았습니다. 대부분의 백과사전은 "석의, 교회사, 교의학, 실천신학이라는 사중적 교과과정의 형태"를 취했습니다. 다음을 보세요. Zachary Purvis, "Education and Its Institutions," in *The Oxford Handbook of Nineteenth-Century Christian Thought*, ed. Joel D. S. Rasmussen, Judith Wolfe, and Johannes Zachhuber (Oxford: Oxford University Press, 2017), 309.

2 James Eglinton, *Bavinck: A Critical Biography* (Grand Rapids: Baker Academic, 2020); 제임스 에글린턴, 『바빙크: 비평적 전기』, 박재은 옮김, 이상웅 감수 (군포: 도서출판다함, 2022).

이 그 형태가 조금씩 구체화되기 시작했습니다.[3] 이후에 네 권 세트가 될 교의학의 1권이 1895년에 출판되었습니다. 바빙크는 초판 서문에서 자신의 목표를 다음과 같이 제시했습니다. "단순히 고대라는 이유로 고대를 소중히 여기는 것은 개혁파도 아니고 기독교도 아닙니다. 교의 신학의 작업은 단순히 참되고 유효한 것을 설명하는 것이 아니라, 참되고 유효한 것으로 남아 있는 것을 설명해야 합니다. 교의학은 과거에 뿌리내리고 있지만 미래를 위해 노력합니다."[4] 그의 『개혁교의학』의 2권, 3권, 4권은 1897년, 1898년, 1901년에 각각 출판되었습니다.

바빙크는 1911년에 『개혁교의학』의 2판을 완성했습니다. 초판에 거의 800페이지를 추가한 2판은 10년에 걸친 작업의 결과물이었습니다. 이 책이 처음 출간되었을 때의 반응에 대해 제임스 에글린턴은 바빙크의 교의학 전집을 평가한 평론가들이 "경건 서적이 아니라 오직 학문적으로 교육받은 사람을 위해 쓰인 학술 서적"이며, "이런 작품의 가격은 모든 사람이 감당할 수 있는 수준이 아니라는 사실을 뜻한다."라고 언급했다고 밝혔습니다.[5]

바빙크는 최고 수준의 학문적인 신학자였지만, 교회가 신학을 쉽게 접할 수 있도록 하는 일에 깊이 헌신했습니다. 이것은 최

---

3 Eglinton, *Bavinck*, 174. 제임스 에글린턴, 『바빙크: 비평적 전기』, 377.

4 Herman Bavinck, "'Foreword' to the First Edition of the Gereformeerde Dogmatiek," trans. John Bolt, *Calvin Theological Journal* 45 (2010): 10.

5 Eglinton, *Bavinck*, 259. 제임스 에글린턴, 『바빙크: 비평적 전기』, 546.

소 세 가지 방법으로 확인할 수 있습니다. (1)『자유 교회』『드 바자
윈』『시대의 목소리』와 같은 대중 정기간행물과 기독교 잡지에 글
을 자주 게재한 것,[6] (2) 네덜란드 기독교 학생 협회와 기독교 학생
협회 등의 학생 모임에 참여한 것, (3) 자신의『개혁교의학』을 일반
성도가 소화하기 쉬운 형식으로 요약 정리해서 한 권 분량으로 된
대중적 수준의 책을 출판한 것입니다. 바빙크는 전문 신학자이자
윤리학자로서 갈고 닦은 기술을 활용하여 성도들을 교회 생활로
이끄는 일에 헌신했습니다. 그는 20세기 초에『찬송의 제사』[7]『믿
음의 확신』[8]『하나님의 큰 일』그리고 현재 이 책『기독교 신앙 안
내서』[9]와 같은 대중적 수준의 작품을 저술했습니다. 이 작품들은
모두 교회의 모든 성도에게 풍성한 신학을 제공하는 것을 목표로

---

6 『자유 교회』(*De Vrije Kerk*)의 목적과 목표에 대한 개요는 다음을 보세
   요. John Bolt, *Theological Analysis of Herman Bavinck's Two Essays on
   the Imitatio Christi: Between Pietism and Modernism* (Lewiston: Mellen,
   2013), 80-82.

7 Bavinck, *De offerande des lofs: overdenkingen vóór en na de toelating
   tot het heilige avondmaal*, 16e druk (Kampen: J. H. Kok, 1948); *The
   Sacrifice of Praise*, ed. and trans. Cameron Clausing and Gregory Parker
   Jr. (Peabody, MA: Hendrickson, 2019); 헤르만 바빙크,『헤르만 바빙크
   의 찬송의 제사: 신앙고백과 성례에 대한 묵상』, 박재은 옮김 (군포: 도서
   출판다함, 2020).

8 Bavinck, "De zekerheid des geloofs," *Tijdschrift voor Gereformeerde
   Theologie* 9 (1901-1902): 129-98; Bavinck, *The Certainty of Faith*, trans.
   Harry der Nederlanden (St. Catherines, ON: Paideia Press, 1980);『믿
   음의 확신』, 임경근 옮김 (고양: CH북스, 2020).

9 Bavinck, *Handleiding bij het Onderwijs in den Christelijken Godsdienst*
   (Kampen: J. H. Kok, 1913).

하며, 또한 바빙크가 "미래를 위해" 또는 다음 세대의 그리스도인을 위해 노력하고 있다는 것을 보여줍니다.

바빙크는 이 책『기독교 신앙 안내서』가 출판되기 1년 전에 암스테르담의 중심부에서 『현대주의와 정통』이라는 제목으로 강연을 했습니다.[10] 에글린턴의 바빙크 전기는 바빙크의 삶과 작품을 해석하는 토대를 제공하는 이 강연에 대해 통찰력이 있는 해석을 제공합니다.[11] 에글린턴은 바빙크가『현대주의와 정통』에서 자신의 입장을 꼭 현대적이거나 정통적인 입장에 두지 않고, 더 정확히 개혁파적으로 입장을 정했다고 주장합니다.[12] 바빙크에게 개혁파가 되는 것은 계속해서 과거를 되돌아보고 미래를 내다보기를 요구하는 것입니다.[13] 과거로는 성경과 교리의 역사적 발전으로 돌아가고, 미래로 나아가서는 자기 시대의 질문과 문제를 통해 신학을 나타내는 것입니다. 그러므로 언제나 성경과 교회의 기둥에 의해

---

10 Bavinck, *Modernisme en Orthodoxie: rede gehouden bij de overdracht van het Rectooraat aan de Vrije Universiteit op* 20 *October* 1911 (Kampen: J. H. Kok, 1911); Bavinck, *On Theology: Herman Bavinck's Academic Orations*, trans. and ed. Bruce Pass (Leiden: Brill, 2020), 146, 181, 22.

11 Eglinton, *Bavinck*, 259-65. 제임스 에글린턴, 『바빙크: 비평적 전기』, 547-558. 또한 파스의 다음 작품에 대한 서론을 보세요. *On Theology*, 22-29.

12 Eglinton, *Bavinck*, 261. 제임스 에글린턴, 『바빙크: 비평적 전기』, 550.

13 우리가 받아들이는 신칼뱅주의/신칼뱅주의자라는 용어는 칼뱅주의 신학을 세상과 삶을 포괄하는 것으로 인식한 19세기 후반의 칼뱅주의 부흥운동을 대표하는 역사적 용어입니다. 다음을 보세요. Eglinton, *Bavinck*, 156-58, 184; Eglinton, *Bavinck*, 261. 제임스 에글린턴, 『바빙크: 비평적 전기』, 345-47, 396; 550.

놓인 토대를 의지하면서 동시에 그 토대로부터 이루어지는 발전을 살피는 것입니다. 바빙크에게 개혁파 신학은 발전에 민감하게 반응하면서도, 동시에 성경이라는 규범 짓는 규범에 근거하고 있습니다.

에글린턴에 따르면, 바빙크는 말년에 개혁파 신학에 계속해서 집중하면서도 동시에 기독교 신앙 전반으로 관심을 넓혀갔습니다. 이런 방식으로 신학은 지역적이면서도 세계적이고, 개혁파적이면서도 공교회적이며, 젊은층과 노년층 모두에게 적용될 수 있는 것입니다. 바빙크는 이렇게 기독교의 다양성 속에서 더 많은 경계선을 긋는 대신 연결선을 그려서 세속주의에 직면하려고 했습니다.[14]

바빙크는 개혁파 신학을 위해, 동시에 더 공교회적인 기독교 신앙을 위해 애썼습니다. 이런 바빙크의 생각은 이 책『기독교 신앙 안내서』보다 2년 앞서 출판된 『하나님의 큰 일』(*Magnalia Dei*, 1909)이라는 더 큰 저작과 비교할 때 더 분명해집니다. 『하나님의 큰 일』은 네덜란드 내에서 개혁파 신학을 강화하는 것뿐만 아니라 변화하는 이데올로기적 상황 속에서 모든 그리스도인을 시대에 걸맞게 양육하려는 열망을 보여줍니다. 바빙크의 『하나님의 큰 일』은 "개혁파 신앙고백에 따른 기독교 교육을 위한 교본"입니다. 아마도 이 책은 자유대학교에서 바빙크의 수업을 듣는 학생들의 수준에 적절한 책으로, 벨직 신앙고백, 도르트 신조, 하이델베르크

---

14 Pass, *On Theology*, 1-29. 파스는 바빙크의 세속주의에 대한 접근을 평가하면서 비슷한 점을 지적합니다.

교리문답을 많이 인용하고 있습니다. 이 신앙고백들은 함께 네덜란드 개혁 교회의 신학 표준인 세 일치 신조를 구성합니다.

반면에 이 책『기독교 신앙 안내서』는 더 폭넓은 의미로 "기독교 신앙 입문서"입니다. 이 책은 더욱 공교회적(보편적)인 책, 즉 교회 전체를 위한 책입니다. 이 작품은 개혁파 신학자의 특징을 가지고 있지만(바빙크는 서언에서 이 책을 "우리 기독교, 즉 개혁파 신앙고백의 주요 내용을 이해하고 싶은 사람들을 위해" 집필했다고 언급합니다), 더욱 공교회적인 노력이 담겨있다는 점을 꼭 인정받아야 합니다. 무엇보다 이 인용 구절에서 "기독교"는 "개혁파" 앞에 있습니다. 게다가, 이 책『기독교 신앙 안내서』는 미국의 고등학생 수준의 신자를 대상으로 합니다.

우리는 이 책을 읽으면서, 바빙크가 새로운 신학적 체계를 세우려고 한 것이 아니라는 점을 알 수 있습니다. 그는 스위스에서 시작되어 네덜란드까지 이르러 정착했던 개혁파 전통 안에 굳게 서 있으면서도 공교회적(보편적) 신학을 가장 잘 그려내고 있습니다. 이 책은 훨씬 더 큰 분량의『개혁교의학』과는 달리 잘 읽히면서도, 신학적으로 심오하며, 쉽습니다. 이 책은 진정한 의미에서 심오하며 보편적인 내용을 담고 있습니다. 바빙크 독서 계층을 보면, 이 책『기독교 신앙 안내서』는 청소년과 청년들을 대상으로 하고, 『하나님의 큰 일』은 전문직에 종사하는 직장인들을 대상으로 하며,『개혁교의학』은 학자들을 대상으로 합니다.

바빙크는 이 책의 처음부터 끝까지 아우구스티누스적 주제를 사용합니다. 실제로, 바빙크가 『개혁교의학』와 비교해서 이 책에서 아우구스티누스를 더욱 두드러지게 사용한 것은 놀랄만한 일이지만, 사실 전혀 놀라운 일은 아닙니다. 바빙크는 1893년에 발표한 「칼뱅주의적이고 개혁파적인」이라는 논문에서 개신교의 여러 두드러진 특징을 식별하면서,[15] 개신교가 "확실하게 아우구스티누스적"이라는 점을 첫 번째로 언급했습니다.[16]

바빙크는 이 책을 시작하면서 최고선이 "하나님이며, 하나님뿐"이라는 사실을 독자들에게 호소합니다.[17] 이 책의 전체에 걸쳐 하나님은 계속해서 최고선으로 소개됩니다.[18] 바빙크는 독자들에게 그리스도의 유익이 "최고선의 선물인 하나님과의 교제와 그분께서 주시는 모든 복"이 포함된다고 알려줍니다.[19] 바빙크의 표현에서, 최고선이신 하나님은 내적 자아를 통해 자의식 속에서 자신을 알리십니다.[20] 아우구스티누스는 세상을 우주적인 질서로 보았

---

15 Bavinck, "Calvinistisch en Gereformeerd," review of *De Heidelbergsche catechismus en het Boekje van de breking des broods,* by M. A. Gooszen, De Vrije Kerk 19:2 (Februari 1893): 49-71. 바빙크는 다음 책을 평가했습니다. *De Heidelbergsche catechismus: textus receptus met toelichtende teksten* (Leiden: Brill, 1890) by Maurits Albrecht Gooszen (1837-1916). 마우뤼리츠 알브레흐트 호스즌(Maurits Albrecht Gooszen)은 레이든 대학의 네덜란드 개혁 신학자이자 교수였다.

16 Bavinck, "Calvinistisch en Gereformeerd," 56.

17 Bavinck, "Calvinistisch en Gereformeerd," 13.

18 Bavinck, "Calvinistisch en Gereformeerd," 74, 94.

19 Bavinck, "Calvinistisch en Gereformeerd," 122.

20 코리 브록과 나다니엘 수탄토는 바빙크가 아우구스티누스와 슐라이어마허를 결합하는 것을 연구했습니다. 다음을 보세요. "Herman

으며, 인간에게 가장 좋은 것은 최고선인 하나님을 인식하고 사랑하는 것이라고 생각했습니다. 영혼은 반드시 최고선을 향해야 합니다. 아우구스티누스에게 최고선을 추구하는 것은 내적 자아를 통해 이루어집니다. 이것이 바로 아우구스티누스가 내적 인간의 내면에서 삼위일체적 주제를 찾는 것을 그토록 강조하고 있는 이유입니다. 이 가르침은 영혼과 그 활동에서 삼위일체의 형상을 찾기 위한 아우구스티누스의 시도에 기초하고 있습니다.[21] 이런 활동을 통해 최고선을 발견하는 것입니다. 인간은 자신을 이해하려고 노력할 때 궁극적으로 하나님을 향하게 됩니다. 바빙크는 하나님의 존재 안에서 모든 것이 심히 좋았더라고 선포하시는 하나님의 말씀으로 이 책을 마무리합니다. 모든 그리스도인은 하나님 나라에 있는 최고선에 참여하는 자가 되어야 합니다. 이런 아우구스티누스의 길 위에서 바빙크는 우리를 하나님께 인도하는 안내자입니다.

또 다른 아우구스티누스적 주제로는 인간의 마음의 불안이 있습니다. 바빙크가 하나님을 최고선으로 독자 앞에 두는 이유는 그

Bavinck's Reformed eclecticism: On catholicity, consciousness, and theological epistemology," *Scottish Journal of Theology* 70.3 (2017): 310–32, esp. 320-23. 또한 다음을 보세요. Cory Brock, *Orthodox yet Modern: Herman Bavinck's Use of Friedrich Schleiermacher* (Bellingham, WA: Lexham Press, 2020).

21　첫 번째 삼위일체는 정신과 지식과 사랑의 삼위일체입니다. 정신은 자신을 알게 되며, 그로인해 사랑 자체를 알게 됩니다. 똑같은 기본 개념이 기억과 지성과 의지라는 두 번째 삼위일체에 깔려있습니다.

분이 인간의 마음을 만족시킬 수 있는 유일한 분이시기 때문입니다.[22] 아우구스티누스의 『삼위일체론』에서 하나님을 찾는 정신의 목적은 "우리에게 알려진 대로 아는 것"으로 하나님을 "얼굴과 얼굴을 대하여" 보는 것입니다.[23] 바빙크는 1장에서 이렇게 서술하고 있습니다. "그리스도 안에서 … 우리는 하나님 아버지의 은혜와 진리의 모든 충만함에서 하나님 아버지를 바라봅니다(요 1:17; 14:9). 그래서 우리는 겸손함으로 자랑할 수 있습니다. 그리스도께서 우리를 알기 때문에 우리가 그리스도를 알고, 그리스도께서 먼저 우리를 사랑하셨기 때문에 우리가 그리스도를 사랑합니다(요일 4:19)." 마지막 장에서는 이렇게 서술하고 있습니다. "모든 사람이 하나님의 얼굴을 볼 것이며, 그분처럼 될 것입니다. … 모든 사람이 알려진 대로 알게 될 것입니다."[24] 결국 인간 마음은 최고선이신 하나님에 의해 바르게 알려지고 바르게 사랑받기 때문에 만족합니다. 이 책 『기독교 신앙 안내서』는 분명하게 아우구스티누스적입니다.

대부분의 독자가 금방 주목하는 또 다른 영향은 이 책의 제목이 장 칼뱅의 『기독교 강요』와 매우 유사하다는 사실입니다. 칼뱅의 『기독교 강요』의 네덜란드어 제목은 『기독교 신앙 강요』

---

22 Bavinck, "Calvinistisch en Gereformeerd," 28, 54, 96, 136.

23 Augustine, *De Trinitate*, trans. Edmund Hill (Hyde Park, NY: New City Press, 2013), 236–37; Book VIII, ch. 3; Book IX, ch. 3; Book XII, ch. 4.

24 Bavinck, "Calvinistisch en Gereformeerd," 14–15, 194.

(*Institutie, of Onderwijzing in de Christelijke Godsdienst*)고, 이는 바 빙크의 이 책의 네덜란드어 제목인『기독교 신앙에 관한 안내서』 (*Handleiding bij het Onderwijs in den Christelijken Godsdienst*)와 일치 합니다.[25] 칼뱅의『기독교 강요』의 개정판은(1536-59) 그 분량이 증 가한 반면, 바빙크는 자신의『개혁교의학』을 더 간결한 형태로 요 약하는 작업을 했습니다. 이 책『기독교 신앙 안내서』는 바빙크의 철저한 학문적 연구를 따르며, 그의 신학의 최고봉에 위치한 작품 입니다. 그의『개혁교의학』의 완성(1895-1901)에서 출발하여 그 이 후 개정(1906-1911)을 하고, (자신의 교의학의 마음과 영혼을 뽑아낸) 『하나님의 큰 일』을 거쳐 접근하기 쉬운『기독교 신앙 안내서』에 이르러서야 세련되고 공교회적이며, 개혁파 평신도 수준의 아우 구스티누스적인 책이 탄생했습니다. 칼뱅에 대한 존경은 놀라운 일이 아닙니다. 바빙크는 아브라함 카이퍼에 못지 않게 칼뱅주의 의 회복과 적응의 아버지로 잘 알려져 있기 때문입니다.

---

25 한 비평가는 제안하기를 바빙크의 제목이 헤르마누스 파우켈리우스 (Hermanus Faukelius, 1560-1625)의 『기독교의 간략한 이해』(*Kort begrip der Christelijke religie*)와도 비슷하다는 점을 제안했습니다. 이 책 은 하이델베르크 교리문답의 짧은 요약이었습니다. 이후에 이 책은『기 독교의 간략한 이해에 따른 신앙 교리 교육』(*Onderwijs in de leer van den godsdienst, naar het kort begrip der Christen religie*)이라는 제목으로 재출판되었습니다. 다음을 보세요. Hermanus Faukelius, *Kort begrip der Christelijke religie* (Haarlem: Johannes Jacobus Beets, 1810); Faukelius, *Onderwijs in de leer van den godsdienst, naar het kort begrip der Christen religie* (Groningen: Doesburg, 1846). 또한 칼뱅에 대한 연관성도 파 우켈리우스를 제안한 같은 비평에서 다음과 같이 제안되었습니다 (G. Leestafel, *De Heraut voor de Gereformeerede Kerken in Nederland*, November 9, 1913, 3).

『기독교 신앙 안내서』의 수용

『기독교 신앙 안내서』가 1913년 네덜란드에서 출간되었을 때, 이 책은 장르나 방식에서 유일하지 않았습니다. 당시 어떤 연구 영역의 안내서가 출간되는 것이 일반적이었기 때문입니다. 1876년 고등교육법의 영향으로 네덜란드 교육은 현대적인 방향으로 전환하는 중이었습니다.[26] 따라서 변화하는 학문 현장을 보충하기 위해 시중에는 여러 안내서가 쏟아졌습니다. 『드 헤라우트』에 실린 이 책에 대한 한 서평에는 이런 안내서들이 쇄도하는 것에 대한 아쉬

---

26 1814년에 판 데르 다윈 판 마스담 위원회는 네덜란드 문법학교와 대학을 위한 규정의 초안을 제시했습니다. 이 초안은 1815년에 효력을 발휘했으며, 1876년 고등교육법이 발의되기까지 본질적으로 변화하지 않았습니다. 1820년의 규정은 네덜란드 대학에서 신학(개혁 신학)이 등록금 없이 이루어질 것을 허용했습니다. 1848년의 범유럽 혁명의 영향으로 네덜란드 의회는 상당히 자유주의적 방향으로 떠밀려갔으며, 네덜란드 전역에 걸친 신학부를 압박하는 헌법을 채택했습니다. 결국 이런 압박은 1876년에 고등교육법이 통과될 때 절정에 이르렀습니다. 이 법은 네덜란드 전역에 있는 신학부에 "신학"이라는 이름을 유지하는 것은 허용했지만, 신학부가 가르치는 내용은 "종교 연구"로 불려야 했습니다. 이 일만이 유일한 전환은 아니었습니다. 교육에 있어 1876년 고등교육법은 1876년 사전 고등교육법과 동시에 효력을 발휘했습니다. 이 시점까지 김나지움은 고전학, 현대어, 종교 등을 비롯해 본질상 고전적이었습니다. 고등교육법은 김나지움을 현대주의적 방향으로 떠밀었습니다. 1902년에 바빙크는 자신의 "신학 백과사전"(Theological Encyclopedia)에 대한 강의에서 이 전환을 아쉬워했습니다. 그는 9년 후 김나지움에서 이런 전환을 보충할 해결책을 찾기를 시도했습니다. 다음을 보세요. Unknown student, "Lecture Notes Encyclopaedie d. Theol," 9-15; 또한 다음을 보세요. Kees Schuyt and Ed Taverene, *Dutch Culture in European Persepective*: 1950, *Prosperity and Wealth* (London: Palgrave Macmillan, 2004), 290-91.

움이 담겼습니다(바빙크의 작품은 이 불평에서 예외였습니다). 서평가
는 바빙크가 기독교에 대한 간결한 안내서를 제시하려는 목표를
이루었다고 인식했습니다. 특히 그 서평가는 이 책이 김나지움의
새 교육과정에도 적합할 수 있다고 믿었습니다.[27]

> 또 다른 이의점은 우리 문법학교와 고등시민학교에서 신앙
> 교육을 할 수 있는 시간에 관한 것이었는데, 이 점은 이 책『기
> 독교 신앙 안내서』에서는 생략됐습니다. 왜냐하면 이 책을 가
> 르치기 위해 사용할 수 있는 시간이 매주 1시간이라고 가정
> 했기 때문입니다. 이 책의 20[개에 이르는] 장들은 상급 학년
> 의 아이들에게 2, 3년 안에 충분히 흡수될 수 있습니다.[28]

당대의 네덜란드 개혁교회 목사이자 깜픈 신학교의 교수였던
하름 바우만(Harm Bouwman, 1863-1933) 역시 긍정적인 서평을 썼

---

27 G. Leestafel, *De Heraut voor de Gereformeerede Kerken in Nederland*,
November 9, 1913, 3.

28 G. Leestafel, 3. [Dutch: En dat ook mijn andere bedenking, die op het
stuk van den, voor het Godsdienstonderwijs aan onze gymnasia en
hoogere burgerscholen beschikbaren tijd, tegenover deze Handleiding
wegvalt is, omdat mag worden aangenomen, dat in het eene uur
per week, hetwelk daar voor dit onderwijs beschikbaar is, haar 20§§
door de leerlingen der hoogere klassen, alzoo in twee of drie Jaren,
voldoende kunnen opgenomen.] 또한 이 서평가는 이 책『기독교 신
앙 안내서』를 성경과 하이델베르크 교리문답과 함께 읽을 것을 권장
했습니다. 또한 흥미롭게도 얀 바빙크의 하이델베르크 교리문답에
대한 주석의 재판이 1913년에 출판되었습니다. 다음을 보세요. Jan
Bavinck, *De Heidelbergsche Catechismus in 60 Leerredenen Verklaard*,
2e (Kampen: J. H. Kok, 1913).

습니다.

> 바빙크 박사는 우리 기독교 김나지움, 고등시민학교, 직업훈
> 련학교, 표준학교 등의 가장 고학년 학생들뿐만 아니라, 너무
> 포괄적이거나 비싸지 않은 책으로 우리 기독교 개혁파 신앙
> 고백의 주요 내용을 이해하고자 하는 모든 사람을 위해 이 책
> 을 썼습니다. 20개의 짧은 장과 도합 243페이지로 그 내용이
> 요약된 이 책에서, 그는 질문과 대답의 형식이 아니라 규칙적
> 이고 체계적인 순서로 주제를 다룹니다. … 이 소책자는 간결
> 성과 명료성에서 탁월합니다.[29]

대부분의 서평자들은 이 책의 내용과 다양한 교육기관에서 사
용될 수 있는 유연성에 대해 높이 평가했지만, 많은 사람들은 학생
들을 돕기 위해 각 장의 끝에 질문이 포함되기를 원했습니다. 이런
요청은 바우만의 서평, 『드 헤라우트』에 실린 "G"의 서평, 『헷 오스
턴』(Het Oosten)에 실린 간략한 서평에서도 마찬가지였습니다.[30] 한

---

29 Harm Bouwman, "Boekaankondiging," *De Bauzin: Gereformeerde stemmen uit de Christelijke Afgescheidene Kerk in Nederland-Kerk-Nieuws-en advertentieblad*, November 7, 1913. [Dutch: Dr. Bavinck schreef dit boek voor de leerlingen der hoogste klassen van onze christelijke gymnasia, hoogere burgerscholen, kweekscholen, normaallessen, enz. en voorts voor allen die door middel van een een niet te uitgebreid en niet te kostbaar boek kennis willen maken met den hoofdinhoud van onze Christelijke Gereformeerde Geloofsbelijddenis. In 20 korte hoofdstukkenm samen 243 bladzijden, vat hij den inhoud saam. Hij behandelt de leerstof niet in vragen en antwoorden, maar in geregelde en systematische orde. ... Dit boekje munt uit door beknoptheid en duidelijkheid.]

30 Bouwman, "Boekaankondiging," 3; G. Leestafel, 3.

서평가는 『헷 오스턴』에 이렇게 표현했습니다.

저자는 이 안내서에서 김나지움, H. B. S. [고등시민학교] 교
육학교 등의 최고학년 학생들을 염두에 두고 있습니다. … 이
책은 바빙크의 『하나님의 큰 일』의 [형식을] 완전하게 따르고
있습니다. … 질문 형식으로 된 책은 유행이 지나가고 있습니
다. 그러나 안내서의 각 장들을 참조하는 매우 간명한 질문집
을 만들어 보는 것이 좋지 않을까요? 두더스(Doedes)의 『구원의
교리』(The Doctrine of Salvation) 같은 정신을 따르는 책 말입니다.[31]

많은 서평가들은 학생들이 공부할 수 있도록 책에 일련의 질문
이 포함되었다면 유익했을 것이라고 믿었습니다(편집자 주 - 한역
본에서는 각 장 마지막에 토론과 나눔을 위한 질문들을 수록했습니다).

---

31 "Over een en ander." *Het Oosten; wekelijksch orgaan der Weesinrichting
    te Neerbosch*, February 25, 1914. [Dutch: De schrijver heeft met
    deze handleiding op het oog de leerlingen in de hoogste klassen van
    Gymnasia, H. B. S., kweekscholen enz. ... Zij sluit zich geheel aan bij
    Bavinck's "Magnalia Dei." ... Vragenboekjes raken uit de mode. Maar
    was het niet aanbevelenswaardig om muist deze handleiding een
    heel beknopt vraagboekje te hebben, welks vragen verwezen naar de
    hoofdstukken van de handleiding? In den geest van Doedes met diens
    "Leer der Zaligheid," bedoel ik.] J. I. Doedes, *De Leer der Zaligheid
    Volgens het Evangelie in de Schriften Des Nieuwen Verbonds* (Utrecht:
    Kemink en Zoon, 1868).

『기독교 신앙 안내서』 와
『하나님의 큰 일』 에 관해서

　통찰력이 있는 독자라면 바빙크의 두 책『하나님의 큰 일: 개혁
파 신앙고백에 따른 기독교 교육』(*Magnalia Dei: Onderwijzing in de
Christelijke Religie naar Gereformeerde Belijdenis*)과 『기독교 신앙 안내
서』(*Handleiding bij het Onderwijs in den Christelijken Godsdienst*)의 네
덜란드어 제목 사이에 중요한 단어들이 중복된다는 점을 알아차
릴 것입니다. 『하나님의 큰 일』은 1909년에 네덜란드어로 처음 출
판되었고, 『기독교 신앙 안내서』는 1913년에 출판되었습니다. 그
러나 『기독교 신앙 안내서』가 대체로 『하나님의 큰 일』의 간추린
수정본이라고 말하는 것은 과장된 표현입니다. 『기독교 신앙 안내
서』는 동생처럼 형인 『하나님의 큰 일』과 닮아있다는 점을 피할 수
없지만, 그럼에도 불구하고 『기독교 신앙 안내서』는 바빙크의 모
든 작품들 중에서 그 자체로 특별한 책입니다.

　편집자로서 우리는 『하나님의 큰 일』의 네덜란드어 2판(1931)
을 참고하기로 결정했습니다. 이 측면에서, 우리는 두 작품 사이에
서 요약된 부분과 『기독교 신앙 안내서』에만 있는 부분을 추적하
여 많은 각주를 작성했습니다. 두 작품 사이에 있는 공통점을 조사
하는 데 관심을 기울이는 각주들이 각주 내용의 전부는 아니지만,
상당한 부분을 차지합니다. 19장과 20장은 『하나님의 큰 일』(1901)
초판을 참조합니다. 왜냐하면 『하나님의 큰 일』의 초판과 2판 사이

에 뚜렷한 변화가 있었기 때문입니다. 『기독교 신앙 안내서』의 초판(1913)과 2판(1932)은 동일합니다.

각주를 볼 때 독자는 세 가지 방식을 선택할 수 있습니다. (1) 본문을 읽고 각주를 무시하는 것, (2) 각주를 잠깐 훑어보고 이 책 『기독교 신앙 안내서』에만 있는 독특한 내용을 확인하는 것, 또는 (3) 『하나님의 큰 일』과 연결하면서 각주를 읽고 바빙크의 사상을 더 확장시키는 것입니다. 『하나님의 큰 일』과 『기독교 신앙 안내서』 사이에 있는 이런 확장과 수정으로 인해 이 책이 비평본처럼 되었지만, 우리는 이 책을 비평본이라고 부르지 않기를 바랍니다.

이런 확장과 수정을 따라가고자 하는 독자들을 위해 몇 가지 도움이 되는 세부 사항을 안내해 드리겠습니다. 대괄호 안에 있는 숫자[##]는 이 책 『기독교 신앙 안내서』의 1913년 네덜란드어판의 페이지 숫자를 기록한 것입니다. 마찬가지로, 각주에서 『하나님의 큰 일』에 대한 참조는 1931년 네덜란드어판 페이지 숫자입니다.

독자들은 최신 영어판인 『하나님의 큰 일』이 아니라 네덜란드어판 『하나님의 큰 일』을 참조한 점 때문에 놀랄 수 있습니다.[32] 이는 헨리 자일스트라가 1956년에 『하나님의 큰 일』의 초판을 번역한 영어판에서 지속적으로 중요한 오류가 발견되었기 때문입니

---

32 Bavinck, *The Wonderful Works of God* (Glenside, PA: Westminster Seminary Press, 2020). 이 책은 헨리 자일스트라 번역판을 멋지게 재출간한 책입니다. 나다니엘 G. 수탄토에 의해 바빙크의 서언이 추가된 것은 이 책의 백미와도 같습니다.

다.[33] (헤르만의 남동생인) 쿤라트 바빙크는 24년 전에 2판을 출판했는데, 이 판에는 초판의 수정사항뿐 아니라 추가된 장이 포함되어 있습니다. 『하나님의 큰 일』의 최신판이 필요한 이유는 최소한 두 가지 이유에서 분명합니다.

첫째, 번역가의 과도한 편집적 개입이 바빙크의 사상의 전달에 부정적인 영향을 미쳤습니다. 쿤라트 바빙크는 24년 전에 2판을 출판했는데, 이 판은 초판의 수정사항뿐 아니라 추가된 장까지 포함되어 있습니다. 게다가 자일스트라는 자신의 번역에서 핵심 용어를 일관되게 번역하지 않았으며, 본문을 마음대로 추가하거나 삭제했습니다.[34]

둘째, 번역자는 벨직 신앙고백과 도르트 신조에 대한 인용을 일관성 없이 생략해서 바빙크를 개혁파 원전으로부터 분리해 놓았습니다. 이런 분리는 독자들을 개혁파 신앙고백으로 안내하려는 목적으로 작성된 본문을 생각한다면 이상한 번역 결정입니다!

---

33 헨리 자일스트라(1909-1956)의 『하나님의 큰 일』의 번역판은 원래 1956년에 W. B. 어드만 출판사에서 출판되었습니다. 자일스트라는 하버드 대학에서 박사 과정을 끝낸 이후에, 1941년에 칼빈 칼리지에서 가르치기 시작했습니다. 1950년에 자일스트라는 칼빈에서 교수로 승진했으며, 영문학부에 자리를 잡았습니다. 번역이 출간된 해와 같은 해인 1956년에 자일스트라는 풀브라이트 장학금을 받아 암스테르담 자유대학교에서 강의했습니다. 자일스트라의 네덜란드 동료가 자신의 번역에 얼마나 영향을 미쳤는지는 분명하지 않습니다.

34 다음을 보세요. Gregory Parker Jr., *"Review of The Wonderful Works of God* by Herman Bavinck," *Reformation* 21, April 6, 2020, https://www.reformation21.org/blog/ the-wonderful-works-of-god.

그러나 번역에 일관성이 없었기 때문에 이것이 의도적이었는지는 분명하지 않습니다.

이 작업에서 우리는 가끔 특별한 단어들을 괄호 안에 두었습니다. 이 단어들은 원문에는 없지만, 더 부드럽게 읽히도록 하기 위해 추가했습니다. 이 편집 결정에 더해서, 우리는 더 깊이 파고들기를 원하는 독자를 위해 주요한 네덜란드어 단어를 괄호 안에 포함하기로 했습니다(편집자 주 - 한역본에서는 가독성을 높이기 위해 괄호 안의 네덜란드어를 되도록 제거했습니다).

이런 이유들 때문에 우리는 『하나님의 큰 일』의 네덜란드어판를 참고하는 것이 가장 좋은 방법이라고 결정했습니다. 이를 통해 관심과 능력을 가진 사람들은 여러 참고 자료를 찾는 데 필요한 도구를 제공받을 수 있습니다. 독자들은 (주께서 원하시는) 『하나님의 큰 일』의 영어판이 곧 출간됨에 따라 이 책의 각주에 있는 페이지 숫자[##]를 확인할 수 있을 것입니다.

『기독교 신앙 안내서』의 최종목적

이 책의 특정한 목적은 기독교 신앙을 가르치는 데 있지만, 부가적인 목적으로도 활용될 수 있습니다. 헤르만 바빙크의 신학에 대한 입문서가 되는 것입니다. 바빙크를 이해하고자 하는 사람들에게 이 책보다 더 좋은 책은 없을 것입니다. 이 안내서는 바빙크의 성숙한 신학 과정을 이상적으로 요약하고 있습니다. 개혁파적이면서 공교회적이고, 역동적이면서도 간결하며, 신학적이면서도 이해하기 쉬운 이 책은 바빙크 입문서로서 최고의 가치를 지니고 있습니다. 바빙크에 입문하려는 학생들에게 이 책보다 더 좋은 책은 없습니다.

만약 우리가 번역자로서 목표를 한 가지로 정한다면, 그것은 바빙크가 서언에서 표현한 그의 소망과 일치할 것입니다. 곧 기독교 신앙의 주요한 내용을 다음 세대의 독자들에게 알리는 것입니다. 신학책의 번역은 가문의 가보를 남겨주는 것과 비슷합니다.[35] 이어지는 페이지에서 바빙크는 기독교 신앙에 대해 명확하게 설명합니다. 전형적인 바빙크의 문체로 이루어진 그의 서술은 철저하게 성경으로 가득 차 있습니다. 그는 학문의 신학과 교회의 신학 사이에 다리를 놓아 그 간극을 줄이기 위해 노력하면서 길을 걷습니다. 그렇게 함으로써 그는 순례자에게 독특하게 접근할 수 있는 신학을 제시합니다. 그의 『개혁교의학』이 놀라울 만큼 학문적으로 느껴지고 『하나님의 큰 일』이 겁날 만큼 두껍다고 생각되는 사람들에게는, 『기독교 신앙 안내서』는 대부분의 독자에게 "딱 맞는" 신학적으로 부담이 없는 음식입니다.

---

35 Herman Bavinck, "Reading, Thinking, Speaking," trans. Gregory Parker Jr., *Modern Reformation* vol. 30, issue 1 (January/February 2021): 14-16 (esp. 15). "우리 자신과 후손을 위해 보물을 수집하는 것은 우리의 의무입니다. 읽고, 해석하고, 이해하며, 온 땅을 우리의 영역으로 삼기 위해, 본성을 영에, 물질을 사고(思考)에 복종시키기 위해서 말입니다."

이 책『기독교 신앙 안내서』는 4권으로 된『개혁교의학』을 간단히 종합할 수 있습니다. 1권은 신학 서론(하나님에 대한 유기적인 지식, 일반 계시와 특별 계시)을 말하는 1-5장과 일치합니다. 2권은 하나님과 창조(삼위일체로서의 하나님, 하나님의 삼위일체에 있는 다양성 안의 통일성에 대한 증언으로서의 창조)에 대한 6-9장과 일치합니다. 이 2권은 창조, 섭리, 인간론(대우주와 소우주)를 포함합니다. 3권은 죄와 구원(죄와 죽음, 은혜 언약, 그리스도의 인격과 사역)에 대한 10-13장과 일치합니다. 마지막으로 4권은 성령님의 사역(효력 있는 부르심, 은혜의 수단, 교회 그리고 세상의 완성)에 대한 14-20장과 일치합니다.

『기독교 신앙 안내서』로 바빙크는 교회에 선물을 주었습니다. 독자들은 (『개혁교의학』에서 종종 그렇듯이) 획기적이거나 새로운 것은 거의 찾지 못할 것입니다. 그러나 이 책은 교회 생활과 관련된 학문적 신학을 제공합니다. 이 책은 그의 시대의 가장 중요한 학문적 신학자 중 한 사람이 집필한 교리교육 신학의 모범입니다.

무엇보다도, 우리는 이 번역이 참된 신학을 위한 바빙크의 소망을 이루는 데 도움이 되길 바랍니다. 머리 속에 머물러 있는 것이 아니라, 마음을 찔러 쪼개어, 결국 신앙고백과 예배의 행위가 되길 바랍니다. 바빙크는 이렇게 표현합니다. "따라서 교의학은 … 예배와 감사의 찬송이며, '지극히 높은 곳에서 하나님께 영광

(눅 2:14)'입니다."[36] 이 책에서 바빙크는 우리에게 찬송가를 선사합
니다. 하나님께서 우리 앞에 계셔, 우리가 하나님을 찬양하도록 말
입니다.

---

36 Bavinck, *Reformed Dogmatics*, vol. 1, Prolegomena, ed. John Bolt, trans.
John Vriend (Grand Rapids: Baker Academic, 2004), 112 [이하에서
RD 1로 표시합니다). 헤르만 바빙크, 『개혁교의학』 1, 박태현 옮김, (서
울:부흥과개혁사, 2011), 169.

1. 하나님에 대한 지식

1. 하나님에 대한 지식

최고선이신 하나님

1. [1] 인간의 최고선은 하나님이며, 오직 하나님뿐입니다.[1] [인간은] 태초에 하나님의 형상과 모양을 따라 창조되었습니다. 그리고 인간은 자기가 하나님에게서 기원했다는 사실과 하나님과 맺고 있는 관계를 결코 완전히 뿌리 뽑을 수도, 부술 수도 없습니다. 비록 인간은 [죄로 말미암아] 하나님의 형상 안에 포함된 지식과 의

---

1 *Magnalia Dei*, 7[이하에서 *MD*로 표시합니다.]. 바빙크는 『하나님의 큰 일』(이하 *Magnalia Dei*)과 『기독교 신앙 안내서』(*Handleiding*) 사이에 있는 분명한 상관관계가 있다고 서언에서 인정합니다. 사실 이 두 책은 같은 문장으로 시작합니다[네덜란드어: "Des menschen hoogste goed is God, en God alleen."]. 비슷하게도 『하나님의 큰 일』의 두 번째 장은 이렇게 시작합니다. "하나님께서 인간에게 최고선이십니다[네덜란드어: God het hoogste goed voor den mensch.]" (9).

로움과 거룩함의 속성을 잃어버렸지만, 여전히 인간 안에는 "작은 흔적들"이 일부 남아 있습니다. 이 흔적들은 인간이 완전히 순결하다는 사실을 거부하기에 충분할 뿐만 아니라, 인간이 이전에 가졌던 위대함에 대한 증거이며, 하나님께서 주신 소명과 천국에 갈 목표가 있다는 사실을 끊임없이 상기시키기도 합니다.[2]

인간은 전 생애와 인생의 노력을 통해 세상 전체에서 충분함을 누리지 못하리라는 결론에 이르게 됩니다. 인간은 동물과 같이 감각에 따라 인식하고 의식한다는 점에서 공통점이 있지만, 이를 뛰어넘어 지성과 이성을 가지고 있고, 이를 통해 보이지 않고 영원한 것들을 인식할 수 있습니다. 마찬가지로, 인간은 동물들처럼 음식과 음료, 빛과 공기, 일과 평범한 [일상적인] 휴식을 필요로 하는 감각적인 욕망을 가지고 있습니다. 게다가, 인간은 이성과 양심에 이끌리는 의지를 받았으며, 이는 보이지 않고 영적이며 영원한 선(善)들에 이르기까지 확장됩니다. 성경의 표현은 이성과 의지 모두가 인간의 마음 안에 뿌리를 내리고 있다고 말하며, 또한 하나님께서 인간의 지성과 의지 속에서 영원을 사모하는 마음을 주셨다고 말합니다(전 3:11). 생명의 근원이 인간의 마음에서 나오므로, 인간의 지성과 의지는 [2] 모든 것을 위해서, 또한 모든 것을 초월해서 반드시 지켜내야 합니다(잠 4:23). 따라서 인간은 집과 밭을 얻어도, 심지어 온 천하를 얻게 되더라도 영혼을 잃는 고통을 겪는다면 아

---

2 *The Belgic Confession of Faith*, Article 14: The Creation and Fall of Humanity; 참고, *MD*, 9.

무런 유익을 얻지 못합니다(마 16:26). 어떠한 강력한 존재라도 인간의 영혼을 구속할 능력이 없습니다(시 49:7-8).[3]

인간의 마음을 만족시키지 못하는 무능력함은 물질적인 보물과 감각적인 쾌락뿐 아니라 과학과 예술, 인류, 문명 또는 문화라는 이름으로 나타나는 이상적인 선(善)들에도 동일하게 적용됩니다.[4] 이런 [물질적이고, 감각적이고, 이상적인] 선함은 성경에서 절대 경시되지 않습니다. 오히려, 이런 선들을 소중히 여깁니다(출 31:3; 35:31; 삼상 2:3; 잠 2:6, 8:11; 약 1:17). 그러나 이런 선들은 오직 하나님을 경외함이 그 기초가 될 때만 참된 가치를 얻을 수 있습니다(잠 1:7). 이런 선들은 사랑과 연결되어야 하고(고전 13:2), 하나님의 영광을 위해 사용되어야 합니다(고전 10:31).

아우구스티누스가 말했듯이, 인간의 마음은 하나님을 위해서 창조되었으며, 그래서 하나님 안에서 안식을 얻을 때까지 쉬지 못합니다.[5]

---

3 이 단락을 자세히 설명하는 부분은 다음을 참고하세요. *MD*, 11-12.

4 바빙크는 *Magnalia Dei*에서 이 개념을 확장하여 인간의 마음을 육체적인 기원과 신체적인 생명의 주요 기관으로 표현합니다. 그래서 인간의 마음은 인간의 보다 고등한 생명의 영적, 윤리적 근원입니다. 인간의 마음은 우리 자의식이 있는 자리이고, 우리가 하나님과 관계를 맺는 자리이며, 도덕적이고 영적인 본성 전체에서 율법에 매여 있음을 드러냅니다 (11).

5 St. Augustine, *The Confessions* (London: Penguin Books, 1961), 1. 바빙크는 *Magnalia Dei*에서 비슷하게 표현합니다. "Zoo blijft het woord van Augustinus, dat het hart des menschen tot God is geschapen end at het geen rust vindt, voordat het ruste vindt aan zijn vaderhart. Alle menschen zoeken Dan. ook eigenlijk naar God, getuigde dezelfde

하나님에 대한 지식과 다른 모든 지식의 차이점

2. 우리 마음이 하나님 안에서 안식을 찾기 위해서는 당연히 하나님에 대한 지식을 어느 정도 가져야 합니다. 왜냐하면 알려지지 않은 것은 사랑받지 못하기 때문입니다. 요즘에는 하나님을 알 수 있는 가능성을 완전히 부인하는 사람들이 많지만, 성경은 하나님이 사람들에게 어느 정도 알려질 수 있다고 가정합니다. [하나님께서] 자신을 계시해 오셨기 때문입니다(더 자세한 설명은 2장을 보세요). 성경에 따르면, [하나님께서는] 자연에서 나타나는 일들로 자신을 계시해 오셨을 뿐만 아니라(롬 1:19-20), 무엇보다도 선지자들과 사도들의 말씀을 통해 그리스도의 인격으로 자신을 계시해 오셨습니다. 그리스도는 [3] 아버지의 유일하고 가장 사랑받는 아들이십니다(마 3:17; 요 1:14; 롬 8:32; 히 1:3). 그리스도는 탁월한 사자(使者)로서(마 11:27; 요 3:16; 17:3) 아버지의 이름을 완벽하게 전달하시고 우리가 참된 하나님을 알 수 있도록 도와주십니다(요 1:18;

---

kerkvader, maar zij zoeken Hem niet op de rechte wijze, niet in den rechten weg, niet op de rechte plaats. Zij zoeken Hem beneden, en Hij is boven ⋯ Zij voelen zich tot God aangetrokken en tegelijk door Hem afgestoon" (14). [번역: 그래서 이 사실이 아우구스티누스의 표현으로 남아 있습니다. 인간 마음은 하나님을 위해서 창조되었습니다. 인간 마음은 우리 아버지의 마음 안에서 쉴 때까지는 쉴 수 없습니다. 그래서 모든 인간은 실제로 하나님을 찾고 있습니다. 그런데 모든 인간은 전혀 바른 방식으로 하나님을 찾고 있지 않습니다. 바른 방식도, 바른 장소도 아닙니다. 모든 인간은 하나님을 저 밑에 있는 아래에서 찾습니다. 그리고 하나님께서 저 위에 초월해 계십니다. ⋯ 모든 인간은 스스로 하나님께 이끌립니다. 그리고 동시에 모든 인간은 하나님에게서 밀려납니다.]

17:6; 요일 5:20). 하나님의 계시 속에서 보냄을 받은 이 그리스도께서 영생 곧 유일하신 참 하나님에 대한 지식에 대한 증언을 전하고 계십니다(요 17:3).[6] 이 사실로부터 알 수 있듯이, 그리스도 안에 있는 하나님에 대한 지식은 완전히 특별한 성격을 가지고 있으며, 기원과 대상, 본질과 열매에서 다른 모든 지식과 구별됩니다.

기원이 다른 이유는 하나님에 대한 지식이 그리스도에게 빚지고 있기 때문입니다. 다른 모든 지식은 우리 자신의 노력과 연구를 통해 얻을 수 있지만, 유일하신 참된 하나님에 대한 지식은 반드시 그리스도를 통해 자녀가 된 우리들에게 주어져야만 합니다. 하나님에 대한 지식은 그리스도와 분리되어서는 그 어디에서도 발견되지 않습니다. 과학을 가르치는 학교에서도, 유명한 철학자들에게서도 찾을 수 없습니다. 그러나 그리스도께서는 아버지를 아시며, 우리에게 그분을 계시하셨습니다. "내 아버지께서 모든 것을 내게 주셨으니 아버지 외에는 아들을 아는 자가 없고 아들과 또 아들의 소원대로 계시를 받는 자 외에는 아버지를 아는 자가 없느니라(마 11:27)."[7]

대상이 다른 이유는 특히 지난 세기에 자연과 역사, 온 세상에

---

6 바빙크는 *Magnalia Dei*에서 그리스도를 계시의 중심점이자 최고점으로 표현합니다[네덜란드어: haar middel—en haar hoogtepunt"](15).

7 계시의 기원으로서의 그리스도에 대한 보다 자세한 설명은 다음 부분을 참고하세요. *MD*, 17-18. 바빙크는 이 부분에서 아들께서 아버지와 맺고 계시는 친밀한 관계에 대해서 설명합니다. 바빙크는 하나님의 사역에서 믿을 만한 계시로서, 하나님의 백성에게 전하기 위해 보내심을 받은 분으로서 하나님께서 신뢰할 만 하다는 사실에서 그 뿌리를 찾고 있습니다.

대한 지식이 너무 방대해지며 다양해지고 있지만, 그런 지식이 여전히 완전하지 않기 때문입니다. 이런 지식은 피조물에 대한 지식이며, 따라서 유한한 존재에만 제한되어 있고, 무한한 존재를 찾지 못합니다.[8] 그러나 창조 사역(事役)에서 하나님의 영원한 능력과 신성이 나타나지만, 여기에서 얻어지는 하나님에 대한 지식은 인간에게 제한적이고 부족합니다. 인간은 구속이 필요한 죄인이기 때문입니다(롬 1:20-23; 3:19-20). 하지만 그리스도 안에서, 우리는 아버지의 은혜와 진리의 모든 충만함으로 아버지를 바라봅니다(요 1:17; 14:9). 그래서 우리는 겸손함으로 자랑할 수 있습니다. 그 겸손함은 그리스도께서 우리를 알기 때문에 우리가 그리스도를 알고, 그리스도께서 우리를 먼저 사랑하셨기 때문에 우리가 그리스도를 사랑한다는 사실에서 나옵니다(요일 4:19).

본질이 다른 이유는, 본질적으로 예수님은 위에 인용한 성경 구절(마 11:27)에서 [비인격적인] 지식으로부터가 아니라, 하나님을 인격적으로 알고 계시는 분으로서 말씀하시기 때문입니다.[9] [4] 비인격적인 지식과 인격적인 지식 사이에는 큰 차이가 있습니다. 책

---

8 계시의 대상으로서의 그리스도에 대한 보다 자세한 설명은 다음 부분을 참고하세요. *MD*, 18-19.

9 계시의 본질로서의 그리스도에 대한 보다 자세한 설명은 다음 부분을 참고하세요. *MD*, 19-21. 바빙크는 "아는 것"을 *kennen*과 *weten*이라는 두 가지 다른 방식을 사용할 때가 있습니다. 이 사실을 독자가 아는 편이 도움이 될 것입니다. *kennen*과 *weten*이라는 단어는 모두 다른 종류의 지식을 표현합니다. *kennen*은 친밀한 인격적인 지식을 나타냅니다. 반면에 *weten*은 비인격적인 지식을 나타냅니다.

을 읽어서 생물, 국가 또는 문화에 대해 많은 부분을 비인격적으로 알 수 있지만, 이는 묵상을 통해 무언가를 인격적으로 아는 것과는 매우 다릅니다. 하나님에 대한 이런 비인격적인 지식은 다른 사람의 증언을 지적으로 받아들이는 것으로만 이루어져 있으며, 이런 지식은 절대 마음에 도달하지 못하고 구원이나 평안도 주지 못합니다. 오히려 이런 지식은 심판을 더 악화시킵니다(마 7:21; 눅 12:47-48; 고전 13:1-13; 약 1:23; 2:19). 그렇지만 그리스도께서는 하나님에 대한 인격적인 지식을 나타내십니다. 이 지식은 하나님의 존재와 덕, 의로움과 은혜에 대한 인격적인 (교제와) 관계와 경험에 근거해서 세워집니다. 따라서 오직 하나님의 자녀들만이 하나님에 대한 인격적인 지식을 가질 수 있습니다(마 5:8; 18:3; 요 3:15; 7:17).[10]

마지막으로 **효과와 열매**에 있어 다른 이유는 하나님에 대한 이런 인격적인 지식은 앎과 동시에 실제로 영생을 주기 때문입니다.[11] 이는 영어 속담처럼 아는 것이 힘이라는 말이 아니며, 현대 문화와 기술처럼 우리에게 물질적인 대상을 지배하는 정신적인 권한을 부여하지도 않습니다. 오히려 생명, 순수한 생명이자 영원한 생명입니다. 이 생명은, 성경에 따르면 평안과 기쁨과 구원을

---

10 바빙크는 *Magnalia Dei*에서 이런 종류의 "인격적으로 아는 것(kennen)" 을 신앙에 대한 지식으로 소개합니다. *MD*, 20.

11 계시의 효과와 열매에 대한 보다 자세한 설명은 다음 부분을 참고하세요. *MD*, 21-22.

포함하며, 원칙적으로 이미 이 땅에서 승리하셨고, 앞으로도 모든 죄와 죽음에서 완전히 승리할 생명입니다. 예수님은 말씀하셨습니다. "나를 믿는 자는 죽어도 살겠고, 무릇 살아서 나를 믿는 자는 영원히 죽지 아니하리니(요 11:25-26)." 아들을 믿는 자에게는 영생이 있습니다(요 3:36).

하나님에 대한 지식과 신학

3. 성경의 이 가르침에 따르면, 이 학문의 본질은 기독교 교회에서 발전되었고, 곧바로 [5] "신학"이라는 이름을 얻었으며, 하나님에 대한 연구로, 오늘날까지 이 이름을 유지하고 있습니다. 신학은 성령 하나님의 인도를 받은 계시로부터 하나님에 대한 지식을 연역하고 추론했으며, 자세히 설명하는 학문으로 여겨졌습니다. 그리고 신학자는 실제로 하나님께서 가르치신 학자로, 하나님과 하나님에 대해서 말하고, 하나님의 이름의 영광을 위하는 사람입니다.

다른 모든 학문과 마찬가지로, 신학도 시간이 지나면서 멋진 발전을 이루어 분야별로 구분이 필요해졌습니다. 전통적으로, 신학자들은 이 학문을 네 가지 영역으로 구별합니다. 첫 번째 영역은 성경의 기원, 편집, 본문 및 해석을 연구합니다. 두 번째 영역은 교회에 초점을 맞추고, 교회의 역사와 현재의 모습을 이해하고자 합니다. 세 번째 영역은 계시 안에서 포함된 계시의 중심점으로서 하나님에 대한 지식을 가지고 있어서, 계시에 대한 참된 내용과 관련된 모든 주제를 포함합니다. 마지막으로, 네 번째 영역은 그리스도의 교회에 있는 직분을 다루고, 이 직분의 사역을 설명합니다. 그런데 이 모든 주제는 분리되어 있지만 여전히 유기적인 통일성으로 훌륭하게 연결되어 있으며, 그래서 그 전체를 받치고 있는 하나님에 대한 지식의 개념으로 독립적인 학문으로서 높이 올려졌습니다. 이런 이유로 인해 신학은 우리 대학에서 실행되고 있는 법학, 의학, 수학, 자연 과학, 문학과 철학 등의 다섯 가지 학부와 함께 학문 분야에서 고유의 위치를 가질 자격을 얻었습니다.

신앙의 진리를 나타내는 다양한 방식

따라서 신학 학문에 있는 세 번째 연구 영역은 하나님께서 자연과 성경에서 자신을 드러내신 지식의 직접적인 대상을 가지고 있으며, 이 계시의 진리와 가치가 분명하게 드러나는 방식으로 인간의 의식에 설명하려고 노력합니다. 물론, 이는 자연스럽게 발생할 수 있으며, 계시의 진리는 그 계시를 받는 사람의 인식에 따라 [6] 다양한 방식으로 이루어지는 것이 적절합니다. 성경은 어린아이에게는 젖을 먹이고, 어른에게는 단단한 음식을 먹어야 한다고 말합니다(고전 3:2; 히 5:12-14; 벧전 2:2). 또한 그리스도 안에서 어린아이와 청년과 아버지를 구별하며(요일 2:12-14), 회중의 모임에서 신자와 불신자를 구별합니다(고전 14:23-24). 바울은 유대인에게 설교할 때는 유대인이었고, 헬라인에게 설교할 때는 헬라인이었으며, 모든 사람에게 설교할 때는 어떤 사람들을 구원하기 위해 여러 모양이 되었습니다(고전 9:20-22). 실제로 하나님의 말씀은 가르침과 위로뿐 아니라 교훈과 책망과 바르게 함과 의로 교육하는 모든 일에 유익합니다(딤후 3:16; 4:2). 게다가, 참된 신앙은 세상과 마주한 성도가 글이나 말로 하는 신앙고백으로 표현될 수 있습니다. [그 신앙고백은] 말씀의 봉사자에 의해 강대상에서 어른에게, 교리문답으로 아이들에게, 교의학을 통해 신학자들에게, 신학적인 요구에 따라서 단언적이면서도(긍정적, 명제적으로) 또는 논박적으로(추론적, 변론적으로) 설명될 것입니다. [신앙고백은] 또한 중고등학교나 특수목적학교 학생들을 위해 작성된 이런 간단한 안내서나 교과서 형식으로 교사에 의해 설명될 수도 있습니다.[12]

신학의 학문을 나타내는 방식은 각각의 경우 다를 수 있지만, 언제나 동일한 진리입니다. 이런 측면에서 어린이와 어른, 평신도와 신학자 사이에 차이는 없습니다. 그들은 모두 한 주님, 한 신앙, 한 세례, 만유 위에 계시는 한 분 하나님 앞에서 각자 그리스도의 선물의 분량에 따라 은혜를 받습니다(엡 4:5-7). 이런 정신을 따라 칼뱅(Calvin)은 제네바 교리문답을 다음의 질문으로 시작했습니다. "인생의 최고 목적은 무엇입니까?" [7] 답은 분명하고도 힘차게 울려 퍼집니다. "인간 자신을 창조하신 하나님을 아는 것입니다."[13] 마찬가지로 웨스트민스터 소요리문답도 이 질문으로 교육을 시작

---

12 다양한 학부에 대한 설명과 그런 다양한 학부 사이에 있는 신학의 위치에 대한 표현은 *Magnalia Dei*에는 없습니다. 신자의 삶에서 신학의 위치를 말하는 이 단락에 대한 내용도 *Magnalia Dei*에는 없습니다.

13 John Calvin, *The Catechism of the Church of Geneva*, trans. Elijah Waterman (Hartford, CT: Sheldon & Goodwin, 1815), 9.

합니다. "인간의 제일 되는 최고의 목적은 무엇입니까?" 여기에 짧으면서도 심오한 답을 줍니다. "인간의 제일 되는 최고의 목적은 하나님을 영화롭게 하고, 하나님을 완전하게 영원히 즐거워하는 것입니다."[14] 우리 네덜란드 신앙고백에 새겨진 헌정사에는 이런 말이 있습니다. "참된 기독교 신앙고백은 하나님에 대한 주요한 가르침과 영혼의 영원한 구원을 포함합니다."[15]

앞으로 다룰 내용의 순서

다음에 이어지는 네 부분에서는, 우리는 먼저 하나님에 대한 지식을 얻어야 할 출처를 강조한 후, 이런 하나님에 대한 지식 자체에 대한 묘사를 시작하고자 합니다. 이를 위해 우리는 먼저 자신을 계시하셨던 하나님 자신에 대해 관심을 가집니다. 하나님의 본질, 속성, 존재에 대한 관심입니다. 그리고 우리는 하나님의 사역(事役)을 다루는 설명으로 넘어는데, (다른 자연 과학이나 역사 등의 학문이 시도하는 것처럼) 하나님의 사역 그 자체를 다루는 것이 아니라, 하나님과의 관계 속에서 **하나님**의 사역, 지식을 계시하는 방식으로서 하나님의 사역을 다룹니다. 이런 하나님의 사역은 크게 창조와 섭리의 사역과 재창조와 구속의 사역으로 나뉩니다. 재창조

---

14 *The Shorter Catechism of the Westminster Assembly with Analysis and Scriptural Proofs*, ed. Edwin Hall (Philadelphia: Presbyterian Board of Publication and Sabbath-School Work, 1919), 5.

15 참고. *MD*, 22.

와 구속의 사역은 그 객관적인 토대를 그리스도의 인격에 두고 있으며, 하나님의 백성이 하나님의 모든 충만함으로 채워지기까지 신자 안에서 역사하시는 성령님을 통해 주관적으로 이루어집니다. 그래서 우리는 하나님의 모든 사역을 통해 하나님으로부터 출발해 하나님께로 되돌아갑니다. 하나님은 만유의 알파와 오메가이십니다. 만물이 주에게서 나오고 주로 말미암고 주에게로 되돌아갑니다(롬 11:36; 계 1:8).

··· 토론과 나눔을 위한 질문 ···

1. 타락한 인간이 여전히 하나님의 형상인 이유는 무엇일까요?
   이 사실이 하나님께서 최고선이시라는 사실과 어떤 관계가 있
   을까요?

2. 인간과 동물의 공통점과 차이점은 무엇이 있을까요?

3. 인간의 마음이 안식을 누리기 위해 필요한 것은 무엇일까요?

4. 그리스도 안에 있는 하나님에 대한 지식은 네 가지 의미에서
   일반적인 지식과 다릅니다. 어떻게 다를까요?

5. 기독교 교회가 하나님을 대상으로 하는 학문의 이름은 무엇일
   까요? 그 학문에 있는 네 영역은 어떻게 구별될까요?

6. 이 책은 신학의 세 번째 영역을 요약한 책입니다. 이 영역은 왜
   성경을 해석하는 가장 건전한 관점일까요? 그런 관점이 항상
   똑같은 이유는 무엇일까요?

Guidebook for Instruction in the Christian Religion

2. (일반) 계시

Handleiding bij het Onderwijs in den Christelijken Godsdienst

2. (일반) 계시

계시: 하나님에 대한 지식의 원천

4. [8] 하나님에 대한 지식은 오직 하나님께서 자신을 인간에게 알리시기로 자유로이 뜻하실 때에만 인간이 얻을 수 있습니다.[1]

하나님께서 직접 전하시는 이 메시지는 보통 **계시**라는 이름으로 표현됩니다. 성경은 계시를 나타나심, 말, 교훈, 일, 알리심 등 다양한 이름을 사용합니다. 이는 계시가 항상 동일한 방식으로 나타나는 것이 아니라 매우 다양한 방식으로 나타난다는 것을 의미합니다. 사실, 하나님의 모든 사역은 말씀과 행위로 외부를 향하고

---

1 *Magnalia Dei*의 22-25쪽에서 바빙크는 계시 안에 있는 하나님의 자유에 대한 개념과 우리가 하나님에 대한 지식을 얻기 위해서는 하나님께 절대적으로 의존해야만 한다는 개념을 더 자세하게 발전시키고 있습니다. *MD*, 22-25.

있습니다. 위대하시고 모든 것을 아우르며 끊임없이 계속되는 하나님의 계시의 구성요소이자 원리입니다. 만물을 창조하시고, 유지하고 다스리시는 일, 이스라엘을 부르시고 인도하시는 일, 그리스도를 보내시는 일, 성령님을 부어주시는 일, 하나님의 말씀을 기록하는 일, 교회를 보존하고 성장시키는 일 등 이 모든 것이 우리에게 하나님의 계시가 전해지는 방식입니다. 이것들은 각각 우리에게 하나님의 어떤 것을 알려줍니다. 어떤 방식이든 존재하고 나타난다면 그것은 우리를 하나님을 아는 지식으로 인도할 수 있습니다. 하나님을 인격적으로 아는 것이 바로 영생입니다.

계시의 기원, 본질, 목적

일반 계시든 특별 계시든 언제나 다음과 같은 특징이 있습니다.[2]

첫째, 계시는 언제나 오직 **하나님 자신**으로부터 자유롭게 나옵니다. 하나님께서는 모든 장소에 계신 것처럼 여기에 계시고, 유일한 주체이시며, [의] 완전한 의식을 가지고 자유롭게 행동하십니다. 인격적이고 자의식을 가지고 계신 하나님에 대한 신앙고백을 거부하는 많은 사람이 여전히 하나님의 계시에 대해 이야기하곤 합니다. 그러나 이는 그 단어의 정확한 의미와 모순되게 사용하는 것입니다. 비인격적이고 무의식적이며 전능한 힘만을 믿는 사

---

2 이전의 두 단락은 *Magnalia Dei* 24쪽에 있는 두 단락과 일치합니다.
  MD, 24.

람들의 관점에서 잔혹하고 무의식적인 힘에 대해서는 이야기할 수 있겠지만, 그들은 더 이상 정확한 계시에 대해 이야기할 수 없습니다. 계시는 하나님의 절대적인 의식과 자유를 전제로 하기 때문입니다. 올바른 모든 계시는 하나님께서 인격적으로 존재하시고, 하나님 자신이 의식을 가지고 계시며, 그분이 스스로를 피조물에게 알리실 수 있다는 개념에 기초합니다. 인간의 내면에 있는 하나님에 대한 지식은 하나님께서 자신을 가지고 계신다는 지식(자의식)에 기초하고 출발합니다. 자의식성과 자기 지식이 없다면, 인간은 하나님에 대한 어떠한 인격적인 지식도 얻을 수 없습니다(마 11:27).[3]

두 번째로, 하나님의 모든 계시는 **자기** 계시입니다. 하나님은 계시의 근원이시며, 또한 자기 계시의 내용이십니다. 이는 그리스도 안에서 우리에게 나타난 최고의 계시에도 적용됩니다. 예수님 자신이 사람들에게 아버지의 이름을 나타내셨고(요 17:6), 하나님을 우리에게 증언한다고 말씀하셨습니다(요 1:8). 오직 이것만이 그분 자신으로부터 나온 이전의 모든 계시를 초월했습니다. 자연과 은혜, 창조와 재창조, 세상과 역사 속에 있는 하나님의 모든 사역이 우리에게 하나님의 이해할 수 없고 사랑스러운 본성의 일부를 알 수 있게 합니다. 하나님의 사역은 각각 동일한 방식이나 수준으로 이런 일을 하지 않습니다. 여기에 끝없는 다양성이 있습니다. 하나님

---

3 이 단락은 *Magnalia Dei*에 거의 똑같이 있습니다. *MD*, 24–25.

의 어떤 사역은 그분의 의로움에 대해 더 말하고, 다른 사역은 그분의 선하심에 대해 더 말합니다. 여기에는 하나님의 전능함이 빛나고, 저기에는 하나님의 지혜가 분명하게 드러납니다.[4] 그러나 하나님의 모든 사역은 함께 그리고 각각의 고유한 정도에 따라, 우리에게 하나님의 위대한 덕을 선포하며, [10] 그분의 속성과 완전하심, 본질과 자기 구별, 생각과 말씀, 의지와 기쁨을 알려줍니다.[5]

셋째로, 계시는 하나님에게서 나옵니다. 계시의 내용은 하나님이며, 그 목적은 **하나님 자신**입니다. 계시는 하나님에게서 나오며, 하나님을 통해 그리고 하나님을 향해 나옵니다. 하나님은 자신을 위해 모든 것을 이루셨습니다(잠 16:4; 롬 11:36). 하나님의 계시에서 전해지는 그분에 대한 지식은 하나님의 자기 지식과는 본

4　현재 단락은 요한복음 17장 6절과 요한복음 1장 18절 사이의 간단한 확장을 제외하면 *Magnalia Dei*의 한 단락과 일치합니다. *MD*, 26. 현재 단락에서 남아있는 문장은 *Magnalia Dei*에서 분리된 단락으로 있으며, 또한 동일합니다.

5　*Magnalia Dei*의 25-26쪽 사이에 있는 이 두 단락 사이에서, 바빙크는 하나님의 자신에 대한 지식이 무한한 반면에, 우리는 하나님을 유한한 계시를 통해서 알고 있다고 서술하고 있습니다. *MD*, 25-26. 따라서 객관성(세상)과 주관성(우리 자의식) 모두에서 우리는 하나님의 존재의 충만함을 오직 약간 엿보는 일에만 제한되어 있습니다. 그렇지만 이런 지식은 그 근원 때문에 신뢰할 만 합니다. 그리고 인간은 성부의 마음 안에서 안식을 찾기까지는 실존적인 안식을 절대 누리지 못할 것입니다. Bavinck, *Philosophy of Revelation: A New Annotated Edition*, ed. Nathaniel Sutanto and Cory Brock (Peabody, MA: Hendrickson, 2018), 23[이하에서 *PoR*로 표시합니다]. 헤르만 바빙크, 『헤르만 바빙크의 계시철학』, 박재은 옮김 및 해제 (군포: 도서출판다함, 2019), 92. "하나님께서 세상을 창조하실 때 하나님의 능력이 온 만방에 드러났다. 구원 사건이 핵심을 차지하는 계시 안에서 하나님의 위대성이 아낌없이 드러난다."

질적으로 구분되지만, 그 지식은 헤아릴 수 없을 만큼 풍부하고 심오하기 때문에 어떤 이성적인 피조물의 의식에서도 완전히 파악될 수 없습니다. 천사는 오성(悟性)에 있어서 인간을 훨씬 초월해 있으며, 하늘에 계신 아버지의 얼굴을 날마다 보지만(마 18:10), 복음 설교자들이 우리에게 전한 계시를 살펴보기를 열망합니다(벧전 1:12). 그리고 인간은 하나님의 계시에 대새 더 깊이 생각할수록, 더욱더 바울처럼 외치게 됩니다. "깊도다 하나님의 지혜와 지식의 부요함이여, 그의 판단은 헤아리지 못할 것이며 그의 길은 찾지 못할 것이로다(롬 11:33)."[6] 그러므로 계시는 인간에게 아름다울 수 있고, 인간의 구원을 염두에 둡니다(막 16:15-16; 요 3:16, 3:36; 행 17:27). 그러나 계시는 최종 목표를 인간에게 두지 않고, 오히려 인간을 훨씬 초월합니다. 하나님은 계시에서 자신을 위한 찬양을 만드시며, 자신의 이름을 영화롭게 하십니다. 계시가 하나님으로부터 나오고, 하나님을 통해 존재하기 때문에, 계시에는 하나님을 영화롭게 하기 위한 운명과 목적이 있습니다.[7]

---

6 이 단락은 로마서 11장 33절 인용 뒤에 이어지는 말을 제외하면 *Magnalia Dei*에 거의 똑같은 단락이 있습니다. *MD*, 26. 바빙크는 이 작품에서 인용한 마가복음, 요한복음, 사도행전의 각 구절에 관심을 기울입니다.

7 *Magnalia Dei*에 있는 이 단락 이후에서, 바빙크는 그리스도의 인격에서 중점과 절정을 가지고 있는 계시를, 신자를 위해 하나님의 말씀의 위치가 가지고 있는 계시를 설명합니다. *MD*, 27-28. 그렇다면 가장 고등한 계시는 하나님의 아들입니다. 그 아들은 가장 처음부터 아버지와 함께 계셨고, 육체를 취하셨으며, 하나님의 영광의 지식의 빛을 전달하기 위해 보내심을 받은 분입니다. 이 안내서에서 계시의 중점과 절정으로써

일반 계시와 특별 계시의 관계

5. 이 계시는 일반 계시와 특별 계시로 구분됩니다.

일반 계시에서 하나님은 현상과 사건이 발생하는 일반적인 과정을 통해 자신을 계시하십니다. 반면에 특별 계시에서는 종종 독특한 수단, 나타나심, 예언, [11] 기적을 사용하여 인간에게 자신을 알리십니다. 특별 계시는 특히 하나님의 전능하심, 지혜, 선하심의 속성을 가지고 있으며, 무엇보다도 하나님의 거룩하심과 의로우심, 자비와 은혜를 나타냅니다. 일반 계시는 모든 사람에게 나타나며, 일반 은총을 통해 죄가 급격하게 퍼지는 것을 억제합니다. 그러나 특별 계시는 오직 복음의 영향 아래 살며 특별한 은혜로 인해 죄 용서와 새 생명의 중생이라는 복을 받은 사람에게만 나타납니다.[8]

일반 계시와 특별 계시는 각각 얼마나 많이 구별되는지와는 별개로, 서로 긴밀하게 연결되어 있습니다. 둘은 모두 하나님의 자유로운 선하심과 은혜에 그 기원이 있습니다. 일반 계시는 태초에 하나님과 함께 계시고, 만물을 창조하시며, 그 빛을 어둠 가운데 비추고, 세상에 오셔서 모든 사람에게 빛을 비춰주신 말씀에 기인합니다(요 1:1-9). 특별 계시도 똑같은 말씀에 기인하지만, 그 말씀은 그

그리스도가 생략된 것은 지금이 두 번째입니다. 이 계시가 가지고 있는 특별한 위치에 비추어 본다면, 신자는 자연과 역사에서 하나님을 더듬어 찾도록 자극받고, 진리와 선함과 아름다움을 인식하도록 자극받습니다.

8 이 단락은 첫 번째 문장을 제외하면 *Magnalia Dei*에서 똑같은 단락이 있습니다. *MD*, 28. 바빙크는 이 책에서 첫 문장을 분리해서 이전 단락과 마찬가지로 고유한 단락으로 배치했습니다.

리스도 안에서 육신이 되어 현재는 은혜와 진리로 충만해진 분입니다(요 1:14). 일반 계시와 특별 계시의 내용은 모두 은혜입니다. 하나는 일반 은혜, 다른 하나는 특별 은혜를 내용으로 합니다.[9] 그리고 두 계시 모두 성경에 포함되어 있습니다. 일반 계시는 원래 자연에서 비롯되었지만, 우리(인류)는 오성이 어두움에 물들어서 결코 자연에서 일반 계시를 이끌어낼 수 없기 때문에 성경에 편입되었습니다. 그러나 이제 성경은 세상을 통해 우리의 길에 빛을 밝혀주며, 우리에게 자연과 역사에 대한 올바른 인식을 가져다줍니다.[10] 성경은 우리가 다른 곳에서 볼 수 없는 하나님을 인식하게 합니다. 우리는 성경의 빛을 통해 하나님의 손으로 이루어진 모든 사역에 펼쳐진 하나님의 속성을 바라볼 수 있습니다.

---

9 여기까지는 *Magnalia Dei*에서 똑같은 단락이 있습니다. *MD*, 28.

10 재미있는 사실은 바빙크가 *Magnalia Dei*에서 일반 은총과 특별 은혜에 대한 논의를 철저히 파고들고 있다는 사실입니다. 여기서 바빙크는 자연과 역사에 미치는 계시의 영향력을 생각합니다. "우리가 역사의 본질에 대한 생각을, 즉 자연의 본질에 대한 생각을 꿰뚫어 보려고 하면 할수록, 우리는 보다 더 역사와 자연이 갖추고 있는 본질의 개념을 거머쥐게 되고, 그 본질의 개념을 고수합니다. 또 그렇게 하면 할수록, 역사와 자연의 본질이 **계시** 안에서 근원하고, **계시**에 의해 뒷받침된다는 사실 그 자체를 드러냅니다. 또 그렇게 하면 할수록, 역사와 자연이 갖추고 있는 본질은 자신을 어떤 역사의 관점에까지 다다를 수 있도록 높이면서 결국은 그 관점에 도달하게 합니다. 그런 역사의 관점은 기독교가 제시했던 관점입니다. 그런 역사의 관점과 함께 기독교는 차례로 자연과 역사 안에서 나타난 계시를 검증하고 지지합니다(*PoR*, 111)." 헤르만 바빙크, 『헤르만 바빙크의 계시철학』, 268.

자연과 역사와 인간에게서 나타나는 일반 계시

성경에 따르면, 무엇보다도 우리 주변에 있는 모든 자연에 하나님의 계시가 있습니다.[11] "하늘이 하나님의 영광을 선포하고 궁창이 그의 손으로 하신 일을 나타내는도다(시 19:1)." "하나님이 그 해를 악인과 선인에게 비추시며 [12] 비를 의로운 자와 불의한 자에게 내려주심이라(마 5:45)." 더 자세한 내용은 다음 구절을 보십시오(시 8, 65, 104, 145, 147편; 사 40장; 마 6:26-30; 롬 1:19-20).[12]

또한 역사에도 하나님의 계시가 있습니다.[13] 하나님께서는 인류의 모든 족속을 한 혈통으로 만드사 온 땅에 살게 하셨습니다(행 17:26). 하나님은 홍수로 인류의 첫 번째 세대를 쓸어버리시고, 동시에 노아의 가문을 보존하셨습니다(창 6-9장). 하나님께서는 바벨탑에서 인간의 언어를 혼잡하게 하셨고, 그들을 온 지면에 흩으셨습니다(창 11:7-8). 지극히 높으신 이는 민족들에게 기업을 주시고 아담의 자손들을 나누셨을 때, 사계절을 정하시고 이스라엘 자손의 수효대로 백성들의 거주지와 경계를 정하셨습니다(신 32:8; 행 17:26). 하나님은 이스라엘 백성을 특별 계시를 전달할 사람들

---

11 자연에 있는 하나님의 계시에 대한 보다 자세한 설명은 다음을 참고하세요. *MD*, 29-32.

12 여기서는 "여섯 가지 증명"이 "자의식" 이후에 나타납니다. 그리고 *Magnalia Dei*에서는 "자의식" 이전에 나타납니다. 그렇지만 논조는 똑같습니다.

13 역사에 있는 하나님의 계시에 대한 보다 자세한 설명은 다음을 참고하세요. *MD*, 32-33.

로 선택하셨고, 이방인들은 각자의 길을 따라 살도록 하셨지만(행 14:16), 그들(이방인들)을 놓지 않으셨으며, 자기 운명에 따라 살도록 내버려두지도 않으셨습니다. 반대로, "자기를 증언하지 아니하신 것이 아니니 곧 여러분에게 하늘로부터 비를 내리시며 결실기를 주시는 선한 일을 하사 음식과 기쁨으로 여러분의 마음에 만족하게" 하셨습니다(행 14:17). 하나님을 알만한 것은 그들에게 알려졌습니다. 왜냐하면 하나님께서 이를 그들에게 보이셨기 때문입니다(롬 1:19). "이는 사람으로 혹 하나님을 더듬어 찾아 발견케 하려 하심"입니다(행 17:27).

마지막으로 인간 자신에게서 나타나는 하나님의 계시도 있습니다. 이 하나님의 계시는 인간 자신의 마음과 양심 그리고 인생의 모든 영역에서 나타납니다.[14] 인간은 하나님의 형상으로 창조되었고 여전히 하나님 형상의 흔적을 가지고 있습니다. 인간은 하나님의 소생입니다(행 17:28). 하나님께서 증거 없이 인간을 내버려두지 않으셨기 때문에(행 14:17), 인간은 자기 안에서 자기 오성과 이성을 통해 보이는 사물로부터 보이지 않는 사물로 올라가려는 자극을 느낍니다(롬 1:19). 또한 자신의 모든 행동이 도덕적 판단의 지배를 받도록 합니다[13](롬 2:14-15). 어리석은 자는 그의 마음에 이르기를 "하나님이 없다"라고 합니다(시 14:1). 그러나 모든 인간의 영혼 깊은 곳에는 전능하신 능력과 신성의 감각에 절대적으로

---

14 인간의 자의식에 대한 더 자세한 설명은 다음 부분을 참고하세요.
 MD, 33-34.

의존하려는 감정이 있습니다.[15] 이것은 칼뱅이 종교와 도덕의 씨앗이자 원리라고 부른 것과 같습니다.

하나님의 존재에 대한 증거들

신학에서, 사람들은 자연과 역사가 하나님의 존재와 본질에 대해 했던 모든 증언을 다양하게 분류하고 나누려고 노력해왔습니다. [신학자들은] 점차 하나님의 존재를 증명하기 위한 여섯 가지 증거에 대해 이야기하기 시작했습니다.

첫째로, 세상이 얼마나 위대하고 강력한지와 상관없이, 세상은 그 자체로 공간과 시간의 형태로 존재한다는 증거를 가지고 있습니다. 이는 세상의 특징이 유한하고 우연적이며 의존적이라는 것입니다. 이것은 스스로를 벗어나 영원하고 필연적으로 존재하며

---

15 Friedrich Schleiermacher, *Christian Faith: A New Translation and Critical Edition*, ed. Catherine L. Kelsey and Terrence N. Tice, trans. Terrence Tice, Catherine L. Kelsey, and Edwina Lawler (Louisville, KY: Westminster John Knox, 2016), §4.2; §32-33. "절대 의존의 감정"이라는 어구가 슐라이어마허(Schleiermacher)에 대한 분명한 언급이기 때문에 주목할 가치가 있습니다. *RD* 1.66에서, 바빙크는 이렇게 말합니다. "슐라이어마허에게 종교의 본질은 절대 의존의 감정 속에 놓인다." 비슷하게 *RD* 1.278에서, 바빙크는 칼뱅과 슐라이어마허를 이런 "종교적 감정" 또는 "신성의 감각"으로 유사한 짝을 만듭니다. 바빙크는 인간이 신성을 인식하기 위한 특정한 자질을 가지고 있는 내적 인식 기관을, 외적인 계시와 일치하는 내적 인식 기관을 소유하고 있다고 제안합니다. 바빙크가 슐라이어마허를 수정해서 자기만의 방식으로 이해하고 있다는 사실에 대해 간략하고 주요한 해석은 다음을 참고하세요. Cory Brock, "Between Demonization and Dependence: Bavinck's Appropriations of Schleiermacher," *Ad Fontes* 2.7 (2018): 1–6.

독립적인 존재를 가리키고 있는 것입니다. 그 독립된 존재는 만물의 최종 원인입니다(우주적 증명).

둘째로, 세상의 곳곳에 법칙과 구조, 일치와 조화, 모든 피조물의 구성에서 발견되는 어떤 목적이 있습니다. 이 목적은 세상의 모든 것이 우연으로 되었다는 설명이 어리석다고 말하면서 우리가 전지전능한 존재를 인식하도록 이끌어 갑니다. 이 전지전능한 존재는 무한한 지성을 가지고 그 목적을 설계했으며, 전능하고 편재하신 능력으로 그 목적을 향하게 하고 이루게 하십니다(목적론적 증명).

셋째로, 모든 인간의 의식에는 더 높은 존재에 대한 인식과 그보다 더 높은 존재는 생각할 수 없다는 인식이 있습니다. 동시에 그 존재는 모든 사람에 의해 필연적으로 존재한다고 여겨집니다. 만약 그런 존재가 존재하지 않는다면, 가장 높고 절대적이며 필연적인 사고는 환영이 되고, 인간은 자의식의 증언에서 신뢰를 잃게 될 것입니다(존재론적 증명).

이것으로 네 번째 증거가 곧바로 덧붙여집니다. [14] 인간은 이성적인 존재인 동시에 도덕적인 존재입니다. 인간은 자신을 초월해서 존재하는 높은 법칙에 구속되어 있는 양심을 느끼는데, 이 사실은 인간에게 절대적인 순종을 요구합니다. 그 법칙은 거룩하고 의로운 법을 만드는 존재를 가리키며, 그 존재는 법을 선고할 수도 있고, 무효로 만들 수도 있습니다(도덕적 증명).

이 네 가지 증명에 더하여, 민족들의 합의와 인류의 역사를 통해 파생된 두 가지 증명이 추가됩니다. 종교가 없는 민족이 없다는 것은 놀라운 현상입니다. 어떤 사람들은 반대 논증을 펼치기도 했지만, 역사적 조사는 점점 더 실패했습니다. 무신론을 따르는 종족이나 민족은 없습니다. 이 현상은 절대적인 보편성이 [종교의] 필연성을 보여준다는 점에서 매우 중요합니다. 그러므로 절대적인 보편성은 우리에게 두 가지 결론을 제시하고 그 중 하나를 따르도록 합니다. 하나는 인류 전체가 종교의 보편성에 있어서 어리석은 상상으로 고통을 받는다는 것이고, 다른 하나는 부패한 형태이긴 하지만 하나님에 대한 지식과 은혜가 모든 사람에게서 나타나고 하나님의 존재에 그 기초를 두고 있다는 사실입니다.

그럼에도 불구하고, 성경의 빛으로 볼 때 인류의 역사는 우리에게 만물을 다스리는 최고의 존재가 있다는 사실을 알려주는 계획과 과정을 보여줍니다. 개인의 삶뿐 아니라 민족의 역사에서도 여러 가지 반대와 어려움이 나타나지만, 이 관찰은 사실입니다. 그러나 역사를 연구하는 모든 사람은 의식적으로든 무의식적으로든 역사가 사고와 설계를 통해 인도하는 안내자라는 가정을 하고, 그 사고의 발견에 초점을 맞추면서 자신의 연구를 시작합니다. 역사와 과거를 묵상하는 것은 하나님의 섭리에 대한 믿음에 기초를 두고 있습니다.[16]

---

16 이전의 여섯 단락은 *Magnalia Dei*에서 똑같은 단락이 있습니다.
   MD, 30-32.

일반 계시의 가치와 불충분성

6. 일반 계시의 내용과 일반 계시가 주는 일반 은총은 우리에게 세상과 인류를 위한 [15] 큰 가치에 깊은 통찰을 제공합니다.[17] 그 깊은 통찰은 하나님께서 죄가 들어온 이후에 창조하신 것을 버리지 않으시고 오히려 그리스도 안에서 구속하시고 회복하셨다는 사실 때문에 이루어집니다. 하나님은 특별한 은혜로 복을 주셨을 뿐만 아니라, 일반 은총을 창조물 전체에 베풀기도 하셨습니다. 이는 세상과 인간이 지속적으로 존재하고, 하나님의 이름이 온 땅에 영광을 얻으며, 하나님의 손길이 미치는 사역에서 그의 영원한 능력과 신성을 나타내시기 위해서였습니다(롬 1:19-20). 그래서 남자의 노동과 여자의 출산(창 3:16-19),[18] 문화의 시작(창 4:20-22), 홍수의 심판 이후 노아 언약(창 8:21-22), 자연 질서의 안정(창 8:22, 렘 33:20, 25 등), 창조의 복을 회복하는 일(창 9:1, 7), 동물 세계에 대한 지배(창 9:2), 인간의 살인 금지(창 9:5-6), 온 땅에 인류가 퍼지는 일(창 11:8, 신 32:8; 사 45:18; 행 17:26), 음식과 마음의 기쁨을 주는 자연의 풍성함(마 5:45, 행 14:16-17), 종교와 도덕(롬 1:19-20; 2:14-15) 등이 존재합니다. 이 모든 일은 특별 은혜와 연결되어 있는 일반 은총의

---

17 일반 계시의 중요성에 대한 보다 자세한 설명은 다음 부분을 참고하세요. *MD*, ch. 4, "일반 계시의 중요성"

18 창세기 인용에서, 바빙크는 여기서 아담과 하와에게 (두 방향으로 가해진) 선고된 심판을 언급하는 것처럼 보입니다. 바빙크는 그의 동료와는 다르게, 여성의 권리에 대해 진보적이었습니다. 카이퍼와는 달리 바빙크는 네델란드에서 여성 참정권을 추진했습니다.

관계와 섬김 때문에 나타납니다. "온갖 좋은 은사와 온전한 선물이 다 위로부터 빛들의 아버지께로부터 내려오나니 그는 변함도 없으시고 회전하는 그림자도 없으시니라(약 1:17)."

그러나 우리가 이 일반 계시를 과대평가하거나 과소평가해서는 안 됩니다. 지상은 지옥이 아니지만, 천국과도 너무 멀리 떨어져 있습니다. 낙관주의는 비관주의와 마찬가지로 편파적입니다. 세상에는 선함과 기쁨이 많이 존재하지만, 악이 어디에나 어둠의 그림자를 드리우고 있습니다. 이 땅은 주님의 인자한 사랑으로 가득하지만, 여전히 많은 [16] 재앙과 재난의 무대이기도 합니다. 인류의 역사는 하나님의 인도를 증언하지만, 동시에 피와 눈물의 역사이며 불의와 슬픔의 역사이기도 합니다. 술과 매춘과 범죄로 인한 죄가 날마다 일어나는 우리 기독교 사회의 황폐함을 생각해 보십시오. 이 황량함은 비록 문명과 체면의 가면 아래 가려져 있어 잘 보이지 않아도 인간의 마음 속에 존재하는 가난과 게으름, 악함과 분노에 대한 설명입니다. 당신은 사람의 마음이 계획하는 바가 어려서부터 악하다는 성경의 말씀에 동의할 것입니다(창 8:21).

종교의 증언

이러한 판단은 인간 세상에서 발견되는 모든 종교에 영향을 미칩니다. 인간 안에 감춰진 신성에 대한 감각과 종교의 씨앗은 하나님의 일반 계시로 인해 존재하며, 그것은 인류에게 헤아릴 수 없는 복으로 되돌아옵니다. 그러나 이런 종교적인 감각이 내부에서 표상과 정서, 외부의 예배의 행위로 스스로를 드러내는 방식은 모두 위조되고 부패되었습니다. 바울은 이방인들이 자연에서 하나님을 일반 계시로 알기는 했지만, 하나님을 영화롭게도 하지 않고 감사하지도 않았다고 말합니다. 오히려 그들은 자기 생각에서 허망해져 미련한 마음이 어둡게 되었습니다(롬 1:21-23). 인류의 종교에 대한 공정한 역사적 연구는 동일한 결론에 도달해 왔습니다. 거짓 철학과 피상적인 종교의 본질에 대한 다양한 형태의 도움을 받은 인간의 정신에서 이런 결론의 심각성이 가리워질 수 있습니다. 그러나 사실은 변함이 없습니다. 문명의 긴 역사 동안, 인류는 하나님을 영화롭게 하지도 않았으며, 하나님께 감사하지도 않았습니다. 우선, 모든 민족에게서 우상 숭배와 새겨진 형상을 만든 것을 발견할 수 있습니다[17]. 우상 숭배에 못지않게, 인류와 세상, 성화와 죄, 현재와 장래의 삶에 대한 온갖 종류의 잘못된 개념들이 존재합니다. 세 번째로, 모든 종교는 인간의 능력으로 구원을 얻으려 노력한다는 점에서 기독교와 구별됩니다. 우상 숭배는 항상 신앙에 미신, 운세(점술), 마술(주술)을 동반하여 이루어집니다.

그리고 소위 말하는 대(大)종교들, 특히 페르시아의 차라투스트라(주전 6세기), 중국의 공자(주전 6세기), 인도의 부처(주전 5세기), 아라비아의 무함마드(주후 7세기) 등은 적어도 실천에 있어서는 예외를 제시하기도 합니다. 의심할 여지 없이 이런 종교의 창시자들은 자신들의 주변에서 보였던 미신보다 더 숭고한 위치에 있었습니다. 그러나 그들은 가짜 종교의 일부를 잘라냈을지라도, 그 뿌리를 잘

라내지는 못했습니다.[19] 그래서 사도 바울의 말씀이 그대로 남아 있습니다. 자신의 모든 지혜를 가진 세상이 하나님을 알지 못한다는 것입니다(고전 1:21). "빛이 어둠에 비취되 어둠이 깨닫지 못하더라(요 1:5)." "그 말씀[the Logos]이 세상에 계셨으며 세상은 그로 말미암아 지은 바 되었으되 세상이 그를 알지 못하였고(요 1:10)."

일반 계시는 특별 계시에 대한 요구를 일깨우며, 풍요롭게 합니다. 만일 인류와 세상을 위해 구원이 있다면, 일반 계시는 그런 구원의 필요성을 밝혀줍니다. 일반 계시는 이미 특별 계시 안에 얽혀 있으며, 특별 은혜의 활동인 구속 사역이 될 것입니다. 어떤 민족과 종교도 자연과 역사에서 나타나는 하나님의 일반 계시로 만족하지 않았습니다. 모든 민족과 종교는 자연에서 주어지는 것보다 하나님을 더 드러내는 또 다른 계시에 대한 필요를 느꼈습니다.

---

19 이 부분에 대한 바빙크의 보다 자세한 설명은 다음 부분을 참고하세요. *MD*, 48-50.

1. 계시의 정의는 무엇일까요? 계시는 성경에서 어떻게 표현될까요?

2. 계시의 세 가지 성격은 각각 무엇일까요?

3. 일반 계시의 세 종류는 무엇이 있을까요?

4. 일반 계시와 일반 은총은 어떻게 구별되며, 이 둘이 인간에게 중요한 이유는 무엇일까요?

5. 일반 계시를 특별 계시보다 더 낮게 여길 수 있을까요? 아니라면 그 이유는 무엇일까요?

3. (특별) 계시

3. (특별) 계시

일반 계시와의 차이점

7. [18] 특별 계시에서 하나님께서는 우리에게 먼저 선지자를 통해, 그리고 그 후에 하나님의 아들을 통해 말씀하셨습니다. 하나님은 이 특별 계시를 통해서 [인간 마음에서] 일어나는 하나님 자신에 대한 필요를 충족시키십니다(히 1:1). 이런 특별 계시는 언제나 일반 [계시]와 밀접한 관계가 있지만, 특별 계시는 일반 계시와 반드시 구별되어야 합니다.[1] 이런 구별은 특별 계시가 나타나는 방

---

1 "하나님의 마음의 위대함이 여실 없이 드러나는 특별 계시는 하나님의 정신의 능력이 드러나는 일반 계시를 능가한다. 일반 계시는 특별 계시로 우리를 이끌고, 특별 계시는 다시 일반 계시를 가리킨다. 서로가 서로를 필요로 하며, 만약 둘 중에 하나라도 없을 경우 불완전하고 난해한 계시가 되어버린다. 특별 계시와 일반 계시 둘 다 창조와 구속 가운데 펼쳐 놓은 하나님의 다채로운 지혜를 선포한다.(*PoR*, 25)." 헤르만 바빙크, 『헤

식, 내용과 목적에서 특히 분명하게 드러납니다.

특별 계시의 방식

방식에 관해서는 항상 동일하진 않습니다. 특별 계시는 하나님 자신이 일하시는 수단에 따라 구별되며, 나타나심, 드러내심, 알리심, 말씀하심, 선포하심, 가르치심 등 다양한 명칭으로 불립니다.[2] 성경의 많은 곳에서(예를 들어 창 2:16, 18, 4:6下, 6:13下, 12:7, 13:14 등) 특별 계시는 주님이 나타나셨고, 이르셨고, 말씀하셨으며, 명령하셨다는 표현 등으로 간단하게 언급됩니다. 특별 계시가 나타나는 방식에 대한 설명은 거의 없습니다. 다른 본문들은 이를 더욱 분명하게 해주며, 하나님께서 사용하시는 두 종류의 수단을 우리가 구별할 수 있게 합니다.

특별 계시의 외적 수단

첫 번째 종류의 수단에는 하나님께서 인간의 외부로부터 오시고 그에게 나타나시며 말씀하도록 하는 모든 수단이 포함되어 있습니다. 이 모든 수단은 객관적입니다.[3] 이런 일은 일반적인 의미

르만 바빙크의 계시철학』, 95.

2 바빙크는 특별 계시를 다루는 장에서 특별 계시의 **방식**을 말합니다. *MD*, ch. 5.

3 바빙크는 objectief(객관적인)이라는 말을 명확히 하기 위해 설명하는 용어인 voorwerpelijk(목적을 가지고 있는)을 덧붙입니다.

로 이해해서는 안 됩니다. 하나님께서는 [19] 창조와 섭리의 모든 사역에 계시되시고 말씀하시지만(시 29:3-9; 33:6, 9), 특별 계시는 특별한 의미를 가지고 있습니다. 예를 들어, 하나님은 자주 아브라함, 모세 그리고 시내산에 있는 이스라엘 백성에게, 성막과 지성소 위에, 하나님의 존재의 표적으로서 연기와 불의 구름으로 나타나셨습니다(창 15:17; 출 3:2; 13:21; 19:9; 레 16:2 등). 하나님은 천사들을 통해서 그의 말씀을 사람들에게 알리셨고(창 18:2; 32:1; 단 8:13; 슥 1:9下.; 마 1:20 등), 특히 여호와의 이름을 가지고 있는 언약의 사자를 통해 그의 말씀을 알리기도 하셨습니다(출 23:20). 또한 이스라엘 가운데에서 제비뽑기(잠 16:33)와 우림과 둠밈을 통해(출 28:30) 자신의 뜻을 선포하셨습니다. 하나님은 가끔씩 들리는 음성으로 말씀하시거나(출 19:9; 신 4:33; 5:26; 마 3:17; 벧후 1:17), 친히 증거판에 율법을 기록하셨습니다(출 31:18; 25:16).[4]

이 시대에 사방에서 맹렬한 비판을 받고 있지만, 성경에 많이 나타나고 구별된 기적들도 계시의 수단에 포함됩니다. 가장 먼저 성경의 세계관을 철저히 거부하는 사람들에게서 성경의 기적들을 변호하는 일은 헛된 일입니다. 무신론과 유물론이 가르치듯 하나님이 존재하지 않는다면, 또는 범신론이 상상하는 것처럼 하나님이 독립적인 인격적 존재를 가지지 않고 세상과 연결된 하나의 본질로 존재하신다면, 또는 이신론이 제시하듯 하나님이 창조 후에

---

4   이 단락은 *Magnalia Dei*에 똑같은 단락이 있습니다. *MD*, 56.

세상으로부터 물러나 창조 세계가 자기 운명대로 가도록 내버려 두셨다면, 기적이 불가능하다는 말은 아무 필요가 없기 때문입니다. 만약 기적의 불가능성이 먼저 확립된다면, 더 이상 기적의 실재에 대해 논의할 필요가 없어집니다.[5]

[20] 그러나 성경은 하나님에 대해, 세상에 대해 그리고 그 둘 사이의 관계에 대해 다른 관점을 드러냅니다. 성경은 먼저 하나님께서 의식을 가지고 계시고, 의지가 있으시며, 전능하신 존재라고 가르칩니다. 또한 그 하나님께서 모든 세상과 그 안에 있는 모든 힘과 법칙을 창조하셨지만, 그럼에도 자신의 충만한 능력을 모두 소진하지 않으셨다고 말합니다. 하나님은 자신 안에 무한한 생명과 능력의 충만함을 유지하고 계시며 소유하고 계십니다. 하나님께는 불가능한 일이 없습니다(창 18:14). 하나님께는 모든 일이 가능합니다(마 19:26).[6] 게다가 [성경은] 세상을 하나의 거대한 유기체로 간주하고, 그 안에는 다양한 피조물, 힘, 법칙이 포함되어 있으며, 시간의 그 어떤 순간도 그 자체로 존재하지 않고 항상 하나님 안에서 살아가고 움직인다고 여깁니다(행 17:28). 모든 시간에 걸쳐 편재하시고 전능하신 능력을 가지신 하나님께서 자신의 피조물을 수단으로 삼아 일하신다면, 그분이 우리에게 알려진 자연과 역사의 정상적인 진행 과정과 구별되는 다른 방식과 다른 수단

---

5 이 단락은 *Magnalia Dei*에 똑같은 단락이 있습니다. *MD*, 56-57.

6 여기까지는 이 단락은 *Magnalia Dei*에 똑같은 단락이 있습니다. *MD*, 57.

을 사용하셔서 일하시는 것이 불가능한 일일까요? 그러므로 기적은 자연 법칙을 무너뜨리는 것이 아닙니다. 이런 기적들은 성경 안에서 일어납니다. 성경이 기적을 요약하거나 명확하게 공식화하지는 않지만, 온전히 인정되고 있습니다. 결국 모든 자연의 질서는 하나님께서 노아와 맺으신 자연 언약에 따라 고정되어 있습니다 (창 8:22). 그러나 사람이 자기 지성과 의지로 땅을 정복하고 경작하여 자연을 통치하는 것처럼, 하나님도 창조된 세계를 자신의 계획을 실행하시는 데 복종시키는 능력을 가지고 계십니다. 기적은 주님이 세상이 아니라, 바로 하나님이시라는 것을 증명합니다.

계시에 대한 이 모든 객관적인 수단은 하나님의 최고의 형상 (요 14:9)이시며 완전히 드러난 하나님의 말씀(요 1:14)이신 그리스도의 인격 안에서 정점에 다다르고 그 중심을 이룹니다. 이는 예수님과, 그 후에 [21] 그의 사도들이 행한 기적들을 통해서뿐 아니라 예수님 자신의 인격(잉태, 삶, 죽음, 부활, 승천 등) 속에서 일어난 구속을 일으키는 기적을 통해서도 이루어집니다. 이 기적은 절대적인 기적이자, 역사의 기적입니다.

특별 계시의 내적 수단

모든 객관적인 외적인 첫 번째 종류의 수단과 함께 하는 두 번째 종류의 수단이 있는데, 이 두 번째 수단은 더 주관적이며, 하나님이 인간 **안에서** 일하시는 모든 계시의 방법을 포함합니다.

첫 번째로 구약의 중보자로서 모세에게 주어졌던 독특한 계시가 있습니다. 이 계시는 사람이 친구와 만나서 이야기하는 것처럼, 여호와께서 모세와 대면하여 직접 말씀하신 것으로 묘사되었습니다(출 33:11). 모세는 구약성경에서 완전히 다른 지위를 가졌으며, 모든 선지자보다 높은 위치에 있었습니다. 하나님께서는 모세에게 환상이나 모호한 말씀이 아니라, 입에서 직접 나오는 말씀으로 말씀하셨습니다. 그는 환상 속에서 여호와를 본 것이 아니고, 그분의 모습과 형상을 보았습니다. 그분의 존재나 얼굴을 본 것은 아니었지만, 하나님의 영광의 광채가 모세의 눈앞을 지나갔습니다(민 12:8; 출 33:18-23).

또한 이러한 계시의 수단 중에 꿈이 있습니다(민 12:6, 신 13:1-5). 환상이나 환영은 육체의 눈이 외부 세계에 대해 닫히고, 영혼의 눈이 신성한 것들(민 12:6, 신 13:1-5), 특히 인간의 의식 속에서 하나님의 성령의 영감이나 음성을 보고 듣는 상태입니다(민 11:25-29; 삼하 23:2; 마 16:17; 행 8:29; 고전 2:12; 벧후 1:21). 인간의 의식 속에서 음성이라는 수단을 통한 이런 마지막 계시는 구약에도 여러 번 등장하지만, 이 계시는 항상 위로부터 [22] 오셔서 선지자를 잠시 압도하시는 활동으로 나타납니다. 그러나 신약에서는 성령께서 부어지셨을 때, 영감은 더 일반적인 형태의 계시가 될 뿐 아니라 더욱 유기적이고 지속적인 성격을 가지게 됩니다.

이 두 가지 계시의 수단은 "현현"와 "영감"이라는 이름으로 요약될 수 있습니다. 그러나 현현의 내용은 전적으로 행동으로만 존재하는 것이 아니라 생각과 말로도 존재한다는 사실을 기억해야 합니다. 또한 여기서 영감의 의미는 선지자들과 사도들이 계시의 기록 과정(성경의 영감 또는 감동)에서 경험했던 성령님의 활동과 모든 신자가 소유한 내적 조명과는 구별된다는 점을 놓치지 말아야 합니다.[7]

특별 계시의 내용

8. 특별 계시의 **내용**은 그 역사적 개요를 통해 우리에게 가장 잘 알려져 있습니다.[8] 특별 계시는 처음에 아브라함으로부터 시작된 것이 아니라, 타락 직후 시작되었습니다(창 3:15). 그 후로 잠시 일반 계시와 함께 한 줄기의 흐름으로 이어져 왔습니다. 그러나 이미 새 인류(가인과 아벨, 가인 족속과 셋 족속) 사이가 분열되기 시작했고, 교회와 세상이 섞여서 특별 계시가 상실될 위기에 처했을 때 이 분리는 절대적으로 필요해졌습니다.[9] 홍수 심판과 인류의 분열 이후에도 우상 숭배와 미신은 함께 증가했습니다(창 15:16; 18:1下; 출 18:9-12; 수 24:2, 14-15 등).

하나님께서는 이제, 인류가 미신과 불의로 가라앉지 않고, 노

---

7 첫 네 단락과 약간 다른 점과 구분한다면, 이전의 네 단락은 거의 똑같이 *Magnalia Dei*에 있습니다. *MD*, 60–61.

8 바빙크는 *Magnalia Dei*에서 특별 계시의 내용에 대해 (6장에서) 장을 구별해서 다룹니다.

9 바빙크가 (셋의 혈통을 따른) 신자의 미숙한 공동체를 교회로 표현한다는 사실은 놀랍습니다. 이 사실은 하나님의 약속에 대한 바빙크의 일반적인 이해가 이스라엘을 포함하는 데까지 확장된다는 사실과 일치합니다. *MD*, 99–100.

아와 맺은 자연 언약이 파기되지 않으며, 인류를 향한 하나님의 목적이 좌절되지 않도록 하기 위해 [23] 아브라함과 함께 다른 길을 택하셨습니다. 하나님은 인류를 다시 홍수로 멸망시킬 수 없으셨지만, 다른 민족들이 각자의 길을 걷도록 허용하시면서 한 사람[아브라함]과 언약을 맺으셨기 [때문입니다.] 그 언약 안에서 한 사람이 한 백성과 언약을 맺고, 그 언약을 통해 하나님의 약속을 확장하고 성취하셨으며, 그 언약이 성취되었을 때 [예수님을 통해] 다시 온 인류에게 그 약속이 확장되었습니다.[10] 그러므로 아브라함과 함께 계시 역사의 새로운 시대가 시작되었습니다.

이 시기의 계시는 이런 방식으로 특징지어집니다. 하나님은 아브라함과, 그의 후손들과 그들의 하나님이 되시기로 언약을 맺으셨습니다. 따라서 구약 종교의 핵심과 중심은, 이스라엘 종교의 일부를 형성하긴 하지만 전능하시며 의로우시고 거룩하신 하나님을 인정하는 소위 일신론에 있지 않습니다. 이스라엘 종교의 본질은 다른 모든 구원의 행위를 포괄하는 하나의 위대한 약속에 있습니다. "나는 너희 하나님이 되고 너희는 내 백성이 되리라(창 12:1-3; 13:14-17; 15:1下; 15:17-21; 17:1下; 18:10; 22:17-19)." 이 약속은 이스라엘 백성을 통해 그리스도에게로, 그리고 그리스도 안에서 모든 인류를 거쳐 온 세상으로 확장됩니다. 율법이 아니라 복음이, 요구가 아니라 약속이 계시의 중심입니다. 옛 언약의 시대에도 인간의 역

---

10 여기까지는 이 단락은 *Magnalia Dei*에 똑같은 단락이 있습니다. *MD*, 62-63.

할은 언약에 대해 믿음과 믿음의 행함으로 응답하는 것이었습니다(창 17:1). 마치 로마서 4장과 갈라디아서 3장에서 바울이 하나님의 계시가 아브라함에게 주어졌다는 사실을 이해했던 것과 같습니다.

아브라함에게 주신 은혜 언약의 약속은 구약성경에 나오는 하나님의 모든 계시의 내용으로 남아 있지만, 그 이후의 모든 계시에서 정교해지고 발전되었습니다. 시내산에서 언약을 맺은 후, 하나님께서 주신 율법의 체계를 세우면서 또 다른 시대가 열렸습니다. 그러나 이전에 아브라함과 맺으셨던 약속은 이후의 [24] 율법 제정으로 인해 결코 폐지되지 않았습니다(갈 3:15下). 이제 율법은 약속에 나타나며 덧붙여졌지만, 원래는 약속에 결합되어 있지 않았습니다. 약속 이후에, 많은 시간이 지난 후에야 율법이 공표되었습니다. 그리고 율법이 약속에 나타났을 때에는 잠정적이고 임시적인 성격을 지니고 있었습니다. 은혜 언약의 약속은 영원하지만, 율법은 아브라함의 진정한 후손인 그리스도께서 약속을 실질적으로 맺은 사람들에게 나타나, 약속의 내용을 받아 전파할 때까지만 지속되었습니다(롬 5:20; 갈 3:17-19).

그러나 하나님께서는 일시적으로 약속에 율법을 더하셨는데, 바울에 따르면 그 이유는 범죄 때문이었습니다(갈 3:19). 즉, 죄를 금지하고 억제할 뿐 아니라 모든 죄 -예를 들어 탐심(롬 7:7)- 를 율법을 위반하는 것으로 드러내기 위해서였습니다. 이렇게 함으로써 율법은 오직 약속의 필요성을 점점 더 강조했습니다. 끊임없이 타락하고 온갖 범죄를 저지르는 이스라엘의 역사에서 증명되었듯이, 죄인을 의롭다 하기 위해서는 그들의 행위와는 구별되는 다른 의, 즉 믿음으로 말미암는 의가 적용되어야 했습니다(갈 3:11). 실제로 율법은 약속과 대립되는 것이 아니라, 약속의 성취에 더 가까워지도록 하나님의 손길에서 적절한 수단으로 사용되었습니다. 율법은 이스라엘을 이동의 자유가 없는 죄수처럼 가두었습니다. "초등교사"로서 이스라엘의 손을 잡고 동행하며 한 순간도 놓지 않았습니다. 보호자이자 보살피는 자로서, 이스라엘을 감독하며 그들이 약속의 필요성과 영광을 알고 사랑하도록 도왔습니다. 즉, [25] 율법이 없었다면 약속과 그 성취는 아무 것도 이루어지지 않았을 것입니다. 그러면 이스라엘은 곧 이교 사상에 빠져 하나님의 계시와 약속, 그리고 자신들의 종교와 민족 사이에서 자신의 모든 위치를 잃어버렸을 것입니다. 그러나 율법은 이스라엘을 보호하고 오랫동안 고립된 상태로 보존해 옴으로써, 하나님께서 자신의 계시를 지키고자 하신 집단을 만들었습니다. 즉, 하나님의 약속을 순수하게 지키고 확장하고 발전시키며 그 약속의 성취에 더 가까워지도록 했습니다. 율법은 약속을 성취하는 역할을 했습니다. 율법은 모든 사람을 하나님의 진노와 사망의 선고 아래에 두었고, 모든 사람이 죄 아래에 있다고 선언했습니다. 그래서 아브라함에게 주어지고 그리스도 안에서 성취된 약속이 모든 믿는 자에게 주어지고, 모든 신자가 자녀로 입양된 것입니다(갈 3:21-4:7).[11]

---

11 율법이 약속과 갖고 있는 관계의 역할에 대한 보다 자세한 설명은 다음

그러므로, 구약의 모든 계시는 새로운 율법이나 가르침이나 제도가 아니라 그리스도의 인격 안에서 이루어지며, 그리스도의 존재 속에서 나타납니다. 한 **인간**이 하나님의 완전한 계시이며, 인자는 하나님의 특별하고 유일한 아들입니다. 구약과 신약은 율법과 복음으로 나란히 서 있는 것이 아니라, 약속과 성취(행 13:32; 롬 1:2), 그림자와 실체(골 2:17), 그림자와 참 형상(히 10:1), 진동하는 것과 진동하지 않는 것들(히 12:27), 의무와 자유(롬 6:15; 갈 4장)로서 함께 관계되어 있습니다. 그리고 그리스도는 구약 계시의 참된 내용이셨기 때문에(요 5:39; 벧전 1:11; 계 19:10), 그분은 또한 새 언약을 시행하시는 핵심적인 머릿돌이자 면류관이십니다. 그분은 율법과 모든 의의 완성이십니다(마 3:15; 5:17). 이제 그의 피로 확증된 온 언약의 모든 약속(마 26:28)은 그리스도 안에서 예와 아멘이 됩니다(고후 1:20). [26] 이스라엘 백성은 그들의 역사, 직분과 제도, 성전과 제단, 희생 제사와 의식 그리고 예언, 시편 찬송, 지혜서의 가르침을 통해서 그리스도 안에서 그들의 운명과 목적을 이룹니다. 그리스도는 이 모든 것의 성취자이십니다. 먼저 그분의 인격과 외양, 말과 행동 그리고 탄생과 생애, 죽음과 부활, 승천과 하나님의 우편에 앉음을 통해서 이루십니다.

따라서 그리스도께서 나타나서 자신의 사역을 성취하신 이후로는 하나님의 계시는 더 이상 보충되거나 증가될 수 없습니다. 오

을 참고하세요. *MD*, 68–70.

직 사도적 증언을 통해서만 고백되고, 모든 인류의 소유가 될 수 있습니다. 구약의 모든 것이 그리스도를 위한 준비였기 때문에, 이제 모든 것은 그리스도로부터 비롯됩니다. 그리스도는 시대의 전환점이십니다.[12] 아브라함과 맺은 약속은 이제 모든 민족에게로 확장됩니다.

특별 계시의 목적: 인간의 구속과 하나님의 영광

9. 현 시점에서 특별 계시의 목적에 대해 더 이상 언급할 필요는 없습니다. 특별 계시는 그 내용으로 충분히 분명하기 때문입니다. 일반 계시는 그 자체로 죄를 억제할 수 있는 반면, 특별 계시는 은혜와 진리로 충만하신 그리스도를 그 내용으로 하여 한 사람, 인류, 그리고 전 세계의 죄와 그에 뒤따르는 비참함과 죽음의 모든 끔찍한 결과를 완전히 파괴해야 합니다. 지금까지는 인류의 역사가 분명히 발전되지는 않았습니다. 그러나 우리는 모든 것의 머리가 되시는 그리스도 아래 함께 모이는 때가 찬 경륜의 시대에 살고 있습니다(엡 1:9-10; 2:14-15). 또한 "우리는 그의 약속대로 의가 있는 곳인 새 하늘과 새 땅을 바라"봅니다(벧후 3:13). 은혜 언약의 약속은 처음부터 존재했습니다. "나는 너희 하나님이 되고 너희는 내

---

12 바빙크는 또한 다음 작품에서 그리스도를 시대의 전환점(keerpunt)으로 언급합니다. "The Science of Holy Theology," in *On Theology*: "또 다르게 표현한다면, 그리스도 이전의 시대에서 모든 것은 그리스도를 위해서 준비되고 있었습니다. 시대가 시대의 전환점이신 그리스도를 향해 나아가고 있었습니다." 또한 다음을 보세요. *MD*, 82.

백성이 되리라." 그 약속은 새 예루살렘에서 완전해질 때까지 계속해서 [27] 성취될 것입니다(계 21:2-4). 그래서 죄와 죽음에 대한 승리, 세계와 인류의 완전한 구속, 하나님의 헤아릴 수 없는 자비와 그분의 다양한 지혜의 영광은 특별 계시의 영광스러운 목적입니다.

… 토론과 나눔을 위한 질문 …

1. 특별 계시는 누구를 통해 주어졌나요? 이 특별 계시는 우리에게 어떤 의미가 있을까요?

2. 특별 계시의 첫 번째 수단은 어떤 성격을 가지고 있을까요? 이 성격은 성경에서 어떻게 나타날까요?

3. 특별 계시의 두 번째 수단은 어떤 성격을 가지고 있을까요? 이 성격은 성경에서 어떻게 나타날까요?

4. 특별 계시와 일반 계시는 먼저 어떻게 시작되었고, 어떻게 분리되었을까요?

5. 율법이 잠시 동안 약속에 더해진 이유는 무엇일까요? 율법과 약속이 대립하지 않는 이유는 무엇일까요?

6. 구약 계시 전체가 어떻게 그리스도라는 결과가 될까요? 이 결과가 구약과 신약을 어떻게 조화시킬까요?

7. 하나님의 계시는 그리스도의 사역의 성취 이후에 보충될 수 있을까요? 그 이유는 무엇일까요?

4. 성경

Handleiding bij het Onderwijs in den Christelijken Godsdienst

4. 성경

계시와 성경의 구별과 관련성

10. [28] 성경은 우리에게 일반 계시와 특별 계시 모두에 대해 알려 줍니다.

현재는 계시와 성경 사이에 존재하는 구별과 관련성을 분명하게 보는 것이 중요합니다. 한편으로는 둘 사이에 상당한 차이가 있습니다. 때때로 계시는 글로 기록되기 훨씬 전에 있었습니다. 예를 들어 모세 이전에 계시가 있었지만, 아직 성경에 대한 언급은 없었습니다. 또한 이 계시는 많은 경우 나중에 글로 기록된 것보다 훨씬 많은 내용을 포함하기도 했습니다. 예를 들어, 아모스서와 같은 선지서는 동시대 사람들에게 전한 말의 간단한 요약에 불과합니다. 구약의 많은 선지자들과 신약의 사도들은 모두 특별 계시의 수단이었지만, 그들 중 많은 사람들이 기록을 남기지 않았습니다.

예수님조차도, 행하신 그 많은 표적을 일일이 기술하면 이 세상에 기록될 책을 다 담을 수 없을 것이라고 말씀하셨습니다(요 20:30; 21:25). 반면에, 하나님은 선지자와 사도들이 글을 기록하는 과정에서 그들 자신이 미리 알지 못했기 때문에 이전에는 다른 사람들에게 전할 수 없었던 것을 계시하실 수도 있습니다. 예를 들어, 요한이 밧모섬에서 미래에 대해 받은 계시가 적어도 부분적으로는 그런 경우입니다.[1]

[29] 그러므로 성경은 계시 그 자체가 아니라 계시를 알 수 있는 기록물이자 문서입니다. 그러나 성경을 계시의 기록된 문서라고 일컬을 때에는 또 다른 오류가 있다는 사실을 반드시 알아야 합니다. 이런 오류를 범하는 사람들은 계시와 성경을 구별할 뿐만 아니라 서로를 분리하고 단절해 버리기도 합니다. 그들은 하나님께서 성경 이전에 계시를 통해 특별한 방식으로 일하셨다는 사실을

---

1 바빙크의 계시 개념은 성경보다 이전에 등장하며, 성경보다 폭넓습니다. 얼핏 보기에는 이 단락은 그 개념이 유지되지 않는다면 모순적인 정보를 나타내는 것처럼 보이기도 합니다. 한 측면에서 우리는 성경에서 기록되지 않은 계시를 가지고 있습니다. 다른 측면에서 우리는 성경에서 주어진 계시를 가지고 있습니다. 가장 먼저 바빙크는 "글로 아무 것도 남기지 않았"지만, 계시의 도구였던 사도들과 선지자들을 언급합니다. 우리는 고대 세계를 가로질러 가며 일한 사도 바나바와 그의 광범위한 공적 사역을 생각할 수 있습니다. 여기서 바빙크는 (우리는 2,000년이 지나 거의 알지 못하는) 바나바의 사역이 계시의 형태였다고 논합니다. 둘째로 우리는 성경에서 주어진 계시에서 "이 계시와는 구별된 어떤 계시"를 가지고 있습니다. 이 구별된 계시는 "특별" 계시입니다. 특별 계시에서 아직 하나님의 백성에게 전해질 수 없었던 것은 하나님에 대한 지식입니다. 그런 지식은 최소한 이런 기록된 형태로 존재하지 않습니다. 따라서 성경은 계시와 같지 않습니다. 그렇지만 성경은 계시의 한 형태입니다.

실제로 인정하지만, 더 나아가 이 계시의 기록이 하나님의 특별 섭리와 별개로 전적으로 인간에게 맡겨진 것처럼 말합니다. 그러면 성경은 여전히 계시의 기록이지만, 부차적이고 오류가 있는 기록물이 됩니다. 그래서 우리가 많은 노력을 기울여서 성경이 특별 계시에 속하는지 아는지를 성경에서 배워야 합니다. 이런 접근 방식에서는 하나님의 말씀과 성경 사이에 큰 차이를 두며, 성경이 하나님의 말씀이 아니라, 다만 하나님의 말씀이 성경 안에 **포함되어** 있다는 표현을 선호하여 사용합니다.

이런 개념은 그 자체로 일어날 가능성이 전혀 없습니다. 왜냐하면 이 개념은 말과 글의 관계를 너무 기계적으로 해석할 뿐만 아니라, 이전 단락에서 살펴본 것처럼 하나님께서 아브라함의 후손, 즉 그리스도 안에 있는 모든 인류를 위한 특별 계시를 주고자 하셨을 때, 하나님께서 또한 그 계시를 보존하고 글이라는 수단을 이용할 수 있도록 특별한 조치를 취하셔야 했다는 사실을 잊고 있기 때문입니다. 이를 위해 기록은 대중에게 그 역할을 합니다. 기록된 말씀은 허공에서 사라지지 않고 남는다는 점에서 말해진 말씀과 구별됩니다. 또한 구전된 전통처럼 왜곡되지 않고 순수성이 보존되며, 그 범위가 말씀을 [30] 듣는 소수에게 한정되지 않고, 모든 민족과 모든 시대로 확장될 수 있습니다. 글은 말씀을 보존하며, 위조나 오류로부터 자유로우며, 대중에게 공개될 수 있게 해줍니다.

그러나 우리는 더 이상 이러한 인간의 추론을 고수할 필요가 없습니다. 특별 계시가 하나님께로부터 오는 것이지만 하나님의 특별한 돌보심 밖에서 형성되었다는 생각은, 성경 자체의 증언에 따르면 옳지 않습니다. 성경은 **성경 자체가** 하나님의 말씀이라는 사실을 반복적이고 단호하게 강조하여 선언합니다. 성경은 이전의 계시와 구별되었지만 분리되지 않습니다. 성경은 계시에 대한 인간적이고 우연하며 자의적인 부록물이 아니라, 그 자체가 계시의 한 요소입니다. 성경은 계시의 인침이자, 완성이며, 모퉁이이자 머릿돌입니다.

성경의 자증1: 모세와 선지자들을 통한 구약의 자증

11. 이를 확인하기 위해서는 성경에 포함된 다음과 같은 분명한 증언에 주목하기만 하면 됩니다.

첫째로, 하나님께서는 선지자들에게 종종 그들이 받은 계시를 입으로 전하는 것뿐만 아니라 글로 기록하라고 지시하십니다. 출애굽기 17장 14절에서, 모세는 여호와께 이스라엘에게 큰 의미가 있는 아말렉과의 전투와 승리에 대한 이야기를 기록하여 하나님의 구속 사역을 기억하도록 하라는 명령을 받습니다. 출애굽기 24장 3-4절, 7절, 34장 27절에서, 모세는 하나님께 이스라엘과 언약을 맺으신 일에 따라 규례와 율법을 기록하라는 명령을 받았습니다. 그리고 이스라엘이 광야에서의 방황을 마치고 여리고 맞은편 모압 평지에 도착했을 때, 모세는 이스라엘 자손의 노정을 여호와의 명령대로 입에 따라 기록했다고 분명하게 말합니다(민 33:2).[2] 또한, [31] 신명기 32장의 모세의 노래도 여호와의 명령에 따라 기록하여 이스라엘 자손들의 입에 두어 이후에 있을 배교의 시대에 그들을 돌이킬 증거가 되도록 해야 했습니다(신 31:19, 22). 받은 계시를 기록하라는 이러한 명령은 이후에 선지자들에게도 나타납니다(사 8:1; 30:8; 렘 25:13; 30:2; 36:2, 27-32; 겔 24:2; 단 12:4; 합 2:2). 이러한 명령은 성경의 일부에만 적용이 된다 할지라도, 그의 말씀이 더해지거나 빼지지 않아야 한다고 강력하게 요구하시는 하나님께서 그분의 계시가 쓰인 기록물에 대해 특별한 관심을 기울이신다는 사실(신 4:2; 12:31; 잠 30:6)을 보여줍니다.

둘째로, 모세와 선지자들은 그들이 하나님의 말씀을 말하고 있을 뿐만 아니라 기록도 하고 있다는 것을 잘 알고 있었습니다. 그래서 모세는 이스라엘 백성을 위한 인도자로서 특별한 부르심을 받았을 뿐 아니라(출 3장), 여호와께서 모세와 친구처럼 얼굴을 마주보며 말씀하셨고(출 33:11), 그에게 모든 율법과 규례를 알려주시기도 하셨습니다. 매번 모든 특정한 법과 규정에서 이런 소개 구절이 발견됩니다. "여호와께서 말씀하시되" 또는 "여호와께서 모세에게 이르시되"(출 6:1, 9, 12 등). 모세오경과 성경 전체를 통틀어

---

2 "naar den mond"라는 어구는 네덜란드(어) 성경 흠정역 판본(the Dutch Statenvertaling edition)의 민수기 33장 2절에서 직접 인용되었습니다. "En Mozes schreef hun uittochten, naar hun reizen, naar den mond des Heeren; en dit zijn hun reizen, naar hun uittochten."

율법 전체는 하나님께 속해 있습니다. 하나님께서는 야곱에게 자신의 말씀을 알리고 이스라엘에게 자신의 율례와 법도를 알리셨기 때문에, 자기 백성을 그의 율법에 대한 지식이 없이 내버려 두지 않으셨습니다(시 103:7; 147:19, 20). 마찬가지로 선지자들은 여호와께서 부르시는 일을 알았을 뿐만 아니라(삼상 3장; 사 6장; 렘 1장; 겔 1-3장; 암 3:7-8; 7:15), 그들이 계시를 받았다는 사실을 알고 있었습니다(사 5:9, 6:9, 22:14, 28:22; 렘 1:9, 3:6, 20:7-9; 겔 3:16, 26-27; 암 3:8 등). [32] 또한 아모스의 말로 확신을 갖고 있었습니다. "주 여호와께서는 자기의 비밀을 그 종 선지자들에게 보이지 아니하시고는 결코 행하심이 없으시리라(암 3:7; 참고. 창 18:17)." 또한 마치 모세의 율법이 특정한 예언을 할 때 항상 이런 공식을 앞에 붙이며 말했던 것처럼, 선지자들은 자신들의 말을 기록하는 것이 아니라, 여호와의 말씀을 선포한다는 사실도 알고 있었습니다. "여호와께서 이르시되," "여호와께서 내게 이르시되," "이상을 받고," "말씀(하나님의 음성)," "여호와의 엄중한 말씀"이라는 말씀으로 말입니다(사 1:1; 2:1; 8:1; 13:1; 렘 1:2, 4, 11; 2:1; 23:33; 겔 1:1; 2:1; 3:1; 단 7:1; 암 1:3, 6, 9 등).[3]

---

3 바빙크의 인용에서 빠진 부분은 예레미야 23장 33절입니다. 여기서 선지자는 여호와의 엄중한 말씀이 무엇이냐는 질문을 받습니다. "이 백성이나 선지자나 제사장이 네게 물어 이르기를 여호와의 엄중한 말씀이 무엇이뇨 하거든 너는 그들에게 대답하기를 엄중한 말씀이 무엇이냐 하느냐 여호와의 말씀에 내가 너희를 버리리라 하셨고"

성경의 자증2 : 구약에 대한 신약의 자증

세 번째 사실은 신약의 증언에서 나타납니다. 예수님과 사도들은 구약을 인용할 때 반복해서 모세, 이사야, 다윗, 다니엘의 이름이 가진 권위로 말씀했습니다(마 8:4; 15:7; 22:43; 24:15). 그러나 "기록되었으되(마 4:4)," "성경에 이름과 같이(요 7:38)," "하나님이 이르시되(눅 12:20)," "성령이 이르신 바와 같이(히 3:7)"와 같이 말씀을 시작하신 경우도 종종 있었습니다.[4] 예수님과 사도들은 이런 인용 방식으로 구약성경이 서로 다른 부분으로 구성되었고, 다른 저자들로부터 비롯되었을지라도, 하나의 유기적인 전체를 구성한다는 사실을 분명하게 나타냈습니다. 기록된 형태에서도 하나님께서 그 저자라는 사실을 나타낸 것입니다. 예수님과 사도들은 이 확신을 간접적으로뿐만 아니라 직접적으로 명확한 용어로도 표현했습니다. 예수님은 성경을 폐할 수 없다고, 성경이 분리될 수 없다고 선언하셨습니다. 성경은 그 권위를 빼앗길 수 없으며(요 10:35), 예수님은 율법과 선지자들을 폐하기 위해 개인적으로 오신 것이 아니라, 이를 완성하기 위해 오셨습니다(마 5:17; 눅

---

4 바빙크는 마태복음 12장 26절을 "하나님이 이르시되"라고 주장하는 근거로서 사용합니다. 그렇지만 이 구절은 이렇게 말합니다. "사단이 만일 사단을 쫓아내면 스스로 분쟁하는 것이니 그리하고야 저의 나라가 어떻게 서겠느냐(마 12:26)." 원리상 바빙크는 정확합니다. 그렇지만 신약 저자가 여러 곳에서 "하나님이 이르시되"라고 성경에 언급하기 때문에 "마태복음 12장 26절"을 "누가복음 12장 20절"로 바꾸었습니다.

24:44).[5] 사도 베드로는 예언의 말씀이 우리의 길을 비추는 더 견고하고 신뢰할 만한 빛이라고 말합니다. 그래서 구약성경에 포함된 예언은 선지자들 스스로가 발전시킨 미래에 대한 예언과 예측에 근거한 것이 아닙니다. [33] 실제로 예전에 예언은 인간의 의지에 의해 일어나지 않았으며, 하나님의 성령의 감동을 받은 하나님의 거룩한 백성이 말한 것입니다(벧후 1:19-21; 참조. 벧전 1:10-12). 같은 의미에서, 바울은 구약 전체를 구성하는 성경은 능히 우리를 지혜롭게 하여 구원에 이르게 한다고 분명하게 말합니다. 실제로 우리가 믿음으로 그리스도 예수 안에서 성경을 찾아 탐구하고 읽는다면, 그것은 하나님의 감동으로 된 것으로(하나님에 의해서 숨이 내쉬어지며, 하나님을 통해 숨을 들이마시는 일), 교훈과 책망(판결과 권징)과 바르게 함과 의로 교육하기에 유익합니다(딤후 3:15-16).

성경의 자증3: 신약에 대한 신약의 자증

마지막으로, 곧 네 번째로, 신약성경과 관련하여 예수님은 자신이 직접 기록하지 않으시고, 대신 사도들을 선택하시고 부르시고 훈련하여서 세상 가운데에서, 특히 그분이 떠난 후에 자신의 증인으로 활동하도록 하셨습니다(마 10:1; 막 3:13; 눅 6:13; 9:1; 요

5　바빙크가 누가복음 16장 27절을 인용하지만, 이 구절은 바빙크가 언급하는 정확한 구절로 보이지는 않습니다. 따라서 이 구절을 정확한 인용인 누가복음 24장 44절로 바꿨습니다.

6:70). 예수님은 제자들에게 여러 가지 특별한 은사와 능력을 주셨습니다(마 10:1, 9; 막 16:15下; 행 2:43; 5:12; 롬 15:19; 히 2:4). 특히 성령님을 보내주셔서 그들에게 예수님이 말씀하신 모든 것을 기억하게 하시고(요 14:26), 장래 일을 선포하여 모든 진리 가운데로 인도하실 것입니다(요 16:13). 그러므로 실제로 그리스도를 증거하는 것은 사도들 자신이 아니라 사도들 안에서, 그들을 통해서 예수님의 증인으로 활동하시는 성령님이십니다(요 15:26-27). 성자(the Son)가 성부(the Father)를 영화롭게 하기 위해 오신 것과 같이(요 17:4), 성령께서 성자를 영화롭게 하기 위해 오셨기 때문에, 성령께서 선포하고 행하시는 모든 것은 성자로부터 받으시는 것입니다(요 16:14).

사도들은 예루살렘과 유대와 사마리아에 거주하는 자기 민족과 동시대의 사람들뿐만 아니라, 모든 피조 세계와 땅 끝까지 그리스도에 대한 이 증언을 [34] 전파했습니다(마 28:19; 막 16:15; 행 1:8). 온 세상으로 나가라는 이 명령에는 명시적이지는 않지만 암묵적으로 예수님에 대한 증거를 글로 남겨 전하라는 명령도 포함되어 있었습니다. 그러나 아브라함에게 주신 약속이 그리스도 안에서 온 인류에게 임하는 것이라면, 복음이 모든 시대를 위해 기록되고 보존되어 모든 민족에게 전파되지 않는 한 이 목적을 이룰 수 없습니다. 사도들은 선교 사역에서도 성령님의 인도를 받아 직접 펜을 잡고, 복음서와 편지를 통해 그리스도 안에 나타난 은혜와 진리의 충만함을 증거했습니다. 그들은 말로 전하는 설교뿐만 아니라 글로도 하나님께서 그리스도 안에서 계시하시고 그분의 영으로 알려주신 진리를 펼쳐가는 데 의식적으로 관심을 기울였습니다.

마태는 계보에 대한 책, 즉 다윗의 자손 예수 그리스도에 대한 이야기를 씁니다(마 1:1). 마가는 [마가복음에서] 복음이 하나님의 아들 예수 그리스도로부터 시작되며, 예수께서 자기 서사의 기원을 가져오는 것을 보여줍니다(막 1:1). 누가는 부지런한 조사와 자세한 서술을 통해 사도들의 증언을 토대로 신자들 사이에서 절대적으로 확신했던 사실들을 데오빌로에게 더 확실하게 전하기 위해 글을 씁니다(눅 1:1-4). 요한은 자신의 복음서를 통해 예수께서 하나님의 아들 그리스도이심을 믿고, 믿음으로 예수님의 이름 안에서 생명을 얻게 하려 했습니다(요 20:31). 그는 또한 요한일서에서도 자신이 눈으로 보고 귀로 듣고 주목하고 손으로 만진 바 생명의 말씀에 관해 선포하며, 이 선포를 통해 우리가 사도들과 사귐을 가지게 하고, 이 [35] 사귐이 또한 아버지와 그의 아들 예수 그리스도와 함께 하는 교제임을 말했습니다(요일 1:1-3). 바울은 자신이 예수 그리스도로부터 사도로 부르심을 받았을뿐 아니라(갈 1:1), 계시를 통해 그분으로부터 복음을 받았고(갈 1:12; 엡 3:2-8; 딤전 1:12), 하나님의 말씀을 자신의 말과 글로 전한다고 확신했습니다(살전 2:13; 살후 2:15; 3:14; 고전 2:4, 10-13; 고후 2:17). 그래서 다른 복음을 전하는 자는 누구라도 저주를 받을 것이라고 선포합니다(갈 1:8). 또한 모든 사도들이 그들의 말씀을 받아들이거나 거부하는 것으로 인간의 영원한 생명이나 영원한 죽음에 이른다고 연결하는 것처럼, 사도 요한도 요한계시록의 마지막 장에서 이 책의 예언의 말씀에서 더하거나 제하는 누구라도 엄중한 심판을 받으리라고 강하게 경고하고 있습니다(계 22:18-19).

성령님의 영감

12. 계시를 기록하게 하는 성령님의 특별한 활동은 보통 영감(감동)이라는 이름으로 나타납니다(딤후 3:16). 영감이 무엇으로 구성되는지는 자연과 비교하고 성경의 추가 설명을 통해서 볼 때 더욱 명확해집니다. 일반적으로 인간은 자의식에 다른 사람의 생각을 받아들일 수 있으며, 다른 사람의 생각에 이끌리기 쉽습니다. 모든 교육과 훈련, 모든 지식과 학문은 이러한 수용성에 기초합니다. 보통 다른 사람으로부터 우리에게 생각이 전달되는 방법은 기호나 손짓, 몸짓, 말이나 문서로 이루어집니다. 그런 다음 우리는 이러한 생각들을 우리의 의식과 의도에 흡수하며, 종종 큰 노력을 기울여 우리의 사고와 개념에 통합하여 영적인 삶의 요소가 되게 합니다. 그러나 최면, 암시 등의 현상은 우리의 노력 없이도 개념과 생각이 우리의 의식에 들어올 수 있으며[36], 강력한 지배자처럼 우리의 의지와 행동에 영향을 미칠 수 있음을 증명합니다. 이런 방식으로 사람들은 다른 사람(최면술사)이 명령하는 것을 단순히 수행하는, 의지가 없는 도구로 전락할 수 있습니다. 마찬가지로 성경과 경험은 인간이 악한 영의 영향과 작용에 영향을 받기 쉬워서, 더 이상 스스로 말하고 행동하지 않고 악한 영에 의해 생각과 행동

이 통제된다고 가르칩니다. 예를 들어, 마가복음 1장 24절에서 귀신 들린 [사람]을 통해 말하는 더러운 귀신은 예수님을 하나님의 거룩한 분으로 알고 있습니다.[6]

성령님의 영감을 명확히 설명하는 데 도움이 될 수 있는 또 다른 현상은 예술가들 사이에서 소위 영감이라고 불리는 현상입니다. 모든 위대한 사상가들과 시인들은 자신들이 전했던 가장 훌륭하고 아름다운 것들이 자신의 노력이 아니라 갑작스럽게 떠오르는 놀라운 생각 때문이라는 사실을 경험으로 깨달아왔습니다. 물론, 이런 경험은 이전의 연구와 성찰을 배제하지 않습니다. 천재성은 노력과 근면을 불필요하게 하지 않습니다. 공부는 일반적으로 이런 경험을 얻기 위해 없어서는 안 될 필수 요소이지만, 그것이 논리적인 결론이나 완숙한 결실은 아닙니다. 천재에게는 항상 계산이 불가능한 신비로운 힘이 있습니다. 니체는 여동생에게 다음과 같은 편지를 썼습니다.

> 너는 아마 그런 창작물의 격정을 상상할 수 없을거야. 격렬한 영정과 기쁨, 긴장으로 가득 차서 아무것도 듣지 못하고 아무것도 보지 못하며, 그저 사로잡히는 것 말이야. 아이디어는 번개처럼 떨어져. 모든 것이 무의식적으로 일어나는데, 폭풍우 속에 있는 것과 같은 자유, 독립성, 능력, 신성함의 감정이 극

---

6 이전의 열 세 단락은 거의 똑같은 단락이 *Magnalia Dei*에 있습니다. *MD*, 83–89.

도로 느껴지지. 이게 내가 겪은 영감의 경험이야.[7]

---

7 이 단락은 *Magnalia Dei*에도 있는데, 두 단락으로 나누어져 있습니다. *MD*, 89. 프리드리히 니체(Friedrich Nietzsche)에게서 인용된 말입니다. Friedrich Nietzsche, *The Complete Works of Friedrich Nietzsche*, vol. 11, ed. Oscar Levy and Robert Guppy (New York: The Macmillan Company, 1914), xxi-xxiii. 바빙크는 원문 인용을 요약합니다. 이 요약은 프리드리히 니체가 자기 여동생인 엘리자베트 푀르스터 니체(Elizabeth Förster-Nietzsche)에게 보낸 편지에서 나타납니다. 아래의 말은 엘리자베트가 정리한 인용문입니다.

[프리드리히]는 내게 말해요. "너는 그런 창작의 격정을 상상할 수 없을 거야." 그리고 『이 사람을 보라』(*Ecce Homo*, 1888년 가을)에서 프리드리히는 격렬한 열정을 가지고 있는 것으로 다음과 같이 표현하고 있어요. 차라투스트라를 창작했던 비교할 수조차 없는 그런 기분을요.

"19세기 말에 어느 누가 더 강력한 시대에 살았던 시인들이 **영감**이라는 단어를 가지고 무엇으로 이해했는지에 대한 어떤 분명한 개념을 가지고 있습니까? 아니라면, 제가 설명하겠습니다. 만약 한 사람의 내면에서 미신의 흔적이 조금이라도 남아 있다면, 그 사람이 그저 전능한 능력을 갖추고 있는 화신, 대변자, 중개자라는 생각을 완전히 무시할 수는 없을 겁니다. 그런 의미에서 계시라는 개념은 무언가가 표현할 수 없는 확실성과 정확성을 갖추고 갑자기 보이고 들리게 된다는 개념입니다. 그런 무언가는 그 사람을 내면 깊은 곳으로부터 떨리게 해서 전복시킵니다. 이런 계시에 대한 개념은 간단한 사실을 표현하고 있습니다. 사람은 듣고 구하지 않습니다. 사람은 받고 누가 주는지 묻지 않습니다. 사고는 번개처럼 갑작스럽게 번뜩입니다. 사고는 필연적으로 일어나며, 주저 없이 일어납니다. 저는 그 문제에 있어서 어떤 선택권도 가지지 못했습니다. 황홀경이 나타납니다. 그래서 영감으로 나타난 엄청난 긴장은 어느 시점에 눈물이 만들어낸 홍수로 풀립니다. 발걸음은 달음박질치기도, 나도 모르게 뒤처지기도, 이런 달음박질과 뒤처짐이 번갈아 가면서 바뀌기도 합니다. 감정이 나타납니다. 완전히 손에서 벗어나, 끝없는 미세한 전율이 매우 뚜렷한 의식에서 일어나고, 발끝까지 떨리게 합니다. 심오한 행복감이 나타납니다. 그 속에서 가장 고통스럽고 가장 슬픈 일은 대립하면서 작동하지 않고, 완연히 넘쳐나는 빛 속에서 필요한 음영이라는 그런 현상들이 사람들이나 예술가들의 일상 생활에서 이미 발생하고 있다면[37], 하나님께서 피조물의 생각과 의지에 미치는 그분의 영향과 맞서 싸울 근거가 없습니다. 그러나 하나님은 그의 영으로 모든 피조물에 거하시며(창 1:2; 시 33:6; 104:30), 특히 하나님의 영으로 지어지고 전능자의 기운으로 살리신 인간에게 거하십니다(욥 33:4; 시 139:1-16下). "우리가 그를 힘입어 살며 기동하며 있느니라(행 17:28)." 인간의 죄악된 방식에서의 생각과 의지, 행동도 하나님의 통치 아래 있으며, 어떤 일도 그분의 미리 아심과 경륜 밖에서 일어나지 않습니다(엡 1:11). 왕의 마음은 여호와의 손에 있는 봇물과 같아서, 그분이 원하시는대로 인도하십니다(잠 21:1).

의미에서 조건 지어지며, 요구되기 때문에 작동합니다. 폭 넓은 형식의 영역을 아우르는 운율의 관계에 대한 본능이 있습니다(광범위한 운율을 요구하는 길이는 거의 영감이 가지고 있는 힘의 기준, 즉 일종의 압력과 긴장에 대응합니다). 모든 일이 정말 부지불식간에 일어납니다. 자유, 절대성, 능력, 신성이 폭풍처럼 분출되기라도 하듯이 말입니다. 비유법과 직유법의 비자발성은 가장 놀라운 것입니다. 비유법을 구성하는 것과 직유법을 구성하는 것에 대한 모든 인식을 상실합니다. 모든 일이 가장 준비되고, 가장 정확하고, 가장 단순한 표현의 수단으로 자신을 나타내는 듯이 보입니다. 사실상 차라투스트라의 어구 중 하나를 쓰는 것처럼 보이기도 합니다. 마치 모든 것이 하나로 나타나고, 기꺼이 직유법이 되기라도 하듯이 말입니다. '여기에 만물이 너의 말에 다정하게 다가가 와 너에게 아첨한다. 왜냐하면 만물은 너의 등에 타고자 하기 때문이다. 여기서 너는 모든 직유법을 타고 모든 진리에 이른다. 여기서 모든 존재의 말과 말의 보관함이 너에게 열린다. 여기서 모든 존재가 말이 되기를 원한다. 여기서 모든 변화가 네가 어떻게 말하는지를 배우고자 한다.' 저는 저에게 이렇게 말할 수 있는 누군가를 찾기 위해서는 수천 년을 거슬러 올라가야만 한다는 사실을 의심치 않습니다. 이 경험은 제 경험이기도 합니다!"

여호와께서는 사람의 마음과 계획을 감찰하십니다(잠 5:21; 16:9; 19:21; 21:2). 더불어, 다른 더욱 친밀한 방식으로 자녀들의 마음속에 그분의 영으로 거하시며, 하나님의 영으로 자녀들이 그리스도를 주로 고백하도록 인도하시고(고전 12:3), 자녀들로 하여금 그들이 받은 것을 알게 하십니다(고전 2:12; 요일 2:20; 3:24; 4:6-13). 지혜와 지식의 은사를 주시며(고전 12:8), 자녀들 안에서 자신의 기쁘신 뜻을 위하여 소원을 두고 행하게 하십니다(빌 2:13).

영감의 본질

세상과 교회 안에서 하나님의 영이 이루시는 이 모든 행동은 선지자들과 사도들에게 임한 영감과 동일하지는 않지만, 여전히 명확하게 설명하고 해석하는 데 도움이 될 수 있습니다. 만약 하나님의 영이 이름뿐 아니라 참으로 그리고 진실로 모든 피조물 안에 거하시고 일하신다면, 그리고 그 동일한 영이 특별한 의미로 하나님의 자녀들 안에 거하시고 일하신다면, 영감이라는 이름으로 알려진 그 특별한 활동의 모든 이유를 불가능한 것으로 간주해서는 안 됩니다. 그러나 다시 말해서, 하나님의 영이 세상과 교회에서 하시는 일과 선지자들과 사도들에게서 나타난 일을 구별할 필요가 있습니다. [38] 이 구별은 로마서 8장 14절과 베드로후서 1장 21절을 비교할 때 더욱 명확해집니다. 먼저, 바울은 하나님의 영으로 인도함을 받는 많은 사람이 하나님의 자녀라고 말하지만, 베드로는 인용한 구절에서 하나님의 거룩한 사람, 곧 선지자들은 성령의 감동하심으로 이끌려 예언을 했다고 선언합니다. 성령님의 인도하심은 모든 신자의 몫이고, 이는 마음의 깨달음과 의지와 정서의 통치와 통제로 구성되며, 이를 통해 하나님을 기쁘시게 하는 합당한 행동을 할 수 있는 지식과 열망과 능력을 받습니다. 그러나 성령님의 이끄심은 오직 선지자들과 사도들에게만 주어졌으며, 하나님의 경륜에 대한 계시를 하나님의 백성에게 알리기 위해 격려하고 권면하는 역할을 했습니다.

영감의 유기적 속성

영감의 성격은 자주 나타나는 구절을 통해 더욱 명확하게 결정됩니다. 구약성경에 기록된 영감은 선지자(라는 수단을 통해)**에 의해** 여호와께서 말씀하신 것입니다(마 1:22; 2:15, 17, 23; 3:3; 4:14 등). 헬라어에서는 "여호와"와 함께 한 전치사가 사용되는데, 이 전치사는 여호와께서 말씀의 근원이심을 나타냅니다. 그러나 선지자들이 사용했던 전치사는 그들이 하나님께서 말씀하신 수단이자 **기관**이라는 사실을 나타냅니다. 이 사실은 하나님께서 선지자들의 **입을 통해** 말씀하셨다고 할 때 더욱 분명해집니다(눅 1:70; 행 1:16; 3:18; 4:25). 그러므로 성경이 우리에게 주는 교리는, 하나님께서 또는 그분의 영이 하나님의 말씀의 실제 대언자 또는 설교자라는 사실입니다. 그럼에도 불구하고, 하나님은 그의 선지자들과 사도들을 자신의 기관으로 사용하여 말씀하십니다.

그러나 이런 개념에서 선지자들과 사도들이 무의식적이고 비자발적인 기관으로써 성령님의 손에 붙들린채로 그저 대변인 역할을 하는 도구로만 사용되었다고 결론 내린다면, 우리는 성경을 완전히 오해하는 것입니다. [39] 하나님은 항상 자신의 사역을 존중하시고, 이성적인 피조물들을 비이성적인 존재처럼 조종하지 않으시기 때문입니다. 또한, 성경은 영감에 대한 이런 "기계적인" 개념에 단호하게 반대합니다. 결국 선지자들은 성령님에 이끌려 예언을 했지만, 그들 **스스로도** 말한 것입니다(벧후 1:21). 또한 선지자들이 기록한 말씀은 **자기** 자신의 말이라고 여러 번 인용되기도 합니다(마 22:43, 45; 요 1:23; 5:46; 롬 10:20 등). 보통 그들은 선지자나 사도의 직분을 위해 구별되고 준비되며 자격을 갖추었습니다(렘 1:5; 행 7:22; 갈 1:15). 계시를 받을 때와 마찬가지로 계시를 기록할 때도 그들은 자신을 완전히 의식합니다. 그들의 행동은 성령님에 의해 억압되는 것이 아니라 위로와 능력을 얻고 정화됩니다. 그들은 스스로 성실하게 조사에 임하고(눅 1:3), 이전 시대에 받았던 계시를 묵상하고 기억합니다(요 14:26; 요일 1:1-3). 선지자들과 사도들은 역사적 자료를 사용합니다(민 21:14; 수 10:13 등). 예를 들어 시편 기자들은 자신의 경험에서 노래의 소재를 찾아냈고, 성경을 구성하는 모든 글에는 각 저자의 특정한 재능과 성격, 특정한 성장과 양육, 특정한 언어와 표현 방식이 나타납니다. 성경을 연구하면 우리에게 하나님의 한 가지 말씀뿐 아니라 성경을 기록한 다양한 사람들에 대해서도 배울 수 있습니다. 열왕기서와 역대기서, 이사야와 예레미야, 마태복음과 누가복음, 요한복음과 베드로전·후서와 바울 서신 사이에 얼마나 많은 차이가 있는지요![8]

여기서도 모든 하나님의 사역에서와 같이 통일성에서 다양성이 나타나고, 다양성에서 통일성이 나타납니다. 만약 하나님께서 선지자들과 사도들을 통해 우리에게 말씀하셨다면, 이는 하나님께서 형성하신 그들의 전인격을 통해 [40] 그들의 자의식과 행동을 하나님의 영감을 드러내는 기관이 되게 하셨다는 것입니다. 따라서 이 영감은 기계적인 성격이 아니라 "유기적인" 성격을 가지고 있습니다.[9] 이것은 성경책이 수집된 기원을 조사하는 것을 금하는 것이 아니라, 오히려 성경의 본문과 성경이 말하는 의미에 따라 그것을 조사하도록 일깨우고 강조합니다. 그래서 초기 기독교 교회에서 풍성한 신학적인 탐구가 일어난 것입니다.

성경의 속성

13. 로마교와 재세례파에 반대하는 종교개혁을 통해 주장된 속성들은 이러한 성경의 영감에 근거합니다. 로마교는 성경 교리의 여러 지점에서 개신교와 다른 입장을 취합니다. 구약의 외경들을 성경에 포함시키는 것 외에도, 그들은 성경의 권위가 성경 자체의

---

8 이전의 네 단락은 거의 똑같은 단락이 *Magnalia Dei*에 있습니다. *MD*, 89-90.

9 여기까지는 이 단락은 *Magnalia Dei*에 똑같은 단락이 있습니다. *MD*, 90. 이 단락은 질스트라(Zylstra)의 번역에서는 빠져있습니다. 다음을 보세요. Bavinck, *The Wonderful Works of God*, 87.

증언이 아닌 교회의 증언에 근거한다고 가르치며, 하나님께서 자신의 진리를 교회에 맡기시고 교황에게 무오한 교권을 주셨기 때문에 성경은 필수가 아닌 그저 유용한 것일 뿐이라고 가르칩니다. 그래서 성경은 불투명하며 교회에 의해서만 무오하게 해석될 수 있으므로 교회의 허가를 받지 않으면 평신도에게는 성경 해석을 금해야 한다고 하고, 결국 성경은 완전하거나 충분하지 않으며 전통으로부터 보완이 필요하다고 주장합니다. 같은 방식으로 재세례파와 관련된 많은 운동들도 무게 중심을 성경에서 회중으로 옮겼는데, 이제는 성경이 로마교처럼 제도적 교회 기관이 아니라 개별 신자나 그들의 집합체인 공동체로 이동하여, 하나님의 영이 신자의 마음속에서 말씀하신 내적 말씀을 성경에 기록된 외적 말씀보다 더 높이 여기며, 성경은 죽은 글자로 불리게 됩니다.

반면 종교개혁은 성경에 [41] 권위, 필요성, 명료성, 충분성 혹은 완전성이라는 네 가지 속성을 부여했습니다. 첫 번째 속성은 성경의 권위가 교회가 아니라 성경 자체에서 나온 것이며, 반드시 그렇게 믿어져야 한다고 제시했습니다.[10] 성경이 교회에 근거하는 것이 아니라, 교회가 성경에 근거해야 한다는 것입니다(사 8:20; 요 5:39; 엡 2:19-21). 필요성이라는 속성은 전통이 방황하고 거짓된 세상에서 순수하게 보존될 수 없으며, 오로지 기록된 말씀만이 순수하게 남을 수 있다는 사실을 나타냅니다(딤후 3:16). 명료성이란 구

---

10   여기서 바빙크는 autopistie(자증성)라는 단어를 덧붙입니다.

원에 필요한 진리, 즉 인격적인 지식이 성경에 아주 간단하고 이해하기 쉽게 종합적으로 제시되어 있어서, 진지하게 바라는 사람이라면 누구라도 교회나 사제의 지도 없이도 쉽게 찾을 수 있다는 의미입니다(시 119:105, 130; 요 5:39; 행 17:11). 충분성은 특별 계시가 그리스도의 인격 안에 충분하고 완전하게 나타났고 성경에 기술되어 있기 때문에, 사람들이나 오류가 있는 세속적인 전통에 의해서 더 이상 추가되거나 보완이 필요하지 않다는 의미입니다(사 29:13; 마 15:4-9; 고전 4:6).[11]

---

11 마지막 두 단락은 이 책에서 고유한 단락입니다.

… 토론과 나눔을 위한 질문 …

1. 성경과 계시의 차이는 무엇일까요?

2. 성경이 계시의 기록된 문서라고 부를 때 나타나는 잘못은 무엇
   일까요?

3. 성경의 기록자들은 어떤 사실을 알았을까요?

4. 예수님과 사도들이 모세, 이사야, 다윗, 다니엘의 권세에 호소
   한 이유는 무엇일까요?

5. 성경은 어떻게 영감을 받았을까요?

6. 성령님을 통한 계시의 영감은 인간을 기계로 바꿀까요? 아니
   라면 그 이유는 무엇일까요?

7. 성경을 기록함에 있어 성령님의 영감은 어떻게 작용할까요?

5. 성경과 신앙고백

5. 성경과 신앙고백

성경의 권위 인정의 역사성

[42] 14. 사도 시대와 그 이후에도 기독교의 본질과 유대교 및 이교와의 관계에 대해 차이가 없는 것은 아니었습니다. 그럼에도 불구하고 더욱 놀라운 것은 성경이 기독교 교회 전체에서 만장일치로 하나님의 말씀으로 받아들여졌다는 사실입니다.

　이 사실은 먼저 구약성경에 적용됩니다. 구약성경은 예수님과 사도들의 가르침에서 항상 언급되고 인용되었습니다. 유대 교회의 구약성경은 예수님과 사도들의 가르침과 함께, 마치 가장 당연한 일인 것처럼, 은밀하게 기독교 공동체로 전해졌습니다. 복음은 구약성경을 가져왔으며, 구약성경이 없었다면 복음은 받아들여질 수도, 인정될 수도 없었습니다. 왜냐하면 복음은 항상 구약의 성취이며, 구약이 없으면 허공에 부유할 뿐이기 때문입니다. 구약성경은 복음이 놓인 토대이며, 복음이 자라나는 뿌리입니다. 어디에든 복음이 전해지자마자, 구약성경은 어떠한 이의도 없이 복음과 함께 하나님의 말씀으로 받아들여졌습니다. 그러므로 신약의 공동체는 단 한순간도 성경 없이 존재하지 않았습니다. 처음 시작부터 율법과 시가서와 선지서를 가지고 있었습니다.

곧이어 사도들의 글도 나왔습니다. [43] 복음서와 일반 서신처럼 이 글들은 부분적으로는 교회 전체를 위해 작성되었고, 일부는 로마, 고린도, 골로새 등 특정 교회를 위해 작성되었습니다. 분명히, 사도들과 사도적 인물들에게서 나온 이런 글들은 처음부터 기독교 교회에서 큰 존경을 받았습니다. 이 글들은 모임에서 읽히기도 하고, 다른 교회에도 보내져 읽히기도 했습니다. 그래서 사도 바울도 골로새 교회에 보낸 편지가 그곳에서 읽힌 후 라오디게아 교회에서도 읽히도록 요청했으며, 반대로 골로새 교회 교인들에게도 라오디게아를 위해 쓴 편지를 주목해달라고 요청합니다. 이 서신은 에베소에 보낸 서신일 가능성이 높습니다(골 4:16). 또한 베드로는 자신의 독자들이 바울에게서 얼마 전에 받은 편지에 대해 언급하면서, 바울에게서 온 또 다른 편지에 대해서도 언급합니다. 이 편지는 베드로가 제시한 것과 똑같은 가르침을 담고 있지만, 때로는 이해하기가 어려웠고, 무시하고 불안정한 사람들을 통해 왜곡되었습니다(벧후 3:15-16).[1] 이런 사실에서 바울 서신의 모음집이

---

1 이 장의 앞부분은 *Magnalia Dei*에 있는 세 단락과 동일합니다. *MD*, 102-3.

이미 존재했다고 추측할 수는 없지만, 바울의 서신들이 각각 특정하게 전달된 지역 교회보다 훨씬 더 넓은 범위에 알려졌다는 사실을 분명하게 보여줍니다.

물론, 초기의 교회들은 대부분 사도들과 그 제자들의 구전 설교를 통해 복음에 대한 지식을 얻었습니다. 그러나 이들이 세상을 떠나고 전파가 끊어지면서 사도들의 기록들은 자연스럽게 그 가치가 커졌습니다. 2세기 중엽의 증언을 통해 우리는 복음서와 그 이후의 서신들이 [44] 신자들의 모임에서 정기적으로 읽혔고, 어떤 진리의 증거로 인용되었으며, 구약성경의 기록들과 함께 정렬되었다는 사실을 알고 있습니다. 2세기 말에 이르러 신약성경은 구약성경과 함께 "전체 성경"으로서, "신앙의 기초와 기둥"으로서, 신자들의 모임에서 정기적으로 읽어야 하는 **성경으로서** 자리 잡았습니다. 일부 글들(히브리서, 야고보서, 유다서, 베드로후서, 요한이서, 요한삼서, 요한계시록, 바나바 서신, 헤르마스의 목자서 등)에 대해서는 한동안 이견이 존재했고, 이들이 성경에 포함될 수 있는지에 대해 논란이 있었습니다. 그러나 점차 이에 대해 명확성과 만장일치의 합의가 이루어졌고, 보편적으로 인정된 글들을 "정경"("진리의 규칙" 또는 "신앙의 규칙")이라는 이름으로 정리되어 기록되었고, 360년에 열린 라오디게아 공의회, 393년에 열린 히포 레기우스 공의회, 397년에 열린 카르타고 공의회에서 확정되었습니다.

이 구약성경과 신약성경은 선지자들과 사도들의 터 위에서 형성되어, 서로 교제하는 모든 기독교 교회가 이 성경에 공동체의 기

반을 두거나, 두고 있다고 주장합니다. 모든 교회는 공식적인 신앙
고백서를 통해 성경의 신적 권위를 인정하고, 성경을 신앙과 삶의
신뢰할 수 있는 규범으로 받아들였습니다. 이 교리와 관련해서는
기독교 교회 사이에 이견이나 갈등이 없었습니다. 하나님의 말씀
으로서의 성경에 대한 싸움은 외부에서 2세기의 켈수스나 포르퓌
리우스와 같은 이단 철학자들에게서 일어났고, 기독교 내부에서
는 18세기에 처음 일어났습니다.[2]

성경 해석에 따른 교회의 분쟁

15. 그러나 교회는 하나님으로부터 이 성경이라는 보화를 땅속
에 묻어두고 그 위에 안주하기 위해 받은 것이 아니었습니다. 오히
려 교회에는 [45] 이 하나님의 말씀을 보존하고, 설명하고, 선포하
고, 적용하며, 해석하고, 전파하고, 찬양하고, 변호하여 인간의 사
상을 이기도록 하는 사명이 있습니다.[3] 그러나 교회가 이 사명을

---

2 이전의 두 단락은 *Magnalia Dei*에서 한 부분과 일치합니다. *MD*, 103-
   4. 켈수스는 기독교에 반대했던 2세기의 철학자였습니다. 포르퓌리우
   스도 2세기의 철학자였습니다. 포르퓌리우스의 가장 유명한 두 작품은
   『신탁에서 유래한 철학』(*Philosophy from Oracles*)과 『기독교에 대한 반
   론』(*Against Christians*)이 있습니다. 바빙크는 1912년에 쓴 『기독교 세
   계』(*Het Christendom*)에서 이 두 작품을 언급합니다. 다음 책을 보세
   요. Bavinck, *Het Christendom* (Baarn: Hollandia-Drukkerijk, 1912) 7;
   Bavinck, *What Is Christianity?* trans. Gregory Parker Jr. (Peabody, MA:
   Hendrickson, 2022), 6. 바빙크는 켈수스와 포르퓌리우스가 그리스도에
   게 주어진 모욕으로 확신을 가지고 있었다고 표현합니다.

3 이 단락의 나머지는 *Magnalia Dei*에 똑같은 단락이 있습니다. *MD*, 104-
   5. *Magnalia Dei*에 있는 동일한 두 부분 사이에 있는 부분은 교회의 사

수행하기 시작하자마자, 하나님의 말씀이 가지고 있는 의미의 차이가 곧 분명해집니다. 성령께서 교회에 약속되셨고, 모든 진리의 안내자로 주어지셨지만, 교회와 회중의 전체가 무오성의 은사를 갖추고 있지는 않았습니다. 이미 사도적 교회에서도 유대교나 이교 사상의 영향으로 인해 온갖 종류의 오류가 존재했습니다. 모든 시대에 걸쳐 있는 이 두 개의 절벽은 교회가 끊임없이 잘못된 길로 빠질 위험으로부터 최대한 경계하고 조심해서 반드시 피해야 하는 것입니다.

신앙고백의 필요성

좌우에서 오는 이런 오류에 직면하여, 그리스도의 교회는 하나님의 말씀을 통해 맡기신 진리를 긍정적이고도 명확하게 전해야 합니다. 이 일이 교회가 작은 모임과 큰 모임(총회)으로 함께 모여, 교회가 가지고 있는 확신에 따라 한 가지 혹은 다른 점에 있어서 하나님의 진리가 무엇인지 규정하고, 그렇게 해서 교회의 교리로 세우는 것을 결정하는 일입니다. 따라서 성경에 기록된 진리는 그 자체로 성경을 믿고 받아들이는 모든 사람을 자발적으로 신앙고백으로 인도합니다. 신앙고백은 모든 신자의 소명이자 마음의 자극입니다. 마음과 영혼을 다해 참되게 믿는 자는 자신을 자유케 한

명을 다하지 않는 것에 있어서 교회의 중요성을 확장하는 짧은 부분입니다.

진리와 자신의 마음에 심어진 이 진리의 소망을 고백(증거)할 수밖에 없습니다(마 10:32; 롬 10:9-10; 고후 4:13; 벧전 3:15; 요일 4:2-3). 그러므로 모든 신자와 모든 교회는 [46] 성령께서 증언하시는대로 하나님의 말씀이 진리임을 참되게 고백합니다. 오류들이 더욱 정교한 형태로 나타날 때, 교회는 자신이 고백하는 진리의 내용을 더욱 신중하게 설명하고, 또한 자신이 믿는 바를 명확하고도 분명한 용어로 표현하도록 요청받습니다. 그러므로, 상황의 긴박함 때문에 입으로 하는 신앙고백은 글로 기록된 신앙고백(신조 또는 신앙고백서)으로 발전하게 됩니다.

다양한 측면에서 교회의 신앙고백서의 작성과 보존에 대해 이의가 곧바로 제기되었습니다. 예를 들어 우리나라[네덜란드]의 항변파는 신앙고백서가 성경의 배타적 권위와 충돌하고 양심의 자유를 빼앗으며 지식의 성장을 저해한다고 생각했습니다. 그러나 이런 이의는 오해에 기반한 것입니다. 신앙고백은 성경을 축소시키는 것이 아니라, 오히려 개인의 자의적 의지에 맞서 성경을 유지하고 보호하는 역할을 합니다. 신앙고백은 약하고 무지한 사람들의 영혼을 유혹하려는 온갖 종류의 거짓 영에 맞서 양심의 자유를 침해하지 않고 도리어 지지합니다. 신앙고백은 지식의 발전을 방해하지 않고, 도리어 옳은 방향으로 유지하고 인도하며, 언제나 신앙의 유일한 규칙인 성경에 의해 검증받고 개정됩니다.

가장 오래되고 공통된 신앙고백

16. (열두 조항으로 된) 사도신경은 가장 오래된 신조입니다. 사도신경은 사도들에 의해 작성된 것이 아니라 2세기 초반에 생겨났으며, 그리스도께서 직접 주신 삼위일체적 세례 명령에서 유래해서 발전했습니다(마 28:19). 원래는 우리가 알고 있는 현재의 형태보다 조금 더 짧았지만, 그 모든 목적과 의도는 여전히 그대로입니다. 사도신경은 기독교의 근거가 되는 위대한 사실들의 짧은 요약이며, 따라서 여전히 모든 기독교 세계의 공통된 기반이자 끊어지지는 않는 [47] 든든한 결속입니다. 이 사도신경에는 공교회적(보편적) 성격을 띠고 많은 교회에서 받아들여진 네 개의 다른 신조들이 추가되었습니다. 325년 니케아 공의회의 신앙고백으로, 우리 네덜란드 신앙고백 제9조에 있는 니케아 신조가 있습니다.[4] 이후에는 니케아 신조를 포함하고 확장한 신조[니케아-콘스탄티노폴리스 신조]가 있습니다.[5] 또 451년에 작성된 칼케돈 공의회의 신조가 있습니다. 마지막으로, 비록 잘못 붙여진 제목이지만 우리 네덜란드 신앙고백 제9조에서도 받아들이는 아타나시우스 신조도 있

---

4 바빙크는 여기서 벨직 신앙고백의 제9조를 언급하고 있습니다.

5 바빙크는 니케아의 첫 번째 공의회에서 작성된 신조(325년)과 콘스탄티노폴리스의 첫 번째 공의회에서 작성된 신조(381년) 사이를 구분하고 있습니다. 콘스탄티노폴리스 신조도 니케아 신조로 언급되기도 하며, 보다 정확히는 니케아-콘스탄티노폴리스 신조로 언급됩니다. 니케아-콘스탄티노폴리스 신조는 초기의 니케아 신조를 포함하고 확장합니다.

습니다.[6] 이 모든 신조는 그리스도에 관한 교리를 명시함으로써 삼위일체와 관련된 교리도 제시합니다. 이 위대한 업적을 이룬 공의회들은 모든 기독교 세계를 위한 근본적인 신앙고백을 확립했습니다.[7]

교회의 분열과 분리: 동방과 서방, 로마교와 개신교

그러나 이 공통된 토대 위에서 온갖 종류의 불화와 분열이 곧바로 기독교 교회에서 일어났습니다. 권징의 시행은 몬타누스파(2세기 후반), 노바투스파(3세기 중엽), 도나투스파(4세기)의 분리로 이어졌습니다. 훨씬 더 심각한 것은 동방 교회와 서방 교회 사이에 서서히 발생했던 분열로, 이 분리는 1054년에 완전히 이루어졌습니다. 두 교회의 통일성은 다양한 종파와 이단들로 인해 더욱 손상되었고, 16세기 종교개혁에서는 그리스도의 교회의 일치성을 회복하려는 희망이 무기한으로 사라질 만큼 근본적인 분리가 있었습니다. 16세기 이후부터 현재까지, 분리와 분열은 계속되었고 증가해왔습니다. 무수한 교회와 이단 분파, 단체와 운동이 존재합니다. 일반적인 추산으로는 지구상에 거주하는 약 15억 명의 인

---

6 이전의 세 단락은 *Magnalia Dei*에 똑같은 단락이 있습니다. *MD*, 105-6. 바빙크는 *Magnalia Dei*에서 삼위일체 덕분에 기독교와 유대교를 보다 분명히 구별합니다.

7 바빙크가 보편적인 것으로서 제시하는 신앙고백은 니케아 신조(325년), 콘스탄티노폴리스 신조(381년), 칼케돈 신조, 아타나시우스 신조입니다. 참고. Bavinck, *What Is Christianity?*, 21.

구 중 유대인이 약 1,000만 명, 무슬림이 약 1억 7,500만 명, [48] 힌두교도가 2억 1,400만 명, 불교도가 약 1억 2,000만 명이며, 유교도가 약 3억 명, 신도주의자가 약 1억 4,000만 명, 다신교도가 약 1억 7,300만 명입니다. 기독교인은 전 세계 인구의 3분의 1에 불과한 약 5억 3,400만 명입니다. 로마교도가 약 2억 5,400만 명, 정교회교도가 약 1억 6,000만 명, 개신교도가 1억 6,500만 명으로 나뉘고, 그밖에 또 많은 분파와 그룹으로 분열되어 있습니다.[8]

그럼에도 불구하고, 우리는 그리스도께서 모든 인종과 언어로부터, 모든 족속과 민족으로부터 자기 백성을 모으고 계시고, 그들을 모두 인도하실 것이며, 그분의 백성들이 그분의 목소리를 듣게 될 것이라고 믿습니다. "한 무리가 되어 한 목자에게 있으리라 (요 10:16)."[9]

---

8 바빙크는 비슷한 통계 자료를 *Magnalia Dei*에서 제시합니다. *MD*, 113.

9 *Magnalia Dei* 8장의 마지막 줄과 여기에 있는 부분은 동일합니다. *MD*, 113을 보세요. 다음 책도 보세요. Bavinck, *The Sacrifice of Praise* (Peabody, MA: Hendrickson, 2019), 85. 헤르만 바빙크, 『헤르만 바빙크의 찬송의 제사』, 203. 여기서 바빙크는 그리스도 안에 있는 신앙고백의 통일성에 대해 설명합니다. "그러므로 이 세상의 역사는 신앙고백의 통일성 안에서 끝을 맺습니다. 언젠가 천사들과 마귀들, 의인과 악인들은 모두 그리스도께서 성부 하나님의 독생자이시며 만물의 상속자라는 사실을 인정하고 동의하게 될 것입니다. 그때 모든 무릎이 굴복하고, 모든 입이 예수 그리스도를 주님으로 고백할 것입니다."

··· 토론과 나눔을 위한 질문 ···

1. 구약성경은 어떻게 기독교 교회에 하나님의 말씀으로 받아들여졌을까요?

2. 사도들의 기록은 어떻게 기독교 교회에 하나님의 말씀으로 받아들여졌을까요?

3. 기록된 성경이 어떻게 정경으로 확립되었을까요?

4. 성경의 신적 권위를 인정하면서, 성경을 신앙과 삶에 의존할만한 규칙으로 받아들이는 문서는 무엇일까요?

5. 성경의 권위와 신앙고백이 양심의 자유와 지식의 성장을 방해하지 않는 이유는 무엇일까요?

6. 신앙고백에 대한 기독교 교회의 불화와 분리에도 교회에 통일성을 회복하려는 소망이 있는 이유는 무엇일까요?

6. 하나님의 본질과 속성

6. 하나님의 본질과 속성

하나님의 불가해성

17. [49] 우리가 하나님에 대한 인격적인 지식의 원천을 분명히 세웠다면, 이제 그분에 대한 설명으로 넘어가려고 합니다. 그러나 헛되고 유한하며 죄악된 피조물인 우리가 하나님을 인격적으로 알고 언급할 수 있다는 것이 무엇을 의미하는지를 생각할 때, 거룩한 수줍음이 우리 영혼을 사로잡을 뿐만 아니라 우리 마음속에 질문이 생깁니다. 이런 인격적인 지식은 인간에게 너무나도 경이로운 것이 아닌가요? 하나님은 인간을 무한히 초월해 계시지 않습니까? 보이지 않으시고 영원하시며 무한하신 그분이 우리의 미약하고 제한된 감각 인식을 통해 진정으로 알 수 있는 분인가요?

과거에는 이런 질문에 부정적인 대답을 하는 사람들이 많았습니다. 하나님께서 값없는 은혜로 자신을 알려주셨고, 계시를 통해 그분에 대해 생각하고 말할 수 있는 권리와 담대함을 주셨다는 사실을 믿지 않는다면, 우리도 똑같은 대답을 해야 할 것입니다. 물론 그분은 그분을 아는 지식 가능성 안에서 여전히 고귀하고 불가해한 채로 남아 계시기 때문에, 우리는 항상 거룩한 경외심과 어린아이와 같은 두려움을 가져야 합니다. 그러나 우리는 여전히 그분을 알 수 있습니다. 왜냐하면 하나님께서 자신의 선한 기쁨을 따라 영생인 하나님에 대한 인격적인 지식으로 알려주시기 때문입니다(요 17:3).

성경과 같은 방식으로 하나님에 대한 불가해성과 [50] 모든 피조물 위에 계시는 절대적인 초월성을 유지하면서도, 하나님에 대한 지식과 함께, 창조주와 이성적인 피조물 사이의 깊은 관계를 결합한 책은 세상에 없습니다.[1] 이미 성경의 첫 페이지에서부터 하나님의 절대적인 초월성이 그의 모든 피조물 위에 나타납니다. 그분은 도움이 필요하거나 피곤하지도 않으시고, 오직 말씀으로만 온 세상을 창조하셨습니다. "여호와의 말씀으로 하늘이 지음이 되었으며 그 만상을 그 입 기운으로 이루었도다(시 33:6)."[2] "그가 말씀하시매 이루어졌으며 명령하시매 견고히 섰도다(시 33:9)." 하나님은 하늘의 무리들과 땅의 거주민들에게 자기 뜻대로 행하시기에, 하

---

[1] 여기까지 이 장에 대한 서론은 이 책 『기독교 신앙 안내서』에만 있는 내용입니다. 하지만 이 단락의 나머지는 *Magnalia Dei*과 동일합니다. *MD*, 117-18.

[2] "Door het Woord des Heeren zijn de hemelen gemaakt, en door den Geest Zijns mond al hun heir(Ps. 33:6)."

나님의 손을 금하거나 그분께 "네가 무엇을 하느냐?"라고 말할 수 있는 사람은 없습니다(단 4:35). 열방은 양동이에 담긴 물방울과 같으며, 저울의 미세한 먼지와 같습니다. 하나님은 누구와도 비교될 수 없으며, 어떤 형상으로도 비유할 수 없습니다(사 40:15-18). 능히 여호와와 비교할 자가 누구입니까? 권능을 가진 자녀들 중에 여호와와 같은 자가 누구입니까?(시 89:6) 진실로 하나님을 부를 수 있는 이름은 없습니다. 그의 이름은 기묘하기 때문입니다(창 32:29; 삿 13:18; 잠 30:4). 여호와께서 폭풍우 가운데서 욥에게 말씀하시며 그분이 행하신 위대한 일을 펼치실 때, 욥은 겸손히 머리를 숙이고 말합니다. "나는 비천하오니 무엇이라 주께 대답하리이까 손으로 내 입을 가릴 뿐이로소이다(욥 40:4)." "하나님은 높으시니 우리가 그를 알 수 없"느니라(욥 36:26). 하나님에 대한 인격적인 지식은 우리에게 너무 기이하기 때문에 높아서 우리가 능히 미치지 못합니다(시 139:6).

그러나 그 높고 고귀하신 하나님은 모든 피조물, 심지어 가장 작고 보잘것없는 피조물과도 친밀한 관계로 서 계십니다. 성경은 철학처럼 추상적인 하나님의 개념을 제시하지 않고, 참되고 살아 계신 하나님을 우리 눈앞에 보여주며, 그의 손으로 지으신 모든 작품 속에서 그분을 보게 합니다. [51] 눈을 들어 이 모든 것을 창조하신 분을 보십시오. 모든 것이 하나님의 손으로 창조되었으며, 그분의 뜻과 계획에 따라 생겨났고, 그분의 능력으로 보존되고 있습니다. 그러므로 모든 것은 그분의 선하심과 지혜와 권능의 흔적인 그분의 덕이 새겨져 있습니다. 그리고 인간은 모든 피조물 중에서도 그분의 형상과 모양을 따라 창조되었고, 오직 인간만이 하나님의 "소생"으로 불립니다(행 17:28).[3]

이런 친밀한 관계 덕분에 하나님은 자신의 피조물에게 알려질 수도 있으며, 인간적인 수단으로 언급될 수도 있습니다. 똑같은 성경이 하나님의 비교할 데 없는 위대함과 위엄을 가장 숭고한 방식으로 묘사함과 동시에, 생동감으로 반짝이는 비유와 이미지로 그분에 대해 이야기합니다. 성경은 하나님의 눈과 귀, 손과 발, 입과 입술, 심장과 창자에 대해 이야기합니다. 성경은 하나님께서 미덕, 지혜와 지식, 의지와 능력, 의로움과 자비와 같은 모든 종류의 정서를 가지고 계신다고 말합니다. 또한 기쁨과 슬픔, 두려움과 고통, 열심과 질투, 후회와 분노, 증오와 복수의 모든 종류의 감정을 느끼신다고 말합니다. 성경은 하나님께서 찾으시고 생각하시며, 들으시고 보시며, 냄새를 맡으시고 맛을 보시며, 앉으시고 서시며, 방문하시고 저버리며, 기억하시고 잊으시며, 복주시고 연단하시는 것들에 대해 말합니다. 그리고 하나님은 해와 빛, 수원과 샘, 바위와 피난처, 망대와 방패, 사자와 독수리, 영웅과 용사, 예술가와 건축가, 왕과 재판관, 농부와 목자, 남편과 아버지로 비유합니다. 온 세상에서 인간이 지지와 보호, 도움을 받을 수 있는 모든 것

---

3 이 단락은 *Magnalia Dei*에 똑같은 단락이 있습니다. *MD*, 118. 바빙크는 여기서 "인간"을 포괄적으로 사용합니다. "인간"은 남성과 여성 모두를, 인류를 대표합니다.

은 본래 하나님 안에서 완전하고 풍성하게 찾을 수 있습니다. 그로 말미암아 하늘과 땅에 있는 모든 족속이 이름을 받습니다(엡 3:15). 하나님은 "존재의 태양"이시며, 모든 피조물은 "하나님의 광채가 빛나는 빛"입니다.[4]

다신론, 범신론, 이신론, 무신론에 대한 반론

[52] 하나님에 대한 인격적인 지식에서, 하나님의 존재에 대한 이 두 가지 언급을 동등하게 유지하고 정당하게 다루는 것이 항상 중요합니다. 만약 우리가 하나님의 모든 피조물들에 대한 그분의 절대적인 초월성을 포기한다면, 우리는 다신론(이교 사상에서 말하는 신들의 집단)이나 범신론(모든 것이 신이라는 개념)에 빠져들게 됩니다. 역사적으로 다신론과 범신론은 서로 관련되어 함께 섞이는 경향이 있습니다. 그리고 만약 우리가 하나님과 그분의 피조물 간의 관계를 포기한다면, 우리는 이신론(계시하지 않는 한 신을 믿는 믿

---

4 Isaac Da Costa, *Da Costa's Kompleete Dichtwerken*, ed. J. P. Hasebroek (Leiden: A. W. Sijthoff, 1863), 43-51. 비록 바빙크가 *Magnalia Dei*에서 이 시를 언급하지만, 바빙크는 이 『기독교 신앙 안내서』의 이후에는 이 시의 자료를 밝히지 않습니다. 바빙크가 자신이 가장 좋아하는 시인인 빌름 빌더데이끄(Willelm Bilderdijk)를 말한 곳에서 말입니다. 불행히도 우리의 지식에 따르면 빌더데이끄는 이 표현을 포함하는 어떤 시도 출판하지 않았습니다. 하지만 빌더데이끄와 같은 시대를 산 좋은 친구 이삭 다 코스타(Isaac Da Costa)는 "섭리(Voorzienghied)"라는 찬송에서 이 표현을 언급합니다. "당신은 존재의 태양이십니다. 또한 우리는 당신의 광채가 빛나는 빛입니다!"라고 말할 때 말입니다. (네덜란드어: "Gy zijt de zon des zijns; wy, uw vergankbre stralen!") 이 단락은 *Magnalia Dei*에 똑같은 단락이 있습니다. *MD*, 118.

음)이나 무신론(신의 존재를 부인하는 것)의 절벽에 좌초하게 됩니다. 마찬가지로 이신론과 범신론은 다른 방식으로 서로 상응합니다. 성경은 이 두 가지[하나님의 초월성과 내재성]를 동시에 간직하며, 기독교 신학은 그 발자취를 따랐습니다. 하나님은 실제로 우리가 그분을 올바르게 부를 수 있는 이름을 갖고 계시지 않지만, 그분은 자신을 부르시고 우리에게도 그분을 많은 이름으로 부를 수 있도록 허락하십니다. 하나님은 무한히 높은 분이시며, 동시에 모든 피조물을 돌보시는, 살아 계신 분입니다. 하나님의 모든 속성은 모든 면에서 공유될 수 없지만, 또 다른 의미에서는 모든 면에서 공유될 수 있습니다. 우리의 지성은 이를 헤아릴 수 없습니다. 하나님에 대한 적절한(충분한) 개념은 존재하지 않습니다. 하나님께서는 그분의 존재를 설명하는 정의나 설명을 주지 않으셨습니다. 하나님이 누구신지 완전하게 표현하는 이름은 찾을 수 없습니다. 그러나 한 이름이 다른 이름과 충돌하지 않습니다. 진실로 하나님은 높고 거룩한 곳에 계시며 영원 안에 거하시는 분이시기에, 그분은 통회하고 마음이 겸손한 자와 함께 거하십니다(사 57:15). 하나님께서 자신을 계시하신 것은 우리가 하나님에 대한 철학적인 개념을 만들어내기 위해서가 아니라, 참되고 살아 계신 한 분 하나님을 우리의 하나님으로 받아들이고 인정하며 고백하도록 하기 위해서입니다. 이런 일들은 지혜롭고 슬기 있는 자들에게는 숨기시고 어린아이들에게는 나타내셨기 때문입니다(마 11:25).

신앙의 지식은 유추적이다

[53] 이처럼 하나님으로부터 우리가 얻는 인격적인 지식은 신앙의 지식입니다. 그 지식은 충분하지 않고 하나님의 존재와 동등하지도 않습니다. 하나님은 그분의 모든 피조물을 초월해 계시기 때문입니다. 또한 그것은 상징적인 것, 즉 우리가 임의로 만들어낸 구절들로 표현되어 실재와 전혀 일치하지 않는 것도 아닙니다. 오히려 신앙의 지식은 어떤 의미에서 모방적이거나 유추적입니다. 왜냐하면 신앙의 지식은 하나님의 절대적인 초월성에도 불구하고, 그분과 그분의 손으로 지으신 모든 것들 사이에 존재하는 유사성과 공통성에 기초하기 때문입니다. 하나님께서 자연과 성경을 통해 우리에게 주시는 지식은 유한하며 단편적이지만, 순수하고 참된 것입니다. 따라서 하나님은 자신을 말씀 안에서, 특히 그리스도 안에서 계시하셨으며, 그렇기 때문에 우리 마음의 필요를 만족시켜 주시는 분은 오직 하나님뿐입니다.

하나님의 속성의 구분: 비공유적 속성과 공유적 속성

18. 하나님의 교리에 대한 성경의 모든 가르침을 고려하여 하나님의 초월성과 피조물과의 관계를 유지하기 위해 초기 교회는 신적 존재의 속성을 두 개의 그룹으로 구분하게 되었습니다. 이 두 그룹은 전통적으로 서로 다른 이름으로 불리게 되었습니다. 로마교 신학은 여전히 부정적인 속성과 긍정적인 속성을, 루터파는 정태적 속성과 역동적 속성을, 개혁파는 비공유적 속성과 공유적 속

성을 말합니다. 그러나 각 구분에서 본질은 여전히 똑같습니다. 본질은 항상 초월성(하나님께서 세상와 구별되고 세상을 초월해 계심)과 내재성(하나님께서 세상과 교제하고 그들 가운데 거하심)을 유지하려는 목적을 가지고 있습니다. 개혁파에서 말하는 비공유적 속성과 공유적인 속성은 [54] 로마교와 루터파의 구분보다 그 의미를 더욱 명확하게 해줍니다. 하나님의 비공유적 속성에 대한 주장은 다신론(여러 신이 있다는 것)과 범신론(모든 것이 신이라는 것)으로부터 우리를 보호하고, 공유적 속성에 대한 주장은 이신론(하나님을 계시와 분리시키는 것)과 무신론(하나님의 존재를 부정하는 것)으로부터 우리를 보호합니다.[5]

명칭이 다소 부적절하긴 해도, 개혁파의 용어를 계속 사용하는 것에 대해 설득력 있는 이의는 없습니다. 다만, 우리는 비공유적 속성과 공유적 속성이라는 두 그룹이 서로 분리되고 분열되지 않는다는 사실을 기억해야 합니다. 물론, 우리는 두 속성 모두를 동시에 다룰 수 없으며, 하나를 언급한 후에 다른 하나를 이야기해야 합니다. 그럼에도 불구하고 이렇게 구분하는 목적은, 하나님께서 절대적이고 무한한 방식, 즉 비공유적인 방식에서 모든 공유적인 속성을 가지고 계신다는 사실을 늘 기억해야 하기 때문입니다. 하나님의 지식와 지혜, 선하심과 의로우심 등은 피조물의 이러한 속성과 어느 정도 유사성을 가지고 있지만, 그런 속성은 독립적이고

---

5 이전의 다섯 단락은 *Magnalia Dei*에 똑같은 단락이 있습니다. *MD*, 118–20.

불변하며, 영원하고 편재하며 단순한, 한마디로 절대적으로 신적인 하나님의 고유한 속성입니다. 그러므로 피조물 안에서는 본질과 속성 사이의 차이를 분명하게 구분할 수 있습니다. 인간은 팔과 다리를 잃을 수도 있고, 잠을 자거나 병으로 인해 의식을 잃을 수도 있지만, 여전히 인간으로서의 존재를 유지할 수 있습니다. 그러나 하나님에게는 이런 일이 불가능합니다. 그분의 속성은 그분의 존재와 일치합니다. 모든 속성이 그분의 존재입니다. 하나님은 지혜롭고 참되시며, 선하시고 거룩하시며, 의로우시고 자비로우실 뿐만 아니라, 진리이시고, 선이시며 거룩함이시고, 의로우시며 자비하심 그 자체이시므로, 피조물 안에 있는 이 모든 미덕의 기원이자 원천이십니다. [55] 하나님은 자신이 **가지고 계신** 모든 것이자, 피조물이 가지고 있는 모든 것의 원천**이시며**, 모든 소유의 풍성한 샘이십니다.[6]

비공유적 속성

19. 따라서 비공유적 속성은 하나님 안에 있는 모든 것이 절대적인 신적 방식으로, 피조물과 공유할 수 없을 정도로 존재한다는 점을 나타내기 위해 사용되는 완전함이나 미덕으로 이해됩니다. 이 그룹의 속성은 하나님의 절대적인 초월성과 비교 불가능성을

---

6 이 단락은 *Magnalia Dei*에서 거의 똑같은 두 단락이 있습니다. *MD*, 120–21.

유지하며, 하나님 곧 "엘로힘"이라는 이름에서 가장 분명하게 표현됩니다. 사실 "신"이라는 이름은 피조물에게도 붙여졌습니다. 성경은 종종 이방인들의 우상을 신으로 언급할 뿐만 아니라, 우리에게 다른 신들을 가지지 말라고 금지하고(출 20:3), 모세가 아론(출 4:16)과 바로(출 7:2)에게 신이 되었다고 말합니다. 또한 재판장들을 신으로 지칭하기도 합니다(시 82:1, 6). 그리고 그리스도께서는 자신을 변호할 때 이를 인용하기도 합니다(요 10:33-35). 그러나 이런 언어 사용은 은유적이고 파생적인 것입니다. 하나님의 이름은 근본적으로 그리고 본질적으로 하나님께만 속합니다. 이 이름에서 우리는 언제나 그 개념을 인격적이지만, 그럼에도 불구하고 모든 피조물보다 초월적이면서 무한한 권능과 연결시킵니다. 하나님만이 하나님이십니다.[7]

따라서 하나님은 비공유적 속성을 가지고 계십니다. 이 속성들은 하나님께만 있으며, 다른 피조물에게 나타나지 않고 전달될 수조차 없습니다. 모든 피조물은 의존적이고, 변하기 쉽고, 결합되어 있으며, 시간과 공간의 지배를 받기 때문입니다. 하나님은 모든 것으로부터 절대적으로 **독립적이십니다**. 그분은 그 어떤 것에 의해서도 영향을 받지 않으십니다(행 17:25; 롬 11:36). 그분은 **불변하시고**, 영원히 동일하시며, 모든 변화는 [56] 피조물과 그분 앞에 있는 피조물의 관계에만 있습니다(약 1:17). 또한 하나님은 **단순하시므**

---

7 이 단락은 *Magnalia Dei*에서 두 단락으로 나누어져 있습니다. *MD*, 121.

로, 영과 물질, 사고와 외연, 본질과 속성, 마음과 의지 등의 모든 구성으로부터 자유로우십니다. 그분은 완전히 자유로우시며, 그분이 **소유하신** 모든 것, 곧 순수한 진리와 생명과 **빛이십니다**(시 36:9; 요 5:26; 요일 1:5). 하나님은 **영원하시므로** 모든 시간을 초월해 계시면서도 그분의 영원함으로 모든 시간의 순간을 관통하십니다(시 90:2). 하나님은 **편재하시며**, 그래서 모든 공간을 초월해 계시면서도 그분의 전능하시고 편재하시는 능력으로 공간의 모든 곳을 품고 계십니다(시 139:7-8; 행 17:27-28).[8] 마지막으로 하나님은 **한 분이시며 유일하십니다**(신 6:4; 막 12:29; 요 17:3). 하나님 위에나 옆에 나란히 존재하는 것은 아무 것도 없고, 하나님 아래에도 그분 외에 아무 것도 있을 수 없으며, 오직 하나님만이 계시기 때문입니다.

이런 비공유적 속성들은 현재의 사고뿐만 아니라 종교 생활에 있어서도 매우 중요합니다. 하나님이 독립적이고 불변하시며, 영원하시고 편재하실 때에만, 그분은 우리가 무조건적으로 믿고 절대적으로 신뢰하는 하나님이 되고, 완벽한 구원의 하나님이 될 수 있습니다.

---

8 여기까지 이 단락은 *Magnalia Dei*에 똑같은 단락이 있습니다. *MD*, 121. 문장의 나머지는 『기독교 신앙 안내서』에만 있지만, 비슷한 문장은 *Magnalia Dei*에도 있습니다. *MD*, 122. "하나님께서는 하나의 하나님이시며 유일한 하나님이십니다. 하나님을 초월해서, 하나님과 나란히, 하나님 아래에 있는 어떤 존재도, 어떤 것도 하나님처럼 될 수 없기 때문입니다." [네덜란드어: Alleen Dan. is God de eene en de eenige God, wanneer niemand of niets boven, naast of onder Hem zijn kan, wat Hij is.]

그러나 이게 사실이라면, 우리는 이러한 비공유적 속성으로 충분하지 않습니다. 하나님께서 독립적이고 불변하시며, 영원하시고 편재하신다는 사실을 알고도, 그분이 자비로우시고 은혜로우시며 큰 사랑을 가지고 계신 분이라는 것을 알지 못한다면, 우리에게 무슨 유익이 있겠습니까? 비공유적 속성들은 하나님 안에 있는 모든 것이 그분 안에 존재하는 길을 비춰주지만, 신적 존재의 **내용**에 관해서는 우리를 어둠 속에 남겨둡니다. 그러나 공유적 속성은 신적 존재의 내용과 함께 나타납니다. 공유적 속성은 우리에게 무한히 높고 숭고하신 하나님께서 모든 피조물 안에 거하시고 그 모든 속성을 가지고 계신다는 사실을 알려줍니다. 이 속성들은 제한적이고 조건적인 방식으로 피조물 안에도 존재합니다. 그분은 멀리 계실 뿐만 아니라 가까이 계신 하나님이십니다. 그분은 독립적이고 [57] 불변하시며, 영원하시고 편재하실 뿐만 아니라, 지혜롭고 전능하시며, 의로우시고 거룩하시며 자비로우신 분입니다. 그분은 엘로힘이실 뿐만 아니라 여호와(야훼)이시며,[9] 전능자 엘 샤다이(창 17:1; 출 6:2), 곧 언약과 약속의 하나님이십니다. 그분은 자신을 자기 백성과 영원히 결합하시고, 자기 백성에게 자신을 주시는 분이십니다. **그분의** 이름은 여호와, 주님이십니다(출 3:14-15; 사 42:8; 43:10-15; 44:6; 48:11).

---

9 여기까지 이 단락은 *Magnalia Dei*에 똑같은 단락이 있습니다. *MD*, 122.

공유적 속성

20. 이러한 공유적 속성은 매우 풍성해서 완벽한 요약은 불가능합니다.[10] 그러나 성경이 하나님의 모든 이름과 함께 제시하고자 하는 분명한 첫 번째 요소는 이것입니다. 그것은 하나님의 이름이 우리에게 심오하고도 지울 수 없는 하나님에 대한 깊은 인상을 줄 것이며, 그분은 절대적으로 초월적이면서도 언약의 백성에게 자비로우신 하나님이라는 것을 알려줍니다. 그분은 참되시고, 실재하시며, **살아 계신** 하나님이십니다. 이교도들과 철학자들의 우상(범신론과 다신론, 이신론과 무신론)은 인간의 손으로 만든 것으로, 그들은 말하지도 못하고, 보지도 못하며, 듣지도 못하고, 느끼지도 못하며, 움직이지도 못합니다. 그러나 이스라엘의 하나님은 하늘에 계시며 자기의 기뻐하시는 대로 행하십니다. 그분은 유일하시고(신 6:4), 참되시며(요 17:3), 영원토록 살아 계신 하나님이십니다(신 5:26; 수 3:10; 단 6:27; 행 14:15; 고후 6:16; 딤전 3:15, 6:17). 사람들은 하나님을 죽은 하나님으로 만들어 자기 마음대로 다루고 싶어 합니다. 그러나 성경은 인간을 향해 외칩니다. 당신은 길을 잃었습니다! 하나님은 존재하십니다! 하나님은 지금도 **살아 계시며**, 영원히 **살아 계십니다**! "살아 계신 하나님의 손에 빠져 들어가는 것이 무서울진저(히 10:31)."

---

10 여기까지 이 단락은 『기독교 신앙 안내서』에만 있습니다. 그 이후는 *Magnalia Dei*에서 발견됩니다. *MD*, 124-25.

이처럼 살아 계신 하나님은 순수한 생명이시며, 모든 생명의 근원이십니다(시 36:9; 렘 2:13). 하나님은 영이십니다(요 4:24). 그분은 육체가 없으시지만, 모든 육체적인 부분과 행동이 그분께 속합니다(신 4:12, 16). [58] 따라서 그분은 형체가 없으시며(신 4:15-17), 보이지 않으십니다(출 33:20; 요 1:18; 6:46; 딤전 6:16). 또한 하나님은 영이시기에 의식과 자신에 대한 절대적인 지식을 가지고 계십니다(마 11:27, 고전 2:10). 아무리 모호하고 미약한 피조물일지라도, 만물에 대해, 자신으로부터, 시간 속에서 일어나는 모든 일들에 대한 절대적인 지식을 가지고 계십니다(사 46:10; 렘 11:20; 마 10:30; 히 4:13). 또한, 그분은 자신이 기뻐하시는 대로 모든 일을 행하시는 **의지**를 가지고 계시고(숨겨진 의지 또는 작정적 의지; 시 115:3; 잠 21:1; 단 4:35), 또한 우리 행동의 규칙을 결정하시는 의지를 가지고 계십니다(드러난 의지 또는 계명의 의지; 신 29:29; 마 7:21; 12:50). 또한 그분은 모든 저항에도 불구하고 그분이 계획하신 것을 이루실 수 있는 능력을 가지고 계십니다. 하나님께 불가능한 일은 아무것도 없습니다(창 18:14; 렘 32:27; 슥 8:6; 마 19:26; 딤전 6:15).[11]

그러나 이런 지식과 의지와 능력은 변덕스럽지 않고 오히려 모든 부분에서 도덕적으로 결정됩니다. 이런 사실은 이미 성경에서 하나님이 주신 **지혜**에 반영되어 있으며(잠 8:22-31; 욥 28:20-28; 롬 16:27; 딤전 1:17), 이를 통해 그분은 창조와 재창조를 위해 세우

---

11 이 단락은 *Magnalia Dei*에 동일한 단락이 있습니다. *MD*, 125.

신 목적에 따라 모든 것을 조직하고 이끄십니다(시 104:24; 엡 3:10; 롬 11:33). 또한 이것은 한편으로 하나님의 속성인 **선하심과 은혜** 안에서, 다른 한편으로 **거룩하심과 의로우심** 안에서 분명하게 표현됩니다. 하나님은 전지전능하실 뿐만 아니라 선하시고 유일하시고(마 10:18) 완전하시며(마 5:48), 피조물에서 나타나는 모든 선의 근원(시 145:9)이십니다. 이런 하나님의 선하심은 온 세상에 영향을 미치며(시 145:9; 마 5:45), 그 초점을 맞추는 대상에 따라 변화하고 다양한 형태를 취합니다. 죄인에게 나타날 때는 **오래 참으심**으로(롬 3:25), [59] 죄 사함을 받은 죄인에게 나타날 때는 **은혜**로(엡 2:8), 하나님께서 자신을 피조물에게 전달하시고 나누어 주실 때는 **사랑**으로 표현됩니다(요 3:16; 요일 4:8). 또한 하나님의 선하심이 성도들에게 나타날 때는 **인자하심**으로(창 39:21; 민 14:19; 사 54:10; 엡 2:7), 이 선하심과 그 모든 유익이 값없이 주시는 선물이라는 점을 강조할 때는 **기쁨**이라고 표현됩니다(마 11:26; 눅 2:14; 12:32; 살후 1:11).[12]

하나님의 선하심과 은혜는 그분의 거룩하심과 의로우심과 함께 어우러져 있습니다. 하나님은 **거룩하신 분**으로 불리는데, 그것은 그분이 모든 피조물을 초월해 계실 뿐만 아니라, 무엇보다도 이 세상의 모든 불의와 부정함으로부터 구별되신 분이기 때문입니다. 그래서 그분은 값없는 은혜로 자신의 소유라고 선포하신 그

---

12 이 단락은 *Magnalia Dei*에서 거의 똑같은 두 단락이 있습니다.
    MD, 125-26 첫 두 문장은 사소한 차이가 있습니다.

의 백성들에게 거룩할 것을 요구하십니다(출 19:5-6; 레 11:44-45; 벧전 2:9). 또한 그분은 스스로 그리스도를 통해 자기 백성을 거룩하게 하시고(엡 5:26-27), 그리스도께서 그들을 위해 거룩하게 되었으므로 그들도 진리 안에서 거룩하게 되기를 원하십니다(요 17:19). 하나님의 거룩하심과 밀접하게 연관된 것은 그분의 **의로우심입니다**. 거룩하신 분은 죄와 교제할 수 없으며, 죄를 미워하시고(시 45:7; 욥 34:10), 죄에 대해 진노하시며(롬 1:18), 자신의 영광을 위해 질투하시기 때문에(출 20:5), 절대 죄인을 죄가 없다고 여길 수 없습니다(출 20:5-7). 하나님의 거룩한 본성은 그분이 피조물의 세계에서 하나님 밖에 있는 율법을 지키실 것과, 모든 사람이 차별없이 자신의 행위에 대해 책임을 져야 한다는 것을 요구하십니다(롬 2:2-11; 고후 5:10).[13]

동일한 의로움에 대한 성경의 이 놀라운 가르침에 따르면, 하나님은 악인을 벌하실 뿐만 아니라 신실한 사람에게 구원을 베푸시기도 합니다. 사실, [그리스도와 분리해서 볼 때] 홀로 경건한 자들은 죄인이며, 다른 사람들보다 나을 것이 없습니다. 악인들은 자신의 죄를 숨기거나 포장하는 반면, 의인들은 [60] 자신의 죄를 인정하고 고백합니다. 그러나 이것이 바로 차이를 만드는 것입니다. 의인은 **개인적으로** 죄가 있고 부정할지라도, **죄의 문제**에 관하여서는 하나님 편에 서 있으며, 세상의 반대편에 서 있습니다.

---

13 이 단락은 *Magnalia Dei*에 하나로 된 단락에 포함되어 있습니다. *MD*, 126.

그래서 그들은 하나님의 은혜 언약의 약속과 그분의 말씀의 진리에 따라, 그리고 하나님께서 그리스도를 통해 직접 적용하신 의로움을 믿고 간구할 수 있습니다. 이 의로움에 따라, 우리는 하나님께서 자기 백성의 죄를 용서하고 영생을 주시기 위해 의무를 다하신하고 경외하면서 말할 수 있습니다(시 4:1; 7:10; 31:2; 34:22; 35:23; 51:16; 103:17; 요일 1:9). 그리고 하나님께서 종종 지체하시고 경건한 자들이 믿음으로 시험을 받을 때, 하나님의 진실하심과 신실하심이 그들을 완전히 구원하심을 통해 더욱 밝게 빛나게 드러납니다(창 24:27; 32:10; 수 21:45; 삼하 7:28; 시 57:4; 105:8). 주님은 그의 백성을 위해 구원을 성취하실 것이며, 그분의 인자하심은 영원합니다(시 138:8). 그분은 자비로우시고 은혜로우시며, 노하기를 더디하시고 인자하심이 큰 분이십니다(출 34:6; 시 86:15; 103:8; 145:8).[14]

실제로 어떤 사람은 병거나 말을 자랑하겠지만, 우리는 여호와 우리 하나님의 이름을 자랑할 것입니다(시 20:7; 렘 9:23-24; 고전 1:31; 고후 10:17). "이 하나님은 영원히 우리 하나님이시니 우리를 죽을 때까지 인도하시리로다(시 48:14)."[15] 그분은 복되신 영광의 하나님이십니다(딤전 6:15; 엡 1:17). 그리고 여호와를 자기 하나님으로 삼은 백성은 복이 있습니다(시 33:12).[16]

---

14 이 단락은 *Magnalia Dei*에 세 단락으로 되어 있습니다. *MD*, 126-27.

15 이 문장은 네덜란드(어) 성경 흠정역 판본 시편 48장 15절에서 직접적으로 인용되었습니다[네덜란드어: "Want deze God is onze God eeuwiglijk en altoos; Hiz zal ons geleiden tot den dood toe"].

16 이 단락은 똑같은 단락이 *Magnalia Dei*에 있습니다. *MD*, 127.

… 토론과 나눔을 위한 질문 …

1. 하나님을 본질적으로 알 수 없는 이유는 무엇일까요?

2. 성경에서 나타난 하나님께서 피조물과 어떻게 친밀한 관계를 맺고 계실까요?

3. 하나님의 초월성과 내재성을 둘 다 유지하는 것은 어떤 의미에서 중요할까요?

4. 성경에서 신앙의 지식은 오직 어떤 방식으로 계시되며, 이 계시가 우리 마음의 필요를 어떻게 채울까요?

5. 하나님의 공유적 속성과 비공유적 속성은 어떻게 다신론과 범신론, 이신론과 무신론에 대처하게 할까요?

6. 하나님의 비공유적 속성과 공유적 속성이 분리되지 않지만 구별되는 이유는 무엇일까요?

7. 하나님의 비공유적 속성은 공유적 속성과 어떻게 연결되어 있을까요?

7. 삼위일체

7. 삼위일체

하나님의 통일성 안에서의 다양성

21. [61] 하나님의 영원하신 존재는 그분의 속성보다 더욱 풍성하고 영광스럽게 삼위일체적 존재의 계시 속에서 우리를 만나주십니다.[1] 동시에, 이 삼위일체에 대한 계시는 한 가지 공식의 선포로 이루어진 것이 아니라 오랜 역사적 과정을 거치고 수 세기에 걸쳐 확장되었습니다. 하나님께서 성부와 성자와 성령으로 존재하신다

---

1 *Magnalia Dei* 10장에서 "삼위일체 하나님(De Drieëenheid Gods)"은 비슷하게 시작하지만, 여는 문장 이후에는 달라집니다. "하나님의 속성보다도 여전히 더욱 풍부하고 더욱 생생한 존재가 있습니다. 하나님의 영원한 존재는 그의 삼위일체적인 존재에 대한 계시에서 우리를 만나십니다." [네덜란드어: "Rijker en levendiger nog Dan. in de eigenschappen, treedt het Eeuwige in de openbaring van zijn drieënig bestaan ons te gemoet."]

는 사실은, 하나님의 말씀보다 그분의 사역에서 더 먼저 그리고 더 분명하게 드러났습니다.

구약의 근거1: 하나님의 이름

물론, 처음부터 하나님의 통일성은 이교 사상과 이스라엘이 종종 굴복했던 우상 숭배와 형상 숭배에 반대하는 입장이었습니다. 여호와만이 이스라엘의 하나님이시며, 유일한 하나님이라는 사실은 무엇보다도 이스라엘의 영혼에 깊이 새겨져 있었습니다(창 17:1; 출 3:6, 14-15; 20:2-5; 신 4:35, 39; 6:4-5; 32:39; 수 22:22; 삼하 7:22; 22:32; 사 45:5 등). 그러나 계시가 진전함에 따라 하나님의 존재의 충만함은 그분의 다양성 속에서, 그리고 하나님의 위격적 자기 구별은 통일성 속에서 드러났습니다. 히브리어로 하나님을 통상적으로 부르는 이름에 이미 중요한 의미가 있습니다. 이 이름 엘로힘(Elohim)은 복수 형태이며, 이전에 종종 생각했던 것처럼 하나님의 존재 안에 있는 세 위격을 의미하지는 않습니다. 그러나 소위 강조 복수형이고 불리는 이 형태는 하나님 안에 존재하는 생명과 능력의 충만함을 가리킵니다. 의심할 여지 없이, 이것은 하나님이 때때로 자신에 대해 말씀하실 때 사용하시고, 자신 안에 구별을 두시는 [62] 복수형과 관계가 있습니다. 이 구별에는 위격적 성격이 있습니다(창 1:26-27; 3:22; 사 6:8).[2]

---

2 성경에 대한 같은 단락이 *Magnalia Dei*에도 언급됩니다. *MD*, 131. 하지

구약의 근거2: 창조와 재창조의 사역

더 중요한 것은 하나님께서 그분의 말씀과 성령을 통해 창조와
섭리 안에 있는 만물을 성취하신다는 구약성경의 가르침입니다.[3]
하나님께서 말씀하시면 모든 것이 이루어집니다(창 1:3下.; 시 33:6,
9; 29:3-10; 147:18). 그분의 말씀은 계명이며(시 33:9), 그분의 말씀에
는 권능이 있습니다(시 29:4). 그리고 그 말씀은 정확하게 말씀으로
서 의식이 있고 지혜로 충만합니다. 그 지혜는 영원히 그분과 함
께 계셨고, 하나님은 그 지혜를 통해 온 세상을 창조하셨습니다(욥
28:20-28; 잠 8:22-31; 시 104:24; 렘 10:12; 51:15). 마찬가지로, 그분은
자신의 성령을 통해 모든 것을 창조하셨습니다. 또한, 하나님은 지
혜이시며 동시에 지혜를 가지고 계시기 때문에, 그분이 하신 일들
로 지혜를 전달하고 나타내실 수 있습니다. 그러므로 그분은 본질
적으로 영이시고(신 4:12), 영을 가지고 계시며, 그 영으로 세상에
거하십니다(시 139:7).

여호와께서는 누구도 그의 지도자로 삼지 않으시고 그분의 영
으로 모든 것을 창조하셨습니다(사 40:13). 하나님의 영은 태초에
수면 위에 운행하셨으며(창 1:2), 모든 피조물 안에서 활동하십니
다. 하나님은 이 영을 통해 하늘을 단장하시고(욥 26:13), 지면을 새
롭게 하시며(시 104:30), 인간에게 생명을 주시고(욥 33:4), 코에 숨

만 단락의 구성은 이 책 『기독교 신앙 안내서』에만 있습니다.

3   이 문장은 *Magnalia Dei*에 있는 문장과 동일합니다. *MD*, 132. 하지만
    이 단락의 나머지는 다릅니다.

결을 불어 넣으십니다(욥 27:3). 이해력과 지혜를 주시며(욥 32:8), 풀이 마르고 꽃이 시들게 하십니다(사 40:7). 한 마디로, 여호와의 말씀으로 하늘이 지음이 되었으며, 그 만상이 그의 입 기운으로 이루어졌습니다(시 33:6).[4]

이러한 하나님의 자기 구별은 재창조의 사역에서 더욱 풍성하게 드러납니다. 이제는 엘로힘이 아니라 여호와, 일반적인 하나님이 아니라 언약의 하나님이신 [63] 주님은 구속과 구원의 기적을 통해 자신을 계시하시고 나타내십니다. 이처럼, 하나님께서는 그들에게 말씀하실 뿐만 아니라, 또한 언약의 사자를 보내심으로 자기 백성을 구속하시고 인도하십니다. 이 언약의 사자는 족장들의 역사에서 이미 하갈(창 16:6下)과 아브라함(창 18장)과 야곱(창 28:13下)에게 나타났고, 특히 애굽의 종 되었던 집에서부터 이스라엘을 구원하시며 그분의 은혜와 권능을 보여주실 때 나타났습니다(출 3:2; 13:21; 14:19; 23:20-23; 32:34; 33:2; 민 20:16). 여호와의 사자는 창조된 천사들과 다른, 하나님의 특별한 계시이자 나타남입니다. 여호와의 사자는, 한편으로는 그를 자신의 천사라고 말씀하시는 분명히 하나님과 구별되지만, 다른 한편으로는 이름과 능력과 구원과 축복과 예배와 영광에서 하나님과 함께 합니다. 여호와의 사자는 감찰하시는 하나님(창 16:13), 벧엘의 하나님(창 31:13)으로 불리며, 하나님 또는 여호와로 불리기도 합니다(창 32:28, 30; 출 3:2-4).

---

4 이 단락은 *Magnalia Dei*의 더 큰 단락에 있는 부분과 일치합니다. *MD*, 132–33.

자기 안에 여호와의 이름을 가지고 있고(출 23:21), 모든 환난에서 건지시며(창 48:16), 이스라엘을 애굽인의 손에서 건져내시고(출 3:8), 바다를 가르셔서 바다를 마르게 하시며(출 14:21), 하나님의 백성이 가는 길을 보호하여 안전하게 가나안에 이르게 하시고, 원수를 이기게 하십니다 (출 3:8; 23:20). 여호와의 사자는 하나님 자신이시기에 온전히 순종해야 하며(출 23:20), 그분은 항상 여호와를 경외하는 자들을 둘러 진을 치십니다(시 34:7; 35:5-6).[5]

재창조에서와 마찬가지로, 여호와께서는 언약의 사자를 통해 구속 활동을 하시며, 그의 영으로 자기 백성에게 온갖 은사와 능력을 주십니다. 구약성경에서 여호와의 영은 모든 생명과 구원과 능력의 근원입니다. 그분은 사사 옷니엘(삿 3:10), 기드온(삿 6:34), 입다(삿 11:29), 삼손(삿 14:6; 15:14)에게 용기와 힘을 주셨고, 제사장의 의복과 성막, 성전을 만드는 일꾼들에게 [64] 예술가적인 재주를 주셨습니다(출 28:3; 31:3-5; 35:31-35; 대상 28:12). 그리고 모세와 함께 백성의 곤고함을 짊어지는 장로들에게 이해력과 지혜를 주셨고(민 11:15, 25), 선지자들에게 예언의 은사를 주셨으며(민 11:25, 29; 24:2-3; 미 3:8 등) 하나님의 모든 자녀를 회복하시고, 거룩하게 하시며, 인도하십니다(시 51:12; 143:10).[6]

---

5 이 단락은 *Magnalia Dei*에 동일한 단락이 있습니다. *MD*, 133.
6 이 단락은 *Magnalia Dei*에 동일한 단락이 있습니다. *MD*, 133.

구약의 근거3: 미래에 대한 약속

간단히 말해서, 여호와께서 이스라엘 백성을 애굽에서 인도하실 때 이스라엘과 맺으신 말씀, 약속, 언약 그리고 이스라엘에게 오신 성령님은 시대를 초월하여 함께 하셨으며, 스룹바벨 시대의 포로기 이후에도 그들과 함께 하셔서 그들이 두려워하지 않도록 하셨습니다(학 2:5-6). 여호와께서 이스라엘을 애굽 땅에서 인도해 내셨을 때, 그분은 그들에게 구속자가 되셨습니다. 그러므로 자기 백성에 대한 하나님의 믿음은 자기 백성의 모든 고난 중에도 (그들의 모든 고난을 자신의 고난으로 여기시고) 자신이 고난을 당하셨다는 것, 그래서 자기보다 앞서 사자를 보내어 그들을 건지시고, 그분의 사랑과 은혜로 그들을 구속하시고, 옛적부터 들어 올리시고 이끄셨습니다. 또한 그들에게 그분의 거룩한 영을 주셔서 주님의 길로 인도하신다는 것입니다(사 63:9-12). 옛 언약의 시대에 여호와께서는 대제사장을 통해 이스라엘 백성에게 보호와 은혜와 평강이라는 세 가지 복을 내려주셨습니다(민 6:24-26).[7]

그러므로 이스라엘을 인도하시는 하나님의 역사에서 하나님의 존재와 본질과 역사의 세 가지 구분은 점점 더 명확해집니다. 그러나 구약성경에는 미래에 더 높고 풍성한 계시가 이어질 것이라는 약속도 포함되어 있습니다. 이스라엘은 여호와의 말씀을 거부하고 그분의 거룩한 성령님을 근심하게 했습니다(사 63:10; 시

---

7   이 단락은 *Magnalia Dei*에 동일한 단락이 있습니다. *MD*, 133-4.

106:29). 언약의 사자와 여호와의 영 안에서 나타나는 하나님의 계시는 [65] 불충분하다는 사실이 드러났습니다. 실제로 하나님이 그분의 언약을 확증하고 약속을 성취하기 위해서는 또 다른 더 높은 계시가 필요했습니다.

장차 마지막 날에, 여호와께서는 이스라엘 가운데 모세와 같은 선지자를 일으키시고, 그 입에 자기의 말씀을 두실 것입니다(신 18:18). 멜기세덱의 서열을 따라 영원한 제사장이 될 제사장을 일으켜 세우시고(시 110:4), 다윗의 집안에서 한 왕을 일으키시며(삼하 7:12-16), 이새의 줄기에서 한 싹이 나와(사 11:1) 왕이 되어 다스리며 세상에서 정의와 공의를 행할 한 가지를 세우실 것입니다(렘 23:5). 그분은 처녀의 아들이자 사람이며(사 7:14), 모양도 풍채도 없으시지만(사 53:2下), 동시에 임마누엘(사 33:16), 언약의 사자(말 3:1), 자기 백성에게 나타나시는 주님 자신(시 110:1; 호 1:7; 말 3:1)이시며, 기묘자, 모사, 전능하신 하나님, 영존하시는 아버지, 평강의 왕이라는 이름을 가지고 계실 것입니다(사 9:6).[8]

여호와의 종의 이런 모습 뒤로는 성령님의 더욱 풍성한 통치가 뒤따를 것입니다. 성령님은 지혜와 총명, 모략과 능력, 지식과 경외의 영으로서 메시아에게 특별하게 임할 것입니다(사 11:2; 42:1; 61:1). 그 후에는 아들과 딸, 노인과 젊은이, 남종과 여종 등 모든 육체에 부어지실 것입니다(욜 2:28-29; 사 32:15; 44:3; 겔 36:26-27; 슥

---

8 이전의 두 단락은 *Magnalia Dei*에서 한 단락으로 되어 있습니다. *MD*, 134.

12:10). 이로써 성령님은 모든 사람에게 새 마음과 새 영을 주어 그들이 그의 율례를 행하며, 그의 계명을 지키고 행하게 할 것입니다 (겔 11:19-20; 36:26-27; 렘 31:31-34; 32:38-41).

그러므로 구약성경 자체는 하나님의 온전한 [66] 계시를 가리키며, 이는 그분의 삼위일체적 존재에 대한 계시로 구성될 것입니다.[9]

신약의 근거: 예수님과 사도들의 가르침

22. 신약성경의 성취는 이 약속과 예언에 일치합니다. 여기서도 하나님의 통일성은 모든 계시의 출발점입니다(요 17:3; 고전 8:4; 딤전 2:5). 그러나 이 통일성으로부터 하나님의 존재의 다양성이 이제 더 분명하게 나타나는데, 무엇보다 먼저 구원의 위대한 행위인 성육신과 대속, 부어지심을 통해 그리고 예수님과 사도들의 가르침에서도 나타납니다.[10]

이미 그리스도의 잉태되심은 우리에게 하나님의 삼중적인 활동을 보여줍니다. 성부께서 성자를 세상에 주시고(요 3:16), 성자 자신이 하늘로부터 내려오셨으며(요 6:38), 성령님으로 말미암아 마리아에게 잉태되셨습니다(마 1:20; 눅 1:35). 예수님은 세례 받으실 때 성령으로 기름 부음을 받으시고, 성부로부터 기뻐하시는 사

---

9 이전의 두 단락은 *Magnalia Dei*에서 네 단락과 동일합니다. *MD*, 134-135.

10 이 단락은 *Magnalia Dei*에서 더 큰 단락의 부분과 일치합니다. *MD*, 135.

랑하는 아들이라고 공적으로 선포되셨습니다(마 3:16-17). 예수님이 행하시는 일들은 성부께서 보여주신 일이며(요 5:19; 8:39), 성령님의 능력으로 그분에 의해 성취됩니다(마 12:28). 예수님은 죽으심으로써 영원한 성령을 통해 흠 없는 자기를 하나님께 드렸습니다(히 9:14). 예수님은 부활하시면서 성부에 의해(행 2:24), 동시에 자신의 행동으로 말미암아 살아나시면서, 성령의 영을 따라 하나님의 아들이라는 것을 강력하게 증명받으셨습니다(롬 1:3-4). 부활하신 후 사십 일째 되는 날에 그분을 살리신 성령님 안에서 하늘로 올라가셨고, 천사들과 권세들과 능력들이 그분께 복종했습니다(벧전 3:19, 22). [11]

성부 하나님

예수님과 사도들의 가르침도 이와 일치합니다. 예수님은 **성부**를 선포하고 그분의 이름을 사람들에게 알리기 위해 세상에 오셨습니다(요 1:18; 17:6). [67] 만물의 창조주이신 성부의 이름은 이방인들에게도 공통적으로 사용되었으며, 이 의미는 성경에서도 뒷받침됩니다(눅 3:38; 행 17:28; 엡 3:15; 히 12:9). 또한 구약성경은 이스라엘과의 관계에서 하나님을 아버지라고 여러 차례 언급하는데, 그 이유는 그분이 놀라운 능력으로 [이스라엘]을 창조하고 보존하셨기 때문입니다(신 32:6; 사 63:16).

---

11 이 단락은 *Magnalia Dei*에 동일한 단락이 있습니다. *MD*, 135.

그러나 신약성경에서는 하나님의 이름을 아버지로 이해하는 새로운 빛이 우리에게 비춰집니다. 예수님은 항상 자신이 성부 앞에 서는 관계와 이스라엘 백성이나 제자들처럼 다른 사람이 서는 관계의 차이를 본질적으로 구분하십니다. 예를 들어, 제자들에게 기도를 가르치실 때, 그들의 입술에 "우리 아버지"를 두시고, **너희**는 기도할 때에 이렇게 말하라"라고 분명하게 말씀하십니다(눅 11:2). 또 부활하신 후에 막달라 마리아에게 자신의 승천이 임박했음을 알리실 때에도 "내가 내 아버지 곧 너희 아버지, 내 하나님 곧 너희 하나님께로 올라간다"라고 말씀하십니다(요 20:17). 즉, 하나님은 **그분의 친**아버지이십니다(요 5:18). 하나님은 성자를 아시고, 성자와 성부만이 서로 알고 사랑하시는 방식과 수준으로 사랑하십니다(마 11:27; 막 12:6; 요 5:20). 그래서 하나님은 사도들에 의해 항상 특별한 의미에서 우리 주 예수 그리스도의 아버지로 불립니다(엡 1:3). 아버지와 아들(그리스도) 사이의 이 관계는 시간 속에서 시작된 것이 아니라 영원부터 존재해왔습니다(요 1:1, 14; 17:24). 따라서 하나님은 전적으로 독특한 의미에서 성자의 아버지이시기 때문에, 우선적으로 아버지이십니다. 이 아버지 되심은 하나님의 고유하고 특별하며 위격적인 속성입니다.[12]

그리고 파생적인 의미에서 하나님이 모든 피조물의 아버지라고 불리는 이유는 하나님이 그들의 창조주이자 보존자이시기 때문입

---

12 이전의 두 단락은 *Magnalia Dei*에서 한 부분과 동일합니다.
    MD, 135-36.

니다(고전 8:6; 엡 3:15; 히 12:9). 하나님이 이스라엘의 아버지라고 불리는 이유는 이스라엘이 선택과 소명을 통해 하나님의 손으로 만드신 작품이기 때문입니다(신 32:6; 사 63:16; 64:8). 하나님이 교회와 모든 신자의 아버지라고 불리는 이유는 성자를 향한 성부의 사랑이 그리스도를 [68] 통해 그들에게 전달되고(요 16:27; 17:25), 그들이 하나님의 자녀로 입양되며, 성령을 통해 하나님에게서 태어나기 때문입니다(요 1:12; 롬 8:15).[13]

그러므로 성부께서는 항상 아버지이시고, 제1위격이시며, 본질적으로 하나님이십니다. 그분은 하나님의 경륜과, 창조와 보존, 구속과 성화를 포함한 모든 외적 사역에서 앞장서 행하십니다. 그분은 성자에게 생명을 주어 그 속에 있게 하셨고(요 5:26), 성령님은 성부로부터 나오십니다(요 15:26). 이는 그분의 목적과 선택과 선하신 기쁨에 따라 이루어집니다(마 11:26; 엡 1:4, 9, 11). 창조와 보존, 구속과 회복이 그분으로부터 시작되며(시 33:6; 요 3:16), 특별한 의미에서 그분께 나라와 권세와 영광이 속합니다(마 6:13). 그분은 주 예수 그리스도와 성령님과 구별되는 독특한 방식으로 하나님의 **이름**을 가지고 계십니다(고전 8:6; 고후 3:13). 실제로 중보자로서 그리스도 자신이 아버지를 자기 아버지일 뿐 아니라 하나님이라고 부르며(마 27:46; 요 20:17), 그리스도께서는 하나님의 그리스도

---

13 이 단락은 *Magnalia Dei*에 거의 동일한 단락이 있습니다. *MD*, 136. 이 책 『기독교 신앙 안내서』에서 바빙크는 성경 인용에서 이사야 63장 16절을 포함합니다.

라고 불립니다(눅 9:20; 고전 3:23; 계 12:10). 한 마디로, 하나님의 존재의 첫 번째 위격은 **성부**이신데, 이는 만물이 그로 **말미암았기** 때문입니다(고전 8:6).[14]

성자 하나님

23. 하나님이 아버지시라면, 여기에는 그분으로부터 생명을 얻고 그의 사랑을 나누는 **아들**이 있다는 것을 암시합니다. 하나님의 아들이라는 이름은 구약성경에서 이미 천사들(욥 38:7), 이스라엘 백성(신 1:31; 8:5; 14:1; 32:6, 18; 호 11:1), 그리고 특히 신정 정치의 왕(삼하 7:11-14; 시 2:7; 82:6-8)을 위해 사용되었습니다. 그러나 신약성경에서 이 이름은 훨씬 더 깊은 의미를 갖게 됩니다. 그리스도는 그 이름의 완전한 의미에서 하나님의 아들이시고, 천사들과 선지자들보다 높이 계시며(마 13:23; 21:27; 22:2), "아버지 외에는 아들을 아는 자가 없고 [69] 아들 외에는 아버지를 아는 자가 없느니라(마 11:27)."라고 스스로 말씀하십니다. 천사들과 인간들과는 구별되는 그분은 아버지께서 사랑하시고 기뻐하시는(마 3:17), 하나님 자신의 아들입니다(롬 8:32). 그분은 성부께서 자기 속에 생명이 있음 같이 생명을 주신 아들이며(요 5:26), 유일한 독생자이십니다(요 1:18).[15]

---

14 이 단락은 *Magnalia Dei*에 동일한 단락이 있습니다. *MD*, 136.

15 이 단락은 *Magnalia Dei*에 동일한 단락이 있습니다. *MD*, 136-37.

성부와 성자 사이의 이 모든 관계는 많은 사람이 주장하는 것처럼 성령님의 초자연적인 잉태나 세례받으실 때의 기름 부음이나 부활과 승천을 통해 시간 속에서 시작된 것이 아니라 영원부터 존재해 왔습니다. 결국 그리스도로서 인간의 본성을 취하신 성자께서 태초부터 하나님과 함께 말씀으로 존재하셨고(요 1:1), 이미 하나님의 형상을 입으셨으며(빌 2:6), 풍성한 영광으로 옷 입고 계셨습니다(요 17:5, 24). 그분은 하나님의 영광의 광채이자 그 본체의 분명한 형상이셨기 때문에(히 1:3), 때가 차매 보내지셔서 세상에 주어질 수 있었습니다(요 3:16; 갈 4:4; 히 1:6). 따라서 창조(요 1:3; 골 1:15), 보존(히 1:3) 및 모든 구원의 획득(고전 1:30)은 그분께 속합니다. 그분은 피조물들처럼 만들어지거나 창조되지 않았지만, 모든 피조물보다 먼저 나신 이로서, 모든 피조물 위에 장자의 권리를 가진 그 아들이십니다(골 1:15). 마찬가지로, 그분은 죽은 자들 가운데서 맏아들이시고, 많은 형제들 중에서도 첫째이시며, 모든 사람과 만물의 으뜸이십니다(롬 8:29; 골 1:18).

그분은 근본 하나님의 본체시지만 때가 차매 종의 형체를 취하셨고, 생명(요 5:26)과, 지식(마 11:27)과 능력(요 1:3; 5:21, 26)과 영광(요 5:23) 등 모든 점에서 아버지 하나님과 동등하십니다(빌 2:6). 그분은 그 자신이 하나님이시며, 만물 위에 계셔서 세세에 찬양받으실 하나님이십니다(요 1:1; 20:28; 롬 9:5; 히 1:8-9). [70] 만물이 아버지**에게서** 난 것처럼, 만물은 또한 아들을 **통해서도** 말미암습니다

(고전 8:6).[16]

성령 하나님

24. 성부와 성자는 **성령**님 안에서 연합하고 결합하여 그분을 통해 모든 피조물 안에 거하십니다. 실제로 하나님은 그 존재에 따라 영이시며(요 4:24) 또한 거룩하신 분이지만(사 6:3), 성령님은 영으로서 하나님과 분명히 구별됩니다. 비교하자면, 인간은 보이지 않는 면에서 영이며 또한 자신을 아는 영을 가지고 있듯이, 하나님 자신도 영이시며 그분의 존재의 깊은 것까지 통달하시는 영을 가지고 계십니다(고전 2:11). 따라서 천사나 사람 또는 다른 피조물의 영과 구별하여 하나님의 영 또는 성령님이라고 불립니다(시 51:12; 사 63:10-11). 그러나 그분은 성부, 성자와 구별되지만, 여전히 두 분과 가장 친밀한 교제 속에 계십니다. 그분은 전능자의 기운(욥 33:4)과 여호와의 입의 기운(시 33:6)으로 불립니다. 그분은 아버지와 아들로부터 보냄을 받습니다(요 14:26; 15:26). 그리고 그분은 성부로부터 나오실 뿐만 아니라(요 15:26) 성자로부터도 나오시고, 그리스도의 영이나 성자의 영으로도 불리시며, 성부의 영으로도 불리십니다(롬 8:9).[17]

이런 방식으로 성령님은 성부와 성령으로부터 주어지거나 보

---

16 이전의 두 단락은 *Magnalia Dei*에서 한 단락으로 되어 있습니다. *MD*, 137.

17 이 단락은 *Magnalia Dei*에 동일한 단락이 있습니다. *MD*, 137-38.

넘을 받으며, 부어지거나 나오시기 때문에, 종종 인간이 자신의 소명과 직분을 이행할 수 있도록 돕는 능력이나 은사로 나타납니다. 사도행전 8장 15절, 10장 44절, 11장 15절, 15장 8절, 19장 2절에 나오는 성령님이 그런 경우입니다. 방언이나 예언의 은사를 생각할 수도 있습니다. 그러나 이로부터 많은 사람이 성령님을 하나님의 은사나 능력에 불과하다고 잘못 결론을 내리는데, 분명히 성령님은 다른 곳에서 인격의 이름과 속성을 가지고 그에 따른 일을 하시는 분으로 행하십니다. 그래서 그리스도께서는 요한복음 15장 26절과 16장 13-14절에서 [71] 이렇게 말씀하셨습니다. "**그가 나를 증언하실 것이요 그가 내 영광을 나타내리니**" 이 단어는 헬라어 단어로는 중성이지만, 우리(네덜란드) 언어로는 남성 대명사로 사용됩니다. 예수님은 성령님을 이곳에서는 보혜사라는 이름으로 부르시고, 저곳에서는 위로자라는 이름으로 부르셨습니다. 위로자라는 이름은 요한일서 2장 1절에서 그리스도에게도 사용되었으며, 네덜란드어로는 변호자(Voorspraak)로 번역되었습니다. 이런 인격의 이름에 더해서 성령님은 나 자신됨(I-ness, 행 13:2), 자기 의식(행 15:28), 자기 결정 또는 자기 의지(고전 12:11) 등 모든 종류의 인격적 속성도 가지고 계십니다. 감찰하심(고전 2:11), 들으심(요 16:13), 말씀하심(계 2:7), 가르치심(요 14:26), 중보하심(롬 8:27) 등 모든 종류의 인격적 활동이 성령님에게 속합니다. 이런 사실은 성령님을 확실한 위격이신 아버지와 아들과 동격으로 놓을 때, 분

명하고 뚜렷하게 이해됩니다(마 28:19; 고후 13:13).[18]

　그러나 이 마지막 요점은 이미 더 많은 것을 포함하고 있으며, 성령님은 하나의 위격이실 뿐만 아니라 참 하나님이심을 나타냅니다. 이 점에서도 성경은 이 중대한 신앙고백에 필요한 모든 자료를 제공합니다. 앞서 언급한 것처럼 하나님과 그분의 성령 사이에 존재하는 구별에도 불구하고 성경에서는 두 분을 언제나 서로 교환할 수 있기 때문에, 하나님이나 성령님이 무엇을 말씀하시거나 행하실 때 동일한 하나님께서 하신다는 사실을 반드시 염두에 두어야 합니다. 사도행전 5장 3-4절에서는 성령님을 속이는 것을 하나님께 거짓말을 하는 것으로 부르고, 고린도전서 3장 16절에서는 하나님의 영이 신자들의 안에 거하시기 때문에 신자들을 하나님의 성전이라고 불렀습니다. 또한 영원성(히 9:14), 편재성(시 139:7), 전지함(고전 2:11), 전능함(고전 12:4-6)과 같은 다양한 하나님의 속성들과 창조(시 33:6), 보존(시 104:30), [72] 재창조(요 3:3)와 같은 다양한 하나님의 사역은 성부와 성자만큼이나 성령님에게 기인하고 있습니다. 그러므로 성령님도 성부와 성자와 함께 동일한 영광을 누리시고, 함께 구원의 원인이 되십니다(고후 3:13; 계 1:4). 우리는 성령님의 이름으로 세례를 받고(마 28:19), 복을 받습니다(고후 13:13). 또한 성령을 모독하는 것은 사하심을 얻지 못하는 죄입니다(마 12:31-32). 만물이 아버지에게서 **나오고**, 아들을 통해 이루어

18　이 단락은 *Magnalia Dei*에서 두 단락으로 되어 있습니다. *MD*, 138.

지지만, 모든 것은 성령님 **안에서** 존재하며 안식합니다.[19]

예수님의 세례 명령과 사도들의 축복 기도

25. 성경 전체에 퍼져 있는 삼위일체 교리의 이러한 모든 요소들은 예수님에 의해 세례 명령에서 요약되고, 사도들의 축복 기도에서 사도들에 의해 요약되었습니다. 예수께서 부활하신 후 승천하시기 전에 사도들에게 가서 모든 민족을 제자로 삼아 한 이름으로 세례를 주라고 명령하십니다. 그 안에 세 개의 서로 다른 주체가 드러났음에도 불구하고 한 이름으로 세례를 주라고 명령하십니다. 성부와 성자와 성령은 그 통일성과 구별성에 있어서 하나님의 완전한 계시입니다. 마찬가지로, 사도들에 따르면 인간을 위한 모든 구원과 축복은 성부의 사랑과 성자의 은혜와 성령의 교통하심에 놓여 있습니다(고후 13:13; 벧전 1:2; 요일 5:4-6; 계 1:4-6). 선한 기쁨과 미리 아심, 능력과 사랑, 나라와 권능은 성부께 속합니다. 중보와 속죄, 은혜와 구원은 성자께 속합니다. 중생과 회복, 성화와 교통은 성령께 속합니다. 그리스도께서 성부와 맺는 관계는 성령님이 그리스도와 맺는 관계와 완전히 일치합니다. 성자께서 아무것도 스스로 말하거나 행하지 않고 모든 것을 성부로부터 받는 것처럼(요 5:26; 16:15), 성령님도 모든 것을 그리스도로부터 받습니다(요 16:13-14). 아들이 아버지를 [73] 증언하고 영화롭게 하시는

19　이 단락은 *Magnalia Dei*에 동일한 단락이 있습니다. *MD*, 138-39.

것처럼(요 1:18; 17:4, 6), 성령님도 아들을 증언하시며 영화롭게 하십니다(요 15:26; 16:14). 아들을 통하지 않고는 누구도 아버지께 나아갈 수 없듯이(요 14:6), 성령님을 통하지 않고서는 누구도 "예수를 주"라 시인할 수 없습니다(고전 12:3). 우리는 성령님을 통해 성부와 성자 자신과 교제합니다. 성령님 안에서 하나님께서 그리스도를 통해 우리 마음에 거하십니다. 이 모든 것이 사실이라면, 성부와 성자와 함께 계신 성령님은 영원히 찬양하고 영광을 돌릴 유일한 참 하나님이십니다.[20]

이단의 위협에 대한 교회의 신앙고백

기독교 교회는 삼위일체에 대한 신앙고백을 통해서 성경의 이 가르침에 대해 예와 아멘으로 화답했습니다. 교회는 한편으로는 아리우스주의의 위협과 다른 한편으로는 사벨리우스주의, 즉 이신론과 범신론의 위협에 맞서 싸우고 다투면서 힘겹고 오랜 영혼의 투쟁을 겪고 나서야 이 풍성하고 영광스러운 신앙고백에 이를 수 있었습니다.[21] 이를 위해 기독교 신학은 성경 본문에 나타나지 않는 존재, 위격, 삼위일체, 위격적 속성, 영원한 출생 등과 같은 단어와 표현을 사용해야 했습니다. 그렇지 않았다면 하나님의 진리에 대한 모든 성찰이 불가능할 것이기 때문에, 이것은 전혀 비난할

---

20 이 단락은 *Magnalia Dei*에 동일한 단락이 있습니다. *MD*, 139.

21 여기까지 이 단락은 *Magnalia Dei*에 있는 한 단락과 일치합니다. *MD*, 139-40.

일이 아닙니다. 그러나 우리는 여전히 이 모든 단어가 인간에게서 비롯된 것이고, 결함이 있고 오류가 있으며, 이름보다 더 중요한 것은 사안이라는 사실을 염두에 두어야 합니다.

삼위일체에 대한 신앙고백의 가치

그러나 이 사안은 교회의 생명에 있어서 가장 중요합니다. 삼위일체에 대한 신앙고백에서 하나님의 존재의 절대적인 통일성과 가장 풍성한 다양성이 보존되고, 유대교와 이슬람교와 이교 사상이 배제되며, 하나님의 초월성과 내재성이 고백되기 때문입니다. 세 위격은 [74] 단순한 계시의 형태가 아니라 신적 존재 안에 있는 자기 구별과 존재 방식입니다. 성부와 성자와 성령은 하나의 동일한 신적 본성과 속성을 공유하며, 본질적으로 하나입니다.[22] 그러나 각각 고유한 이름을 가지고 있으며, 서로 구별되는 특별한 속성을 가지고 있습니다. 그 속성은 성부께는 아버지 되심, 성자께는 탄생, 성령님에게는 성부와 성자로부터 나오시는 것입니다.

삼위일체 하나님의 존재 질서

신적 존재의 존재 질서는 하나님의 모든 사역 안에 있는 세 위격의 질서와 일치합니다. 만물은 성부**로부터** 비롯되고, 성자를 통

---

22 여기까지 이 단락은 이 책인 『기독교 신앙 안내서』에만 있는 내용입니다. 하지만 이 단락의 나머지는 *Magnalia Dei*와 동일합니다. *MD*, 142.

해 이루어지며, 성령 **안에서** 존재합니다. 만물은 창조와 재창조에서 성부로부터 성자와 성령을 통해 나오며, 성령 안에서 성자를 통해 성부께서 되돌아갑니다. 그러므로 우리는 특별히 성부의 선택하신 사랑에 감사드리고, 성자의 구속하시는 은혜에 감사드리며, 성령의 거듭나게 하시며 회복하시는 능력에 감사드립니다.[23] 삼위일체 하나님은 어김없이 우리 **위에 계시고**, 우리를 **위하시며**, 우리 **안에 계시는** 언약의 참 하나님이십니다.[24] 성부의 사랑과 성자의 은혜와 성령의 교통 안에 인간을 위한 모든 복과 구원이 있습니다.[25]

---

23 이 부분은 *Magnalia Dei*에 있는 한 단락과 동일합니다. *MD*, 142.

24 이 문장은 『기독교 신앙 안내서』에만 있습니다.

25 이 장의 마지막 문장은 *Magnalia Dei*에 있는 이 장의 마지막 문장과 동일합니다. *MD*, 144.

··· 토론과 나눔을 위한 질문 ···

1. 하나님께서 엘로힘이라는 복수형으로 나타난다는 사실은 삼위일체와 어떤 관계가 있을까요?

2. 여호와 하나님께서 재창조와 구속의 사역에서 하나님의 자기 구분을 어떻게 드러내실까요?

3. 예수님이 자신과 아버지와의 관계와 다른 사람들과 아버지의 관계를 어떻게 다르게 말씀하실까요?

4. 성부 하나님과 성자 하나님과의 관계는 시간 속에서 어떻게 구별되며, 이 사실이 중요한 이유는 무엇일까요?

5. 성부 하나님과 성자 하나님은 어떻게 성령님 안에서 통합되고 연결될까요?

6. 성령님이 인간의 은사로 나타나는 이유는 무엇일까요? 이 사실이 성령님을 성부 하나님과 성자 하나님과의 관계를 동등하게 볼 수 있게 하는 이유는 무엇일까요?

7. 하나님의 사역에서 하나님의 세 위격에게 돌려질 수 있는 사역은 각각 무엇이 있을까요?

8. 삼위일체에 대한 신앙고백을 붙드는 것이 교회에게 중요한 이유는 무엇일까요?

8. 창조와 섭리

8. 창조와 섭리

살아 계신 하나님, 일하시는 하나님

26. [75] 계시의 하나님은 참되고 살아 계신 하나님이시며, 동시에 일하시는 하나님이십니다. 그분은 일하지 않으실 수 없으며, 항상 일하십니다(요 5:17). 모든 생명, 특히 하나님의 충만하고 무한하신 생명은 능력이며 활력이며 활동입니다. 창조자가 그렇듯이 그의 사역 또한 그와 같습니다. 하나님이 만물의 창조자이시므로 그의 사역은 위대하고 경이로우며(시 92:5; 139:14; 계 15:3), 참되고 신실하며(시 33:4; 111:7), 의롭고 자비롭습니다(시 145:17; 단 9:14). 그러나 그 사역 가운데는 만물의 창조와 보존, 천지와 인류, 이스라엘의 기적과 그분의 종들이 행한 사역들이 포함됩니다(창 2:2-3; 출 34:10; 욥 34:19; 사 19:25; 요 9:4 등). 그리고 만물이 그분을 송축합니다(시 145:10). 그렇습니다. 여호와께서 이로 말미암아 즐거워

하십니다(시 104:31). 그분은 완전한 일을 행하시는 반석이십니다
(신 32:4).[1]

더욱이 하나님의 이 모든 사역은 무모하거나 강제적인 것이 아
니라 자유롭고 의식적으로 이루어집니다. 따라서 하나님이 한 마
디 강력한 말씀과 최고의 지혜로 모든 것을 이루신다는 것은 이미
우리에게 분명해졌습니다. 그러나 이러한 생각은 성경의 다른 곳
에서도 표현되어 있습니다. 즉, 하나님은 자신의 **경륜**을 따라 모
든 것을 성취하신다는 것입니다. 오직 이 사실만이 더욱 명확하고
강력하게 표현되었습니다. 창조와 [76] 재창조 모두에서 하나님의
모든 사역은 그분의 생각의 계시일 뿐만 아니라 그분의 의지의 산
물이라는 것입니다. 인간적으로 말해, 하나님의 모든 외적인 사역
은 그분의 뜻에 대한 사전 이해와 작정으로부터 나오기 때문입니
다. 따라서 주님의 경륜의 이름은 다양합니다. 예를 들어, "분명한
계획"(시 33:11; 잠 19:21; 사 46:10; 행 2:23)은 다른 곳에서는 "작정"(창
41:32; 대하 25:16; 시 2:7; 사 10:23;14:27), "결정"(렘 51:12; 롬 8:28; 9:11;
엡 1:11; 3:11; 딤후 1:9), "예정"(행 10:42; 13:48; 17:26, 31; 롬 8:29-30; 엡
1:5, 11), "은혜"(사 49:8; 53:10; 60:10; 61:2; 마 11:26; 엡 1:5, 9)로 언급됩
니다. 바울은 하나님의 뜻의 경륜과 선하신 기쁨에 대해 이야기합
니다(엡 1:5, 11).

성경은 이 하나님의 경륜에서 더 나아가 그분이 위대하시고 경

---

1 첫 번째 문장은 *Magnalia Dei*에 거의 동일한 문장이 있으며, 이 단락의
나머지는 *Magnalia Dei*에 있는 더 큰 단락과 동일합니다. *MD*, 145.

이로우시며(사 28:29; 렘 32:19), 독립적이시고(마 11:26), 불변하시며(히 6:17), 멸망하지 않으시고(사 46:10), 모든 것을 다스리시며(엡 1:11), 심지어 예를 들어 그리스도를 십자가에 못 박아 죽인 악인들의 범죄까지도(행 2:23; 4:28) 하나님의 경륜 안에 있다고 가르칩니다. 사물들과 사건들, 심지어 인간의 죄악된 생각과 행위까지도 하나님의 이 경륜 안에서 영원히 알려지고 정해졌기 때문에, 이런 것들은 그 성격이 부패되지 않고 오히려 고유한 종류와 본성, 맥락과 상황에서 확립되고 보장됩니다. 하나님의 이 경륜 안에는 죄와 형벌뿐만 아니라 자유와 책임, 의무감과 양심, 율법과 정의도 포함되어 있습니다. 존재하고 생성되는 모든 것은 주님의 작정 안에 있는데, 이는 현실에서 일어나는 것과 우리가 어느 정도 알고 있는 바로 그 동일한 연관성 속에서 이루어집니다. 상황은 결과와 마찬가지로 결정되며, 수단과 목적, 방식과 결과, 기도와 응답, 믿음과 칭의, [77], 성화와 영화에 따라서도 결정됩니다.

하나님의 경륜

이렇게 성경의 의미와 성령님의 뜻에 따라, 주님의 지혜로운 경륜에 대한 신앙고백은 풍성한 위로의 근원으로 이해되었습니다. 이를 통해 우리는 맹목적인 우연도, 어둡고 흐릿한 운명도 없으며, 불합리하고 거룩하지 않은 뜻도 없고, 불가피한 자연의 힘이 세상과 인류를 통제하지 않는다는 것을 알 수 있습니다. 만물의 통치는 전능하신 하나님과 자비로우신 아버지의 손에 달려 있습니다. 분명히, 이를 이해하기 위해서는 믿음이 필요합니다. 우리는 종종 보지 못하며 수수께끼 속에서 이 땅을 헤매지만, 삶의 투쟁 속에서 우리를 지탱하는 것은 믿음입니다. 믿음은 우리가 신뢰할 수 있게 해주고, 미래를 견딜 수 있는 소망을 줍니다. 하나님의 끝없이 지혜롭고 강한 경륜이 영원히 서 있기 때문입니다.[2]

창조: 하나님의 경륜의 시작

27. 세상의 창조는 이러한 하나님의 경륜이 실행된 출발점이었습니다. 오직 성경만이 우리에게 하나님의 경륜을 알려주는 것과 마찬가지로, 하나님의 창조적 전능을 말하는 성경만이 우리에게 만물의 기원을 발견하게 해줍니다.[3] 과학과 철학은 모든 것이 어디에서 왔는지에 대한 질문에 답을 줄 수 없기 때문에, 유물론이나 범신론, 영원한 존재나 영원한 생성(진화)이라는 가설을 취합니다. 반면에, 성경은 하나님만이 영원하고 불변하시다는 개념에서 출발합니다. 하나님은 지금도 계시고 전에도 계시고 장차 계실 **존재**이시며(출 3:14), 그분의 질서에 의해 세상이 **생성되었고**, 항상 **생겨나고 있습니다**(시 90:2; 102:26-28). 다시 말해, [**존재**와 **생성**의 차이는] 창조주와 피조물 사이의 주요하고 근본적인 차이입니다.

---

2 이전의 세 단락은 *Magnalia Dei*에 똑같은 세 단락이 있습니다.
   MD, 145-47.

3 이 단락의 첫 두 문장은 *Magnalia Dei*과 동일합니다. *MD*, 147.

창조의 기원

[78] 피조물로써 온 세상은 오직 하나님 안에서만 그 기원을 찾을 수 있습니다. 하나님 외에 어떤 물질이나 영원한 능력도 존재하지 않으며, 하늘과 땅과 만물은 하나님에 의해 존재하도록 부름 받았습니다. 이것이 성경이 **창조**라는 단어를 통해 표현하는 바입니다. 더 넓은 의미에서, 이 단어는 보존의 사역에도 사용되지만(시 104:30; 사 45:7), 좁은 의미에서는 하나님께서 만물을 무(無)로부터 창조하셨다는 개념을 나타냅니다. 사실, 하나님께서 만물을 **무(無)로부터**(ex nihilo) 창조하셨다는 표현은 성경이 아니라 마카비후서 7장 28절에서 처음으로 등장합니다. 이 용어는 오해를 불러일으킬 수도 있습니다.[4] 무(無)는 어떤 것도 아니며, 만물이 생겨난 원리나 기원이 될 수 없으므로, 실제로 무(無)에서 유(有)가 나올 수는 없습니다. 반면에 성경은 세상이 하나님의 뜻으로 창조되었으며(계 4:11), "보이는 것은 나타난 것으로 말미암아 된 것이 아니라(히 11:3)"고 분명하게 말합니다. 그러나 "무(無)로부터"라는 표현은 긍정적인 의미에서 이해될 수 있으며, 세상이 하나님과 함께 영원히 존재하는 어떤 물질이나 능력으로부터 형성되었다는 등의 오류를

---

4 오늘날 많은 성경은 외경 또는 중간기의 성경책으로 알려진 마카비서와 다른 책을 포함합니다. 바빙크의 정경에 대한 개념은 대부분의 후기 종교개혁 신학자에게 전형적입니다. "애야, 내 부탁을 들어다오. 하늘과 땅을 바라보아라. 그리고 그 안에 있는 모든 것을 살펴라. 하나님께서 무엇인가를 가지고 이 모든 것을 만들었다고 생각하지 말아라. 인류가 생겨난 것도 마찬가지다(마카베오하 7:28, 공동번역).

없애는 데 도움이 될 수 있습니다. 성경에 따르면, 하나님은 세상의 형성자이실 뿐만 아니라 창조자이시기도 합니다. 인간적으로 말하자면, 그분은 먼저 홀로 존재하셨고, 그 후 그분의 경륜과 뜻에 따라 온 세상이 생성되었습니다. 세상의 존재는 이전에는 완전히 존재하지 않았기 때문에, 하나님께서 무(無)로부터 세상을 창조하셨다고 정확하게 말할 수 있습니다.[5]

시간의 시작

하나님은 영원부터 존재하셨지만(시 90:2), 세상은 출발점을 가졌다는 것이(창 1:1) 성경의 분명한 가르침입니다. 종종 하나님께서 창세 전에 무언가를 하셨다고 선언되곤 하는데, 예를 들어 선택하시고, 사랑하셨다는 것입니다(요 17:24; 엡 1:4). 그분은 전능하셔서 말씀만으로 무엇이든지 존재하게 하시고(시 33:9), [79] 없는 것을 있는 것처럼 만드실 수 있습니다(롬 4:17). 오직 그분의 뜻에 따라 세상이 지으심을 받습니다(계 4:11). 하나님은 하늘과 땅과 그 가운데 있는 모든 것들을 만드렸습니다(출 20:11; 느 9:6). 만물은 하나님에게서 나오며, 하나님으로 말미암고, 하나님께서 돌아갑니다(롬 11:36). 그래서 하나님은 또한 하늘과 땅의 전능하신 소유자이십니다(창 14:19, 22). 그분은 자신을 기쁘시게 하는 모든 것을 행

---

5 이 단락은 *Magnalia Dei*에서 거의 똑같은 두 단락이 있습니다. *MD*, 149.

하시고, 그분의 능력에는 한계가 없으며, 모든 피조물은 그분에게 완전히 의존하여 그분의 뜻 없이는 흔들리거나 움직일 수 없습니다(시 115:3; 단 4:35). 성경은 하나님과 함께 존재하는 형상이 없는 물질이나 영원한 물질에 대해 아무런 언급도 하지 않습니다. 하나님은 존재하고 발생하는 모든 일의 유일하고 절대적인 원인이십니다. 그래서 보이는 것은 나타난 것으로 말미암아 된 것이 아니며, 온 세상은 하나님의 말씀으로 준비됩니다(히 11:3).[6]

창조의 목적

창조주와 피조물 사이의 이러한 구분은, 또한 이 질문에 대해 대답으로 성경에서 유지되고 있습니다. 하나님은 **왜** 또는 **무슨 목적으로** 세상을 창조하셨을까?[7] 철학자들은 종종 하나님을 자신의 넘침으로부터 해방시키거나 또는 하나님의 어떤 결핍을 보충하기 위해, 세상이 하나님에게 필요하다고 말해왔습니다. 그러나 성경에 따르면, 하나님은 그 자체로 완전한 복을 누리고 계시고, 그

---

6 이 단락은 *Magnalia Dei*에 동일한 단락이 있습니다. *MD*, 149-50.

7 참고. *MD*, 177. [네덜란드어: "Als God, die het eeuwige en volzalige wezen is, de wereld door zijn wil geschapen heeft, komt vanzelf de vraag op, **waarom** en **waartoe** Hij haar in het aanzijn geroepen heeft."] 번역: "만약에 영원하시고 복되신 본질이신 하나님께서 자기 뜻으로 세계를 창조하셨다면, 질문은 당연히 표면으로 떠오릅니다. 하나님께서 세계를 **왜** 그리고 무슨 이유로 창조하셨는가?" 『기독교 신앙 안내서』 [네덜란드어: "Ditzelfde strenge onderscheid tusschen Schepper en schepsel wordt door de Schrift ook gehandhaafd bij het antwoord op de vraag: **waarom** en **waartoe** God de wereld schiep."]

분은 결코 세상에 의존하지 않으시며, 오히려 온 세상이 그분에게 절대적으로 의존합니다(욥 22:2-3; 행 17:25; 롬 11:36). 창조는 완전히 자유로운 하나님의 행동이었으며, 그분의 뜻에 따라 만물이 지으심을 받았습니다(계 4:11). 그러나 그 뜻은 자의적인 것이 아니라 최고의 지혜를 담고 있습니다. 하나님의 모든 사역은 하나님의 경륜에서 비롯되고 놓여 있으며, 삼위일체의 사역입니다.[8] 창조 이전에 그분은 지혜와 의논하셨습니다(욥 28:20下; 잠 8:22下). 그리고 때가 차매 그분은 말씀으로 만물을 창조하셨습니다. 그 말씀은 태초부터 하나님과 함께 계셨고, 그 말씀이 곧 하나님이셨습니다(요 1:1-3; 엡 3:9; 골 1:16; 히 1:2). 그리고 하나님의 깊은 곳을 감찰하시는 성령으로 피조물에게 [80] 생명을 주시고 하늘을 장식하셨습니다(욥 26:12, 33:4; 고전 2:10). 그러므로 시편 기자는 외쳐 말합니다. "여호와여 주께서 하신 일이 어찌 그리 많은지요 주께서 지혜로 그들을 다 지으셨으니 주께서 지으신 것들이 땅에 가득하니이다 (시 104:24)"

또한 성경은 하나님께서 자신의 영광을 위해 만물을 창조하시고 유지하시며 다스리신다고 가르칩니다. 목적을 확립하는 일은 수단보다 우선하기 때문에 피조물이 창조된 목적이 오직 이것을 위한 것만은 아니지만, 일반적으로 성경은 만물이 하나님으로부터 나오고, 하나님을 통해 존재하며, 하나님께 돌아간다는 사실을

---

8 이 단락의 나머지는 *Magnalia Dei*에 있는 단락의 일부이기도 합니다.
  MD, 151.

밝힙니다(롬 11:36). 성경은 또한 하늘이 하나님의 영광을 선포하고(시 19:1), 하나님께서 바로(출 14:17)와 시각 장애인으로 태어난 사람(요 9:3)을 통해 자신의 영광을 드러내고, 자신의 이름을 위해 모든 은혜의 혜택을 주시며(사 43:25; 엡 1:6), 그리스도께서 아버지를 영화롭게 하기 위해 오셨고(요 17:4), 모든 무릎이 꿇어 하나님의 영광을 시인한다고 전하고 있습니다(빌 2:11). 하나님께서 자신의 모든 속성을 모든 피조물에게 계시하셔서, 그로부터 자신의 영광과 존경을 준비하는 것을 선한 기쁨으로 여기십니다. 하나님은 이러한 영광을 위해 세상을 필요로 하지 않으십니다. 피조물이 자율적이고 독립적으로 하나님을 영광스럽게 하는 것이 아니라, 피조물이 존재하든 하지 않든 관계없이 하나님은 항상 자신의 이름을 영화롭게 하시고 스스로 기뻐하시기 때문입니다. 따라서 하나님은 피조물이 하나님의 부족한 것을 채우거나 소유를 빼앗을 수 있는 것처럼 여기시고 피조물을 찾지 않으십니다. 오히려 온 세상이 그 넓이와 길이를 통해 하나님의 속성을 알리는 거울입니다. 하나님은 항상 자신 안에서 최고선으로 남아 계시며, 자신의 영광으로 영원히 복되어 계십니다.

창조의 순서

28. [81] 하나님께서 창조의 사역을 이루신 순서와 관련해 가장 먼저 주목해야 할 것은, 창세기 1장 1절에 따르면, 기본 구성 요소로서 하늘과 땅은 시간과 공간이 없었을 때 창조되었지만, 시간과

공간은 하늘과 땅이 존재하기 시작할 때 같은 순간에 동일한 형태로 존재하기 시작했습니다. 둘째, 그 당시 땅은 알 수 없는 기간 동안 황폐한 상태가 아니라 황량하고 공허한 상태, 즉 빛과 어둠, 물과 물, 육지와 바다 사이의 구분이 없고, 식물과 동물과 인류로 장식되지 않은 형체가 없는 상태였습니다. 셋째, 6일간의 작품은 명확하게 두 그룹으로 나누어집니다. 첫 번째 그룹은 빛의 창조로 시작하여 구별과 분리, 형태와 모양, 색상과 소리를 가져옵니다. 두 번째 그룹은 빛을 전달하는 존재인 해와 달과 별들을 형성하고, 이어서 땅을 가득 채우고 그곳에 거주할 새와 물고기, 동물과 인간을 창조하는 것으로 시작합니다. 넷째, 성경의 반복되는 증언에 따르면(창 2:1-2; 출 20:11; 31:17), 창조의 사역은 6일 만에 이루어졌습니다.

그러나 이러한 날들의 개념에 대해서는 항상 생각의 자유와 두드러진 의견의 차이가 있어왔습니다. 아우구스티누스를 제외한 다른 사람들은 하나님께서 모든 것을 한꺼번에 동시에 창조하셨고, 6일은 시간의 연속이 아니라 피조물의 위계와 질서를 고려할 수 있는 관점에 불과하다는 견해를 가졌습니다. 다른 한편에서는 창조의 날이 24시간보다 훨씬 더 긴 시간이라고 여기는 사람들도 적지 않았습니다.[9] 그렇지만 6일은 [82] 하늘과 땅과 그 모든 만물이 만들어진 창조의 주간으로 남아 있습니다.[10] 6일은 피조물이

---

9 여기까지는 이 단락은 *Magnalia Dei*에 있는 한 단락의 한 부분과 일치합니다. *MD*, 154.

10 여기 이후부터 이 단락은 *Magnalia Dei*에 있는 한 단락의 한 부분과 일

차례로 존재하게 된 시간적인 순서를 가리키며, 그들이 서로 관계하는 위계 관계를 나타냅니다. 이는 우리가 여전히 매일 관찰하는 것처럼 현실과 일치합니다. 어떤 과학적 연구도 이 사실을 파괴할 수 없습니다. 무형의 것이 유형의 것에 앞서고, 무기물이 유기물에 앞서며, 식물이 동물에 앞서고, 동물이 인간에 앞서는 것은 위계와 질서에 따른 것이기 때문입니다. 인간은 창조의 면류관이며, 계속해서 그렇게 남아 있습니다. 땅의 계절은 인간을 위해 준비되었습니다. 이것이 바로 성경이 하늘과 천사의 창조에 대해 거의 언급하지 않고 주로 땅에 관한 창조에 대해 이야기하는 이유입니다. 천문학적인 의미에서, 지구는 작고 보잘것없을 수 있습니다. 질량과 무게의 면에서는 수천 개의 행성, 태양, 별이 지구를 능가할 수 있습니다. 그러나 종교적·도덕적 의미에서, 지구는 여전히 우주의 중심입니다. 오로지 지구만이 인간의 거주지로서, 악의 권세에 대항하여 위대한 전투가 벌어지는 씨름 경기장으로서, 하늘나라를 세우는 장소로 선택되었습니다.

피조물

성경에서 모든 피조물은 하늘과 땅과 그 모든 무리(창 2:1)라는 이름 아래 포함되고, "세계"로 요약됩니다. 우리 성경에서 "세계"로 번역된 원어는 이제는 종종 세계 또는 땅(삼상 2:8; 잠 8:31)으로

치합니다. *MD*, 155-56.

이해되며, 인류가 거주하는 동안에는 인간의 거주지로도 이해됩니다(마 24:14; 눅 2:1). 성경은 때때로 일시적이고 변화하며 전환하는 세상의 상태에 더 많은 관심을 기울이기도 합니다(시 49:1-2; 눅 1:70; 엡 1:21). 또한 세상의 통일성과 모든 피조물 전체를 함께 가리키기도 합니다(요 1:10; 행 17:24). 특히 이 마지막 두 가지 의미는 [83] 풍성한 내용을 담고 있습니다. 세상은 언제나 이 두 관점에서 바라볼 수 있습니다. 세상은 넓게 생각될 수도, 깊이 고려될 수도 있습니다.[11]

세상의 통일성, 유한성, 선(善)함

첫 번째 경우, 세상은 피조물의 엄청나게 풍부한 다양성을 보여줍니다. 다양한 피조물들은 서로 구별되어 나란히 공존하며 놀라운 조화를 이루는 것처럼 보입니다. 두 번째 관점에 따르면, 세상은 하나님의 섭리 아래 점진적으로 본래의 모습으로 변해가는 오랜 과정입니다. 어떻게 보이든지 간에, 세상이 수천수백만 개의 행성으로 구성되어 있다고 하더라도 여전히 **하나**이고, 끝없는 공간으로 확장된다고 해도 **유한**하며, 하나님의 손으로 창조되었을 뿐 아니라(창 1:31) 여전히 그의 손으로 보존되고 다스려지며, 하나님의 뜻을 따르든 거부하든 그분의 영광에 복종하게 될 것이기 때

---

11 이 단락은 *Magnalia Dei*에 있는 한 단락과 같은 형태를 가지고 있습니다. *MD*, 156.

문에 **선합니다**.

창조와 섭리의 관계

29. 이러한 모든 고려사항은 자동적으로 창조에서 섭리로 이어집니다. 사실상, 세계 전체 또는 각 피조물의 존재가 하나님의 창조 행위로 존재하게 된 첫 순간부터 그들은 즉시 하나님의 섭리의 손 안에 있습니다. 여기에는 어떤 점진적인 전환도, 분리나 분열도 없습니다. 피조물이 피조물이기 때문에 **스스로 존재**하지 않는 것처럼, 피조물은 스스로를 **통해서는** 한순간도 **존재**를 유지할 수 없기 때문입니다.[12] 섭리는 즉시 창조와 결합하며, 창조는 직접적으로 그리고 즉시 섭리로 전환됩니다.[13]

이 사실은 창조와 섭리 사이에 존재하는 밀접한 관계를 보여줍니다. 그리고 창조와 섭리의 일관성을 유지하는 것은 이신론에 맞설 때 매우 중요합니다.[14] 성경은 [84] 섭리의 사역을 활발하게 하고(욥 33:4; 느 9:4), 새롭게 하며(시 104:30), 보존하고(시 36:7), 말씀하시며(시 33:9), 뜻이 있게 하고(계 4:11), 일하게 하며(요 5:17), 하

---

12 네덜란드어에서는 약간의 언어유희가 있지만, 영역(한역)에서는 사라졌습니다. [네덜란드어: "Want evenals de schepselen juist omdat zij schepselen zijn, niet **uit** zichzelf **ont**staan; zoo kunnen zij ook geen enkel oogenblik **door** zichzelf **be**staan."]

13 이 단락은 *Magnalia Dei*에 동일한 단락이 있습니다. *MD*, 159-60.

14 바빙크는 *Magnalia Dei*에서 다원주의, 칸트(Kant), 펠라기우스주의를 연관시킵니다. (각각은 이 장에서는 없습니다.)

나님의 능력의 말씀을 붙들게 하고(히 1:3), 돌보게 하고(벧전 5:7), 게다가 창조(시 104:30; 사 45:7; 암 4:13)하게 합니다. 이 모든 표현에는 하나님께서 세상을 창조하신 후에 내버려 두지 않으시고 멀리서 관찰하시지도 않는다는 진리가 내포되어 있습니다. **섭리**라는 단어를 결코 이런 방식으로 이해해서는 안 되며, 살아 계신 하나님과 그분의 활동을 제쳐두거나 뒤로 밀어내는 데 사용되어서도 안 됩니다. 섭리는 오직 하나님께서 사물을 미리 보시는 것(사물이 제 갈 길을 가더라도 미리 보고 계신다는 의미)만을 의미하는 것이 아니라, 세상에 필요한 모든 것을 공급하신다는 사실을 함축적으로 포함합니다(창 22:8; 삼상 16:1; 겔 20:6; 히 11:40). 섭리는 하나님의 지성뿐 아니라 그분의 의지의 행위이며, 하나님의 경륜의 실행이자 매 순간 세상을 유지하시는 작용입니다. 하이델베르크 교리문답의 아름다운 설명에 따르면, "하나님의 섭리는 **전능하며, 항상 존재하는 능력입니다.**"[15]

섭리의 첫 번째 요소: 보존

일반적으로 섭리의 첫 번째 활동으로 불리는 **보존**은 수동적으로 관찰하거나 **내버려 두고 떠나 버리는** 것이 아니라, **적극적인 부양이고 보존**이며, 그 단어의 가장 진정한 의미에서 유지하는 일입

---

15 하이델베르크 교리문답, 제10주일. 하이델베르크 교리문답은 *Magnalia Dei*에서 고유하게 논의되고 있습니다. *MD*, 161.

니다.[16] 보존은 하나님의 전능하신 능력에서 비롯되며, 태초에 세상을 생기게 하셨던 것처럼 세상을 계속해서 움직이게 합니다(시 33:9; 104:30; 107:26; 147:15; 계 4:11). 보존하는 능력은 멀리서 작동하는 것이 아니라 가까이서 작동합니다. 보존은 편재하는 능력입니다. 하나님은 모든 피조물 안에 자신의 존재와 함께 임재하시며(시 139:7; 렘 23:23; 행 17:27), 모든 피조물은 예외 없이 하나님 안에서 [85] 살고 움직이며 존재합니다(행 17:28). 모든 피조물은 하나님으로 말미암아 존재하고(롬 11:36), 아들의 능력으로 유지되며(히 1:2-3; 골 1:17), 하나님의 영으로 창조되고 새로워집니다(시 104:30).

창조와 섭리의 구별

그러나 창조와 섭리 사이의 이 친밀한 관계를 범신론과 혼동해서는 결코 안 됩니다. 이 구별를 간과해서는 안 됩니다. 이러한 구별이 있다는 것은 창조의 사역이 완성된 후에 하나님께서 안식하셨다는 사실에서 분명히 드러납니다(창 2:2, 출 20:11, 31:17). 이 안식은 모든 일의 중단이 아니라는 점에 유의해야 하지만(사 40:26-28; 요 5:17), **창조**라는 특별한 작업의 중단을 의미합니다. 창조는 (위에 설명한 의미에서) 무(無)에서부터 만드는 일이며, 보존하는 일은 존재하게 된 것을 유지하는 일이기 때문입니다.[17]

---

16 이 문장은 *Magnalia Dei*에서 한 문장으로 합쳐져 있습니다. *MD*, 161. 이 단락의 나머지는 *Magnalia Dei*에 요약되어 있습니다. *MD*, 161-62.

17 비슷한 내용이 *Magnalia Dei*에 있지만, 이 단락은 이 책 『기독교 신앙

세상은 창조를 통해 독립되지 않고, 독립된 피조물은 내적인 모순을 가지고 있습니다. 그렇지만, 하나님의 존재와 구별된 실체와 존재를 받습니다. 하나님과 세상은 이름과 형태와 본질에서 서로 구별되며, 영원과 시간, 무한과 유한, 창조주와 피조물로서 서로 다릅니다.[18]

하나님의 사역과 인간의 책임

30. 하나님과 세상 사이의 이 본질적인 차이를 유지하는 것은 그 자체로 이미 가장 중요한 일입니다. 이 구별을 믿지 않거나 부정하는 사람은 종교를 파괴하고 하나님을 피조물과 같은 존재로 만들며, 원칙적으로 바울이 이방인을 책망했던 것과 같은 죄를 저지르는 것입니다. 바울은 이렇게 말합니다. "하나님을 알되 하나님을 영화롭게도 아니하며 감사하지도 아니하고(롬 1:21)." 그러나 하나님과 세상, 창조와 [86] 섭리 사이의 구별을 절대 잊지 말아야 하는 또 다른 이유가 있습니다.[19]

만약 하나님과 세상이 어떤 의미에서 동일하고, 따라서 인간

안내서』에만 있습니다. *MD*, 161-62. 바빙크는 *Magnalia Dei*에서 "계속된 창조(voortgaande schepping)"에 대해서 논합니다. 그리고는 이신론에 대해 더 깊이 있게 다룹니다. 계속된 창조와 이신론 모두 위의 논의에서는 빠져있습니다.

18 이 단락은 *Magnalia Dei*에 있는 더 큰 단락의 일부와 동일합니다. *MD*, 162.

19 이 단락은 *Magnalia Dei*에 있는 한 단락과 같은 형태를 가지고 있습니다. *MD*, 162.

과 본질적으로 구별되지 않는다면, 인류의 모든 사고와 행동은 즉 각적으로 하나님 때문에 일어난 것이 됩니다. 그러면 죄는 하나님 이 한 일이 되며, 사실상 더 이상 어떤 죄도 존재하지 않게 됩니다. 이에 대해 성경은 인간이 모든 생각과 행동, 모든 죄와 함께 하나 님의 통치 아래 있다고 가능한 한 강력하게 말합니다. 인간은 결코 하나님으로부터 독립할 수 없습니다. "여호와께서 하늘에서 굽어 보사 모든 인생을 살피심이여 … 그는 그들 모두의 마음을 지으시 며 그들이 하는 일을 굽어살피시는 이로다(시 33:13, 15)" 하나님께 서는 인간의 거주지를 정하시고(신 32:8; 행 17:26), 사람의 길을 인 도하시며(잠 5:21; 16:9; 렘 10:23), "하늘의 군대에게든지 땅의 사람 에게든지 그는 자기 뜻대로 행하"십니다(단 4:35). 사람들은 토기장 이의 손과 톱질하는 사람의 손에 있는 톱처럼 하나님의 손에 있습 니다(사 29:16; 45:9; 렘 18:6; 롬 9:20-21).

인간이 죄인이 될 때 하나님으로부터 자유로워지는 것이 아니 라, 오히려 인간의 의존성은 이성적이고 도덕적인 본성을 잃고 피 조물에게 복종하는 다른 성격을 띠게 될 뿐입니다. 죄의 노예가 된 인간은 하나님의 손에서 자신을 낮추어 순수한 도구로 만듭니다. 그래서 성경은 하나님께서 완강하게 하시고, 보지 못하게 하시며, 완고하게 하시고(출 4:21下; 신 2:30; 수 11:20; 롬 9:18), 선지자의 입에 거짓말하는 영을 보내시며(왕상 22:23), 사탄을 통해 다윗이 백성을 계수하도록 정하시고(삼하 24:1; 대상 21:1), 시므이가 다윗을 저주 하도록 명하시며(삼하 16:10), 사람들을 자기 죄에 내버려두시고(롬

1:24), 강력한 "미혹의 역사"를 보내시며(살후 2:11), 그리스도께서 많은 사람을 흥하게 할 뿐만 아니라 패하게 하기도(눅 2:34) 하신다고 말합니다.[20]

섭리의 두 번째 요소: 협력

[87] 그렇지만 하나님의 섭리가 죄와 함께 진행된다고 하더라도, 성경은 죄가 하나님이 아니라 인간에게서 기원하며, 하나님이 아니라 오로지 인간 때문에 나타난다는 사실을 확고하고 결정적으로 단언합니다. 여호와는 의로우시고 거룩하시며 악과 거리가 머시고(신 32:4, 욥 34:10), 어둠이 없는 빛이시며(요일 1:5), 아무도 시험하지 않으시고(약 1:13), 각양 좋은 것과 온전한 것의 풍부한 근원이십니다(시 36:9; 약 1:17). 하나님은 율법(출 20장)과 모든 사람의 양심(롬 2:14-15)에서 죄를 금하셨습니다. 하나님은 악을 원치 않으시고(시 5:4), 악을 미워하시며 악에 대해 진노하십니다(롬 1:18). 그리고 악을 현세와 영원한 형벌로 위협하십니다(롬 2:8).[21]

이 성경 구절들은 한편으로는 처음부터 끝까지 죄가 하나님의 지배 아래에 있지만 다른 한편으로는 죄가 인간 때문에 발생하기 때문에 서로 연결될 수 있습니다. 이는 하나님과 세상이 서로 분리

---

20 이 단락과 이전의 단락은 *Magnalia Dei*에서 단일한 한 단락으로 되어 있습니다. *MD*, 163.

21 이 단락은 *Magnalia Dei*에 있는 한 단락과 같은 형태를 가지고 있습니다. *MD*, 163.

되지 않고 본질적으로 서로 구별되어야 한다는 것을 의미합니다.[22] 이것이 바로 신학이 하나님의 섭리를 설명하면서, 보존과 함께 그 두 번째 요소로 **협력**을 언급하고자 하는 이유입니다. 이를 통해 하나님께서 존재하고 발생하는 모든 일의 **첫 번째** 원인이지만, 하나님 아래에서, 하나님 안에서, 하나님을 통해서 존재하는 피조물도 역시 첫 번째 원인과 함께 협력하는 **두 번째** 원인으로 작용한다는 사실을 나타내고자 합니다.[23] 이는 분명히 하나님에 의해 이성적인 피조물로 창조되었으며 항상 하나님께 그렇게 여겨지고 대우받는 모든 인류에게 적용됩니다. 하나님과 세상은 결코 분리되지 않지만 항상 구별됩니다. 이것이 하나님의 사역과 인간의 책임이 유지되고 조화될 수 있는 방식입니다.

22　바빙크는 범신론과 이신론 사이에서 자신의 신학적인 입장을 끼워 넣고자 합니다. 하나님께서는 세계가 아닙니다. 따라서 하나님께서는 인간의 죄에 책임을 질 수 없습니다. 또한 하나님께서는 세계로부터 분리되어 있지 않습니다. 따라서, 하나님께서는 세상을 다스리시는 일에 섭리적으로 개입되어 계십니다. 인간이 자기 죄에 책임을 진다는 개념과 하나님께서 죄를 포함한 만물을 다스리신다는 개념은 바빙크가 하나님을 성경적으로 설명하고자 한다면 이 두 개념이 함께 붙들 수 있다고 믿는 두 개념입니다.

23　여기까지 이 단락은 *Magnalia Dei*에 있는 한 단락과 동일합니다. *MD*, 163-64. 이 단락의 나머지는 『기독교 신앙 안내서』에만 있는 고유한 내용입니다. 바빙크가 첫 번째 원인과 두 번째 원인에 대해 말하고자 하는 요점은 개혁파 전통과 일치합니다. 즉, 첫 번째 원인으로서 하나님께서는 하나님께서 자기 피조물의 활동에 책임을 져야 한다는 사실을 수반하지 않습니다. 오히려 하나님께서는 자신의 피조물의 부차적인 원인을 통해서 하나님 자신의 목적을 추구합니다. 이런 추구는 피조물이 스스로 결과를 만들어내는 능력과 스스로 행동할 자유를 가지도록 허락함으로써 이루어집니다.

섭리가 주는 위로

이렇게 섭리의 교리는 그리스도인에게 풍성한 위로의 근원이 됩니다. 세상에 죄와 슬픔이 존재함에도 불구하고 [88] 결국 세상을 창조하시고 그분의 섭리로 세상을 보존하고 다스리시는 존재는 악이 아니라 전능하신 하나님, 우리 주 예수 그리스도의 아버지이시기 때문입니다. 하나님은 세상을 보존하실 뿐만 아니라 다스리시고 통치하시며, 하나님이 정하신 목적에 따라 세상이 돌아가고 협력하도록 이끌어가십니다.[24] 하나님의 **통치**는 보존과 협력과 함께 하나님의 섭리의 세 번째 부분으로 함축되어 있습니다. 하나님은 통치하십니다. 그분은 만왕의 왕이시며 만주의 주님이십니다(딤전 6:15; 계 19:6). 하나님의 나라는 세세토록 영원합니다(딤전 1:17). 어떤 우연이나 운명도, 자의적인 의지나 강제도, 변덕스러운 기분이나 철저한 필연도 자연과 역사, 인류의 운명을 지배하지 않습니다. 그 모든 부차적인 원인의 배후에는 전능하신 하나님과 신실하신 아버지의 뜻이 있기 때문입니다.

---

24 참고. *MD*, 165. 이 단락의 나머지는 *Magnalia Dei*에 있는 한 단락과 일치합니다. *MD*, 165.

1. 하나님의 모든 외적인 사역은 무엇에서 나오며, 그런 경륜을 성경에서는 어떻게 표현할까요?

2. 하나님의 경륜에 대한 신앙고백은 왜 위로의 근원이 될까요?

3. 6일 동안의 창조 사역은 네 가지 특징이 있습니다. 그 특징은 각각 무엇일까요?

4. 창조가 존재한다는 사실이 곧바로 섭리의 존재로 이어지는 이유는 무엇일까요?

5. 창조와 섭리의 일관성을 유지하는 것이 중요한 이유는 무엇일까요?

6. 섭리의 세 번째 활동은 무엇이며, 이 요소가 그리스도인에게 위로가 되는 이유는 무엇일까요?

9. 인류의 기원과 본질과 운명

9. 인류의 기원과 본질과 운명

인간: 창조의 면류관

31. [89] (창세기) 첫 장의 하늘과 땅의 기원에 대한 이야기는 인간의 창조와 동시에 일어납니다[감수자 주 - 영역본에는 (창세기)를 누락했다]. 하늘과 땅, 해와 달과 별, 식물과 동물을 비롯한 다른 피조물의 창조는 짧은 단어로 보고되며, 천사의 창조는 아예 언급되지도 않습니다. 그러나 성경이 인간에 이르러서는 오랫동안 머무르며 창조의 사실뿐 아니라 방식에 대해서도 설명하고, 2장에서는 다시 매우 포괄적인 방식으로 돌아옵니다.[1] 성경이 인간의 기원에 특별한 관심을 기울인 것은 그 자체로 인간이 창조 사역의 목표

---

1 이 단락의 부분은 *Magnalia Dei*에 있는 한 단락의 부분과 일치합니다.
MD, 166.

이자 면류관이라는 증거입니다. 하지만 여기에 중요한 세부 사항
이 하나 더 추가됩니다.

우선, 인간의 창조에 앞서 인간이 다른 모든 피조물과 구별되
어 하나님의 형상과 모양대로 창조되었다는 사실을 특별히 강조
하는 하나님의 경륜이 있습니다(창 1:26). 또한, 하나님이 한 명의
인간이 아니라 남성과 여성이라는 한 쌍의 인간을 창조하셨다는
점에 주목해야 합니다. 이들은 각자 언약 안에 있을 뿐만 아니라,
서로 언약 안에 [90] 함께 있고, 따라서 모든 인류의 부모로서 하나
님의 형상으로 창조되었습니다(창 1:27-28). 마지막으로, 하나님의
형상대로 창조된 인간은 모든 생명체를 다스리고 땅을 정복해야
하는 명확한 의무를 갖게 되었습니다. 인간은 하나님의 아들이기
때문에 땅의 왕이기도 합니다. 따라서 하나님의 자녀가 되는 일과
세상을 상속받는 일은 함께 합니다.

창세기 1장과 2장의 창조 이야기

창세기 1장의 인류의 창조 이야기는 창세기 2장 4-25절에서 더
자세히 설명되고 보충되었습니다. [창세기 1장에서] 인간은 창조
의 절정으로 여겨지고, [창세기 2장에서] 인간은 역사의 시작으로
여겨집니다. 그래서 [창세기 1장에서] 인간의 첫 번째 거주지인 낙
원을 광범위하게 논의합니다. 에덴 지역에 위치한 낙원은 구체적
으로 팔레스타인 동쪽, 북쪽의 아르메니아 또는 남쪽의 바벨로니
아에 위치했습니다. 이어서, 창세기 2장에서는 하나님의 금지 명

령이 등장합니다. 선악을 알게 하는 나무를 제외하고는 낙원에 있는 모든 나무의 열매를 자유롭게 먹을 수 있다는 명령입니다. 그리고 에덴동산을 (모든 악의 세력으로부터 보호하기 위해) 경작하고 수호하라는 긍정적인 명령도 함께 주어졌습니다. 하나님에 대한 순종과 땅을 다스리는 것, 즉 경배와 문화는 함께 이루어집니다.

[창세기 2장의] 세 번째 특징은 여자의 창조와 결혼 제도입니다. 아담은 여전히 인류의 주체이자 머리입니다. 여자는 남자와 **나란히** 있는 것이 아니라 남자**로부터** 창조되었습니다(고전 11:8). 여자는 남자의 형상대로 남자를 돕는 배필로 창조되었으며, 남자의 주인도 아니고, 종처럼 남자의 아래에 있지 않고, 남자보다 열등하거나 낮은 존재가 아닌, 오히려 남자와 구별되어 자신만의 자유롭고 독립적인 인격을 갖춘 존재로 창조되었습니다.[2]

창조와 진화론

따라서 성경은 인류의 기원을 남자와 여자 모두에게 있는 것으로 서술하고 있으며, 인류의 시작과 함께 [91] 결혼 제도를 소개하는 것입니다.[3] 현재 우리가 살아가는 시대에서는 진화(발전)의 개념이 창조의 자리를 대체하면서 이 모든 것이 과학의 이름으로 완

---

2   이전의 두 단락은 이 책 『기독교 신앙 안내서』에만 있는 고유한 단락입니다.

3   이 문장은 *Magnalia Dei*에 있는 한 문장과 동일합니다. *MD*, 172. 이 단락의 나머지는 이 책 『기독교 신앙 안내서』에만 있습니다.

전히 다른 방식으로 구성되었습니다. 그러나 기억해야 할 것이 있습니다. 첫째, 인간은 존재하기 때문에 어딘가에서 와야 한다는 것입니다. 창조를 거부할 때, 인간이 동물의 진화를 통해 점진적으로 생겨났다는 것 외에는 별로 남는 것이 없습니다. 둘째, 과학자는 사물의 기원에 대해 아무것도 확실하게 알지 못합니다. 인간이 동물로부터 기원했다면 이는 선사시대에서 일어났어야 했고, 이것은 경험주의가 실패해 우리에게 많은 가설과 추측과 의견만을 남겨둔 영역이기 때문입니다. 셋째로, 물질과 힘과 운동의 기원과 마찬가지로, 생명, 의식, 이성과 의지, 종교와 도덕의 기원, 따라서 모든 문화의 기원이, 많은 과학자들의 인식에 따르면 오늘날까지도 세상의 풀리지 않는 수수께끼에 속해 있습니다.

인간의 본질: 하나님의 형상

32. 인간의 기원은 인간의 본질과 일치합니다. 비록 인간의 육체가 땅의 흙으로 만들어졌지만, 생명의 호흡은 위로부터 받은 것으로 하나님이 직접 지으신 것입니다. 그러므로 인간은 자신만의 고유한 존재와 본성을 가지고 있습니다. 인간의 본성은 인간이 **하나님의 형상**이며, **하나님의 모양**을 닮았다는 사실에 있습니다.[4] 이것이 인간을 동물과 천사와 구별합니다. 인간은 동물과 천사와 비

---

4 이 단락의 첫 번째 부분은 *Magnalia Dei*에 있는 부분과 일치합니다. *MD*, 181. 이 단락의 나머지는 인간과 천사와 동물 사이에 있는 구별을 이끌어내면서 *Magnalia Dei*의 다음 부분을 요약합니다. MD, 181-88.

숫하면서 다르고, 고유한 본성을 가지고 있습니다. 동물은 기계가 아니라 생물입니다. 성경에서도 인간과 마찬가지로 살아있는 영혼이라고 불리며(창 1:20-21, 24), 모든 생명의 근원이신 하나님의 영에 의해 그 존재가 유지됩니다. 그러나 동물은 이성과 의지를 갖춘 [92] 자유롭고 독립적인 영을 가지고 있지 않으므로, 종교나 도덕, 제대로 된 문화가 없습니다. 동물은 자연적인 존재로서 그대로 남아있습니다. 마찬가지로, 인간은 하나님의 형상으로서 천사와 구별됩니다. 그러나 천사들도 하나님이 창조하셨습니다(골 1:16). 천사는 이성적이고 도덕적인 본성을 가지고 있으며, 지식과 능력에서는 사람을 능가하기도 합니다(시 103:20; 마 18:10; 24:36). 그러나 천사는 육체가 없는 순수한 영일뿐입니다(히 1:14). 천사는 모두 동시에 창조되었으며, 그로 인해 개별적 존재로 나란히 서 있습니다. 그들은 그 수와 지위에 따라 구별된 가양한 계급(그룹, 스랍, 정사, 권세 등)으로 나누어지지만(창 3:24; 사 6:2; 엡 1:21; 3:13; 골 1:16; 2:10 등), 유기적인 생물의 종(種)을 형성하지는 않습니다. 궁극적으로, 천사는 하나님의 능력과 지혜와 선하심을 경험하지만, 인간은 하나님의 영원한 자비에 참여합니다. 하나님은 천사들의 주인이시지만, 그들의 아버지는 아니십니다. 그리스도는 천사들의 머리이시지만, 그들의 화해자와 구원자는 아니십니다. 성령님은 천사들을 보내시고 인도하시는 안내자이지만, 그들의 영으로 그들이 하나님의 자녀이며 그리스도와 함께 하나님의 상속자가 되었다고 증언하지 않으십니다. 그래서 천사들의 시선은 땅을 향합니다. 땅에서 하나님의 가장 풍성한 은혜가 나타났고, 하나님의 다양한 지혜가 드러났기 때문입니다(엡 3:10; 벧전 1:2).

하나님의 형상의 내용

인간이 창조된 이후의 하나님의 형상은 인간 본성 전체와 같습니다. 인간은 인간이기 때문에, 인간으로 남는 한, 하나님의 형상이라는 단어의 완전한 의미에서 하나님의 형상입니다. 형상을 지닌 존재가 아니라 형상 그 자체입니다. **형상**과 **모양**이라는 단어가 서로를 보충하고 강화하는 것처럼, 인간은 완전하고 전체적인 의미에서 일치하는 하나님의 형상과 모양입니다.[5] 인간은 작은 존재이지만, 하나님은 크고 무한하며 위대한 존재로 계십니다. 인간은 피조물로서 하나님께 절대적으로 의존하지만, 인간으로서 아들이 자기 아버지와 가지는 관계처럼 하나님과 관계되어 있습니다. [93] 그러므로 이 형상은 모든 기능과 능력을 갖춘 영적, 이성적, 도덕적 본성에서 가장 먼저 시작됩니다. 심지어 육체도 형상에서 완전히 배제되지 않습니다. 성경은 하나님이 영이시라고 분명히 언급하고(요 4:24) 어디에서도 하나님이 육체를 가진 존재로 언급하지 않습니다. 그러나 육체는 인간 영혼의 기관으로 기능하는데, 하나님께서 영으로서 일하시는 방식과 유사성을 보여줍니다. 즉, 성경은 하나님께서 손과 발, 귀와 눈 등을 가지고 계신다고 유비적으로

---

5 참고. *MD*, 188.

말합니다. 이 모든 것은 더 넓은 의미에서 하나님의 형상에 포함됩니다. 인간이 죄로 인해 타락한 이후에도 인간 본성을 보전하고 인간으로 남아있음으로써 여전히 하나님의 형상과 후손이라고 불릴 수 있습니다(창 9:6; 행 17:28; 약 3:9).[6]

넓은 의미와 좁은 의미의 하나님의 형상

그러나 우리 모두는 우리가 정상적인 인간이 아니라고 느낍니다. 우리는 우리가 당연히 되어야 할 인간이 아니며, 더 이상 영적으로나 육적으로나 온전한 인간이 아니라 죄인이 되었습니다. 하나님의 손으로 처음 지음받은 첫 번째 인간은 그렇지 않았습니다. 첫 번째 인간은 하나님의 형상으로 창조되었고, 이 형상에는 영적이고 육적인 온전함이 포함되었습니다. 이 온전함은 지식과 의로움과 거룩함 또는 원래의 의로움을 가리켰습니다. 개혁파 신학에서 말하는 온전함은 넓은 의미에서의 형상과 구별되는 좁은 의미의 하나님의 형상을 가리켰습니다(엡 4:24; 골 3:10; 롬 8:29; 벧후 1:14).

하나님의 형상에 대한 로마교와 개혁파 신학의 차이

개혁파 신학은, 로마교와는 대조적으로 이런 좁은 의미에서의 하나님의 형상은 인간의 본질에 속한다는 사실을 고수했습니다.

---

6 이 단락은 이 책 『기독교 신앙 안내서』에만 있습니다.

하나님의 형상이 죄로 인해 상실된 실체로 존재했던 것 같지는 않습니다. 그렇게 되면 타락한 인간은 더 이상 진정한 인간이 아닐 것이기 때문입니다. 그러나 이런 의미에서 원래의 의로움은 건강함이 육체의 특성인 것처럼 정상적인 인간의 필수적인 속성이며 자질입니다. 인간이 이것을 잃어버리게 되면, 그가 여전히 [94] 사람으로 남아 있다 해도 비정상적인 인간, 아픈 인간, 병든 인간이 됩니다. 그러므로 완전한 의미에서 이 형상을 가진 인간은 낙원에서 불멸하며 땅을 다스리며 살아야 했지만, 이 일은 인간이 하나님의 명령에 순종할 때만 이루어집니다.[7]

시험 명령

33. 시험 명령에 복종하는 것은 첫 번째 인간이 아무리 많은 것을 가지고 있었더라도, 아직 하나님의 존재 앞에서 최고의 인생과 하늘의 복된 상태와 영생을 소유하지 못했다는 것을 증명합니다. 실제로 첫 번째 인간은 낮과 밤, 깨어 있고 잠을 자는 일의 변화에 의존해야 했습니다. 반면에 우리는 하늘의 예루살렘에 밤이 없다고 말하고(계 21:25; 22:5),[8] 어린 양의 보혈로 구속된 자들이 하나님의 보좌 앞에 서서 그의 성전에서 밤낮으로 하나님을 섬긴다고 말합니다(계 7:15). 첫 번째 인간은 일주일에 엿새 동안 일하고 하루

---

7 이전의 두 단락은 이 책 『기독교 신앙 안내서』에만 있는 내용입니다.

8 이 단락의 나머지는 *Magnalia Dei*에 있는 한 단락과 일치합니다. *MD*, 201-2.

를 쉬도록 나눈 구분에 얽매여 있었지만, 하나님의 백성에게는 영원하고 확실한 안식이 기다리고 있습니다(히 4:9; 계 14:13). 무죄한 상태에서 인간은 날마다 음식과 음료가 필요했지만, 장래에는 하나님께서 배와 음식을 폐하실 것입니다(고전 6:13). 최초의 인간 부부는 남자와 여자로 이루어졌고 그들은 생육하고 번성하라는 복을 받았지만, 부활 때에는 장가가거나 시집가지도 않고 하늘에 있는 천사들과 같게 될 것입니다(마 22:30). 첫 사람 아담은 땅에서 흙으로 만들어졌습니다. 그는 흙으로 된 자연적 육체를 받았지만, 곧 살아있는 영이 되었습니다. 그러나 신자는 부활할 때 영적인 육체를 받아 하늘에 속한 자, 천국의 주님이신 그리스도의 형상을 입게 될 것입니다(고전 15:45-49). 아담은 여전히 실수하고 죄를 짓고 타락하고 죽을 수 있는 방식으로 창조되었지만, 신자는 원칙적으로 이미 이 땅 위에 존재하는 모든 것을 초월해서 [95] 존재합니다. 신자는 더 이상 죄를 지을 수 없습니다. "하나님께로부터 난 자마다 죄를 짓지 아니하나니 이는 하나님의 씨가 그의 속에 거함이요 그도 범죄하지 못하는 것은 하나님께로부터 났음(요일 3:9)"이기 때문입니다. 신자는 더 이상 타락할 수 없습니다. 그들은 "말세에 나타내기로 예비하신 구원을 얻기 위하여 믿음으로 말미암아 하나님의 능력으로 보호하심을 받(벧전 1:5)"기 때문입니다. 신자는 더 이상 죽을 수도 없습니다. 그리스도를 믿는 자들은 이미 이 땅에서 영원하고 썩지 않는 생명을 얻었기 때문입니다. 신자는 결코 죽지 않으며, 죽어도 살 것입니다(요 11:25-26).

행위 언약

아담이 갖지 못했던 것은 그가 반드시 행위를 통해 얻어야 했습니다. (그래서 행위 언약이라는 이름으로 불립니다.) 그는 자유로운 선택에 따라 하나님의 명령에 순종함으로써 이를 얻어야 했습니다. 가장 먼저 이 계명은 하나님의 형상으로 창조된 사람이 자신의 마음에 알고 있는 도덕법에 포함되어 있었으며, 도덕법의 시험으로 선악을 알게 하는 나무의 열매를 먹지 말하는 금지가 더해졌습니다. 이 문제에서 인간이 선과 악이 무엇인지를 결정하는 데에서 하나님의 말씀을 절대적으로 지킬 것인지 아니면 자신의 길을 따를 것인지가 분명하게 드러날 것이며, 드러나야 했습니다. 실제로 아담은 죄를 짓지 않을 수 있었지만, 죄를 지을 수 없는 상태에 들어가지는 않았습니다. 아담은 영적으로나 육적으로나 모든 풍성함을 가지고 있었지만, 한 가지 중요한 것이 부족했습니다. 바로 **절대적인 안전성**입니다.[9] 우리가 이 절대적인 안전성을 가지고 있지 않는 한, 우리의 안식과 기쁨은 결코 완전할 수 없을 것입니다. 우리가 가지고 있는 것들은 언제든 다시 잃어버릴 수 있습니다. 첫 번째 인간도 마찬가지였습니다. 인간의 기원은 신적이었고, 인간의 본성은 신성과 유사하며, 인간의 운명은 하나님을 보는 것이었습니다. 그러나 인간이 그 운명에 도달할지의 여부는 자신의 선택에 달렸으며, 자신의 자유의지에 의존하고 있었습니다.[10]

---

9 참고. *MD*, 203.

10 이 마지막 두 문장은 *Magnalia Dei*에 있는 마지막 두 문장과 동일합니다. *MD*, 203.

1. 인간이 하나님의 형상이라는 사실은 어떤 중요한 의미를 가지고 있을까요?

2. 에덴에 "선악을 알게 하는 한 나무를 제외하고는 낙원에 있는 모든 나무의 열매를 먹을 자격이 있다"는 말은 어떤 의미일까요?

3. 인류의 기원이 진화에 있지 않고, 창조에 있다는 사실이 주는 세 가지 중요한 이유는 각각 무엇일까요?

4. 넓은 의미에서 하나님의 형상이 무엇이며, 타락한 이후에 하나님의 형상이 남아 있다는 사실은 어떤 의미일까요?

5. 개혁파와 로마교에게 하나님의 형상에 대한 관점은 어떻게 다를까요?

6. 타락하지 않은 아담의 하나님의 형상보다 거듭난 신자의 하나님의 형상이 더 나은 이유는 무엇일까요?

Guidebook for Instruction in the Christian Religion

10. 죄와 죽음

Handleiding bij het Onderwijs in den Christelijken Godsdienst

10. 죄와 죽음

천사와 인간의 타락

34. [96] 창세기 3장에서 이미 첫 번째 인간의 타락과 불순종에 대해 말하고 있습니다. 타락은 아마도 창조 후 얼마 지나지 않아 일어났을 것입니다. 그러나 창조와 타락이 시간적으로 얼마나 가까웠든, 본질적으로는 구별됩니다. 창조는 하나님의 사역이었지만, 인간의 타락은 사탄의 유혹을 통해 일어났습니다.[1]

구체적으로 말해, 죄는 처음부터 이 땅에서 일어난 것이 아니라, 하늘에서, 하나님의 가까운 곳, 하나님의 보좌 바로 아래에서 발생했습니다. 하나님을 대적하려는 생각과 욕망과 의지가 천사들의 마음에서 먼저 일어났습니다. 아마도 교만이 첫 번째 죄였고

---

1 참고. *MD*, 203-4.

그래서 타락의 시작이자 기초가 되었을 것입니다(딤전 3:6).[2] 천사들의 타락은 창조의 사역이 완성된 후 인간의 불순종 이전에 일어났지만(창 1:31), 성경에는 간략하게만 언급되어 있습니다(요 8:44; 요일 3:8; 벧후 2:4). 그러나 그 악의 영적 왕국은 무수한 귀신과 악하고 더러운 영과 함께 존재하며, 각각은 그 옆에 있는 것보다 훨씬 악하고 해롭습니다(마 12:45). 그들은 그들의 머리인 대적자 사탄의 부하들입니다(욥 1:6; 대상 21:1; 슥 3:1; 마 4:2 등). 성경에서 사탄을 가리키는 이름은 다음과 같습니다. 마귀(비방하는 자), 원수, 악한 자, 고소하는 자, 벨리알(악), [97] 바알세붑(원래 에그론에서 숭배하는 파리 신의 이름), 귀신의 왕, 공중의 권세 잡은 통치자, 이 시대의 신, 큰 용, 옛 뱀입니다. 이 모든 이름은 어둠에 속한 영역이 세상의 처음부터 끝까지 인류에 대항해 씨름하고, 더 구체적으로는 할 수 있다면 그리스도의 교회를 전복시키기 위해 싸우고 있다는 사실을 나타냅니다. 이 싸움은 이미 낙원에서 시작되었습니다. 모든 들짐승보다 더 간교했던(영리한) 뱀(창 3:1; 마 10:16)은 마귀가 가진 권세의 도구로 사용되었습니다(요 8:44; 요일 3:8; 계 12:9). 그리고 뱀은 인간을 유혹하여 불순종으로 이끌기 위해 사탄처럼 임시 계명에 접근했습니다.

따라서 첫째로, 하나님께서 주신 금지는 임의적으로 강요된 부담으로, 인간의 자유에 대한 불필요한 제한으로 나타납니다. 이로

2　참고, *MD*, 204. 이 단락의 나머지는 이 책 『기독교 신앙 안내서』에만 있습니다.

인해 하와의 영혼에는 그 금지에 대한 신적 기원과 정당성에 대한 의심의 씨앗이 심어졌습니다. 이후, 그 의심은 하나님께서 인간이 하나님처럼 선과 악을 알게 되어 자신과 같아질 것을 두려워하여 그 금지 명령을 주셨다는 생각에 따라 불신으로 발전했습니다. 이 불신은 상상력을 자극하여 금지를 위반하는 일이 죽음이 아니라 참된 생명, 신성에 이르는 길인 것처럼 보이게 만들었습니다. 상상력은 인간의 성향과 열망에 영향을 미치게 되어 금지된 나무가 다른 관점으로 보이게 됩니다. 금지된 나무는 눈에 보기 좋게 되고, 마음에 탐심을 일으킵니다. 탐심이 자리잡자 의지를 움직이고, 죄악된 행동을 낳습니다. 하와가 "그 열매를 따먹고 자기와 함께 있는 남편에게도 주매 그도 먹"었습니다(창 3:1-6).[3]

죄의 기원과 본질에 관한 다양한 견해

35. [98] 성경은 이렇게 간단하지만 심오한 심리학적 방식으로 타락과 죄의 기원에 대한 이야기를 들려줍니다. 죄는 여전히 이런 방식으로 발생합니다. 먼저 마음이 어두워지는 것으로 시작하여, 상상력의 흥분으로 이어지고, 마음에 욕망을 불러일으키며, 의지의 행위로 끝납니다.[4] 또한, 성경은 죄를 설명하려는 시도를 하지 않습니다. 즉, 죄는 기존의 요소에서 도출합니다. 인간이 창조되었

---

3 이 단락은 *Magnalia Dei*에 거의 동일한 단락이 있습니다. *MD*, 206.

4 이 단락의 첫 부분은 *Magnalia Dei*에 있는 한 단락의 일부와 동일합니다. *MD*, 206.

던 역동적인 상태와 하나님께서 인간에서 주신 임시 계명에 죄의 **가능성**이 있지만, 실제로 어떻게 발생하는지 **실재**로의 전환은 여전히 어둠에 가려져 있습니다. 죄는 존재하지만, 존재해서는 안 됩니다. 죄는 하나님의 율법과 우리 양심의 증언과 충돌한 채로 존재했으며, 지금도 여전히 존재합니다.

창세기는 이 두 요소를 서로 연결합니다. 즉, 한편으로는 우리 자신의 삶 속에서 매 순간 느끼는 죄의 기원에 대한 심리학적 설명을 제공하고, 다른 한편으로는 죄가 가지고 있는 비합리적이고 불법적인 본성을 완전하게 드러내 보여줍니다. 창세기의 타락 이야기는 수 세기 동안 인간의 지혜가 악의 기원에 관해 고안해 낸 모든 것보다 훨씬 높은 곳에 우뚝 솟아 있습니다.[5] 계속해서 인간의 지혜는 인간이 살아가는 상황(환경, 사회), 인간의 감각적 본성(육체, 육체적 욕망), 또는 인간이 동물에서 기원했다는 것에서, 영적인 것과 반대되는 물질의 영원성으로부터, 선하신 하나님, 곧 빛의 하나님 옆에서 영원히 공존하는 악한 신으로부터, 또는 하나님 안에 있는 신비한 어둠의 본성에서 죄를 설명하고자 시도했습니다. 그러나 이 모든 설명은 죄를 하나님의 책임으로 돌리고, 죄의 윤리적 본성을 빼앗으며, 죄를 영원하고 정복할 수 없는 것으로 만들어 죄의 존재가 멸망으로 가는 길을 막습니다.

[99] 창조와 타락을 구별하고, 하나님의 사역과 인간의 자발적

---

5 이 단락의 첫 부분은 *Magnalia Dei*에 있는 한 부분과 동일합니다. *MD*, 207.

이고 고의적인 불순종을 구별하면, 죄의 진정한 본성만 남게 됩니다. 죄가 피조물의 의지에서 비롯되는 것이 아니라 의지에 선행하는 피조물의 존재에 기원한다면, 죄는 곧바로 윤리적 성격과 도덕적 성격을 상실하고 물리적이고 본성적이며 실존적인, 사물의 본성과 분리될 수 없는 악이 되고 맙니다. 그러나 죄는 도덕적 본성의 현상입니다. 죄는 도덕적 영역에 속하며, 하나님께서 이성적인 피조물과 그의 의지를 위해 주시고 확립하신 도덕법을 위반한 것으로 존재합니다.[6] 첫 번째 죄는 시험적 계명과 그 안에 있는 도덕법 전체를 위반하는 것으로 구성되었습니다. 도덕법 전체는 똑같은 하나님의 권위 안에 있는 임시 계명에 달려 있습니다. 성경은 다양한 이름으로 죄를 지칭하며, 이 이름들은 모두 같은 방향을 가리킵니다. 바로 범법, 불순종, 불법, 악함, 하나님을 대적함 등입니다. 바울은 우리가 율법을 통해 죄에 대한 지식을 갖게 된다고 명시적으로 말하며(롬 3:20), 요한은 작은 것부터 큰 것까지 모든 죄가 불법이고 무법이며 범죄라고 선언합니다(요일 3:4).

그렇기 때문에 악은 선을 따르는 것 외에는 다른 어떤 방식으로도 존재할 수 없습니다. 악은 먼저 선의 존재를 통해 나타나고, 선의 부패에 불과합니다. 죄로 인해 모든 본성이 타락하여 부패된 악한 천사들조차도, 피조물로서 선한 존재이며, 여전히 선한 채로 남아 있습니다. 또한 선은 사물의 본질과 존재로 있는 한, 죄로 인

---

6 이 단락의 나머지는 *Magnalia Dei*에 있는 한 단락과 거의 동일합니다. *MD*, 211.

해 파괴되는 것이 아니라 다른 방향으로 이끌려 또 다른 목적으로 오용됩니다. 인간은 죄를 통해 자신의 본질이나 인간성을 상실하지 않았습니다. 여전히 인간은 영혼과 육체, 정신과 의지, 모든 종류의 정서와 성향을 가지고 있습니다.[7]

이 모든 은사는 그 자체로 선하며, [100] 빛들의 아버지로부터 내려오지만, 인간에 의해 하나님을 대적하는 무기로 사용되며, 불법을 돕는 데 쓰입니다. 그러므로 죄는 단순히 드러난 부재나 인간이 원래 가지고 있던 것의 상실만이 아닙니다. 예를 들어, 부자였다가 가난해진 사람은 상실감으로 고통 받으며, 이전에 자신이 누렸던 많은 부를 절실하게 그리워합니다. 그러나 죄는 인간이 참된 인간이 되기 위해 반드시 참여해야 하는 것의 박탈이며, 동시에 하나님의 율법과 자신의 본성에 반하는 결함, 손상, 기형이 들어온 것입니다.[8]

첫 번째 죄의 결과

36. 인간이 스스로 범한 첫 번째 죄는 그 자체로 끝나지 않았습니다. 첫 번째 죄는 인간이 죄를 지은 후 그냥 떨쳐버릴 수 있는 행동이 아니었고, 인간은 그 후 더 이상 아무 일도 없었던 것처럼 행동할 수 없었습니다. 인간이 자신의 사고와 상상력, 욕망과 의지에

---

7 참고. *MD*, 211-12.
8 마지막 문장을 제외하면 이 단락은 *Magnalia Dei*에 있는 한 단락과 거의 동일합니다. *MD*, 212.

죄의 자리를 내어준 바로 그 순간, 그 내면에 끔찍한 변화가 일어 났습니다. 이것은 타락 직후 아담과 하와가 하나님과 서로로부터 자신을 숨기려 했다는 사실에서 분명하게 드러납니다. "이에 그들 의 눈이 밝아져 자기들이 벗은 줄을 알고(창 3:7)" 아담과 하와는 갑 자기 완전히 다른 관계로 서로 마주하게 되었습니다. 그들은 서로 를 한 번도 본 적 없는 전혀 다른 모습으로 보게 되었고, 두려워하 며, 자유롭고 열린 마음으로 서로를 볼 수 없었습니다. 그들은 죄 책과 부정함을 느끼고, 무화과나무 잎을 엮어서 서로에게서 자신 을 감추려 했습니다.[9] 아담과 하와는 죄인이 되어 하나님의 형상을 잃어버렸고, 하나님 앞에서 죄책과 부정함을 느꼈습니다. 그로 인 해 수치심과 두려움이 그들을 사로잡았습니다.

죄와 확산과 보편성에 대한 펠라기우스의 견해

그러나 첫 번째 죄의 공포는 [101] 첫 번째 인간 부부로부터 인 류 전체로 퍼졌다는 사실에서 더 극명하게 드러납니다. 잘못된 방 향으로 첫 걸음이 이미 내딛어졌고, 아담과 하와의 모든 후손이 그 뒤를 따르게 됩니다. 죄의 보편성은 모든 사람의 의식에 적용되는 사실이며, 경험의 증언과 성경의 가르침 모두에 따라 분명하게 확 립된 사실입니다.[10] 의로우신 그리스도 이외에는 어느 누구도 예외

---

9 마지막 문장을 제외한다면 이 단락은 *Magnalia Dei*에 있는 한 단락과 거 의 동일합니다. *MD*, 212-13.

10 이 단락의 이전 부분은 *Magnalia Dei*에 있는 한 단락의 한 부분과 동

가 없습니다. 로마교의 주장처럼 마리아도 예외가 될 수 없습니다. "사람의 마음이 계획하는 바가 어려서부터 악함이라(창 6:5; 8:21)"

　　이런 증언은 홍수 이전과 이후에도 있었으며, 계속해서 반복됩니다(왕상 8:46; 욥 14:4; 시 14; 53; 103:3; 143:2; 전 7:20; 잠 20:9; 렘 3:15; 요 3:6; 롬 3:9-20 등). 복음은 이 전제 위에 세워졌습니다(막 1:15; 16:15-16; 요 3:3). "온 세상은 악한 자 안에 처한 것이며(요일 5:19)" 인류와 세계가 처한 이 끔찍한 상태는 자연스럽게 "이 모든 것의 기원은 무엇인가?"라는 질문을 제기합니다. 첫 번째 죄가 어디에서 시작되었습니까? 그뿐만 아니라 악의 보편성과 모든 인류의 죄책감과 타락은 어디에서 비롯된 것일까요? 낙원에서 저지른 첫 번째 죄와 그 후에 온 땅에 쏟아진 죄악의 홍수 사이에는 어떤 연관성이 있습니까? 그 연관성은 어떤 종류의 연관성일까요?[11]

　　펠라기우스처럼 어떤 사람들은 그런 연관성이 존재한다는 것을 완전히 부인합니다. 그 사람들에 따르면, 각각의 죄는 그 자체로 완전히 자유롭고 인간 본성에 어떠한 변화도 가져오지 않으며, 따라서 바로 다음 순간에는 선한 행동을 통해 대체될 수 있습니다. 아담이 하나님의 계명을 어긴 후에도 내적 본성과 정신과 의지의 성향은 완전히 동일하게 남아 있었습니다. [102] 그 후로, 첫 번째 인간 부부에게서 기원한 모든 자녀는 아담이 자신의 기원에서부

일합니다. *MD*, 213. 이 단락의 마지막 문장은 이 책 『기독교 신앙 안내서』에만 있습니다.

11　이 단락은 이 책 『기독교 신앙 안내서』에만 있습니다.

터 가지고 있었던 순수하고 결백한 본성을 완전히 똑같이 가지고서 태어납니다.[12] 따라서 원죄는 존재하지 않습니다. 죄의 보편성은 노인들이 선보이고 청년들이 따랐던 나쁜 모범으로만 설명될 수 있습니다. 실제로, 죄의 보편성은 개인의 개별적 타락에 그 원인이 있는데, 펠라기우스와 그의 추종자들이 주장하는 것처럼 이 생애 안에 그 원인이 있거나, 일부 철학자와 신지학자가 가르친 것처럼 이 생애 이전에 그 원인에 있습니다.[13]

죄와 확산과 보편성에 대한 아우구스티누스와 개혁파의 견해

37. 그러나 인류에 대한 이런 원자론적 관점은 특히 아우구스티누스와 개혁파가 인식했듯이 성경의 가르침과 완전히 상반됩니다. 성경에 따르면, 인류는 어떤 임의적인 장소에서 서로 우연히 충돌하여 좋든 나쁘든 다양한 접촉을 통해 서로 어울릴 방법

---

12 이 단락의 한 부분은 *Magnalia Dei*에 있는 한 부분과 일치합니다. *MD*, 217. 이 단락의 나머지는 이 책 『기독교 신앙 안내서』에만 있습니다.

13 신학자와 신지학자 사이의 구별은 원래 로버트 그로스테스트(Robert Grosseteste)의 13세기 작품인 『철학 대전』(*Summa philosophiae*)에 기원합니다. 『철학 대전』은 신학자와 신지학자 사이를 구별했습니다. 이 작품에서 신지학자는 성경의 기록에 영감을 받은 사람들로 이해되었습니다. 17세기에 신지학이라는 단어는 영지주의적으로 영향을 받은 새로운 의미를 가졌으며, 일반적으로 독일 신비주의자 야콥 뵈메(Jakob Boehme, 1575-1624)와 관계가 있었습니다. 바빙크의 시대에 1875년 뉴욕에서 설립된 신지학회를 통해서 이런 신비주의적인 영지주의의 회복이 있었습니다. 다음을 보세요. Gordon J. Melton, "Theosophical Society," in *New Age Encyclopedia* (Farmington Hills, MI: Gale Research, 1990), 458–61.

을 찾아야만 하는 영혼의 물질로 이루어져 있지 않습니다. 오히려 인류는 많은 지체와 연결된 한 몸, 무성한 가지를 지닌 나무, 많은 시민으로 이루어진 나라와 같은 연합입니다. 인류는 그 기원의 통일성과 본성의 통일성 때문에 하나의 단일체입니다. 육체적으로는 혈통상 하나이기 때문에 하나이고, 법적으로나 윤리적으로도 자연적 일치의 기초가 하나이기 때문에 하나입니다. 인류는 같은 하나님의 율법, 즉 행위 언약의 율법 아래 놓여 있습니다.[14] 그렇기 때문에 타락한 이후에도 여전히 하나로 남아 있습니다. "죄가 세상에 들어오고 죄로 말미암아 사망이 들어왔나니(롬 5:12)" (하나님께서 재판장으로서 선포하시는 심판인) 죄책은 죄를 지은 한 사람으로부터 말미암았고, 전 인류가 심판을 받게 되었습니다 (롬 5:16, 18-19). 아담 안에서 모든 사람이 죽음을 맞이했습니다 (롬 5:17; 고전 15:22). [103] "하나님이 모든 사람을 순종하지 아니하는 가운데 가두어 두"셨습니다(롬 11:32). 따라서, 인류 전체와 그 모든 각각의 구성원은 하나님 앞에서 **죄책**을 가지고 있습니다. 인류는 **도덕적으로 부패**한 본성을 가지고 있으며, 항상 **부패와 죽음**에 영향을 받습니다. 따라서 원죄는 먼저 죄책을 포함합니다. "한 사람이 순종하지 아니함으로 많은 사람이 죄인 된 것 같이" 한 죄인에게서 나온 사람들은 하나님의 의로운 심판에 의해 죄인이 되

---

14 이 문장은 *Magnalia Dei*에 있는 한 문장과 동일합니다. *MD*, 223.

었습니다(롬 5:19).[15] 여기에 더해 **유전된 죄**도 있습니다. 모든 인간은 "죄악 중에 출생하였"고, 죄 중에 잉태되었으며(시 51:5), 어릴 때부터 악합니다(창 6:5; 8:21; 시 25:7). 더러운 것에서 깨끗한 것이 날 수 없고, 육으로 난 것은 육일뿐이기 때문입니다(욥 14:4; 요 3:6). 이 부정함은 모든 사람뿐 아니라 인간의 본성 전반에까지 확대되며(롬 3:13-17; 6:13), 마음(막 7:22), 지성(롬 1:21; 엡 2:18), 의지와 정서(요 8:34; 롬 8:7), 양심(딛 1:15), 심지어 육신의 모든 지체가 불의의 도구로 사용됩니다(롬 3:13-17; 6:13).[16]

원죄

그러나 바울은 이 원죄 교리를 독립적으로 혹은 그 자체로 발시키지 않고, 오히려 그리스도께서 스스로 얻으신 의와 생명과 연결하여 상반된 개념으로 발전시킨다는 사실을 염두에 두어야 합니다. "하나님이 모든 사람을 순종하지 아니하는 가운데 가두어 두심은 모든 사람에게 긍휼을 베풀려 하심이로다(롬 11:32)" 그러므로 누구도 교만하거나 자신을 다른 사람보다 우월하게 여길 이유가 없으며, 절망하거나 스스로를 불쌍히 여길 이유도 없습니다.

---

15 이 문장은 *Magnalia Dei*에 있는 한 문장과 동일합니다. *MD*, 226.
16 이 단락의 나머지 절반은 *Magnalia Dei*에 있는 일부의 요약입니다. *MD*, 226-29.

행위 언약과 은혜 언약

행위 언약에 있는 율법이 은혜 언약 안에도 동일하게 재현되어 있습니다. 우리가 아담 안에서 죄책을 지고 죽을 수 없다면, 우리는 그리스도 예수 안에 있는 구속을 통해 하나님의 은혜로 말미암아 의롭다 하심을 받을 수 없었을 것입니다(롬 3:24). 그러므로 [104] 우리는 부모와 조상이 우리에게 남긴 물질적 재산과 영적 보화를 상속하는 데 있어서는 이 율법의 규칙에 반대하지 않지만, 먼저 이 율법이 의무와 부담을 지울 때는 인류와 민족 또는 세대의 연대성에 반대합니다. 그렇다면, 우리는 하나님의 손에서 선한 것만 받고 악한 것은 받지 않기를 원할까요?

자범죄

38. 이 선천적인 도덕적 부패로부터 이전에는 '직접(자범; actueele)'이라는 이름으로 불렸던 모든 죄가 생겨나며, 이 죄는 개인의 작거나 큰 양심으로, 더 약하거나 강한 의지와 의도로 하나님의 율법을 위반한 행위를 포함합니다.[17] 또한 이런 죄는 개인의 삶이나 가족, 후손, 사회, 민족, 인류의 삶에 연결되어 있지 않습니다. 죄는 미끄러운 경시면과 같아서 한 죄가 또 다른 죄를 낳습니다(약 1:14-15). 죄악된 삶은 성장하고 확장하며 진보되는데, 그 과정에서

---

17 "직접적인"라고 번역된 단어는 "dadelijke"입니다. 바빙크는 자기 글을 분명하게 하기 위해서 "actueele"를 덧붙입니다.

더욱 부패해갑니다. 개인의 죄뿐만 아니라 가족, 계층, 사회, 국가적인 죄도 존재합니다. 죄인은 특별한 인종이 아니라, 우리 모두가 살고 있는 동일한 사회 안에서 생겨납니다. 모든 사람이 시민으로 구성된 죄의 왕국이 있다고 정당하게 말할 수 있습니다. 선을 행하는 사람은 단 한 명도 없습니다. 모든 사람은 참되고 완전하며 영적으로 선한 존재가 될 능력이 없으며, 오히려 그 마음은 모든 악에 기울어져 있습니다.

죄의 정도와 방식에 따른 구분

원칙적으로 덕(德)이 하나인 것처럼 죄도 나눌 수 없으므로, 원칙적으로 하나를 소유한 사람은 모든 것을 소유한 것입니다(약 2:10).[18] 그러나 모든 죄가 정도에 따라 동등하지 않으며, 모든 사람이 모든 죄에 대해 똑같은 죄책을 가지고 있지도 않습니다. 죄를 다양한 방식으로 나눌 수 있습니다. [105] 일곱 가지 대죄(교만, 탐욕, 탐식, 정욕, 나태, 질투, 분노), 죄를 지은 수단(생각, 말, 행동, 육체적 죄와 영적 죄), 사람들이 반대하는 계명에 따라(하나님과 이웃, 우리 자신에 대한 죄), 죄가 나타나는 형태(무작위와 작위의 죄), 죄가 구별되는 정도(비밀스런 죄와 공개적인 죄, 조용한 죄와 들리는 죄, 인간의 죄와 마귀의 죄) 등에 따라 나눌 수 있습니다(참조. 민 15:27, 30; 삼

---

18 덕들이 하나라고 제안하면서 바빙크는 소크라테스(Socrates), 플라톤(Plato), 아우구스티누스, 심지어 아퀴나스와 같은 인물에 의해서 표현된 덕의 고전적인 설명의 발자취를 따르고 있습니다.

상 15:22; 잠 6:30; 마 5:22; 11:21 등). 바로가 전형적인 예시를 보인 마음을 강퍅하게 하는 죄도 있습니다(출 4:21下). 이 죄는 성령님을 모독하는 것인데, 성경이 언급하는 용서받을 수 없는 죄로 간주할 수 있습니다(마 12:31-32; 참고. 히 6:4-8; 10:25-29; 12:15-17; 요일 5:16).[19]

죄의 형벌

39. 실제로, 죄가 성경이 말하는 대로라면, 그 형벌의 합당성은 더 이상 설명할 필요가 없습니다. 형벌은 항상 악을 행하는 자에게 부과되는 (선, 자유 또는 생명에서 나타나는) 고통이라는 악입니다. 하나님의 명령을 어긴 죄에 대해, 죄가 범해지기 전에 하나님은 이미 가장 높은 형벌인 죽음의 형벌을 고지하셨습니다(창 2:17). 하나님은 마땅히 다른 방식으로 행하실 수 없습니다. 그분은 의로우시고 거룩하신 분으로서 모든 행악을 미워하시며(욥 34:10; 시 5:5; 45:6-7), "그러나 벌을 면제하지는 아니하고"(출 34:7; 민 14:18), 진노로 모든 불의를 찾으시며(롬 1:18), 저주하시고(신 27:26; 갈 3:10), 복수하시며(나 1:2; 살전 4:6), 각 사람에게 자기 행한 대로 갚으시는 분이시기 때문입니다(시 62:12; 욥 34:11; 잠 24:12; 렘 32:19; 겔 33:20; 마 16:27; 롬 2:6; 고후 5:10; 벧전 1:17; 계 22:12).[20] 양심은 악한 생각과 말

---

19 이전의 네 단락은 이 책 『기독교 신앙 안내서』에만 있습니다.

20 이 단락의 첫 절반 부분은 이 책 『기독교 신앙 안내서』에만 있습니다. 이 단락의 나머지는 *Magnalia Dei*에 있는 한 단락의 일부와 동일합니다. *MD*, 237.

과 행동을 한다는 이유로 정죄하고, 종종 죄책감, 회개, 후회, 심판의 두려움에 시달릴 때, 모든 사람의 내면에서 [106] 증언합니다. 모든 국가의 사법 제도는 죄의 범죄성을 전제로 하고 있습니다.

하나님께서 죄에 대해 정하신 형벌은 죽음, 곧 육체적인 죽음이었습니다. 그러나 이것은 단독으로 존재하는 것이 아니라 수치, 두려움, 죄책(형벌에 위탁), 죄의식(도덕적 부정), 땀흘리며 노동하는 수고, 출산의 고통, 낙원으로부터의 추방, 고통과 슬픔으로 가득한 삶 그리고 결국 죽음으로 이어지는 등의 여러 다른 형벌이 선행되어 있습니다. 그러나 이 죽음은 언제라도 일어날 수 있습니다. 출생 전, 출생 중, 출생 직후에도 일어날 수 있습니다. 인간은 흙이기 때문에 흙으로 되돌아갈 것입니다(창 3:19). 어떤 의미에서 인간은 타락 이전에 이미 흙이었습니다. 그의 육체는 땅의 흙으로 지어졌고, 땅의 본성을 가진 생기 있는 생명이었습니다(고전 15:45, 47). 그러나 첫 번째 인간의 이런 삶은 죽음 없이 영화되고 영광을 받게 될 운명이었습니다. 그러나 이제 범죄로 인해 율법이 효력을 발휘하게 되었습니다. "너는 흙이니 흙으로 돌아갈 것이니라."

현대에 많은 사람이 과학의 이름으로 죽음이 죄의 결과이자 형벌이라는 사실에 대해 이의를 제기하고 논쟁하고 있지만, 성경은 이에 대해 반복적이고 분명하게 말합니다(창 2:17; 롬 5:12; 6:23; 고전 15:21, 56; 약 1:15). 누군가가 "죽음은 부자연스러운 것이다"라고 말할 때마다 우리의 양심은 이 말을 봉인합니다. 과학의 관점에서 죽음은 오늘날까지도 설명할 수 없는 위대한 생명의 신비로 남아 있습니다. 죽음의 부자연스러움은 특히 성경의 의미를 이해할 때 더욱 두드러집니다. 성경에서 죽음은 생명이 벗겨진 존재와 다름없기 때문에 파괴와 동의어가 아닙니다. [107] 그러나 성경의 가르침에 따르면, 생명은 기쁨과 풍요와 복을 포함하는 반면, 죽음은 슬픔과 빈곤과 비참함과 서로에게 속한 것들의 붕괴를 의미합니다.

하나님은 "죽은 자의 하나님이 아니요 살아 있는 자의 하나님 (마 22:32)"이시기 때문에 하나님의 형상으로 창조되고 그분과의 교제 속에서 살아가는 인간은 죽을 수 없습니다. 그러나 인간이 이 교제를 깨뜨린다면 인간은 그 순간 영적인 죽음을 맞이하게 되고, 이 땅에서의 삶은 육체적인 죽음을 맞이할 때까지 죄와 죄책으로 인해 계속해서 죽어가는 삶이 됩니다(요 8:21, 24; 엡 2:1). 그리고 그 후에는 죽음 자체가 영원한 죽음으로 끝나는데, 이는 요한계시록에서 "둘째 사망"이라고 불립니다(계 2:11; 20:6, 14; 21:8).[21]

---

21 이전의 세 단락은 이 책 『기독교 신앙 안내서』에만 있습니다.

… 토론과 나눔을 위한 질문 …

1. 하와에게서 하나님의 임시 명령 또는 금지 명령에 대한 의심의 씨앗은 어떤 과정을 거쳐 행동으로 나타났을까요?

2. 하나님의 형상을 지식과 감정과 의지로 볼 수 있습니다. 죄는 어떻게 이런 기능을 거쳐 행동으로 나타날까요?

3. 창세기의 죄에 대한 비합리적이고 불합리적인 본성은 현대 인간이 제시하는 자연적인 죄에 대한 설명과 어떤 차이가 있을까요?

4. 죄는 어떤 영역에서 기원하고, 무엇의 위반으로 존재할까요?

5. 아담과 하와가 죄를 지었을 때, 하나님 앞에서 느꼈던 두 요소는 무엇일까요?

6. 죄가 우리 모두가 살아가는 동일한 사회에서 나타나는 이유는 무엇일까요?

7. 죄는 분리해서 여러 개로 나누어 볼 수 있는 것일까요? 그 이유는 무엇일까요?

8. 죄에 대한 하나님의 형벌은 죽음 이외에도 어떤 것이 있으며, 그런 형벌은 죽음과 어떤 관계가 있을까요?

11. 은혜 언약

11. 은혜 언약

형벌과 복

40. [108] 인류는 수 세기 동안 죄와 비참함과 죽음의 상태에 있습니다. 이는 오랜 시간동안 계속되는 힘든 형벌입니다. 모세가 이스라엘 세대가 광야에서 죽어가는 것을 보고 한 말씀이 [인류의] 머리 위에 기록되어 있습니다. "우리는 주의 노에 소멸되며 주의 분내심에 놀라나이다(시 90:7)" 하나님의 손에 있는 이 형벌의 상태는 인류에게 구원에 대한 생각과 필요성을 일깨우는 수단으로 작용합니다. 한쪽에는 바로처럼 하나님의 심판 아래서 스스로를 강퍅하게 만드는 사람들이 있고, 다른 한쪽에는 하나님이 없거나 하나님이 악을 보지 못하신다는 상상을 하면서 스스로 우쭐대는 사람들이 있다는 것은 분명한 사실입니다(시 10:11, 13; 14:1; 94:7; 말 2:7). 그럼에도 불구하고 인류는 전체적으로 하나님께서 직접 영혼 안

에 심어주신 소망을 품고 있다는 사실을 증언합니다. 인류는 항상 구속에 대한 소망을 품고 살아왔습니다.

따라서 한편으로는 죄와 그 형벌의 무게를 유지해야 하지만, 다른 한편으로는 이 모든 것에도 불구하고 하나님께서 죄와 오염의 상태에 있는 인류에게 부어주신 복에 대해 눈 감아서는 안 됩니다. 바울이 지난 세대에 하나님께서 모든 민족이 각자의 길로 가도록 허락하셨다고 말한 것을(행 14:16) 마치 하나님께서 [109] 그 민족들과 아무런 교류도 하지 않으시고 그들 자신의 운명에 완전히 맡겨두어 방치하신 것으로 이해해서는 안 됩니다. 오히려 하나님의 경륜과 뜻에 따라 인류의 타락 이후에도 살아남아 온 땅에 퍼져 여러 민족으로 나뉘었고, 하나님의 섭리의 통치 아래 그 민족들이 특정 장소와 은사와 과업을 받아 풍성하고 다양한 발전에 참여할 수 있었습니다. 자연과 역사에는 하나님의 질서에 따라 퇴보하려는 힘뿐 아니라 회복하려는 힘도 있고, 부패하려는 힘뿐 아니라 보존하고 구속하려는 힘도 있습니다. 기적적으로 인류의 역사 속에서 저주와 복, 진노와 자비, 공의와 오래 참음이 서로 얽혀 있습니다. 그리고 첫 번째 인간의 불순종 이후 특별 은혜와 더불어 즉시 작용하기 시작한 일반 은총은 홍수 이후 언약으로 확립되어 자연과 그 질서를 포함한 모든 피조물에게까지 확장되었습니다. 하나님은 배교에도 불구하고 피조물을 보존하고 그 길을 바로잡기 위해 자신을 창조에 헌신하셨습니다. 범죄 이후 뱀과 여자와 남자에게 내려진 형벌조차도 복과 은혜가 섞여 있었습니다.

구원의 가능성과 필요성

이런 사실은 특히 열방의 종교에서 볼 수 있습니다. 그 종교들은 각각 하나님께서 계시를 통해 인간의 마음에 보존하신 종교적 도덕적 의식에 뿌리를 두고 계속 발전하고 성장합니다(행 14:17; 롬 1:19). 더욱이 그들은 모두 구속이라는 동일한 개념을 가지고 있습니다. 그들은 모든 종교가 구속적이기를 원합니다. 악에 대해서, 구원을 추구하고 얻을 수 있는 길에 대해서, 그리고 최고선에 대해 다양한 의견이 존재합니다. 하지만, 악에서의 구원과 최고선을 얻는 일은 모든 종교에 스며들어 있습니다. 종교에서의 가장 큰 질문은 언제나 이것입니다. "내가 어떻게 해야 구원받을 수 있을까?" [110] 사람들이 종교에서 추구하는 것은 문명이나 발전, 또는 땅의 정복과 통제로는 얻을 수 없는 것, 즉 영원한 행복과 영원한 평안과 완전한 구원입니다. 종교에서 이것은 항상 인간이 하나님을 위해 무엇을 하느냐로 나타납니다. 죄로 가득한 상태에서 인간은 항상 하나님을 실제 모습과 전혀 다르게 상상하며, 잘못된 의도를 가지고 잘못된 길과 장소에서 하나님을 찾습니다. 따라서 자세히 살펴보면 열방의 모든 종교는 실망스럽게도 모두 우상 숭배와 형상 숭배, 점성술과 마술에 빠졌습니다. 그들은 더 이상 하나님의 거룩함이나 은혜에 대한 지식이 없습니다. 그럼에도 불구하고 그들은 하나님을 잃은 인간이 하나님을 피할 수 없으며 하나님 없이 살 수 없음을 증명합니다.

인류 전체의 특징인 구원에 대한 열망은 그 자체로 매우 중요할뿐 아니라 기독교에도 매우 중요합니다. 하나님께서 스스로 이 욕구를 끊임없이 일깨우시고 유지하시기 때문입니다. 이는 하나님께서 전적으로 타락한 인류를 완전히 버리지 않으셨다는 것을 나타냅니다. 이는 세상살이의 길고도 끔찍한 여정에서 인류를 삶과 일에서 지탱하는 없어서는 안 되는 소망이며, 하나님께서 순수한 자비로 주시는 구원이 있다는 사실에 대한 보증이자 예언입니다. 이 구원은 인간이 자기 자신을 위해 헛되이 찾았던 것입니다.[1]

이방 종교와 이스라엘 종교의 차이

41. 민족들의 자의적 종교와 이스라엘과 그리스도 안에 있는 특별 계시에 근거한 종교 사이에는 근본적인 차이가 있습니다. 자의적 종교의 경우, 항상 인간 자신이 하나님을 찾으려고 하지만 결국에는 항상 하나님에 대한 잘못된 형상을 형성하고, 그래서 결코 죄의 본성과 구속의 길에 대한 참된 통찰을 얻지 못합니다. 그러나 [111] 성경의 종교에서는 인간을 찾고, 그의 죄와 더러움 속에서 자신을 드러내시며, 은혜와 자비로 자신을 알리시는 분은 언제나 하나님이십니다. 인간의 마음 깊은 곳에서 "원하건대 주는 하늘을 가르고 강림하시고(사 64:1)"라는 탄식이 솟아나며, 여기서 하늘이 열리고 하나님 자신이 땅으로 내려오시는 것입니다. 이러한 [자의적인] 종교에서 우리는 온갖 계명을 지켜 지식을 얻거나, 악으로부터

---

1 이전의 네 단락은 이 책 『기독교 신앙 안내서』에만 있습니다.

의 구원과 하나님과의 교제에 참여하기 위해 세상에서 도망쳐 자신의 정신의 신비 속으로 빠져들고자 계속 노력하는 인간을 볼 수 있습니다. 여기서 인간의 모든 행동은 사라지고, 하나님께서 친히 행동하시고 역사에 개입하시며 그리스도 안에서 구원의 길을 나타내시고 자신의 은혜의 능력으로 인간이 그 길을 걷도록 하십니다. 특별 계시는 하나님께서 자신의 인도하심을 통해 인간의 마음 속에서 일어나는 질문에 대해 말씀과 행동으로 대답해 주시는 것입니다.[2]

우리는 타락 직후에 하나님께서 인간에게 오셔서 그를 찾으시고 다시 자신과의 교제로 인도하신 것을 봅니다(창 3:7-15). 마찬가지로 계시의 지속성에 있어서, 찾으시고 부르시는 분도, 말씀하시고 행동하시는 분도 항상 하나님이십니다. 모든 구속은 하나님에게서 나와 하나님께로 돌아갑니다. 아벨의 자리에 셋을 두신 분(창 4:25), 노아에게 은혜를 베푸셔서(창 6:8) 홍수의 심판에서 보존하신 분(창 6:12下), 아브람을 부르시고 언약에 포함하신 분(창 12:1, 17:1), 순전한 은혜로 이스라엘 백성에게 상속하기로 선택하신 분(신 4:20; 7:6-8)이 바로 하나님이십니다. 때가 차매 독생자를 세상에 보내셨고(갈 4:4), 지금 이 순간에도 온 인류 가운데서 영생과 마지막 날에 하늘의 기업을 상속하시기 위해 택하신 [112] 백성을 모으

---

2 참고. MD, 247-48.

시는 분도 하나님이십니다(엡 1:10; 벧전 1:5).[3]

하나님의 경륜과 은혜 언약의 실행

시간 속에서 성취되는 모든 일, 즉 창조와 섭리의 모든 사역이 하나님의 경륜과 실행에 근거한다면, 이것은 분명히 하나님의 가장 탁월한 사역인 재창조 사역에 훨씬 더 크게 적용됩니다. 그러므로 성경에는 경륜이 만물에 앞서고(사 46:10), 그 경륜으로 만물이 작동하며(엡 1:11), 특히 그 경륜이 구속 사역의 내용이라는 말이 종종 언급됩니다(눅 7:30; 행 20:27; 히 6:17). 더욱이 이 경륜은 하나님의 지성뿐 아니라 전능하시고(엡 1:5, 11), 꺾이지 않으며(사 14:17; 46:10), 불변하는(히 6:17) 하나님의 계획에서 나옵니다. 하나님의 계획은 영원히 설 것입니다(시 33:11; 잠 19:21).[4]

다른 이름들도 이 개념을 설명해 줍니다. 하나님께서 그리스도 안에서 계시하신 것은 하나님의 경륜만이 아닙니다. 인간을 향한 하나님의 선한 기쁨과(눅 2:14), 인간을 돌보시고 그들을 자녀로 양자삼으신 기쁨(마 11:26; 엡 1:5, 9)에 대해서도 말씀하십니다. 또한 선택의 사역을 진행하시는 계획과(롬 9:11; 엡 1:9), 이 계획이 그리스도 안에서 확립되고(엡 3:11) 부르심을 통해 실현되었다고(롬 8:28) 말씀하십니다. 은혜에 기원한 선택과 예정을(롬 11:5) 말씀하시며, 이것

---

3 이 단락은 이 책 『기독교 신앙 안내서』에만 있습니다(편집자 주 – 하이델베르크 교리문답 21주일 54문답에도 이와 비슷한 내용이 있습니다).

4 이 문장은 *Magnalia Dei*에 있는 한 단락에서 발견됩니다. *MD*, 249.

이 그리스도를 중심으로(엡 1:4) 특정한 사람들을 대상으로(롬 8:29) 그들을 구원하시기 위해(엡 1:4) 행하신 일이라고 말씀하십니다. 마지막으로 하나님의 지혜의 선포를 수단으로 하여(고전 2:7) 그리스도와 연합하여 영생에 이르도록 보존된 자녀의 양자됨에 대해서도 (행 13:48; 롬 8:29; 엡 1:5) 말씀하십니다. [5]

이 경륜에서 구속 사역 전체는 처음부터 끝까지, 넓고 길게 확립되었습니다. 여기에는 임의나 우연의 여지가 조금도 없으며, 모든 것이 [113] 무한한 자비와 헤아릴 수 없는 지혜로 결정되었습니다. 구원의 적용과 실현, 상급과 수혜자, 성령님의 모든 은사뿐 아니라 그리스도의 모든 유익도 여기에 포함됩니다. 이 경륜은 아버지의 사랑과 아들의 은혜와 성령님의 교제 속에 있기 때문에 모든 부분에서 질서 있고 안전한 영원한 언약이라고 불릴 수 있습니다 (삼하 23:5).

행위 언약과 은혜 언약의 차이

신자들은 구원 사역의 기초가 되는 이 경륜과 함께 성경에서 반복해서 권면을 받습니다. 그것은 두려워하거나 소극적으로 엎드려 있지 말고, 이 경륜을 오용하여 죄 중에 살지 말아야 한다는 권면입니다(눅 7:30; 롬 3:8). 신자는 오히려 하나님의 헤아릴 수 없는 은혜를 확신하고 그 은혜 안에서 완전한 안식을 찾아야 합니다.

---

5 이 단락은 *Magnalia Dei*에 있는 한 단락에서 발견됩니다. *MD*, 249.

이것이 바로 행위 언약과 은혜 언약의 차이점입니다. 행위 언약은 하나님의 형상으로 창조된 인간에게 달려 있었습니다. "이를 행하면 살 것이다." 행위 언약은 타락한 인간에게는 천국으로 가는 길이 될 수도 있었지만, 그것이 자신의 자유 의지에 달려 있었기 때문에 불안정하고 불확실했습니다. **확실성**이 결여되어 있었습니다. 그러나 은혜 언약은 그리스도 안에서 성령을 통해 두 당사자를 위해 서 있기 때문에 하나님 한 분께 고정되어 있습니다. 그러므로 하나님과의 교제를 잃어버리고 어떤 방법으로도 이를 회복할 수 없는 타락한 인간에게 천국으로 가는 길은 오직 은혜로 말미암아 선물로 주시는 믿음으로만 받을 수 있습니다. 이 믿음 자체가 선택의 열매로 주어지며(행 13:48; 롬 9:15-16; 엡 1:4; 2:8), 그 믿음은 하나님의 능력을 통해 하늘의 기업으로 보존되어 있습니다(벧전 1:5).

그러므로 여기에 절대적인 확실성이 있습니다. 모든 두려움을 배제하는 완전한 사랑, 흔들림 없는 언약(사 54:10)이 있습니다. [114] 아담은 어제나 오늘이나 영원토록 동일하신 그리스도로 대체되었습니다(히 13:8).[6]

은혜 언약의 선언과 제정

42. 이 은혜 언약은 타락 직후 즉시 인간에게 알려졌습니다.[7]

---

6 이전의 세 단락은 이 책 『기독교 신앙 안내서』에만 있습니다.
7 첫 번째 문장은 이 책 『기독교 신앙 안내서』에만 있습니다. 이 단락의 나머지는 *Magnalia Dei*에 있는 한 단락의 일부와 일치합니다. *MD*, 254-

실제로 모(母) 약속(편집자 주 - 모든 신자의 어머니인 하와를 위한 약속)에서 뱀뿐만 아니라(창 3:14-15), 뱀을 도구로 사용한 악의 세력도 모욕당하고 정죄받았습니다. 그러나 이제부터 뱀의 후손과 여자의 후손 사이에 적대감이 만연할 것이며, 하나님께서 직접 이 적대감을 창조하고 확립하셨다는 사실이 선언되었습니다. 그러므로 이 적대감과 분쟁이 나타나서 뱀의 후손이 여자의 후손의 발꿈치를 상하게 할 것이고, 반대로 여자의 후손은 뱀의 후손의 머리를 상하게 할 것입니다.

여기에는 은혜 언약의 선언과 제정이 담겨 있습니다. 사실 여기에는 아직 **언약**이라는 단어가 나오지 않습니다. 이 단어는 후대에 노아, 아브라함 등의 사람들이 자연과 동물 그리고 서로간의 다양한 투쟁 속에서 실제 삶의 경험을 통해 협약과 언약의 필요성과 유용함에 대해 깨닫게 되었을 때 처음으로 사용되었습니다. 그러나 원칙상 그리고 본질상 모든 것이 모(母) 약속에 주어져 있으며, 이것이 은혜 언약의 내용을 구성합니다. 인간은 범죄로 말미암아 하나님께 순종하기를 포기하고 하나님과의 교제를 버렸으며, 오히려 사탄과의 친교를 추구하고 그와 동맹을 맺었습니다. 이제 하나님은 인간과 사탄 사이에서 은혜로 이 동맹을 깨고 친교를 적대감으로 대체하기 위해 오셨습니다. 하나님은 은혜로우신 뜻에 따른 전능하신 행위로 여자의 후손을 다시 자신의 편으로 데려오십

55.

니다. 여자가 사탄에 넘어갔고, 온갖 반대와 억압이 있을지라도, 결국 뱀의 후손에 대항해서 절대적인 승리가 있으리라는 [115] 약속을 덧붙이십니다.[8] 여기에는 어떠한 조건도, 불확실성도 없습니다. 하나님께서 친히 인간에게 오셔서 대적과 전쟁을 시작하시고, 승리를 약속하십니다. 인간은 이 말씀을 듣고 어린아이와 같은 믿음으로 받아들이는 것 외에는 다른 선택의 여지가 없습니다. 약속과 믿음은 인류와 맺어지고 있는 은혜 언약의 내용입니다. 그리고 그것은 타락하고 잃어버린 인간을 위해 다시 아버지의 집으로 가는 길과 영원한 구원의 입구를 열어줍니다.[9]

은혜 언약과 선택 교리

은혜 언약은 처음 선포된 이후 역사 속에서 다양한 구분을 거치며 전파되어 왔고, 특히 율법 이전과 율법 아래, 율법 이후의 언약을 구별할 수 있습니다. 그러나 그 본질은 항상 하나이며, 언제나 은혜 언약입니다. 은혜 언약은 항상 하나님의 은혜로부터 계속 흘러나오며, 본질상 복음의 은혜(롬 1:2; 갈 3:8), 같은 그리스도(요 14:6; 행 4:12), 같은 믿음(행 15:11; 롬 4:11), 같은 유익(행 10:43; 롬 4:3)

---

8 바빙크는 『찬송의 제사』에서 비슷하게 표현합니다. "하나님께서는 인간이 불순종의 죄를 지어 타락함으로 사탄과 친구의 관계를 맺기 전부터 개입하셔서 인간과 사탄 사이에 적의(敵意)를 두셨고, 여자의 후손을 통해 다시 한 번 인간을 자신의 편으로 이끄셨기 때문입니다." 바빙크, 『헤르만 바빙크의 찬송의 제사』, 27.

9 이 단락은 *Magnalia Dei*에 있는 한 단락과 일치합니다. *MD*, 254.

이 그 내용입니다. 또한 은혜 언약의 목적은 하나님의 은혜에 영광을 돌리는 것을 그 목적으로 하기 때문에, 그 모든 목적에서 유기적이고 역사적인 방식으로 진행됩니다. 선택 교리는 하나님께서 미리 아시고 시간 속에서 부르시고 의롭다 하시며 영화롭게 하시는 개인에 대해 주목하지만, 은혜 언약은 그들을 그 머리이신 그리스도 아래서 서로 연결되어 있는 동일한 백성으로 간주합니다. 역사 속에서 은혜 언약은 단 한 번도 분리된 독립적 개인과 맺어진 적이 없었으며, 항상 한 사람과 그의 가족, 아담과 노아와 아브라함과 이스라엘과 교회와 그들의 자손과 함께 맺어졌습니다. 이 약속은 신자 한 사람에게만 적용되는 것이 아니라 언제나 그의 집에도 적용됩니다.[10]

하나님께서는 인류에서 몇몇 사람을 뽑아 [116] 세상 밖에 내보내셔서 은혜 언약을 성취하시지 않습니다.[11] 오히려 인류 안에서 성취하시며, 은혜 언약을 세상의 한 요소로 만드시고, 세상 속에서 악한 자로부터 확실히 보존되도록 하십니다. 재창조주로서 하나님께서는 만물의 창조자와 보존자, 통치자로서 닦아 놓으신 발자취를 따라 걸어가십니다. 은혜는 자연과 다르고 더 높은 것이지만, 그럼에도 불구하고 은혜는 자연과 연결되어, 자연을 파괴하지 않

---

10 이 단락은 이 책 『기독교 신앙 안내서』에만 있습니다.

11 첫 번째 문장은 이 책 『기독교 신앙 안내서』에만 있습니다. 이 단락의 나머지는 *Magnalia Dei*에 있는 한 단락의 일부와 일치합니다. *MD*, 260.

고 도리어 회복합니다. 은혜 언약은 자연적 출생을 통해 물려주는 상속물이 아니라, 인류의 자연적인 관계 속 깊숙한 바닥에 흐르는 시냇물입니다. 은혜 언약은 한 가지에서 다른 가지로 뛰어넘지 않고, 역사적이고 유기적인 방식으로 가족과 후손 그리고 민족들을 통해 전개됩니다.

은혜 언약의 역사적, 유기적 실행

43. 이러한 독특함은 은혜 언약이 인간의 이성적이고 도덕적인 본성을 완전히 존중하는 방식으로 실현된다는 점과 관련되어 있습니다. 물론 은혜 언약은 하나님의 경륜에 근거하며, 이 점은 결코 간과되어서는 안 됩니다. 은혜 언약의 배후에는 하나님의 주권적이고 자유로운 의지가 있으며, 이는 하나님의 활력으로 지속되어 하나님의 나라가 모든 죄의 권세에 대항해 승리하도록 보장합니다.

은혜 언약과 인간의 이성적 본성

그러나 이 의지는 위로부터 인간에게 내려진 운명이 아니라 창조와 섭리에서 자신의 사역을 부인하지 않으시는 하늘과 땅의 창조주의 의지입니다. 하나님께서 이성적이고 도덕적인 존재로 창조하신 인간은 막대기나 나무토막처럼 다루어질 수 없습니다. 이 의지는 그 이상의 의미가 있습니다. 이 의지는 조잡한 능력으로 우리를 강요하지 않으시고, 언제나 사랑의 영적인 능력으로 우리의 반대를 물리치시는 자비롭고 자애로우신 아버지의 의지입니다. 하나님의 의지는 맹목적이고 비합리적인 힘이 아니라, 지혜롭고 [117], 은혜로우며, 사랑스럽고, 동시에 자유롭고 전능한 의지입니다. 그래서 은혜 언약은 사실 우리에게 어떠한 요구나 조건을 두지 않으면서도 계명의 형태로 주어지고 믿음과 회개를 권면합니다 (막 1:15).[12] 그 자체로 볼 때 은혜 언약은 오직 은혜이며 모든 행위를 배제합니다. 은혜 언약은 요구하는 것을 주며, 규정한 것을 성취합니다. 복음은 단순히 기쁜 소식이며, 강제가 아니라 약속이고, 의무가 아니라 선물입니다. 그러나 복음이 약속과 선물로서 우리 안에 실현되기 위해서는 우리의 본성에 맞는 도덕적 권면의 성격을 띠어야 합니다. 복음은 우리를 강요하지 않고, 하나님께서 우리에게 주시는 것을 믿음으로 자유롭고 기꺼이 받아들이기를 바랄 뿐입니다. 하나님의 뜻은 우리의 마음과 의지를 통해서만 실현됩니다. 그렇기 때문에 인간은 은혜를 통해 받지만, 그 자신이 믿고 회개한다고 말하는 것이 옳기도 합니다.

이와 같이 은혜 언약은 역사적이고 유기적으로 인류에게 들어왔지만, 그 본질과 완전히 부합하는 형태로 지상에 나타낼 수는 없습니다. 언약의 조항("내 면전에서 행하여 완전하라. 내가 거룩하니 너희도 거룩할지어다. 전쟁에서 온전하라.")에 부합하는 많은 부분이 참된 신자의 삶 속에 남아 있습니다. 그러나 우리 눈에는 은혜 언약

---

12 이 단락의 첫 번째 부분은 이 책 『기독교 신앙 안내서』에만 있습니다. 이 단락의 나머지는 *Magnalia Dei*에 있습니다. *MD*, 261.

에 들어간 것으로 보이지만, 믿지 않고 회개하지 않는 마음 때문에 은혜 언약의 모든 영적 유익을 누리지 못하는 사람들도 있을 수 있습니다. 오늘날뿐만 아니라 수 세기에 걸쳐 그러한 상황이 존재했습니다. 구약 시대에는 이스라엘에서 난 자들이 다 이스라엘의 후손이 아니었는데(롬 9:6), 육신의 자녀가 아니라 언약의 자녀가 후손으로 계수되었기 때문입니다(롬 2:29; 9:8). 그리고 신약의 [118] 교회에는 알곡 가운데 쭉정이가 있고, 포도나무에 상한 가지가 있으며, 금그릇뿐 아니라 질그릇도 있습니다(마 3:12; 13:29; 요 15:2; 딤후 2:20). 경건의 모양은 있으나 경건의 능력을 부인하는 사람들도 있습니다(딤후 3:5).

은혜 언약의 본질과 외양

본질과 외양 사이의 이러한 불일치 때문에 참된 신자와 배타적으로 맺은 내적 언약과 입으로만 고백한 사람을 포함했던 외적 언약 사이에는 분명한 구별과 분리가 있습니다. 그러나 이러한 분리는 성경의 가르침에 따르면 존재할 수 없습니다. 하나님께서 하나되게 하신 것을 사람이 나눌 수 없습니다. 본질과 외양이 서로 일치해야 한다는 요구, 즉 입의 고백과 마음의 믿음이 반드시 서로 조화를 이루어야 한다는 요구를 결코 버리지 말아야 합니다(롬 10:9). 비록 두 언약이 서로 뚜렷하게 나란히 서 있지 않더라도, 하나의 은혜 언약에는 양면이 있습니다. 우리에게는 한 측면만 보이지만, 하나님께는 다른 측면도 완전하게 보입니다. 우리는 마음을 판단할 수 없고 겉으로 드러나는 행실만 판단할 수 있으며, 그마저도 불완전하다는 사실을 기억해야 합니다. 사람들의 눈 앞에서 언약의 길로 걸어가는 사람들은 사랑의 판단에 따라 우리의 동료로 여기고 대우해야 합니다. 결국 우리가 아닌 하나님의 심판이 결정할 것입니다. 하나님은 마음을 아시는 분이시며, 영혼을 시험하시는 분입니다. 그분은 사람을 외모로 보지 않으십니다. "사람은 외모를 보거니와 나 여호와는 중심을 보느니라(삼상 16:7)"

그래서 모든 사람은 자신이 믿음 안에 있는지, 예수 그리스도께서 자신 안에 계시는지를 반드시 스스로 살피고 시험해야 합니다(고후 13:5).[13]

---

13 마지막 세 단락은 *Magnalia Dei*에 있는 마지막 세 단락과 동일합니다.
   MD, ch. 14(261-62).

1. 죄책과 오염의 상태에서도 하나님께서 부어주셨던 복은 무엇일까요?

2. 기독교를 제외한 모든 종교가 하나님의 은혜에 대한 지식에 도달하지 못하는 이유는 무엇일까요?

3. 하나님의 경륜은 무엇이며, 왜 구속 사역에서 중요할까요?

4. 타락 이후에 즉시 알려진 은혜 언약은 뱀의 후손과 여자의 후손 사이에 무엇을 두었을까요? 이것이 은혜 언약의 선언과 제정과 어떤 관계가 있을까요?

5. 은혜 언약이 왜 오직 은혜이며, 모든 행위를 배제할까요? 이 복음이 왜 의무가 아니라 선물일까요? 그런데도 이 복음이 도덕적 성격을 가지는 이유는 무엇일까요?

6. 우리는 넓은 의미의 은혜 언약에 속한 사람들에게 어떤 태도를 가져야 할까요? 이 사실이 우리 자신에게 주는 의미는 무엇일까요?

12. 그리스도의 인격

12. 그리스도의 인격

그리스도의 인격을 다루는 순서

44. [119] 구속의 경륜은 인간의 계획이 아니며, 그 실행은 온갖 예상치 못한 상황에 따라 달라지므로 매우 불확실합니다. 그러나 구속은 하나님의 자비롭고 전능하신 뜻에 따른 작정이기 때문에 오류가 없이 확실하게 실행됩니다. 구속은 영원에서 확립되었기 때문에 시간 안에서 성취됩니다. 그러므로 믿음의 교리가 더 깊이 다루어야 할 내용은 주님의 변함없는 경륜이 그분의 자녀인 인간이 구원과 관련하여 어떻게 세워지고 적용되는지에 대한 설명입니다. 이 경륜은 주로 세 가지 큰 행위에 관한 것입니다. 따라서 미래의 기독교 신앙에 대한 가르침은 구원이 반드시 중보자에 의해서 얻어져야 하고, 성령님에 의해서 적용되어야 하며, 그 백성에게 주어져야 한다는 것, 즉 중보자에 관한 이 세 가지 행위에 관한 것으

로 채워져야 합니다.

첫째, 고난과 죽음을 통해 구원을 획득하신 그리스도의 인격을 다루어야 합니다. 둘째, 성령님의 인격이 교회로 하여금 그리스도의 인격과 그분의 모든 유익에 참여자가 되게 하는 방식을 보여주어야 합니다. 셋째, 그리스도께서 획득하신 이 구원에 참여하는 사람들에게 관심을 기울어야 하며, 이에 따라 교회나 회중을 그리스도의 몸으로 대해야 합니다. 이 가르침은 신자가 기다리는 구원의 성취에서 자연스럽게 [120] 절정에 이릅니다. 논의가 진행되는 과정에서 구속의 경륜이 모든 부분에서 적절하게 정리되고 보장되며, 그 안에 나타나는 하나님의 헤아릴 수 없는 은혜와 다양한 지혜, 전능하신 능력이 분명해질 것입니다.

중보자에 대한 믿음의 보편성

그리스도의 인격 안에서 이 모든 속성은 가장 밝은 빛으로 즉시 나타납니다. 중보자에 대한 믿음은 기독교에만 국한된 것이 아닙니다. 모든 사람과 민족은 자신이 구원에 참여하는 사람이 아니라는 사실을 깨닫고 살아갈 뿐만 아니라, 이 구원이 어떤 방식으로든 특정한 사람에 의해 정해지고 부여되어야 한다는 확신을 공유하고 있습니다. 인간은 있는 그대로 하나님께 나아가거나 그분의 임재 앞에 머물 수 없으며, 자신을 위해 하나님께로 가는 길을 열어줄 중보자가 필요하다는 생각은 보편적으로 인정됩니다. 그러므로 모든 종교에는 하나님의 계시를 인간에게 알리는 중보자와,

다른 한편으로는 인간의 기도와 예물을 하나님께 바치는 중보자가 있습니다.

가끔은 열등한 신이나 영들이 중보자의 역할을 하기도 하지만, 그들은 많은 경우 초자연적인 지식과 능력을 부여받고, 특별한 거룩한 향기를 풍기는 사람들이기도 합니다. 그들은 열국의 종교 생활에서 중요한 위치를 차지하며, 재난, 전쟁, 질병, 사업 등 특별하고 공적인 삶의 모든 중요한 경우에 조언합니다. 그러나 그들이 점술사나 마술사, 성인이나 사제로 행동하더라도, 그들은 자기 의견대로 신의 은혜를 받기 위해 인간이 걸어야 할 길을 보여주지만, 그들 자체가 그 길은 아닙니다. 열국의 종교는 사람들과 별개로 존재합니다.[1] 이것은 특정 인물에 의해 [121] 창시된 종교에도 적용됩니다. 부처, 공자, 조로아스터, 무함마드는 각자가 창시한 종교의 교주이지만, 그들이 그 종교의 내용이 아니며, 동시에 외적이고 어느 정도의 부수적인 연관성만 지니고 있습니다. 그들의 종교는 그들의 이름이 잊혀지거나 다른 사람으로 대체되더라도 정확히 동일하게 유지될 수 있습니다.

---

1 이 문장은 다소 어색한 번역이지만, 바빙크의 요점을 전달합니다. [Dutch: De godsdiensten der volken zijn van hun persoon onafhankelijk.] 바빙크는 종종 열국 종교를 구현하는 "인격"에서 분리된 종교의 실천을 연결하고자 시도합니다. 이런 시도는 그리스도의 역할을 인식함으로 더 분명해질 수 있습니다. 바빙크에 따르면, 그리스도께서 기독교 그 자체입니다(이어지는 내용을 보세요). 이제 그리스도께서 기독교의 창시자도 교사도 아니지만, 기독교의 본질 그 자체입니다. 반대로 다른 종교는 교사와 창시자가 있습니다. 하지만 이런 사람들은 종교 그 자체가 아닙니다. 다음을 보세요. Bavinck, *What Is Christianity?*, 9.

그리스도와 기독교

그러나 기독교는 완전히 다릅니다. 때때로 그리스도는 유일한 중보자가 되기를 원치 않으셨으며, 그분의 원칙과 정신이 교회에서 지속된다면 자신의 이름이 잊혀지더라도 매우 만족하셨을 것이라고 말하는 경우가 있습니다. 그러나 스스로 기독교와의 모든 관계를 끊은 사람들은 이런 생각을 간접적으로 반대하고 반박했습니다. 기독교에서 그리스도의 인격은 다른 종교가 만들어낸 인물과 완전히 다른 관계를 가지고 있습니다. 예수님은 자신의 이름을 따서 만든 종교의 최초의 교주가 아니었습니다. 그분은 최초의 기독교인이 아니었지만, 기독교에서 완전히 독특한 위치에 계십니다. 그분은 일반적인 의미에서 기독교의 창시자는 아니지만, 아버지로부터 보내심을 받은 아들로서 이 땅 위에 자신의 나라를 세우셨고 이제 세상 끝날까지 그 나라를 확장하고 보존하시는 그리스도이십니다. 그리스도는 기독교 그 자체이시며, 변두리가 아니라 그 중심에 계십니다. 그분의 이름과 인격과 사역이 없이는 기독교가 더 이상 존재하지 않습니다. 그리스도는 한 마디로 구원의 이정표가 아니라 길 그 자체입니다. 그분은 하나님과 인류 사이의 유일하고 참되며 완전한 중보자이십니다. 다른 종교가 자기의 믿음으로 중보자에게 바라고 소망했던 것이 그리스도 안에서 본질적으로 완전하게 성취됩니다.[2]

---

2 이전의 다섯 단락은 *Magnalia Dei*에 있는 다섯 단락과 동일합니다.

성육신 이전의 그리스도

45. 그리스도의 이 완전히 독특한 의미를 [122] 이해하기 위해서는 성경이 말하는 것, 즉 그리스도께서 우리처럼 잉태되고 출생할 때 처음으로 존재한 것이 아니라 영원 전부터 아버지의 독생자이자 사랑받는 아들로서 존재하셨다는 것에서 시작해야 합니다. 구약성경에서 메시아는 이미 영원한 아버지의 이름으로 불리고, 자기 백성에게는 영존하시는 아버지이시며(사 9:6), 그 근본(기원과 유래)은 상고에, 영원에 있습니다(미 5:2). 신약성경은 이와 조화를 이루면서도 그리스도의 영원성을 더욱 분명하게 표현합니다.[3] 결국, 그리스도의 지상에서의 삶 전체는 언제나 아버지로부터 이미 맡겨진 일을 완성하기 위해 천국에서 내려와 세상에 들어오셔서 이 땅에서 이루신 사역의 완성으로 나타납니다(마 10:40; 막 2:17; 10:45; 12:6; 눅 4:43; 요 3:13; 5:24, 30, 36, 43; 6:38; 12:46; 13:3; 등). 다윗의 자손이신 그리스도는 이미 다윗의 주님이셨고(막 12:36), 아브라함 이전에 이미 존재하셨습니다(요 8:58). 그분은 세상이 창조되기 전에 이미 아버지와 함께 영광을 가지고 계셨고(요 17:5, 24), 이 모든 것을 뛰어넘어 이미 하나님의 형체를 가지고 계셨습니다(빌 2:6; 참고. 고후 8:9; 골 1:15; 히 1:3-13; 계 1:11, 17; 22:13).

그렇기 때문에 그리스도는 이미 아버지와 성령님과 함께 만

MD, 262-64.

3 이 단락의 첫 부분은 *Magnalia Dei*에 있는 한 단락에서 찾을 수 있습니다. *MD*, 264. 나머지는 이 책 『기독교 신앙 안내서』에만 있습니다.

물을 창조하고 보존하는 일을 하셨습니다(요 1:3; 골 1:15; 히 1:2-3). 성육신 이전에도 세상과 밀접한 관계에 계셨으며(요 1:3), 사람들의 생명과 빛이셨습니다(요 1:4). 특히 자기 백성인 이스라엘과 친밀한 관계에 계셨습니다(요 1:11). 그리스도는 이스라엘 가운데서 언약의 사자이자 여호와의 사자로서 거하며 일하셨습니다. 그분은 벧엘의 하나님이었고(창 31:13), 조상들의 하나님이었으며(출 3:2, 6), 족장들을 인도하고 구속하셨습니다(창 48:15-16). 또한 [123] 자기 백성을 애굽에서 가나안으로 인도하시고(출 3:8; 14:21; 23:20; 33:14), 구속과 구원의 하나님으로서 그들 가운데 계신다는 확신을 이스라엘에게 주셨습니다(사 63:9). 이 언약의 사자는 장차 자신의 성전에 오실 분입니다(말 3:1). 따라서 소위 메시아에 대한 기대의 예언을 통해 이 오심을 준비하기도 하십니다(벧전 1:10-11).[4]

이런 전망은 초반에는 보편적인 성격을 가지고 있었습니다(창 3:15). 그러나 이후에는 셋의 계보(창 4:26), 셈의 장막(창 9:26-27), 아브라함의 후손(창 12:2-3), 유다 족속(창 29:35; 49:8-10), 다윗의 집(삼하 7:9-16; 시 89:19-38; 암 9:11; 호 3:5; 렘 17:25; 22:4)에 더 가까워졌고, 마침내 다윗의 자손에서 완전히 통합되었습니다. 그리고 그 다윗의 자손은 마침내 선지자들과(왕상 19:16; 시 105:15) 제사장들과(레 8:12, 30; 시 133:2), 특히 왕들처럼(삼상 10:1; 16:23; 삼하 2:4; 5:3 등) 그 직분에 기름 부음을 받은 자인 **메시아**로 불릴 것입니다(단 9:25; 요

---

4 이 단락은 이 책 『기독교 신앙 안내서』에만 있습니다.

4:25). 메시아는 고유명사로서 관사를 붙일 필요가 없는 이름입니다(단 9:25; 요 4:25).

구약의 메시아 예언

구약성경에서 메시아는 실제로 인간이지만 존엄과 영광에서 모든 사람을 훨씬 뛰어넘는 분입니다. 그분은 다윗의 집에서 태어났고, 다윗의 자손이며, 인자라고 불립니다(삼하 7:12下; 사 7:14, 9:6; 미 5:2; 단 7:13). 그러나 그분은 단순한 인간 이상입니다. 그분은 하나님 우편의 영광의 자리에 앉아 계시고, 다윗의 주님이시며(시 110:1), 고유한 의미에서 하나님의 아들이십니다(시 2:7). 그분은 임마누엘, 우리와 함께 하시는 하나님이고(사 7:14), 우리의 의이시며(렘 23:6; 33:16), 친히 자기 백성에게 오셔서 그들 가운데 거하시는 분입니다. 이것은 주님 또는 메시아가 [124] 자기 백성을 다스리신다는 것은 같은 예언입니다. 이제 주님과 그의 기름 부음 받은 왕이 나타나 열방을 심판하고 이스라엘을 구원할 것이라고 말씀하셨습니다(사 40:10-11; 겔 34:23-24; 미 5:3). 메시아 안에서 하나님께서 친히 자기 백성에게 오십니다(사 7:14). 그분의 이름은 기묘자, 모사, 전능하신 하나님, 영존하시는 아버지, 평강의 왕입니다(사 9:6). 그러나 이 메시아의 위엄과 권능이 아무리 크더라도, 그분은 비천한 처지와 고난의 시기에 태어날 것입니다(사 7:15-16). 그분은 이새의 줄기에서 난 싹이며(사 11:1; 53:2; 미 5:2), 다윗의 집에서 나온 가지입니다. 그분은 군마(軍馬)를 타지 않고 평화롭게 나귀를

탈 것입니다(렘 23:5; 33:15; 슥 3:8). 그분은 실로 왕이시며 제사장입니다(시 110:4; 슥 6:13). 제사장으로서 자기 백성의 죄를 속죄하실 것입니다(사 52:13; 53:12).[5]

신약의 성취

46. 신약성경은 이 모든 예언에 관해 스스로를 구약성경 전체의 성취로 제시합니다. 예수께서 성경이 자신을 증거한다고 말씀하실 때(요 5:39; 눅 24:27), 이 말씀은 신약성경 전체의 토대가 되며 항상 성취되는 개념입니다. 예수님의 첫 제자들은 모세와 선지자들이 말했던 그분을 예수님에게서 발견했기 때문에 예수님을 그리스도로 인식했습니다(요 1:46). 바울은 성경에 따라 그리스도께서 죽으시고 묻히셨다가 다시 살아나셨다고 증언합니다(고전 15:3-4). 베드로는 선지자들을 통해 그리스도의 영이 그리스도에게 임할 고난과 그 뒤에 따를 영광에 대해 미리 증거했다고 말합니다(벧전 1:11). 신약의 모든 책은 구약성경 전체가 그리스도 안에서 성취되었음을 직간접적으로 보여줍니다. 여기에는 도덕적이고 의식적이고 시민적인 계명과, 성전과 제단, 제사장직과 희생 제사에 대한 율법, 다윗의 집에 기름 부음 받은 왕과 고난 받는 여호와의 종에 관한 [125] 약속의 예언이 모두 포함되어 있습니다. 하나님 나라 전체가 이스라엘의 역사와 백성에게 예언되었고, 율법 아래 민족

---

5 이 단락은 이 책 『기독교 신앙 안내서』에만 있습니다.

적인 형태로 예고되었으며, 구약의 예언으로 선포되었습니다. 하나님 나라는 그리스도로 말미암아 가까워지고 하늘에서 땅으로, 그리스도와 그의 교회 안에서 임했습니다.[6]

그리스도의 인성

그래서 예수님은 우선 구약성경의 메시아처럼 그 어떤 인간적인 것도 낯설지 않은 완전한 참 인간이십니다. 그분은 영원한 말씀이지만 때가 차매 육신이 되셨고(요 1:14; 빌 2:7; 요일 4:2-3), 죄 많은 육신의 모양을 지니셨으며(롬 8:3), 우리와 같은 모양으로 혈과 육을 함께 지니시고 범사에 형제들과 같이 되셨습니다(히 2:14, 17). 육신에 관해서 예수님은 족장들에게서 나셨고(롬 9:5), 아브라함의 자손이며(갈 3:16), 유다 지파에서 나셨습니다(히 7:14). 또한 다윗의 혈통에서 나셨고(롬 1:3), 여자에게서 나셨습니다(갈 4:4). 육체(마 26:26)와 혈육(히 2:14), 영혼(마 26:38)과 정신(마 27:50)을 가진 인간이셨습니다. 인간의 발달을 거치셨고(눅 2:40, 52), 기쁨과 슬픔, 분노와 연민 등의 인간의 정서를 가지셨으며(눅 10:21; 막 3:15 등), 율법과 그 모든 의로움 아래에 계셨고(마 3:15; 갈 4:4), 죽기까지 복종하셨으므로(빌 2:8) 가장 완전한 의미의 인간이셨습니다. 예수님도 모든 일에 우리와 똑같이 시험을 받으셨지만 죄는 없으셨습니다(히 4:15). 육신으로 계실 때에 심한 통곡과 눈물로 하나님께 기도와 간구를 올

---

6 이 단락은 *Magnalia Dei*에 거의 동일한 단락이 있습니다. *MD*, 277-78.

리시면서 고난을 통해 순종을 배우셨습니다(히 5:7-8). 그리고 마침내 십자가에 못 박혀 죽으시고, 장사지낸 바 되었습니다.[7]

예수님 당대의 사람들 사이에서는 그분의 진실하고 완전한 인간 본성에 대해 의심의 여지가 없었습니다. 사람들은 **예수**라는 단순하고 역사적인 이름으로 [126] 그분을 호칭했습니다. 이 이름은 천사들의 명령과 특별한 의미로 예수님에게 주어졌지만(마 1:21), 모세의 후계자(민 13:16; 행 7:45; 히 4:8)나 다른 사람(눅 3:29; 골 4:11)도 가졌던 흔한 이름이었습니다. 예수님은 친한 사람들에게는 목수 요셉의 아들로서 예수라는 사람으로 여겨졌고(요 9:11), 우리는 그분의 부모와 형제자매를 알고 있습니다(마 13:55; 막 6:3; 요 6:42). 그분은 나사렛 사람 요셉의 아들(요 1:45)이자 나사렛 예수(마 2:23; 막 10:47; 요 18:5, 7; 19:19; 행 22:8)로 불렸고, 갈릴리 사람 예수(마 26:69)나 갈릴리 나사렛 출신의 선지자 예수(마 21:11)로도 불렸습니다. 예수님을 부르는 가장 흔한 호칭은 랍비 또는 **랍오니**, 즉 "선생님", "주님", "나의 주님"이었습니다(요 1:38; 20:16). 당시 서기관과 바리새인도 이렇게 불렸습니다(마 23:8). 예수님은 그 호칭을 받아들이셨을 뿐 아니라 그렇게 부르도록 스스로 요구하기도 하셨습니다(마 23:8-10). 이러한 이름과 호칭에서는 그가 그리스도라는 사실이 아직 받아들여지지 않았습니다. 또한 사람들이 예수님을 주(막 7:28), 다윗의 자손(막 10:47), 선지자(막 6:15; 8:28)라고 불렀을 때

---

7   이 단락은 이 책 『기독교 신앙 안내서』에만 있습니다.

에도 여전히 받아들여지지 않았습니다.[8]

사람보다 더 크신 (성령으로 잉태되신) 그리스도

47. 그러나 예수님은 완전한 참된 인간이지만, 처음부터 자신이 인간 이상의 존재라는 사실을 인식하셨습니다. 그의 모든 제자들이 이 사실을 인식하고 고백했습니다.[9] 따라서 우리는 먼저, 예수님의 오심에 앞서 언급된 구약성경의 예언에서 이미 수 세기 전에 예고되었고, 때가 되었을 때 주의 사자에 의해 마리아와 요셉에게 의도적으로 알려졌음을 볼 수 있습니다(마 1:18下; 눅 1:26下). 둘째로, 마태복음과 누가복음 등에서 예수님이 육신의 뜻으로 나신 것이 아니라 성령님으로 말미암아 마리아의 태중에 잉태되셨다는 사실을(마 1:20; 눅 1:35) 명확하게 알 수 있습니다(막 6:4; 요 1:13; 7:41-42; [127] 롬 1:3-4; 9:5; 빌 2:7; 갈 4:4). 태초에 말씀이셨고, 하나님과 함께 계셨으며 자신이 하나님이셨던 독생자는 성령님의 사역을 통해 참된 인간 본성을 준비하셨으며(빌 2:6-7), 그 인간 본성을 모든 죄책과 죄의 허물로부터 자유롭도록 지키셨습니다.

죄가 없으신 그리스도

온 인류는 모두가 하나님 앞에서 죄책을 가지고 있고, 완전히

---

8 참고. *MD*, 279–80.
9 이 문장은 *Magnalia Dei*에 있는 한 문장과 동일합니다. *MD*, 280.

타락하고 부패했습니다. [로마교가 잘못된 주장을 하는 것과 달리, 심지어 대단한 복을 받은 예수님의 어머니 마리아조차도(눅 1:42) 예수님과 이 영광을 나누어 갖지 않습니다(요 2:4; 막 3:31; 눅 1:42-43).] 오직 예수님만이 대적자들에게 이렇게 말하며 대면할 수 있는 유일한 분이십니다. "너희 중에 누가 나를 죄로 책잡겠느냐?(요 8:46)" 그러나 예수님은 모든 사람 가운데 가장 온유하고 겸손한 분이시지만 죄가 없다는 점에서 그의 모든 제자들과 구별됩니다(마 6:9, 12). 예수님은 겟세마네나 골고다에서의 가장 가혹한 시간에도 입술로 죄책이 있다는 고백을 단 한 마디도 하지 않으셨습니다. 오히려 모든 말과 행동에서 자신의 아버지의 뜻을 행하기 위해 의식하고 계셨습니다(요 4:34; 5:19-20, 30; 8:26, 28, 38; 12:50; 17:4, 6, 8). 그분은 어떤 죄로 범하지 않으셨으며, 그 입에는 속임이 없었습니다(고후 5:21; 히 7:26; 벧전 1:11; 2:22; 요일 3:5).[10]

하나님 나라를 위한 특별한 지위

더 나아가 예수님은 스스로 이 땅에 하늘나라를 세우러 오셨고, 스스로에게 완전히 특별한 지위를 부여하셨습니다.[11] 세례 요한과 마찬가지고 하나님 나라가 가까이 왔으며 그 나라의 시민권은 오직 믿음과 회심을 통해서만 얻을 수 있다고 설교하셨습니다

---

10 이 단락은 이 책 『기독교 신앙 안내서』에만 있습니다.
11 이 단락은 이 책 『기독교 신앙 안내서』에만 있습니다.

(막 1:15). 그러나 요한이나 선지자 중 한 사람과는 다르게, 자신을 하나님 나라와 완전히 다른 관계 속에 두셨습니다. [128] 모든 선지자들이 이에 대해 예언했지만(마 11:11, 13) 그 주인은 예수님이십니다. 예수님은 하나님의 경륜 속에서 자신을 위하여 작정된 대로(눅 22:29) 아버지로부터 하나님 나라를 받으셨습니다. 이것이 바로 하나님 나라가 예수님이 자기 제자들의 유익을 위해 자유롭게 선포하시는 그분의 나라인 이유입니다. 아들을 위해 결혼식을 준비하시는 분은 아버지이시지만(마 22:2), 아들이 신랑으로서(마 22:2; 막 2:19; 요 3:29) 미래의 신부와 연합함으로 자신의 결혼식을 기쁨으로 진행합니다(마 25:1下). 아버지께서 포도원의 주인이시지만, 아들은 그 상속자이십니다(마 21:33, 38). 그래서 예수님은 하나님 나라를 동시에 **자신의** 나라라고 부르십니다(마 13:41; 20:21; 눅 22:30). 예수님은 자신의 교회가 자신의 이름에 대한 고백 위에 세워졌다고 말씀하십니다(마 16:18). 예수님은 서기관이 아니라 권위를 가진 자로서 하나님 나라의 신비를 말씀하십니다(마 7:29). 그분은 하나님의 영으로 귀신을 쫓아내시며(마 12:28; 눅 11:20), 심지어 죄를 용서하시며(마 9:6), 자신의 뜻을 따라 하나님 나라와 그 모든 유익을 나누어 주십니다(마 11:27-30).[12]

---

12 참고. *MD*, 281–82.

메시아이신 그리스도

한 마디로, 예수님은 하나님 나라에서 평범하거나 특출난 시민이 아니라, 하나님께 직접 기름 부음 받은 메시아, 그리스도이자 왕이십니다. 예수님은 이미 소년 시절 성전에서 자신이 반드시 아버지의 집에 있어야 한다는 사실을 알고 있었습니다(눅 2:49). 예수님이 요한에게 세례를 받으신 이유는 자신의 죄의 용서가 필요해서가 아니라 오직 모든 일에 하나님의 뜻에 순종하고 성령님의 역사에 합당하게 되기 위해서였습니다(마 3:15-17). 따라서 예수님은 세례 요한과 그의 첫 번째 제자에 의해 이미 메시아로 인정받았습니다(요 1:29-52). 그 직후 예수님은 나사렛 회당에서 이사야의 예언이 그날 성취되고 있음을 직접 선포하셨습니다(눅 4:16下). [129] 세례 요한이 자신에게 약속된 메시아인지를 물었을 때, 예수님은 자신의 사역을 가리키며 긍정적으로 대답하셨습니다(마 11:3-6). 예수님은 베드로의 신앙고백을 자신의 아버지의 계시로 받아들이셨습니다(요 6:68-69). "주는 그리스도시요 살아 계신 하나님의 아들이시니이다(마 16:16-17)." 세베대의 아들들의 어머니의 기도는 예수님이 메시아라는 믿음에 근거한 것이었고, 이런 의미에서 예수님은 그 기도를 이해하시고 답하셨습니다(마 20:20). 시편 110편의 해석(마 22:42), 예루살렘 입성(마 21:2下), 성전 출입(마 21:12下), 성찬 제정(마 26:26下)은 모두 예수님이 메시아이고 다윗의 자손이며 다윗의 주님이라는 전제와, 옛 언약을 새 언약으로 대체한다는 전제에 근거합니다. 이 모든 것을 실제로 해결한 것은 예수님이 그리스도이며 하나님의 아들이라는 신앙고백뿐입니다. 그 신앙고백 때문에 예수님은 정죄를 받고 죽임을 당했으며(막 14:62-64), 십자가 위에 "나사렛 예수 유대인의 왕"이라는 푯말이 새겨져 붙었습니다. 그렇기 때문에 예수님은 사도들의 서신에서 자주 예수 그리스도, 그리스도 예수, 우리 주 예수 그리스도 등으로 불리며, 우리는 그 이름으로 인해 그리스도인으로 불립니다(행 11:26).[13]

메시아의 본질1: 인자(人子)

48. 메시아의 본질과 관련하여 예수님 당시 사람들 사이에는 온갖 종류의 오류가 퍼져 있었습니다. 심지어 제자들조차도 예수님을 당시 유대인들이 일반적으로 상상하던 메시아, 즉 이방 나라와의 전쟁을 이끌고 이스라엘을 열방의 머리로 높여줄 왕으로 생각했습니다(마 11:2下; 행 1:6). 이 때문에 예수님은 메시아라는 호칭을 말씀하실 때 조심해야 했습니다. 예수님은 메시아, 그리스도**이셨지만**, 이 말은 당시 사람들이 믿고 기대했던 것과는 다른 의미였습니다. 그래서 예수님은 많은 경우 비유로 말씀하셨습니다(마 13:13, 34). 또한 [130] 종종 자신의 메시아적 위엄에 대한 증거로 자비 사역을 가리키셨습니다(마 11:4, 5). 또한 때로는 다른 사람이 자신의 사역과 메시아됨에 대해 말하는 것을 금지하셨습니다(마 8:4; 9:30; 12:16; 16:20 등). 때때로 예수님은 메시아라는 호칭을 피하시

---

13 이 단락은 이 책 『기독교 신앙 안내서』에만 있습니다.

고, 종종 자신을 인자라는 독특한 이름으로 지칭하셨습니다.[14]

이 이름은 분명하게 다니엘 7장 13절에서 차용한 것입니다. 다니엘 7장 13절에서는 세상의 다른 제국들이 동물의 형상으로 나타나지만, 자기 백성에 대한 하나님의 통치는 인자의 형상으로 표현됩니다.[15] 이 상황은 일부 유대인 사회에서도 메시아적 의미로 설명되기도 했고, 그래서 인자라는 이름은 어떤 이들에게는 메시아에 대한 칭호로 알려져 있었습니다(요 12:34). 그러나 이 이름이 흔한 이름이거나 고정된 의미를 가지지는 않았던 것으로 보입니다. 예를 들어 이스라엘의 왕, 다윗의 자손이라는 이름을 떠올려 본다면, 인자라는 이름이 그러한 세속적인 기대와 연관될 수 없습니다. 이 인자라는 이름이 예수님에게 가장 적합한 이유는, 한편으로는 그분이 선지자들이 약속한 메시아라는 것을 표현하고, 다른 한편으로는 그분이 유대인의 견해나 생각에서 [메시아가 **아니었기** 때문입니다. 그래서 예수님은 특히 짝을 이루는 두 곳, 즉 자신의 가난과 고난과 비하를 말하는 곳과 자신의 능력과 위엄과 승귀를 말하는 곳에서 인자라는 이름으로 자신을 밝힙니다.

예를 들어, 예수님은 첫 번째 경우에 이렇게 말씀하셨습니다. "인자가 온 것은 섬김을 받으려 함이 아니라 도리어 섬기려 하고 자기 목숨을 많은 사람의 대속물로 주려 함이니라(마 20:28)." 또 다

---

14 이 단락은 이 책 『기독교 신앙 안내서』에만 있습니다.

15 이 단락의 첫 번째 문장과 마지막 문장은 이 책 『기독교 신앙 안내서』에만 있습니다. 중간 부분은 *Magnalia Dei*에 있습니다. *MD*, 286.

른 경우에는 공회 앞에서 자신이 실제로 메시아임을 선언하신 후
에 이렇게 덧붙이십니다. "그러나 내가 너희에게 이르노니 이 후에
인자가 [131] 권능의 우편에 앉은 것과 하늘 구름을 타고 오는 것을
너희가 보리라 하시니(마 26:64)." 그래서 예수님은 구약성경의 예
언이 묘사한 대로, 하나님께 기름 부음 받은 왕이자 고난받는 여호
와의 종으로서, 정의롭고 강한 왕으로서뿐만 아니라 온유하고 겸
손하며 왕직과 제사장직을 연결하는 왕으로서 자신을 완전한 메
시아적 의미로 이 칭호와 동일시하십니다. 인자라는 이름은 예수
님의 낮아지심과 높아지심의 상태, 은혜와 능력, 고난과 영광을 구
원자와 심판자로서 나타냅니다.[16]

메시아의 본질2: 하나님의 아들, 말씀, 형상
그리고 하나님 자신

성경이 그리스도를 하나님의 아들, 하나님의 말씀, 하나님의
형상, 심지어 하나님이라고 부를 때, 그보다 더 높은, 실제로 최고
의 명예가 이 그리스도에게 주어집니다. 예수님은 천사(욥 38:7),
이스라엘 백성(출 4:22; 신 14:1; 사 63:6; 호 11:1), 사사(시 82:6, 참고.
요 10:34下), 왕(삼하 7:11-14), 아담(눅 3:38), 신자들(고후 6:18)과 같
이 피조물로서나 윤리적, 신권(神權)적인 면에서 하나님의 아들이
아니었습니다. 때로는 그리스도 자신도 하나님의 아들이라고 불

---

16 참고. *MD*, 286.

리기도 했습니다(마 4:3; 26:63; 요 1:34, 50 등). 그러나 예수님은 종종 완전히 형이상학적인 의미에서 하나님의 아들이라고 불렸는데, 이는 예수님이 아버지의 독생자(요 1:18; 3:16, 18; 요일 4:9)요, 아버지께서 기뻐하시고 사랑하는 아들이며(마 3:17; 7:15; 엡 1:6; 골 1:13), 유일한 아들이자 상속자이시기 때문입니다(막 12:6-7). 그 아들은 아버지 외에 아는 자가 없고(막 13:32), 아버지께서 모든 것을 주셨으며(마 11:27), 하나님을 자기 아버지로 부르고(요 5:18), 아버지의 유일한 친아들입니다(롬 8:32).

하나님과 그리스도 사이의 연합

따라서 이 이름은 창조주와 피조물 사이의 어떤 연결고리와는 다른, 하나님과 그리스도 사이의 연합을 가리킵니다. 예수님과 아버지는 하나이며(요 10:30), 예수님이 아버지 안에 계시고 아버지는 예수님 안에 계십니다(요 10:38). 비록 그리스도께서 한 인격, 한 개인으로서, 시간 속에서 존재하기 시작한 유한하고 제한된 한 인간의 [132] 본성을 취하셨지만, 성경에 따르면 그리스도는 인간으로서 피조물의 측면이 아니라 하나님의 편에 서 계시며, 하나님의 영원성(요 1:1; 요일 1:1; 계 22:13), 편재성(요 1:18; 3:13; 마 28:20; 엡 1:23; 4:10), 불변성(히 13:8), 전지성(행 1:24; 7:59-60; 롬 10:12-13), 전능성(마 28:18; 고전 15:27; 엡 1:22; 계 1:4; 19:16), 즉 신적 생명 그 자체를

(요 5:26) 공유하고 계십니다.[17]

예수님은 이 모든 신적 완전함을 소유하고 계시면서, 동시에 모든 신적 사역에 참여하십니다. 그분은 아버지와 성령님과 함께 만물의 창조자이자 보존자이십니다(요 1:3; 골 1:15, 17; 히 1:3; 계 3:14).[18] 아버지께서 지금 세상의 구원자이신 것과 같이(딤전 1:1; 2:3; 딛 1:3 등) 아들 또한 세상의 구원자로 불리시며(딤후 1:10; 딛 1:4; 벧후 1:11 등), 만유의 주, 왕, 심판자로 불리십니다(요 5:21, 27; 17:2; 행 2:36; 5:31; 10:36, 42; 17:31 등). 예수님은 아버지께서 자신을 온전히 선포하시고 알리시며 자신을 주시는 하나님의 말씀이시며(요 1:1, 14; 요일 1:1; 계 19:13), 보이지 않는 하나님의 형상이 그분 안에서 보이게 되고, 신격의 충만함이 육체로 거하시는 하나님의 형상입니다(요 14:9; 고후 4:4; 골 1:15; 2:9; 히 1:3). 그렇습니다. 예수님은 만물 위에 계셔 영원토록 찬양받으실 하나님이십니다(요 1:1; 20:28; 롬 9:5; 히 1:8-9; 벧후 1:1). 예수님의 세례 명령(마 28:19)과 사도들의 축복(고후 13:13; 벧전 1:2; 계 1:4-6)에서, 성자 그리스도는 성부 하나님, 성령 하나님과 동등한 위치에 서 계십니다.

---

17 이전의 두 단락은 이 책 『기독교 신앙 안내서』에만 있습니다.

18 이 단락의 이전 부분은 *Magnalia Dei*에 있는 한 부분과 동일합니다. *MD*, 299. 이 단락의 나머지는 이 책 『기독교 신앙 안내서』에만 있습니다.

두 본성에 대한 이단의 공격

49. 살아 계신 하나님의 아들 예수 그리스도, 이 반석 위에 교회가 세워졌습니다. 그리스도의 중요성은 처음부터 신자들에게 확립되었습니다. 예수님은 그분의 가르침과 삶을 통해 구원과 죄용서, 영생을 가진 [133] 주님으로 모든 사람에게 고백되었습니다. 예수님은 그 후 아버지의 우편에 오르셨고, 살아있는 자와 죽은 자를 심판하기 위해 다시 오실 것입니다.[19]

그러나 사람들이 이 신앙고백의 내용에 대해 생각하기 시작하자마자 온갖 종류의 의견 차이가 발생했습니다. 이미 사도들의 생애 동안 교회에 들어와 견고한 신앙으로부터 교회를 갈라놓으려 했던 여러 거짓 교사들에 대해 알게 됩니다. 예를 들어, 골로새에는 그리스도의 인격과 사역에 대한 잘못된 관점을 가지고 복음을 새로운 율법으로 변질시킨 파당이 있었습니다(골 2:3下, 16下). 고린도 교회에서는 그리스도인의 자유를 남용해 어떤 규칙에도 얽매이고 싶어하지 않은 자유주의자들이 일어났습니다(고전 6:12下; 8:1下). 사도 요한은 요한일서에서 그리스도께서 육신으로 오심을 부인하고 인간 본성의 진리에 대한 정의를 무시한 소위 가현설주의자들에 맞서 싸웁니다.[20]

---

19 이 표현은 사도신경에 대한 암시입니다. "그는 전능하신 하나님 우편에 앉아 계시다가, 거기로부터 살아 있는 자와 죽은 자를 심판하러 오십니다." 이 단락은 *Magnalia Dei*에 있는 한 단락과 동일합니다. *MD*, 300.

20 참고. *MD*, 300-1.

속사도 시대에 이런 오류의 세력과 영향력이 커졌습니다. 어떤 사람들은 그리스도의 참된 인간 본성과 초자연적 출생과 부활, 승천을 믿었습니다. 그러나 그리스도의 출생이나 세례 때 하나님이 그에게 부여하신 특별한 은사와 비범한 능력을 갖춘 것 외에 어떤 점에서도 신적 존재로 보지 않았던 사람들도 있습니다. 그리스도에게 주어진 이 특별한 은사와 비범한 능력이 종교적이고 도덕적인 사역을 할 수 있게 했다는 것입니다. 이런 사상을 따르는 사람들은 하나님과 세상의 관계에 대한 이신론적 유대교 사상의 영향을 받았습니다. 그들은 하나님과 인간의 더 친밀한 교제를 은사의 전달을 통해 존재하는 것 이상으로 생각할 수 없었습니다. 따라서 예수님은 풍성한 은사를 받은 종교적 천재였지만, [134] 그럼에도 불구하고 여전히 인간으로 남아 있었습니다.[21] 한편, 이전에 이교 사상으로 양육받고 다신교에 더 이끌렸던 다른 사람들은 그리스도가 내적 본성에서 많은 신 중 하나이거나 모든 신 중 가장 높은 존재라는 것을 잘 이해할 수 있다고 생각했지만, 그들은 그러한 순수하고 신적인 존재가 인간, 물질, 육체적 본성을 취했다는 사실을 믿을 수 없었습니다. 그래서 그들은 구약의 천사들이 여러 번 그랬던 것처럼, 그리스도가 참 인간성을 포기하고 거짓된 모습으로 일시적으로 이 땅을 돌아다녔을 뿐이라고 주장했습니다.

위에서 언급된 두 가지 궤적은 그 후 수 세기 동안 이어져 오늘

---

21 참고. *MD*, 301. 나머지는 같은 페이지의 한 단락과 동일합니다.

날까지 존재하고 있습니다. 때로는 그리스도 안에 있는 신적 본성이 인간 본성에 희생되기도 하고, 때로는 그 반대가 되기도 했습니다. 예를 들어 4세기에 아리우스는 아들이 시간과 지위에서 온 세상보다 앞서 계셨고, 하나님께서 세상을 창조하기 위해 세상보다 먼저 아들을 창조했으며, 신적 능력과 명예를 부여받았지만, 그럼에도 불구하고 피조물이라고 가르쳤습니다. 그는 아들이 다른 모든 피조물과 마찬가지로 창조되지 않았던 때와 창조된 때가 있었으며, 하나님의 본질에서 난 것이 아니라 하나님의 뜻에 의해 출생했다고 가르쳤습니다. 다른 한편으로, 3세기에 사벨리우스는 이미 신적 존재 안에 있는 세 위격은 하나의 영원한 실재가 아니라, 하나님께서 자신을 구약에서는 그리스도의 인격으로, 오순절 이후에는 성령님의 시대로 연속적으로 계시하신 형태와 표현일 뿐이라고 가르쳤습니다.[22]

두 본성에 대한 교회의 신앙 고백 – 4대 공의회

이러한 오류에 직면하여 니케아 공의회(주후 325년)에서 교회는 보이는 것과 보이지 않는 모든 것의 전능한 창조주이신 유일하신 하나님 아버지를 믿는 믿음과 [135] 독생자로서 아버지로부터 영원히 출생하신 하나님의 아들 구주 예수님에 대한 믿음을 표현했습니다. 예수님은 아버지의 본질로부터 나셨고, 하나님으로부

---

22   이 단락은 이 책 『기독교 신앙 안내서』에만 있습니다.

터 나신 하나님이십니다. 그분은 빛에서 나온 참 빛이시며, 참된 하나님에게서 나신 참된 하나님이십니다. 예수님은 창조되지 않고 출생하셨고, 아버지와 동등 본질이십니다. 그분을 통해 하늘과 땅에 있는 만물이 성령님 안에서 창조되었습니다.[23]

그러나 이 공의회에서 그리스도와 하나님의 본질, 세상 그리고 인류와의 관계를 결정했다 하더라도, 두 본성의 관계가 한 인격 안에 속한다는 사실을 어떻게 생각해야 하는지에 대한 질문이 여전히 남아 있었습니다. 여기서도 의견 차이가 있었습니다. 예를 들어, 5세기에 네스토리우스는 만일 그리스도 안에 두 본성이 있다면 그 안에는 반드시 두 인격, 두 자아가 있어야 하며, 이들은, 남편과 아내 사이의 결혼을 통한 연합과 같이 오직 윤리적 결합을 통해서만 연합할 수 있다고 가르쳤습니다. 유티케스는 본성과 인격이 똑같은 동일성을 가지고 있다는 사실에서 시작하여, 만일 그리스도 안에 한 인격, 한 자아만 있다면, 두 본성은 반드시 혼합되어 섞여서 신성과 인성이 섞인 한 본성만 남게 나타난다고 결론지었습니다. 네스토리우스에게서는 본성의 구분이 인격의 연합을 희생하면서 유지되었지만, 유티케스에게서는 인격의 연합은 보존되었다 하더라도 두 본성의 차이가 희생되었다고 할 수 있습니다.[24]

교회는 길고 치열한 투쟁 끝에 이러한 논쟁을 극복했습니다.

---

23 참고. *MD*, 303.

24 네스토리우스에 대한 서술은 *Magnalia Dei*과 동일합니다. *MD*, 303.

451년 칼케돈 공의회에서, 교회는 그리스도의 한 인격 안에 두 본성이 존재하며, 이 두 본성은 (유티케스에 반대하여) 변화되지도 않고 혼합되지도 않으며, (네스토리우스에 반대하여) 분리되지도 않고 나누어지지도 않은 채 나란히 존재하며 한 인격 안에 연합되어 있다고 분명하게 선언했습니다.[25] 이 결정은 동방과 서방 교회, 헬라 교회와 로마교, 이후에 루터파와 개혁파 교회를 포함한 모든 개신교에서 승인되었습니다. 최초의 4대 공의회[니케아(325년), 콘스탄티노플(381년), 에베소(431년), 칼케돈(451년)]의 신앙고백은 [136] 공식 기독교 교회의 보편적 토대를 형성합니다.

이 신앙고백의 가치

50. 물론, 이 신앙고백이 (성경처럼) 완전히 무오한 것은 아닙니다. 한 인격 안에 두 본성이 있다고 말하는 것은 삼위일체 교리에서 한 (동일) 본질이신 세 위격이 있다고 말하는 것만큼이나 온전하지 않습니다(감수자 주 - 바빙크는 4대 공의회의 결정문이 성경처럼 정확무오한 것은 아니라고 말한다). 그러나 이 신앙고백은 좌우의 오류를 차단하고, 교회와 신학을 올바른 길로 인도한다는 점에서 탁월한 가치가 있습니다.

---

25 이 단락은 *Magnalia Dei*에 있는 한 단락의 일부와 동일합니다. *MD*, 303. 이 단락의 나머지는 이 책 『기독교 신앙 안내서』에만 있습니다.

그리스도 안에서 신성과 인성이 연합된 결과

영원한 말씀이자 독생자이신 그리스도는 자신이 아닌 다른 존재가 되셨습니다. 그리스도는 소위 신성포기론자들(Kenotics, "비움"을 뜻하는 헬라어 단어에서 파생됨; 빌 2:7)이 가르치는 것처럼 하나님의 속성을 버리지 않으셨습니다. 다만, 사도들의 말씀에 따라 하나님의 본체시나 사람의 모양과 종의 형체를 취하셨다는 의미에서 자신을 낮추시고 겸손해지셨습니다(빌 2:6-8). 그리스도는 재세례파의 생각처럼 인간 본성을 하늘로부터 가지고 오신 것이 아니라 마리아 자신의 육신과 피에서 그것을 형성하고 취하셨고(마 1:20; 눅 1:52; 갈 4:4), 그 인성을 자신의 인격 속에 취하시어 섬기게 하셨습니다. 말씀하시고 행하시는 분은 언제나 동일한 그리스도이며 동일한 자아이시기 때문에, 조상들과 같은 육신을 따라 계시는 그리스도는 만물 위에 계셔서 세세에 찬양 받으실 하나님이십니다(롬 9:5). 내리셨던 그가 곧 모든 하늘 위에 오르신 자이십니다(엡 4:10).

그러나 그리스도는 이 인격의 연합 안에서 두 본성에 내재된 모든 속성과 능력을 사용하실 수 있습니다. 루터파에서 가르치는 것처럼 성찬에서 그리스도의 육체적 임재를 유지하기 위해 하나님의 속성을 인간 본성 자체에 전달하는 것이 아니라, 그리스도는 항상 하나의 주체로서 존재하셔서 [137] 두 본성과 그 모든 속성을 공유하십니다(속성의 교류). 속성의 교류로 인해 그리스도는 자신의 본성 안에 인간 본성을 온전히 보존하셔서 그 본성의 발달 법칙을 따르십니다. 성령님의 은사를 따라 한 번에 모든 것을 받지 않으시고, 단계적으로 점점 더 큰 범위로 받으셨습니다(은사의 교류 - 눅 2:40, 52; 막 13:32). 그분은 아버지께서 자신에게 명하신 하나의 위대한 구속 사역을 이루기 위해 그분 안에 거하시는 신성의 충만함을 육체적으로 활용하십니다(사역의 교류). 그렇기 때문에 그리스도는 우리의 신앙과 신뢰(요 14:1; 17:3 등), 존경과 예배의 대상이 되실 수 있습니다(요 14:13; 행 7:59; 9:13; 22:16; 롬 10:12-13; 빌 2:9; 히 1:6; 계 22:20).

그러므로 그리스도께서 하나님과 인간이라는 연합된 한 인격을 가지신다는 신앙고백은 이교 철학의 산물이 아니라 사도들의 증언에 근거한 것입니다. 이것은 경건의 신비를 규정하고 유지합니다. 태초에 말씀이신 그리스도는 하나님과 함께 계셨고 그 자신이 하나님이셨습니다(요 1:1). 하나님의 본체시나 하나님과 동등됨을 취할 것으로 여기지 않으셨습니다(빌 2:6). 그는 근본 하나님의 영광의 광채시요 그 본체의 형상이시나(히 1:3), 때가 차매 육신을 취하셨고(요 1:14), 여자에게서 나셨지만(갈 4:4), 오히려 자기를 비워 종의 형체를 가지사 사람들과 같이 되셨습니다(빌 2:7).[26]

---

26 이전의 네 단락은 이 책 『기독교 신앙 안내서』에만 있습니다.

1. 모든 종교에서 중보자가 행하는 두 사역은 무엇일까요?

2. 어떤 존재를 메시아라고 부를까요? 구약에서 이 메시아는 어 떤 직분을 가지고 있었을까요?

3. 어떻게 사도들은 예수님 안에서 모든 메시아의 예언에 관해 구 약 전체의 성취를 보았을까요?

4. 예수님이 하나님이시기 때문에 죄로 인한 두 가지 요소가 없었 습니다. 그 두 요소는 무엇일까요?

5. 예수님의 삶에서 메시아의 직분은 어떻게 나타났을까요?

6. 신약 시대 이후 예수님의 인성과 신성에 대한 잘못된 관점에는 어떤 것들이 있을까요? 여기에 대해 니케아 공의회는 무엇을 고백했을까요?

13. 그리스도의 사역

13. 그리스도의 사역

그리스도의 탄생과 죽음의 연관성

51. [138] 실제로 성육신은 지상에서의 그리스도의 사역을 시작하고 소개하는 것이지만, 그분의 사역의 전부가 아니며, 가장 중요한 내용도 아닙니다. 성경은 하나님의 아들이 죄를 제외하고 모든 면에서 우리와 같은 인간이 되셨을 뿐 아니라, 종의 형체를 취하시고 자기를 낮추시며, 죽기까지 복종하시되 심지어 십자가에 죽기까지 하셨다고 가르칩니다(빌 2:7-8).[1] 예수님이 율법의 모든 의를 이루시고(마 3:15), 고난을 통해 거룩하게 되시는 것이 합당했습니다(히 2:10). 그리고 그것은 적절하고 합당할 뿐만 아니라 반드시 그

---

1 참고. *MD*, 311–12. 이어지는 두 단락의 나머지는 *Magnalia Dei*에 있는
   한 단락과 일치합니다. *MD*, 313.

렇게 되어야만 했습니다. 그리스도께서 고난을 받고 사흘만에 죽은 자 가운데서 부활하실 것이라고 기록되어 있습니다(눅 24:46; 고전 15:3-4). 아버지께서 그리스도를 보내셔서 지상에서의 그의 사역을 이루게 하셨고(요 4:34), 자기의 생명을 버리고 다시 얻으라고 명하셨습니다(요 10:18).

따라서 그리스도에게 일어난 일은 하나님의 손과 경륜에 따라 미리 정하셨던 일이 실행된 것이었습니다(행 2:23; 4:28). 그리스도는 오직 십자가에서만 모든 일이 이루어졌고, 아버지께서 자신에게 주신 사역을 다 이루었다고 말할 수 있었습니다(요 17:4; 19:30). 복음서에 예수님의 삶에 대해서는 비교적 간결하게 묘사되어 있지만, 그분의 마지막 수난과 죽음은 충분하게 기록되어 있습니다. 마찬가지로 사도들의 설교에서도 [139] 예수님의 잉태와 출생을 되돌아보는 경우는 거의 없지만, 그리스도의 십자가와 죽음과 보혈은 강조합니다. 우리는 하나님의 아들의 출생이 아니라, 그분의 죽으심으로 말미암아 하나님과 화목하게 되었습니다(롬 5:10).

인간 본성의 연약함

그렇기 때문에 그리스도는 거룩하지만 여전히 연약한 인간 본성을 마리아에게서 얻으셨습니다. 그분은 인간이 되셨을 뿐만 아니라 육신이 되셨고(요 1:14), 죄 있는 육신의 모양으로 보냄 받으셨으며(롬 8:3), 종의 형체를 가지시고(빌 2:7), 범사에 우리와 같이 되셨지만 죄는 없으셨습니다(히 2:17; 4:15).[2] 그리스도께서 시험을 받으시고, 고난을 통해 순종을 배우시고, 자신과 씨름하는 가운데 스스로를 거룩하게 하고, 우리의 약함에 공감하시고, 자비롭고 신실한 대제사장이 되기 위해, 한마디로 고난을 받고 죽으시기 위해, 그러한 연약한 인간 본성을 취하는 것이 필요했습니다. 그분은 죄가 없다는 점에서 타락 이전의 아담과 같았지만, 다른 면에서는 달랐습니다. 아담은 성인으로 창조되었지만, 그리스도는 마리아의 태에 잉태되어 무력한 아기로 태어났기 때문입니다. 아담이 나타날 당시에는 모든 것이 그를 위해 준비되어 있었지만, 그리스도께서 이 땅에 오실 때에는 아무도 그의 오심을 보지 못했고, 심지어 여관에도 그를 위한 자리가 없었습니다. 아담은 온 땅을 다스리고 정복하기 위해 왔지만, 그리스도는 섬김을 받으려 함이 아니라 도리어 섬기려 하고 자기 목숨을 많은 사람의 대속물로 주기 위해 오셨습니다(마 20:28; 막 10:45).

그리스도의 낮아지심

그러므로 하나님의 아들의 성육신은 현재 높아지심의 상태로 계신 것과 마찬가지로 선한 겸손의 행위였을 뿐만 아니라 동시에 깊은 낮아지심의 행위였습니다. 잉태와 함께 시작된 이 낮아지심

---

2 이 단락의 첫 부분은 이 책 『기독교 신앙 안내서』에만 있습니다. 나머지는 *Magnalia Dei*에 있는 한 단락의 일부와 동일합니다. *MD*, 318-9.

은 그분의 일생 동안, 심지어 죽음과 무덤에 이를 때까지 계속되었습니다[140]. 겸손한 출생, 할례, 헤롯의 박해와 애굽으로의 도피, 나사렛에서의 사생활과 목수의 일, 요한에게 받은 [예수님의] 세례, 광야에서 받은 시험, 공적 활동 중에 받은 저항과 거부, 혐오와 투옥, 정죄, 십자가에 못 박히심과 죽음, 장례와 지옥 강하, 이러한 다양한 단계를 따라 예수님은 점점 더 낮아지셨습니다. 계속해서 아버지의 집에서 멀어졌고, 죄와 죽음의 공동체 속에 있는 우리에게 더 가까워지셨습니다. 예수님은 끝내 바닥에 이르는 마지막 걸음을 내딛으시면서 하나님으로부터 버림 받았다는 겁에 질린 울음소리도 외치셨지만, 여기서 굉장한 승리의 함성이 들렸습니다. "다 이루었다!"[3]

그리스도의 사역과 세 직분

52. "다 이루었다"라는 말은 그리스도께서 아버지께 순종하여 이 땅에 오셔서 하신 사역을 의미합니다. 많은 사람이 세 직분의 교리에서 이 사역을 다루었는데, 특히 칼뱅의 경우가 그렇습니다. 이 접근법은 여러 장점을 제공합니다. 이것은 우리에게 곧바로 그리스도의 사역을 직시하게 해주는데, 그리스도의 사역을 그분이 어떤 일이나 직무를 선택해서 수행한 것이 아니라, 아버지의 명령에 순종해서 행하신 사역이자(요 4:34; 5:20, 30; 6:38; 7:16; 8:28; 10:18;

---

3 이 단락은 *Magnalia Dei*에 있는 한 단락과 동일합니다. *MD*, 319.

12:49-50; 14:10, 24; 17:4) 아버지께서 임명하신 직분의 기능으로 보게 하기 때문입니다(히 3:2, 5-6; 5:5; 벧전 1:20).

더불어 이 세 가지 직분에는 인간의 원래 부르심과 운명이 담겨 있습니다. 인간은 하나님의 형상대로 참된 지식과 의로움과 거룩함으로 창조되었고, 하나님의 영광을 선포하는 선지자로서, 하나님 아래에서 모든 피조물을 다스리는 왕으로서, 하나님께 온전히 자신을 드리는 제사장으로서의 소명을 가지고 있습니다(벧전 2:9; 계 1:6; 5:10). [141] 또한 이 세 가지 직분의 교리는 구약의 계시를 직접적으로 따릅니다. 구약의 계시는 역사를 통해 이스라엘 백성에게 선지자적, 제사장적, 왕적 직무를 부여하고(출 19:6) 특별한 개인을 이 세 직분으로 불렀으며, 이스라엘 백성은 모두 이 세 직분이 탁월하게 기름 부음 받은 자에게 완벽하게 연합되리라는 것을 인정했습니다(사 61:1). 마지막으로, 그리스도의 사역은 세 가지 직분 아래서 다루어질 때에만 비로소 완전한 일치가 이루어집니다. 이는 그리스도의 사역이 우리를 온전히 구속하시고 하나님의 형상으로 회복시켜주시는 완전한 구속주이신 그리스도를 알게 하기 때문입니다.[4]

그럼에도 불구하고 그리스도의 생애와 사역에 나타난 세 가지 직분은 분리될 수 없으며, 따라서 갈라서 구분하거나 시간의 순서대로 배치해서는 안 된다는 점을 명심해야 합니다. 때로는 한 직분

---

4 이전의 두 단락은 이 책 『기독교 신앙 안내서』에만 있습니다.

이 다른 직분보다 두드러지게 먼저 부각되는 경우가 있습니다. 예를 들어, 그리스도의 공적 설교가 선지자적인 면이 더 두드러지고, 그분의 마지막 고난과 죽음이 더 제사장적이며, 아버지의 우편에 앉아 높아지실 때 왕적 직분을 더욱 떠올리곤 하지만, 본질적으로 예수님은 언제 어디서나 동시에 세 직분을 다 수행하셨습니다.[5]

예수님은 선지자로서 하나님의 말씀을 선포하셨지만, 말씀으로 병든 자를 고치고, 죄를 용서하셨으며, 폭풍을 잠잠하게 하시는 등 제사장적 자비와 왕적 권능도 보여주셨습니다. 예수님은 진리의 왕이십니다. 그분의 기적은 하나님의 사명과 말씀의 진리에 대한 표적인 동시에 모든 종류의 비참한 사람에 대한 동정심의 계시이자 질병과 죽음, 사탄의 폭력을 다스리는 통치의 증거였습니다. 그분의 죽음은 자신의 생애를 인치는 것이고 완전한 순종으로 이루어진 희생이자 기꺼이 자신의 생명을 내어놓는 권능의 행동이기도 했습니다. 한 마디로, 그분의 모든 모습과 말씀과 사역은 언제나 [142] 선지자적, 제사작적, 왕적 성격을 동시에 지니고 있습니다.[6]

---

5 이 단락의 첫 문장은 이 책 『기독교 신앙 안내서』에만 있습니다. 나머지는 *Magnalia Dei*에 있는 한 단락의 일부와 동일합니다. *MD*, 314.

6 이 단락은 *Magnalia Dei*에 있는 한 단락의 일부와 동일합니다. *MD*, 314.

선지자 직분

53. 예수님은 이미 나사렛 회당에서 이사야서[61:1]가[7] 자신에게서 성취되었다고 예언함으로써 자신을 선지자로 선포하셨고(눅 4:21), 곧바로 선지자로서 자신의 말씀과 사역으로 모든 사람에게 영광을 받으셨습니다(눅 7:16; 9:1; 24:19; 요 4:19). 그러나 그것은 유대인들이 인식했던 것보다 더 심오하고 고상한 의미에서 이루어진 것이었습니다. 예수님은 율법과 복음을 설명하셨을 뿐만 아니라(마 5-7장), 자신의 설교에서 하나님 나라의 기원과 본질, 발전과 완성을 밝히셨으며(마 13장), 솔로몬과 요나, 세례 요한이나 다른 어떤 선지자보다 위대하셨습니다(마 11:11; 12:41-42). 그분은 유일한 선생님이십니다(마 23:8, 10; 요 13:13-14). 하나님께서 이 말세에 우리에게 말씀하신 유일한 아들이시며(히 1:1), 하나님께서 우리에게 자신을 계시하시고 주신 **영원한 말씀**이십니다(요 1:1, 14). 율법은 모세로 말미암아 주어졌고 복음은 선지자들에 의해 선포되었지만, 은혜와 진리는 그분과 그분의 인격 안에서 분리될 수 없게 되었습니다(요 1:17). 예수님의 설교는 자기 선포였으며, 그 안에는 아버지에 대한 선포와 아버지의 이름에 대한 계시가 담겨 있었습니다(요 1:18; 17:6).

---

7 여기서 바빙크는 틀린 본문인 이사야 11장 1절을 제시하지만, 우리(영역자)가 61장 1절로 수정했습니다.

제사장 직분

예수님은 특히 기적으로 나타난 자신의 사역으로 이 선포를 인치셨습니다. 이런 기적들은 자신의 신적 사명과 권능의 표적이 었으며(요 2:11, 24; 3:2; 4:54 등), 제사장적 자비의 증거였습니다(마 8:17). 이런 제사장적 활동은 그의 섬기는 삶의 전반에 걸쳐 나타났지만, 특히 많은 사람을 위한 대속물로 자신의 목숨을 바치시고(마 20:28), 죽기까지 복종하셨으며(빌 2:8), 자기 육체를 십자가에서 희생 제사로 드린 것에서(엡 5:2; 히 10:10; 벧전 2:24) 잘 드러났습니다. 그래서 [143] 히브리서에서 그리스도는 우리의 특별한 대제사장으로 명시되어 있습니다. 예수님은 유다 지파에서 나셔서 제사장의 자격이 없으셨지만(히 7:14), 아론의 서열을 따른 것이 아니라 멜기세덱의 서열을 따라(시 110:4) 영적이고 참된 의미에서 불멸하지 않고 영원한 제사장이 되셨습니다(히 7:17, 21, 24).

왕의 직분

이러한 제사장직은 그분의 왕의 직분과도 긴밀하게 연관되어 있습니다(슥 6:13). 예수님은 하늘에서 지극히 크신 이의 보좌 우편에 앉아계신 우리의 대제사장이자 왕이십니다(히 8:1). 그 왕의 이름은 비유적으로나 상징적으로가 아니라 실제로, 법적으로, 정당하게 그리스도께 속해 있습니다(눅 1:32-33; 23:38, 42). 그러나 바로 이것 때문에 예수님의 왕의 직분이 유대인들이 상상했던 것과 다른 본질을 가지고 있는 것입니다(마 4:8-10; 14:23; 20:25-28). 예수님의 왕직은 이런 권능에서 나왔습니다. 예수님은 진리를 지니시고, 이 땅에 하늘나라를 세우셨으며, 그 나라의 재물을 나누어주시고, 자연을 자신에게 복종시키셨습니다. 질병과 죽음을 물리치시고, 십자가에서 목숨을 버리셨다가 다시 취하셨으며, 자신의 백성이 다시 모이고 모든 원수가 자신의 발 아래 무릎 꿇을 때까지 아버지 우편에 앉아 다스리십니다(시 2, 72편; 슥 9:9-10; 요 10:18; 18:36-37; 고전 15:25).

죽음으로 절정을 이룬 세 직분

54. 그리스도의 전 생애, 즉 그분의 선지자적, 왕적, 제사장적 사역은 죽음으로 끝나지만, 좁은 의미에서 보면 이것이 그분의 사역의 목적이자 완성이었습니다. 그것은 하나님의 경륜 안에서 세워졌고(행 2:23; 4:28), 고난받는 여호와의 종으로 예언되었습니다. 그러므로 비록 예수님이 제자들에게 [144] 명확하게 말씀하기 시작하신 것은 훨씬 이후였지만(마 16:21), 예수님의 의식 속에는 처음부터 확립되어 있었습니다(눅 4:16下; 요 1:29; 2:19; 3:14; 12:24). 따라서 이 죽음은 나중에뿐만 아니라 처음부터, 바울뿐만 아니라 모든 사도에게도 사도적 설교의 중심에 있었습니다(행 2:23下; 3:14下; 4:10下). 사도들은 그리스도의 고난과 죽음으로 그분의 선지자적 사역과(딤전 6:13; 벧전 2:21) 왕적 사역(요 10:17-18), 무엇보다도 제사장적 사역이 성취되는 것을 보았습니다.

참된 희생 제물

희생 제의는 가장 오랜 시대부터 존재해 왔고(창 4:3下) 모든 민족과 모든 종교에서 나타나는데, 이것은 특히 희생 제사에 큰 비중을 둔 구약의 예배와 밀접한 관련이 있습니다. 그래서 이스라엘은 오직 피를 통한 속죄의 방법으로만 죄 사함의 유익을 얻을 수 있다고 이해했습니다(레 17:11; 히 9:22). 이런 관점에서 신약은 그리스도의 죽음을 희생 제사, 곧 진정한 참된 희생 제사로, 모든 희생 제사의 완전한 성취로 제시합니다.

결국 그 죽음은 많은 사람이 죄의 굴레로부터 해방되는 대속물입니다(마 20:28). 옛 언약이 시작되고(출 24:8) 새 언약의 기초가 된 언약 희생 제사의 성취는 그분의 보혈(마 20:28), 향기로운 제물과 희생 제사(엡 5:2; 히 9:14, 26), 참된 유월절 희생 제사(요 1:29; 19:36; 고전 5:7; 벧전 1:19; 계 5:6, 9), 참된 속죄제물과 속건제물(롬 8:3; 고후 5:21; 히 13:11; 벧전 3:18), 대속죄일의 탁월한 희생 제사로 이루어졌습니다(히 2:17; 9:12下).

구약의 제의에서 피가 생명의 장소로서 죽음 속에서 부어지고 제단에 뿌려짐으로써 실제로 속죄의 수단이었던 것과 마찬가지로, 새 언약에서 그리스도의 보혈이 우리 죄의 속죄와 용서와 정화의 [145] 동력인이 됩니다(마 26:28; 행 20:28; 롬 3:25; 5:9; 고전 11:25; 엡 1:7; 골 1:20; 히 9:12, 14; 12:24; 벧전 1:2, 19; 요일 1:7; 5:6; 계 1:5; 5:9 등).[8]

---

8 이전의 일곱 단락은 이 책 『기독교 신앙 안내서』에만 있습니다.

수동적 순종과 능동적 순종으로 이룬 참된 희생 제사

신약성경에서 그리스도의 고난과 죽음을 희생 제사라고 말할 때는 이런 식의 이미지를 사용하는 것입니다. 그러나 성경은 항상 구약의 희생 제사가 실제로는 모형이자 그림자였으며, 십자가에서 일어난 희생 제사에서 처음으로 성취되었다는 생각에서 시작되었다는 사실을 잊지 말아야 합니다. 그리스도께서 비유적인 의미에서가 아니라 참된 의미에서 선지자와 제사장과 왕이신 것처럼, 그분이 죽음에 넘겨지신 것 또한 비유적인 의미에서가 아니라 가장 본질적이고 참된 의미의 희생 제사입니다. 그 제사는 결국 아버지의 뜻에 완전히 복종하는 것으로 구성되었으며, 이는 성육신으로 시작되어 생애를 통해 이어지고 죽음으로 완성되었습니다. 그분이 세상에 오실 때 말씀하셨습니다. "보시옵소서 내가 하나님의 뜻을 행하러 왔나이다(히 10:5-9)" 그분이 하늘에서 내려오신 것은 자기 뜻을 행하려 함이 아니라 자신을 보내신 이의 뜻을 행하려 함이었으며(요 4:34; 6:38), 십자가에 죽기까지 순종하셨습니다(마 26:39; 빌 2:8). 이 순종은 그분의 인격과 삶과 함께, 그가 입으셨던 이음매가 없는 옷처럼 하나로 된 온전하고 훌륭한 사역입니다. 이 순종은 위로부터 완전하게 짜여졌고, 그분의 행위와 고난을 모두 포함했습니다. 그분의 사역에서 하나님의 율법을 완성하는 일은 고난이었고, 하나님의 형벌을 받으신 그분의 고난은 사역이었

습니다(눅 12:50; 요 10:18).[9]

대리적 성격을 지닌 참된 희생 제사

성경에 따라 예수님은 오직 우리를 위해 [146] 우리를 대신하여 이 모든 "수동적"이고 "능동적"인 순종을 이루셨습니다. 이 순종은 대리적 성격을 가지고 있습니다.[10] 우리는 이미 구약성경에서 아브라함이 자기 아들을 대신해 숫양을 번제로 드렸고(창 22:13), 이스라엘 백성이 자신을 대신해 희생 제사로 드릴 동물에 안수했으며(레 16:21), 여호와의 종은 "그가 찔림은 우리의 허물 때문이요 그가 상함은 우리의 죄악 때문이라(사 53:5)"라고 기록된 구절을 읽을 수 있습니다. 마찬가지로, 신약성경은 그리스도의 희생 제사와 우리의 죄 사이에 가장 밀접한 연관성을 확립합니다. 인자가 세상에 온 것은 자신의 영혼(자기 목숨)을 인간을 대신해 대속물로 주기 위함이었습니다(마 20:28; 딤전 2:6). 그분은 우리를 위해, 우리의 죄를 위해 내어지셨고(롬 4:25), 우리의 죄로 인해 죽으셨습니다(롬 8:3; 히 10:6, 18; 벧전 3:18; 요일 2:2; 4:10). 달리 말해, 가장 일반적으로 표현하듯이, 우리를 위해, 우리 죄를 위해 죽으셨습니다(눅 22:19-20; 요 10:15; 롬 5:8; 8:32; 고전 15:3; 고후 5:14-15, 21; 갈 3:13; 살전 5:10; 히 2:9; 벧전 2:21; 요일 3:16 등).

---

9   참고. *MD*, 331-32.

10   첫 문장은 이 책 『기독교 신앙 안내서』에만 있습니다. 이 단락의 나머지는 *Magnalia Dei*에 있습니다. *MD*, 336-37.

그리스도의 희생 제사의 유익1: 속죄

55. 그리스도께서 완전한 순종을 통해 우리를 위해 얻으신 유익은 너무나 풍성하여 하나하나 열거하는 것이 불가능하며, 또한 그 진가를 온전히 알 수도 없습니다.[11] 그 유익은 구원의 온전한 모든 사역을 포함합니다. 가장 거대한 악, 즉 죄로 인한 모든 슬픔과 죽음의 결과로부터의 구원을 포함하며, 최고선의 선물인 하나님과의 교제와 그분께서 주시는 모든 복을 포함합니다.[12] 이 모든 유익의 정점에 속죄가 있습니다. 속죄는 신약성경에서 두 단어로 표현되어 있는데, 안타깝게도 네덜란드어로는 같은 단어로 번역되어 있습니다. 로마서 3장 25절, 히브리서 2장 17절, 요한일서 2장 2절과 4장 10절에 등장하는 한 단어는(또는 실제로는 다른 단어이지만 동일한 어근에서 파생된 단어들은) 원래 "덮다"라는 뜻을 가진 히브리어를 [147] 번역한 것으로, 하나님께 드려진 희생 제사로 이루어지는 속죄를 나타냅니다. 지금과 마찬가지로 구약의 예배에서 희생 제물의 피는 하나님 앞에서 속죄제를 드리는 제사장의 죄(죄책, 부정)를 속죄하는(레 4:7; 히 9:12) 실제적인 수단이었으며, 이를 통해 하나님을 진노하게 하는 죄의 권세를 막았습니다. 마찬가지

---

11 바빙크는 이 부분을 통틀어 verzoenig이라는 단어를 사용합니다. 이 단어는 "화목", "속죄", "화해"를 뜻할 수 있습니다. 분명하게 하기 위해서 이 부분에서 이 단어가 사용될 때 표시합니다.

12 첫 두 문장은 *Magnalia Dei* 18장(338)의 도입부와 동일합니다. "Het Werk van Christus in Zijne Verhooging." 또한 이 도입부는 이 장의 새로운 구분이 시작됨을 나타냅니다.

로 신약에서도 그리스도는 자신의 희생 제사로 드린 보혈과 죽기까지 하신 완전한 순종을 통해, 하나님 앞에서 우리의 죄를 덮으시고 진노를 돌이키시며 우리를 그분의 은혜와 은총에 참여하게 하시는 대제사장이십니다. 그분은 화목(롬 3:25)과 속죄(요일 2:2; 4:10)의 수단이시며, 자기 백성의 죄를 속죄하기 위해 하나님과 함께 일하시는 대제사장이십니다.[13]

그리스도의 희생 제사의 유익2: 화목

그리스도께서 우리를 대신해 하나님 앞에서 이루신 이 객관적인 속죄와 구별되는 또 다른 종류의 [속죄]가 신약성경에서 두 번째로 특정 단어로 나타납니다. 이 단어는 로마서 5장 10-11절과 고린도후서 5장 18-20절에 등장하는데, 원래는 역전, 교환, 계산, 정산 등의 의미를 가지고 있으며, 이 단어가 나타나는 곳에서는 그리스도의 희생 제사에 기초하여 하나님께서 세상에 대해 세우시는 새롭고 은혜로운 성향을 의미합니다. 그리스도께서 자신의 죽음으로 우리의 죄를 덮으시고 하나님의 진노를 돌이키셨듯이, 하나님은 세상과 화목하게 된 또 다른 관계에 자신을 놓으시고, 우리에게 이것을 복음으로 전하십니다. 이제 그 복음은 화목이라는 단어로 불립니다.[14]

---

13 참고. *MD*, 338–39. 이 단락의 나머지는 이 책 『기독교 신앙 안내서』에만 있습니다.

14 이 단락은 *Magnalia Dei*에 있는 한 단락과 동일합니다. *MD*, 340.

이 화목은 또한 대상이기도 합니다. 화목은 우리의 믿음과 회심을 통해 먼저 이루어지는 것이 아니라 그리스도께서 이미 이루신 속죄(만족)에 근거하고, 우리와 하나님의 화목하고 자비로운 관계로 이루어지며, 믿음으로 우리에게 받아들여지고 수용됩니다 (롬 5:11). 하나님께서 그리스도의 죽음을 근거로 적대적인 [148] 성향을 버리셨기 때문에, 우리도 적대감을 버리고 하나님과 화목하며 하나님께서 우리 앞에 세우신 새롭고 화목한 관계로 들어가도록 권면 받습니다. 모든 일이 다 이루어졌습니다. 우리가 할 일은 아무것도 남아 있지 않습니다. 우리는 그리스도께서 완성하신 구속 사역 안에서 온전한 영혼으로 영원히 안식할 수 있습니다. 우리는 하나님께서 그분의 진노를 포기하셨고 우리가 그리스도 안에서 하나님과 화목하게 되었으며 그분께서 죄 많고 부정한 죄인들에게도 하나님이자 아버지라는 사실을 믿음으로 받아들일 수 있습니다.[15]

하나님께서 그리스도 안에서 세상과 세우신 화평의 관계 안에 은혜 언약의 다른 모든 복이 포함되어 있기 때문에, 이 화목하게 하는 복음을 전심으로 믿는 사람은 누구든지 그리스도께서 얻으신 다른 모든 유익도 즉시 받습니다. 그리스도는 한 분이시며 나뉘거나 부분적으로 받아들여질 수 없고, 구원의 사슬은 끊어질 수 없습니다. "또 미리 정하신 그들을 또한 부르시고 부르신 그들을 또한 의롭다 하시고 의롭다 하신 그들을 또한 영화롭게 하셨느니라

---

15 이 단락은 *Magnalia Dei*에 있는 한 단락과 동일합니다. *MD*, 340.

(롬 8:30)" 이와 같이 하나님 아들의 죽으심을 통해 하나님과 화목하게 된 모든 사람은 죄를 용서받고, 그분의 자녀로 입양되며, 그분과 화평을 누리고, 영생의 권리를 얻으며, 하늘의 기업을 상속받습니다(롬 5:1; 8:17; 갈 4:5). 그들은 모두 그리스도와 연합하여, 그리스도와 함께 십자가에 못 박히고, 장사되었다가 부활하여 천국에 좌정(坐定)하며, 점점 더 그리스도의 형상을 닮아갑니다(롬 6:3 下; 8:29; 갈 2:20; 엡 4:22-24). 그들은 모두 성령님을 받습니다. 성령님은 이들을 새롭게 하시고, 진리로 인도하시며, 그들의 양자됨을 증언하시고, 구속의 날까지 인치십니다(요 3:6; 16:13; 롬 8:15; 고전 6:11; 엡 4:30). 성부, 성자, 성령님의 교제 안에서 신자들은 [149] 율법에서 자유롭게 되며 (롬 7:1下; 갈 2:19; 3:13, 25; 4:5; 5:1), 세상과 사망, 지옥과 사탄의 모든 권세보다 높임을 받습니다(요 16:33; 롬 8:38; 고전 15:55; 요일 3:8; 계 12:10). 하나님께서 그들을 위하고 계시니, 누가 그들을 대적하겠습니까?(롬 8:31)[16]

그리스도의 높아지심

56. 구원 사역은 오직 하나님의 사역이기 때문에, 그리스도께서 죽은 자 가운데서 부활하여 하나님의 우편으로 높임을 받지 않으셨다면 그분이 주시는 유익은 우리에게 올 수 없었을 것입니다. 죽은 예수님만으로도 우리와 우리의 구원에 충분하긴 합니다. 기

---

16 이 단락은 *Magnalia Dei*에 있는 한 단락과 동일합니다. *MD*, 340-41.

독교가 단지 우리가 마음에 새겨야 할 교훈이거나 반드시 따라야 할 도덕적 교훈과 모범에 불과하다면, [죽은 예수님 이상은] 더 이상 필요하지 않을 것입니다. 그러나 기독교는 이런 것과 다르며 전적으로 그 이상입니다. 기독교는 모든 인류, 인류의 생명 전체, 전세계의 완전한 구속입니다. 그리고 그리스도는 이러한 완전한 의미에서 세상을 구속하기 위해 오셨습니다. 그분은 우리를 위해 구원의 가능성만 얻고, 그 가능성을 활용할지의 여부를 우리의 자유의지에 맡기기 위해 오신 것이 아닙니다. 오히려 그분은 우리를 참되고 완전하고 영원히 구원하시기 위해 자신을 낮추어 십자가에 죽기까지 복종하셨습니다.[17]

그렇기 때문에 그분의 사역은 죽음과 장사지냄으로 끝나지 않고 다른 방식으로, 즉 그분의 높아지심으로 계속되었습니다. 구원의 획득은 완성되고 완전히 성취되었지만(요 17:4; 19:30; 히 9:28, 10:10, 12, 14), 그것이 우리에게 적용되고 전달되지 않는다면 무슨 유익이 있겠습니까? 그러므로 그리스도는 살아있는 자와 죽은 자를 다스리기 위해 반드시 부활하고 다시 살아나야 합니다(롬 14:9; 계 1:19). [150] 그분은 부활하심으로써 주님과 그리스도, 왕과 구주가 되셔서 이스라엘에게 회개와 죄 사함을 주시고, 모든 원수를 그 발 아래 두셨습니다(행 2:36; 5:31; 고전 15:25; 엡 1:20-23; 4:9-10; 빌 2:9-10).[18]

---

17 이 단락은 *Magnalia Dei*에 있는 한 단락과 동일합니다. *MD*, 344.
18 이 단락은 이 책 『기독교 신앙 안내서』에만 있습니다. 참고. *MD*, 345.

높아지심은 한 번에 완성된 것이 아니라, 그분의 낮아지심과 마찬가지로 여러 "단계"를 거쳐 이루어졌습니다. 성경 어디에도 어떤 **특정한 장소**로 내려가신다는 언급이 없기 때문에, 높아지심은 그리스 정교회, 로마교회 그리고 루터파 그리스도인이 서로 다른 목적으로 가르치는 것처럼 문자 그대로 지옥이나 음부로 내려갔다는 의미로 시작하지 않았습니다. 높아지심은 그분이 참으로 하나님의 아들이시고, 주님이자 그리스도이시며, 왕이자 구원자이심을 증명하기 위해(행 2:36; 5:31; 롬 1:3-4) **부활**로, 무덤에서 살아나시고 부활하신 것으로 시작했습니다. 그래서 그분은 죽음을 완전히 이기시고(요 11:25; 고전 15:21; 히 2:14), 의와 생명과 불멸을 드러내셨습니다(롬 4:25; 딤후 1:10).

40일 후, 그분의 부활은 **승천**으로 이어졌는데(막 16:19; 눅 24:51; 행 1:1-12), 이것은 일종의 영적 변화가 아니라 그리스도를 모든 적대적 권세의 승리자로 알리고, 하나님 우편의 영광의 자리에서 그분과 그분의 모든 사람이 천국을 누릴 수 있게 해준 특별한 위치의 변화였습니다(엡 4:8; 골 2:15; 벧전 3:20, 22). 그러므로 승천은 곧바로 하나님의 **우편에 앉아 계심**과 연결되는데, 이는 세속적 이미지에서(왕상 2:19; 참고. 시 45:10; 마 20:21; 계 3:21) 그리스도께서 중보 사역으로 인해 높아진 최고의 위엄과 명예, 즉 하늘과 땅의 절대 주권자의 존엄을 뜻합니다(마 28:18; 고전 15:24-28; 엡 1:20-23; 빌 2:9-11; 히 2:8-9). 비록 우리는 아직 만물이 [151] 그분께 복종하는 것을 보지 못했지만, 그분은 자신의 나라를 완성하시고 모든 원수를 정복할 때까지 왕으로 다스리실 것이며(고전 15:25), 그 후 **심판을 위한 재림**에서 그분의 높아지심은 정점에 이를 것입니다(마 25:31-46). 이 높아지심의 상태에서 그리스도는 이제 자신이 얻은 충만한 유익을 자신의 교회에 적용하고 나누어주신다는 의미에서 지상에서 시작하신 사역을 계속해 나가십니다. 예수님 자신이 먼저 고난과 죽음을 통해 교회의 머리로 높임을 받으신 후에, 그분은 교회를 자기 몸으로 다듬어 가시고 부활과 승천을 통해 하나님의 충만함으로 교회를 채우십니다(엡 1:23; 3:19). 그렇기 때문에 오늘도 그리스도께서는 천국에서 선지자, 제사장, 왕으로서 계속 일하고 계십니다.[19]

높아지신 상태에서의 선지자 · 제사장 · 왕의 직분

57. 그분께서 부활하신 후에도 선지자로서의 사역을 계속하셨다는 사실은 예수님께서 40일 동안 제자들에게 자신의 인격과 사역, 그들의 미래와 소명과 사명, 지상에 있는 그리스도의 교회의 토대와 확증과 전파에 대해 새로운 빛을 비춰주신 중요한 가르침에서 곧바로 드러났습니다(마 28:18-20; 막 16:15-20; 눅 24:13下, 요 20-21장; 행 1:3-9). 예수님은 또한 사도들의 마음속에서 자신의 영을 통해 선지자적 사역을 계속하셨습니다.[20] 진리의 영으로, 그분

---

19 이 단락은 이 책『기독교 신앙 안내서』에만 있습니다.

20 참고. *MD*, 357.

은 그들을 모든 진리 가운데로 인도하셨습니다. 성령님은 자신에 대해 증언하지 않으시고 오직 그리스도를 증언하여 그분이 그들에게 말씀하신 것을 기억하게 하셨으며, 또한 [성령님은] 장래 일을 알리셨습니다(요 14:26; 15:26; 16:13). 그래서 사도들은 신약성경을 기록할 능력을 갖추게 되었으며, 이는 구약성경과 연계하여 수 세기 동안 우리 발에 등이 되며 우리 길을 밝히는 빛이 되었습니다. 자신의 교회에 이 말씀을 주시고, 그 말씀을 통해 이 땅에서 자신의 선지자적 사역을 계속 이루시는 분은 그리스도 [152] 자신입니다. 그분은 말씀을 보존하고 전파하시며, 적용하고 설명하십니다. 그 말씀은 민족을 제자로 삼고, 그들을 삼위일체 하나님과의 교제 안으로 들어오게 하시며, 그들에게 자신의 계명을 행하게 하시는 도구입니다. 그리스도는 자신의 말씀과 성령님을 통해 세상 끝날까지 우리와 함께하십니다.

이런 방식으로 그리스도는 높아지신 상태에서도 제사장으로서 계속 사역하십니다. 그분은 결국 영원히 멜기세덱의 서열을 따른 제사장이십니다(시 110:4; 히 7:17, 24). 그분의 제사장직은 이 땅에서의 죽음으로 끝나지 않고, 하늘의 참된 성소에서 계속됩니다(히 8:2). 그분의 이 땅에서의 삶과 사역 전체가 자기 백성을 대신해 천국에서 대제사장 활동을 위한 준비와 자격을 갖추기 위한 것으로 볼 수도 있습니다. 이 사역은 그분이 자신의 보혈로 하늘의 지성소에 들어가시고(히 9:12), 우리를 위해 하나님 앞에 나타나셔서(히 9:24) 백성들의 죄를 속죄하신다는 사실로 이루어집니다. 그분은 하나님 앞에서 행하시는 이 모든 사역에서 시험당하는 사람들을 도우시는(히 2:18; 4:15) 자비롭고 신실한 대제사장이심을 스스로 증명하십니다(히 2:17). 그분은 언제나 아버지 앞에서 그들의 신실한 중보자로 행동하시고(롬 8:34; 히 7:25; 요일 2:1), 그들을 위해 아버지의 집에 처소를 예비하시며(요 14:2-3), 그들을 위해 유업을 지키시고 그들로 유업을 잇게 하시며(벧전 1:4), 많은 자녀를 이끌어 영광에 들어가게 하십니다(히 2:10).[21]

왕의 직분도 그리스도의 높아지심의 상태에서 계속됩니다. 그리스도께서 부활과 승천을 통해 주님과 그리스도, 왕(지도자)과 구원자로 높임을 받으시고, 성부께서 보좌 우편에 [153] 앉히시며 다른 모든 이름 위에 있는 이름을 받으셨기 때문에 이 점에 대해서는 의견 차이가 거의 없을 것입니다(행 2:36; 5:31; 빌 2:9-11; 히 1:3-4). 그러므로 그리스도의 왕권은 그분의 낮아지심보다 높아지심의 관점에서 더욱 분명해집니다.[22]

그러나 성경은 이 왕권을 분명하게 구분합니다. 그리스도는 시온과 그의 백성, 교회에 대한 왕권을 갖고 있지만(시 2:6; 72:2-7; 사 9:5; 11:1-5; 눅 1:33; 요 18:33),[23] 은혜의 영역에서 왕과 그 국민 사이의 관계는 너무 가깝고 친밀하기 때문에 신약에서 왕의 이름은 종

---

21 이 단락은 이 책 『기독교 신앙 안내서』에만 있습니다.
22 이 단락은 *Magnalia Dei*에 있는 한 단락과 동일합니다. *MD*, 364.
23 참고. *MD*, 364.

종 다른 이름과 번갈아 가며 사용됩니다.[24] 그리스도는 자신의 보혈을 주고 사신 교회와 너무 가까우서서 하나의 이름만으로는 그 내용을 알 수 없습니다. 그래서 성경은 그리스도께서 자신의 교회에 어떤 존재인지 우리에게 이해시켜주기 위해 다양한 유비를 사용합니다. 신랑과 신부(요 3:29; 계 21:2), 남편과 아내(엡 5:25; 계 21:9), 형제들 중 맏아들(롬 8:29; 히 2:11), 건축물의 머릿돌(마 21:42; 행 4:11; 벧전 2:4-8), 포도나무와 가지(요 15:1-2), 머리와 몸(엡 1:22; 4:15; 5:23; 골 1:18, 2:19) 등 훨씬 많은 표현으로 자신의 교회를 위한 그리스도를 나타냅니다.

또한 이와 관련해서 그분은 자신에게 자발적으로 복종하지 않는 모든 피조물에 대해 권능의 왕권을 행사하십니다(시 2:8-9; 72:8; 110:1-2; 마 28:18; 고전 15:25-27; 계 1:5 등). 그리스도는 그들에게 머리와 신랑이 아니라 만왕의 왕이시고, 만주의 주시며, 땅의 모든 왕의 통치자이십니다. 그리고 이것을 이렇게 증명할 것입니다. 그분은 언젠가 자신의 모든 원수를 이기시고, 그들을 자신의 발아래 무너뜨릴 것입니다(고전 15:25; 딤전 6:15; 계 17:14; 19:16).[25]

---

24 이 문장은 이 책 『기독교 신앙 안내서』에만 있습니다. 이 단락의 나머지는 *Magnalia Dei*에 있는 한 단락의 일부와 동일합니다. *MD*, 364.

25 이 단락은 이 책 『기독교 신앙 안내서』에만 있습니다.

… 토론과 나눔을 위한 질문 …

1. 그리스도께서 왜 인간 본성을 취하셨을까요?

2. 그리스도께서 이루신 사역은 어떤 직분에서 어떻게 이루어졌을까요?

3. 그리스도의 세 직분의 사역이 분리되면 안 되는 이유는 무엇일까요?

4. 그리스도의 사역의 목적이자 완성은 무엇일까요?

5. 그리스도의 완전한 순종이 우리에게 주는 유익은 무엇일까요?

6. 그리스도의 높아지심의 사역은 무엇으로 시작되었고, 차례로 어떤 단계로 이어졌을까요?

14. 성령님의 부으심

14. 성령님의 부으심

성령님의 부으심의 특징

58. [154] 그리스도께서 이 땅의 교회를 대표하여 승천하신 후 행하신 첫 번째 사역은 오순절에 예루살렘으로 성령님을 보내신 것입니다(행 2장). 이 사건은 창조와 성육신에 못지않게 역사상 완전히 독특한 사실입니다. 그리스도께서 잉태되셨을 때 인간의 본성을 버리지 않고 받아들이셨던 것처럼, 오순절에 성령님은 교회에 영원히 거하시기 위해 교회를 자신의 성전으로 선택하셨습니다. 그래서 성경은 성령님의 보내심을 강림 또는 부으심이라고 말하며(행 2:17-18, 33; 10:45; 딛 3:6), 그 보내심 안에서 수 세기에 걸친 구약의 예언의 성취와(사 32:15; 44:3; 렘 31:31下; 겔 36:26-27; 욜 2:28下; 슥 12:10; 행 2:16下) 예수님 자신이 하신 약속의 성취를 봅니다(요 14:16; 15:26; 16:7; 행 1:4; 2:33).

그런데 이런 사실은 성령님이 그 이전에는 이 땅과 교회에서 존재하지 않았다는 것을 의미하지는 않습니다. 성경은 성령님이 성부와 성자와 함께 만물의 창조자이자 보존자이시며(창 1:2; 시 33:6; 104:30), 모든 생명과 구원, 모든 은사와 능력을 감찰하는 감독이라고 분명하게 가르쳐주기 때문입니다(출 28:3; 민 11:17, 25; 삿 14:6; 욥 32:8; 33:4; 시 51:13; 143:10; 사 63:9-12 등). 성경은 시므온이 성령님의 감동으로 성전에 들어갔다고 말하며(눅 2:26-27), [155] 이후에 "세례자"로 불린 요한과 엘리사벳 역시 성령님의 충만함을 받았다고 말했습니다(눅 1:15, 41, 참고. 출 31:3; 미 3:8).

그러나 구약성경은 미래에 성령님이 메시아에게 비상한 방식으로 강림하실 것이라고 가르치고(사 11:2), 신약성경은 하나님께서 메시아에게 성령님을 한량없이 주셨다고 말함으로써 구약의 말씀을 확증합니다(요 3:34). 실제로 예수님은 성령님으로 잉태되셨고(눅 1:35), 성령님으로 기름 부음 받았으며(마 3:16), 전무후무한 방식으로 모든 말과 행동에서 성령님의 인도와 훈련을 받으셨습니다(눅 4:1, 14, 18-19; 히 9:14; 롬 1:3; 행 1:2; 벧전 3:22). 확실히 그리스도는 성령님을 받아 높아지심의 상태에서 모든 충만함과 은사를 갖추셨습니다(엡 4:8-10). 그래서 이제 일곱 별을 갖고 계시고(계 3:1) 생명을 주는 영이 되신 것처럼(고전 15:45; 고후 3:17), 높아지신 중보자로서 일곱 영을(정확히 말하자면 성령님의 충만하심을) 소유하

고 계십니다.[1]

이는 그리스도께서 이전에 다른 어떤 피조물이 성령께 참여했거나 참여할 수 없었던 방식으로 영광을 받으신 중보자로서 성령님을 소유하고 계시기 때문입니다. 그렇습니다. 그리스도께서 낮아지심의 상태보다 높아지심의 상태에서 성령님을 훨씬 더 크게 소유하고 계십니다. 따라서 요한은 그리스도께서 아직 영광을 받지 않으셨기 때문에 처음에는 성령님이 아직 그곳에 계시지 않았다고 말할 수 있습니다(요 7:39). 그러나 그리스도께서 영광을 받으시고 하나님의 영을 완전히 자신의 영, 곧 그리스도의 영으로 삼으셨을 때, 그분도 성부와 마찬가지로 이 영을 자신에게서 나오게 하시고, 성령님으로 교회에 모든 은사를 주시고 교회 안에서 살게 하셨습니다(요 15:26). 이 일이 예루살렘에서 오순절에 일어났습니다.

과거에는 성령님이 일시적으로 특별한 목적을 위해 소수의 독립된 개인에게 주어졌지만[156], 이제는 교회의 모든 구성원에게 내려오셨으며, 앞으로는 그들 모두 안에서 계속해서 살아 역사하십니다. 하나님의 아들이 구약 시대에 여러 번 이 땅에 나타나셨지만, 오직 마리아의 태에서 잉태를 통해서만 인간의 본성을 자신의 영원히 거할 집으로 선택하셨습니다. 마찬가지로 과거에도 성령님의 온갖 활동과 은사가 있었지만, 오순절에 이르러서야 교회를 자신의 성전으로 삼으시고, 그 성전을 계속 거룩하게 하시고 세우

---

1 이전의 세 단락은 이 책 『기독교 신앙 안내서』에만 있습니다.

시며 결코 떠나지 않으십니다.[2]

성령님의 거하심으로 말미암아 그리스도의 교회는 독립적인 존재를 갖게 되었습니다. 그리스도의 교회는 더 이상 이스라엘 민족의 삶과 팔레스타인 경계에 한정되지 않고, 그 안에 거하시는 성령님에 의해 독립적으로 살아가며 전 세계에 전파됩니다. 하나님은 시온의 성전에서부터, 이제 성령님으로 말미암아 그리스도의 몸인 교회에 거하시며, 이로 인해 바로 오늘날 선교적 교회와 세계적 교회가 탄생했습니다. 그리스도의 승천은 성령님의 강림의 본질이자 그 진실성에 대한 입증입니다. 성령님은 먼저 그리스도의 고난을 통해 그분을 거룩하게 하시고 온전하게 하셨으며, 가장 높은 곳으로 올리셨습니다. 이제 같은 방식으로 그리스도의 몸이 완전한 성숙과 성취와 충만(plērōma)을 얻을 때까지,[3] 만유 안에서 만유를 채우시는 그분 안에서 끝을 맺을 때까지 이루십니다.[4]

초대 교회 시대의 성령님의 특별한 사역

59. 처음에는 성령님의 부으심과 함께 다른 언어나 새로운 언어를 말하는 것(행 2:4下; 막 16:17), 방언(glōssolalia-행 10:46; 15:8;

---

2 이 단락은 *Magnalia Dei*에 있는 한 단락의 일부와 동일합니다.
  MD, 372.

3 "*Plērōma*"는 "채움, 충만"이라는 의미의 헬라어 단어 "πλήρωμα"의 음역입니다.

4 이 단락은 *Magnalia Dei*에 있는 한 단락의 일부와 거의 동일합니다.
  MD, 372.

19:6),[5] 예언(행 11:28; 20:23; 21:11), 환상과 계시(행 7:55; 8:39; 10:19; 13:2; 15:28; 16:6; 20:22), 기적적인 치유 [157] (행 3:6; 5:5, 12, 15-16; 8:7, 13 등) 등과 같은 모든 놀라운 능력과 역사를 동반했습니다. 이 모든 놀라운 역사는 바울과 같은 사람뿐 아니라(행 16:6-9; 롬 15:18; 고전 14:6, 18; 고후 12:1-7, 12; 갈 2:2) 교회의 많은 평범한 교인들에게도(롬 12:6-8; 고전 12:8-10) 꽤 오랫동안 지속되었습니다.[6]

초대 교회 시대의 성령님의 일반적인 사역

그러나 이런 기적적인 은사들은 유일한 은사도, 가장 중요한 은사도 아니었습니다. 가장 중요하고 지속적인 은사는 성령께서 제자들에게 말씀을 전하도록 주신 담대함(행 4:8, 31), 믿음의 강화(행 6:5; 11:24), 위로와 기쁨(행 9:31; 13:52), 지식과 지혜(행 6:3, 10), 무엇보다 이것이 없으면 모든 은사가 헛되다는 사랑의 은사였습니다(고전 13장). 성령님의 특별한 역사는 일시적이었으며, 세상에 교회의 기초를 세우기 위한 특별한 목적을 위해 이루어졌습니다. 이런 은사는 먼저 그리스도를 교회의 머리로 세우신 후 교회를 그리스도의 몸으로 형성하시는 성령님의 계속된 사역을 뒷받침하

---

5 "*Glōssolalia*"는 "방언으로 말하다"라는 의미의 헬라어 단어 "γλωσσολαλία"의 음역입니다.

6 이 단락은 이 책 『기독교 신앙 안내서』에만 있습니다. 그러나 첫 문장은 *Magnalia Dei*에 있는 한 문장과 거의 동일합니다. *MD*, 372.

며, 그 일에 종속되어 있습니다.[7]

구약성경에는 이미 이러한 성령님의 활동에 대한 기록이 담겨 있습니다. 그 당시에는 실제로 모든 놀라운 은사와 능력이 성령님에게 속한 것이었지만, 선지자와 시편 기자들은 이스라엘 백성의 적대감과 인간 마음의 교활함과 사악함을 더 깊이 알게 되면서 오직 성령님이 일으키시는 회복만이 이스라엘 백성을 진정한 의미에서 하나님의 백성으로 만들 수 있다고 더 강력하고 분명하게 이야기했습니다. 구스인이 그의 피부를,[8] 표범이 그의 반점을 변하게 할 수 없듯이, 악에 익숙한 사람도 선을 행할 수 없습니다(렘 13:23). 하나님께서 그분의 영으로 사람의 마음을 변화시켜 주시지 않으면, 사람이 하나님의 길로 행하고 그분의 명령을 지키는 것은 절대 불가능합니다. 여호와의 영만이 [158] 참되고 영적이며 도덕적인 삶의 주인입니다(시 51:13-14; 사 32:15; 겔 36:27).[9]

이런 사실은 요한복음에 있는 예수님의 설교와 일치합니다. 니고데모와의 대화에서 그리스도는 거듭하지 아니하면 하나님 나라에 들어갈 수 없고 교제할 수도 없으며, 이 거듭남은 오직 성령님으로만 이루어질 수 있다고 설명하십니다(요 3:3, 5). 예수님은 고별설교에서(요 14-16장) 아버지께서 자신을 영화롭게 하신 후에 보

---

7 이 단락은 이 책 『기독교 신앙 안내서』에만 있습니다.

8 네덜란드어 흠정역(Statenvertaling)은 예레미야 13장 23절에서 이 단어를 "무어인"이라고 번역합니다. ESV는 "에티오피아인"으로 번역합니다. (역자 주: 여기서는 개역개정역을 따라 "구스인"으로 번역합니다.)

9 참고. MD, 377.

내실 성령님이 제자들 가운데서 자신의 존재를 대신할 것이라고 폭넓게 밝히십니다. 그러므로 그리스도께서 떠나시는 것이 그들에게 유익합니다. 그렇지 않으면 보혜사가 그들에게 오지 않을 것이기 때문입니다. 그러나 [예수님이] 아버지께 올라가시면, 그분은 성령을 그들에게 보내실 수 있고, 또한 보내실 것입니다.[10] 그 성령님을 통해, 그리스도께서 친히 제자들에게 다시 오셔서 지상에서 육신으로 임재하신 동안에는 일어나지 않았고 일어날 수도 없었던 친밀한 방식으로 제자들과 연합하실 것입니다.[11] 그리스도 안에서 성부께서도 직접 제자들에게 다시 오십니다. 성부와 성자 모두 성령님 안에서 제자들과 함께 거하시기 위해 오십니다. 이것이 바로 성령님이 처음으로 이루실 일입니다. 먼저는 성부와 성자 사이의 교제, 그 다음은 제자들과의 교제입니다. 이 교제는 이전에는 존재하지 않았던 것입니다.[12] 그리고 궁극적인 목표는 그리스도께서 직접 말씀하신 것처럼 모든 신자가 하나가 되는 것입니다. "아버지께서 내 안에, 내가 아버지 안에 있는 것 같이 그들도 다 하나가 되어 우리 안에 있게 하사 세상으로 아버지께서 나를 보내신 것을 믿게 하옵소서(요 17:21)"[13]

---

10 이 단락의 이전 부분은 *Magnalia Dei*에 있는 한 단락의 일부와 동일합니다. *MD*, 377-78.

11 이 문장은 이 책 『기독교 신앙 안내서』에만 있습니다.

12 이전의 두 문장은 *Magnalia Dei*에 있는 한 단락에서 가져온 것입니다. *MD*, 378.

13 이 문장은 *Magnalia Dei*에 있는 한 단락에서 가져온 것입니다.

앞서 언급한 내용과 조화를 이루는 것은 특히 사도 바울의 서신입니다. 사도 바울은 교회를 한 몸으로 묘사하면서, 몸의 지체에 서로가 필요하며 반드시 서로를 섬겨야 한다고 말합니다(롬 12:4; 고전 12:12下). 그러나 몸 자체는 그 기원과 통일성, 머리가 그리스도 안에 있으며(롬 12:5; 엡 1:23; 골 1:24), 그리스도께서 자신의 영으로 [159] 그 지체 안에 거하십니다. 신자는 그리스도와 한 영이 되며(고전 6:7), 하나님께서 직접 그들 안에 거하시는 성령님의 성전입니다(고전 3:16-17; 6:19). 신자는 성령님 안에서 살아가고, 고백하며, 행하고, 기도하고, 기쁨을 누립니다(롬 8:4, 9, 15; 14:17; 고전 12:3). 신자는 성령님의 일을 이해하고 생각하는 영적인 사람입니다(롬 8:2; 고전 2:14). 그들은 계속해서 성령님의 인도를 받으며, 구속의 날까지 인침을 받습니다(롬 8:15-16; 고후 1:22; 엡 1:13; 4:20). 신자는 모두 성령님 안에서 아버지께 나아감을 얻으며, 사도들과 선지자들의 터 위에서 하나님이 거하실 처소가 되기 위하여 함께 지어져 갑니다(엡 2:18, 22).[14]

그리스도의 몸으로서 교회의 형성

60. 그리스도의 인격 안에서 이루어지는 신자의 이러한 교제는 성령님에 의해 확립되고 유지됩니다. 이러한 신자의 교제는 이제

MD, 378.

14 참고. *MD*, 379-80.

그분의 모든 소유와 유익으로 공동체를 하나로 모읍니다.[15] 그리스
도의 유익은 그분의 인격과 분리할 수 없기 때문에, 그분의 인격에
참여하지 않고는 그분이 주시는 유익에 참여할 수 없습니다. 이것
은 어느 정도 상상할 수 있을 것입니다. 만일 그리스도께서 주신 복
이 물질적인 성격을 지닌 것이라면, 누군가는 자신을 우리에게 주
지 않고 자기의 돈과 소유를 주는 것이 가능했을 것입니다. 그러나
그리스도께서 주시는 복은 영적인 성격을 가지고 있습니다. 그것은
그분의 은혜와 사랑 안에서 모든 것보다 먼저 존재하며, 철저하게
인격적이어서 그리스도로부터 분리될 수 없습니다. 따라서 "공로
의 보고"는 그리스도에 의해 이 땅 어느 곳에도 저장되어 있지 않으
며, 교황이나 사제의 손, 교회나 성사에도 달려 있지 않습니다. 공
로의 보고는 오직 그리스도 자신과 그분 안에만 존재합니다. 그분
이 보물 그 자체이시며, 그분 안에서 아버지께서 친밀하고 자비로
운 얼굴을 우리에게 비추십니다. 그것이 우리의 구원입니다.

[160] 그러므로 반대로 그리스도의 모든 보물과 복에 참여하
지 않고 그리스도의 인격과 교제할 수 없습니다. 성부께서 그분
의 아들에게 생명과 모든 것을 주신 것처럼(마 11:27; 요 3:35; 16:15;
17:10), 그리스도께서도 성령님을 통해 자신과 자신의 모든 것을
교회에 나누어 주시고, 또한 성령님은 그리스도로부터 모든 것
을 받으십니다(요 16:13-15). 그분은 자신을 위해 아무것도 남겨두

---

15   첫 문장은 이 책 『기독교 신앙 안내서』에만 있습니다. 이 단락의 나머지
　　는 *Magnalia Dei*에 있는 한 단락과 동일합니다. *MD*, 451.

지 않으십니다. 그분 안에 신성의 모든 충만이 육체로 거하시듯
(골 1:19; 2:9), 그분 또한 교회가 장성한 분량이 충만한 데에 이르러
하나님의 모든 충만함으로 채워질 때까지 교회를 채우십니다(엡
1:23; 3:19; 4:13, 16).[16]

은혜로 요약되는 그리스도의 모든 유익

그리스도께서 자신의 영으로 교회와 모든 신자에게 주시는 모
든 유익은 **은혜**라는 한 단어로 요약할 수 있습니다(요 1:16). 그러
나 이 한 단어는 풍성한 복을 함축하고 있습니다. 성경은 소명, 중
생, 믿음, 회개, 칭의, 죄 용서, 양자 삼음, 율법으로부터의 구원, 영
적 자유, 믿음, 소망, 사랑, 화평, 기쁨, 희락, 위로, 성화, 보존, 인
내, 영화 등 수만은 단어를 언급합니다. 은혜를 그 어떤 완전한 목
록으로 취급하는 것은 불가능합니다.[17]

그리스도께서 주시는 유익의 세 범주

본질적으로 유익을 세 그룹으로 명확하게 구별할 수 있습니다.
첫 번째 그룹은, 인간을 은혜 언약 안으로 준비시키고 시작하게 하
며, 그 언약의 복을 기꺼이 받아들이고 수용할 수 있는 능력을 줍

---

16 이 단락은 *Magnalia Dei*에 있는 한 단락의 일부로 구성되어 있습니다.
MD, 382.

17 참고. *MD*, 383.

니다. 여기에는 소명, (좁은 의미에서) 거듭남, 믿음, 회심의 유익이 있습니다. 두 번째 그룹에는 하나님과의 관계에서 인간의 지위를 변화시키고 죄책에서 해방하여 그의 의식을 새롭게 하는 복이 포함됩니다. 특히 [161] 칭의, 죄 용서, 양자 삼음, 우리의 영과 함께 하시는 성령님의 증거, 율법으로부터의 구원, 영적 자유, 화평, 기쁨 등이 포함됩니다. 마지막으로 인간의 상태를 변화시키고 죄의 오염에서 건져내어 하나님의 형상으로 회복시키는 세 번째 그룹이 있습니다. 여기에는 특히 (넓은 의미에서) 중생, 그리스도와 함께 죽고 살아남, 지속적인 회개, 성령님 안에서 행함, 끝까지 이르는 인내 등이 포함됩니다.[18]

이 모든 유익은 하나님께서 자신을 위해 준비하신 천상의 영광과 구원 안에서 완전하게 완성됩니다. 여기에 대해서는 나중에 별도로 다루도록 하겠습니다.[19]

---

18 이 단락은 *Magnalia Dei*에 있는 한 단락의 일부로 구성되어 있습니다. *MD*, 383-84.

19 이 문장은 *Magnalia Dei*에 있는 한 문장과 거의 동일합니다. *MD*, 384.

⋯ 토론과 나눔을 위한 질문 ⋯

1. 그리스도께서 성령님을 보내신 일은 어떤 의미에서 독특할까요?

2. 성령께서 오순절에 오시기 전에 하셨던 사역은 무엇일까요?

3. 성령님의 거하심이 그리스도의 교회에 주는 의미는 무엇일까요?

4. 성령님이 주시는 모든 은사 가운데 가장 중요한 은사가 무엇일
   까요?

5. 그리스도께서 성령님을 통해 주시는 세 가지 유익은 무엇일까요?

15. 소명

15. 소명

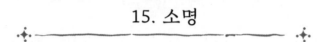

성령님과 말씀의 연관성

61. [162] 그리스도의 인격과의 연합과 유익을 우리에게 주시기 위해, 그리스도께서는 교회에 부어주신 성령님뿐만 아니라 교육하고 바르게 하는 동일한 성령님을 따라 주신 말씀도 사용하십니다(딤후 3:16). 그분은 성령님과 말씀을 연결하셔서, 함께 선지자적 · 제사장적 · 왕적 직분을 수행하도록 하셨습니다.

성령님과 말씀의 연관성에 대해서는 다양한 견해가 있습니다. 펠라기우스의 추종자들은 기독교를 오직 교훈으로만 간주하고, 예수님을 단순히 고상한 모범으로만 여겼습니다. 그들은 복음을 새로운 율법으로 만들고, 복음이 가지고 있는 중생의 효과와 성령님의 인격을 받아들이지 않았습니다. 반면에 이른바 소위 영성주의자(반율법주의자, 열광주의자, 신비주의자)들은 인간의 회심에서 말씀의 중요성을 과소평가하며, 종종 성경에 잘못된 호소를 하고 때로는 바울을 잘못 인용하여(고후 3:6) 새 생명뿐만 아니라 성령의 내적 조명에서 나오는 모든 참된 지식에 대해서도 죽은 글자라고 부릅니다.[1]

로마교와 루터파와 개혁파 교회는 양극단을 모두 피했습니다. 그러나 로마교는 오직 사제와 성사를 통해서만 신자에게 초자연적 은혜를 분배한다는 방식으로 성령님의 활동을 교회에 묶어두었습니다. [163] 루터파는 마치 운하를 통과하는 것처럼 말씀을 통해 나오는 것 외에는 성령님의 어떠한 활동도 모른다고 주장한 반면, 개혁파는 말씀과 성령님 사이의 연결과 구별을 모두 유지하려고 노력했으며, 때로는 성령님이 단독으로도 사역하실 수 있다고 가르쳤습니다.[2] 그러나 원칙적으로 그분은 자신의 선한 기쁨에 따라 자신을 말씀에 묶으셔서 말씀이 선포되는 곳, 즉 은혜 언약의 영역, 교회 공동체 안에서 구원을 일으키시는 사역을 하십니다.

어떤 면에서 말씀과 성령님은 하나님의 모든 사역과 함께 나아가지만, 말씀이 언제나 같은 방식으로 작동하지 않으며, 따라서 성령님도 항상 같은 방식으로 일하지 않으십니다. 말씀과 성령님은 창조에서 함께 일하미 만물을 존재하게 하고(시 33:6, 9), 보존의 사역에서 만물을 계속 존재하게 하시며(시 104:30; 히 1:3), 마찬가지로

---

1 이전의 두 단락은 이 책『기독교 신앙 안내서』에만 있습니다.
2 참고. *MD*, 387–88.

소명에서도 함께 일하지만, 항상 같은 결과를 얻는 것은 아닙니다. 소명 자체는 하나님께서 보내시는 말씀의 내용과 그 말씀과 연결되는 성령님의 사역에 따라 구별됩니다.[3]

실물적 소명

62. 가장 먼저, 하나님으로부터 모든 사람에게 주어지는 "실물적" 소명이 있습니다. 이 실물적 소명은 설교된 말씀을 통해 의도적으로 주어지는 것이 아니라, '일', 사건, 자극, 경험 등을 통해 주어집니다.[4] 타락 이후에도 하나님은 자신의 영원한 능력과 신성으로 자기 자녀들에게 자신을 계속 계시하시며, 그들을 증거도 없이 내버려두지 않으십니다. 하나님은 그들의 때를 정하시고 거처를 정하셔서 그들이 주님을 찾고 그분을 향한 길을 느끼고 발견할 수 있도록 하십니다(행 14:17; 17:26-27; 롬 1:20).[5] 그래서 이방인은 복음의 말씀의 소명에 동참하지 않지만, 소명을 받지 못한 것은 결코 아닙니다. 하나님은 또한 자연 [164] (롬 1:20), 역사(행 17:26), 이성(요 1:9) 그리고 그들의 양심(롬 2:14-15)을 통해 그들에게 말씀하십니다.[6] 이 실물적 소명은 아버지께로 가는 유일한 길이자 하늘 아

---

3 이 단락은 이 책 『기독교 신앙 안내서』에만 있습니다.

4 이 문장은 이 책 『기독교 신앙 안내서』에만 있습니다.

5 이 단락의 부분은 *Magnalia Dei*에 있는 한 부분과 거의 동일합니다. *MD*, 389.

6 이 단락의 부분은 *Magnalia Dei*에 있는 한 부분과 거의 동일합니다. *MD*, 389. 이 단락의 나머지는 다음을 참고하세요. 참고. MD, 390.

래 유일한 이름인 그리스도를 계시하지 않기 때문에 구원에 충분하지 않습니다(요 14:16; 행 4:12). 그러나 그 자체로 큰 가치가 있으며, 그 중요성은 과소평가될 수 없습니다. 이 실물적 소명을 통해 하나님은 인간 속에 하나님에 대한 의존 의식과 책임감을 유지하십니다. 하나님은 인간에게 종교적이고 도덕적인 삶을 위해 노력하게 하시고, 그가 범죄한 후에 자신의 양심에 따라 책망하고 정죄하십니다. 이 실물적 소명은 외적 강요가 아니라 인간을 하나님과 그분의 계시에 고정하는 내적, 도덕적 속박이며, 타락한 인간에게도 여전히 선을 행하도록 말씀하시고 권면하시는 하나님의 영의 증언입니다.

실물적 소명은 인간 사회와 시민 정의를 가능하게 하고, 더 높은 문명과 더 풍요로운 문화, 예술과 학문의 번영을 위한 길을 열어줍니다. 실제로 이 땅은 여전히 하나님의 선하심으로 가득 차 있습니다. 주님은 모든 사람에게 선하시며 그분의 자비가 그분의 모든 사역 위에 나타납니다. 주님은 악인과 선인에게 해를 비추시며, 의로운 자와 불의한 자에게 비를 내리십니다. 그분은 증거 없이 내버려두지 않으시고, 하늘에서 선을 행하시고 비와 결실기를 주시며, 우리 마음을 음식과 기쁨으로 만족하게 하십니다(시 104:24; 145:7; 마 5:45; 행 14:17).[7]

---

7 이 단락은 *Magnalia Dei*에 있는 한 단락의 일부와 동일합니다.
MD, 390.

말씀에 의한 소명

이 "실물적" 소명은 다른 두 번째 소명과 구별됩니다. 두 번째 소명은 복음의 말씀에 포함되어 있고, 기독교의 영역 안에 살아가는 모든 사람에게 나타납니다. 이 특별한 소명은 자연과 역사, 이성과 양심, 특히 [165] 도덕법에서 선포되고 회복된 하나님의 계시를 통해 발생하는 일반적인 소명을 포함하지만, 여기에 복음이 결합되어 일반 소명과 구별되는 특별한 성격을 가집니다. 그러므로 율법과 복음은 하나님 말씀의 두 구성 요소로 구별되지만 결코 분리되지 않습니다. 율법과 복음은 성경 전체에서, 계시의 시작부터 끝까지 서로 함께합니다.[8]

율법과 복음

따라서 율법과 복음의 이런 구별은 구약과 신약의 구별과는 근본적으로 다릅니다. 이 용어들은 하나의 동일한 은혜 언약 안에서 연속적인 두 경륜을 나타내며, 따라서 성경 전체 또한 은혜 언약의 경륜을 그 내용으로 담은 두 부분으로 볼 수 있기 때문입니다. 그러나 "율법"과 "복음"이라는 이름은 서로 매우 다른 두 언약을 나타냅니다. 율법은 실제로 행위 언약에 속하는데, 이는 첫 사람과 맺은 것이고 완전한 순종을 통해 인간에게 영생을 약속했습니다. 복

---

8 이 단락은 이 책 『기독교 신앙 안내서』에만 있습니다.

음은 타락 후 인간에게 처음 알려지고 그리스도 안에서 믿음을 통해 은혜로 영생을 주는 은혜 언약의 선포입니다.

율법과 복음은 정도가 아니라 본질적으로 요구와 선물, 명령과 약속처럼 구별됩니다. 율법뿐만 아니라 복음도 하나님의 거룩하고 지혜로우며 선하고 영적인 뜻이 담겨 있습니다(롬 2:18, 20; 7:12, 14; 12:2). 그러나 율법은 죄로 인해 무력해졌습니다. 율법은 의롭게 하는 것이 아니라 오히려 죄를 더하며, 진노와 정죄와 죽음을 일으킵니다(롬 3:20; 4:15; 5:20; 7:5; 8:9, 13; 고후 3:6下; 갈 3:10, 13, 19). 반면에 복음은 그리스도를 그 내용으로 삼으며(롬 1:3; 엡 3:6), 은혜, 화목, 용서, 정의, 화평, 영생을 줍니다(행 2:38; 20:24; 롬 3:21-26; [166] 4:3-8; 5:1-2 등). 율법이 우리에게 요구하는 것은 복음 안에서 우리에게 값없이 주어집니다.[9]

외적 소명

63. 따라서 말씀을 통해 그리스도인에게 오는 소명은 이방인이 자연과 역사를 통해 참여하는 소명보다 차원이 더 높습니다. 그러나 성경과 경험은 또한 복음을 듣고 받아들이는 사람과 복음을 거부하는 사람을 구별하도록 재촉합니다. 이 구별은 수 세기 동안 존재해 왔습니다.[10] 아담의 가정에서는 이미 가인과 아벨이 구별되

---

9 이전의 두 단락에 대해서 *Magnalia Dei*을 참고하세요. 참고. *MD*, 391.

10 이 단락의 첫 번째 부분은 이 책 『기독교 신앙 안내서』에만 있습니다. 이 단락의 나머지는 *Magnalia Dei*에 있습니다. *MD*, 394-95.

어 있었고, 홍수 이전의 인류는 셋과 가인의 계보에서 구별되었으며, 홍수 이후에는 셈과 그의 형제들의 가정에서 계속되었습니다. 족장의 가족은 이삭과 이스마엘, 야곱과 에서, 곧 이스라엘과 다른 민족 사이의 대조를 목격했습니다. 언약의 백성 가운데서도 아브라함의 씨에서 난 이스라엘의 모든 사람이 다 약속의 자녀이거나 후손으로 간주되지는 않았습니다(롬 9:6-8).

신약 시대에도 우리는 똑같은 사실과 직면합니다. 많은 사람이 부르심을 받았지만, 선택받은 사람은 적습니다(마 22:14). 교회와 세상 사이에 뚜렷한 대조가 있을 뿐만 아니라, 교회 안에도 말씀을 듣기는 하지만 행하지 않는 수많은 사람이 있습니다(약 1:22). 기독교 전체를 거부한다고 해도 이 모순은 사라지지 않습니다. 선과 악, 의로운 자와 불의한 자가 어느 곳에나 존재하고 남아 있기 때문입니다. 사람들 사이에는 지위와 신분, 은사와 능력, 부와 명예의 차이뿐만 아니라, 훨씬 더 깊은 영적, 도덕적 차이가 존재합니다.[11]

이 불평등은 너무 일반적이고 깊이 파고들어 있어서 어떤 영역에서도, 특히 [167] 종교 영역에서도 인간의 자유로운 선택으로 설명될 수 없으며, 소명 자체의 구별은 하나님의 선한 기쁨에 근거하여 설명되어야 합니다. 따라서 개혁파 신앙고백에서는 내적 소명

---

11 이 단락은 *Magnalia Dei*에 있는 한 단락의 일부와 동일합니다. *MD*, 395.

과 외적 소명을 구분했습니다.[12] 말씀의 외적 소명은 중요하고 견고합니다. 전파된 말씀 안에는 믿는 자에게 구원을 주시는 하나님의 능력이 있습니다(롬 1:16; 고전 15:2). 이 능력은 사람의 말이 아니라 하나님의 말씀으로(살전 2:13), 살아 있고 활력이 있어 좌우에 날 선 어떤 검보다도 예리합니다(요 6:33; 히 4:12; 벧전 1:25). 어떤 의미에서 복음은 항상 그 역할을 수행하고 있습니다. 그것이 생명으로부터 생명에 이르는 냄새가 아니라면, 사망으로부터 사망에 이르는 냄새이기 때문입니다(사 55:11; 고후 2:16). 그러므로 그 말씀을 거부하는 사람들은 복음이나 복음 안에서 그들에게 주어진 그리스도를 탓할 것이 아니라, 회개하지 않는 마음 속에서 자신을 찾아야 합니다.[13]

그럼에도 불구하고 외적 소명, 즉 복음의 순수한 권고와 도덕적 작용만으로는 인류의 마음을 새롭게 하는 데 충분하지 않습니다. 실제로 인간의 마음이 어두워지고(엡 4:18; 5:8), 죄로 인해 자기의 의지가 속박되어 있으며(요 8:34; 롬 6:20), 죄와 허물로 인해 죽은 존재라는(엡 2:2-3) 사실을 성경이 증거하고 경험이 날마다 확증합니다. 그러므로 인간은 하나님 나라를 볼 수 없고(마 5:8), 하나님의 성령의 일을 깨닫지 못하며(고전 2:14), 하나님의 법에 굴복하지 않을 뿐 아니라(롬 8:7) 스스로는 어떤 선한 일도 행할 수 없습니다

---

12 『도르트 신조』, 셋째, 넷째 교리, 9항, 10항.
13 이 단락은 이 책『기독교 신앙 안내서』에만 있습니다.

(요 15:5; 고후 3:5). 복음은 인간을 위해 선포되었지만, 인간**에게서** 나온 것이 아니며 인간의 소망과 생각에 맞춰져 있지 않습니다(갈 1:11). 그래서 인간이 자기 스스로에게 맡겨질 때, 복음은 항상 거절당하고 저항받습니다.[14]

내적 소명

[168] 그러나 여기에 하나님의 은혜의 풍성함이 있습니다. 하나님은 영생을 위해 택하신 자들에게 말씀을 통한 소명과 성령의 역사하심을 함께 묶어주십니다.

구약에서도 이미 여호와의 영은 영적 생활의 주인이자 인도자였습니다(시 51:12; 143:10). 그러나 무엇보다도, 그분은 새 언약의 시대에 모든 사람을 가르치고 새 마음을 주시며 그 마음에 여호와의 율법을 기록하시는 분으로 계신다고 약속하셨습니다(사 32:15; 렘 31:33; 33:39; 겔 11:19; 36:26; 욜 2:28). 이를 위해 성령님이 오순절에 부어지셨습니다. 그분은 사도들과 함께 그리고 그들을 통해 그리스도를 증언하고, 계속해서 교회에 거하시며 사람들을 거듭나게 하시고(요 3:5), 예수님을 주님으로 고백하게 하시며(고전 12:3), 교회를 위로하고 인도하시며, 영원히 함께 하십니다(요 14:16; 롬 8:14; 엡 4:30 등). 그리고 마찬가지로 교회로부터 세상으로 스며들

---

14 첫 문장은 이 책 『기독교 신앙 안내서』에만 있습니다. 하지만 나머지는 *Magnalia Dei*에 있습니다. *MD*, 400.

어 죄와 의와 심판에 대해 깨닫게 하십니다(요 16:8-11).[15]

하나님의 구속 사역은 객관적으로나 주관적으로나 오직 그분께 속해 있습니다. 그것은 원하는 자로 말미암음도 아니고 달음박질하는 자로 말미암음도 아니며 오직 긍휼히 여기시는 하나님으로 말미암습니다(롬 9:16). 많은 사람에게 외적 소명이 주어지지만(마 22:14), 선택의 결과인 효력 있는 내적 소명도 있습니다(롬 8:28-30). 하나님은 복음을 주실 뿐만 아니라 성령님의 나타나심과 능력으로 복음을 전파하시며(고전 2:4; 살전 1:5-6), 그분 자신이 직접 자라게 하십니다(고전 3:6-9). 그분께서 마음을 여시고(계 16:14), 정신을 밝히시며(눅 24:45; 고후 4:6; 엡 1:18, 3:9; 골 1:9-11), 의지를 굽히시고(계 9:6), 자신의 기쁘신 뜻을 따라 소원을 두고 행하게 하십니다(빌 2:13).[16] 예수님은 [169] 직접 아버지의 계시를 통해 우리가 그분의 이름을 알 수 있도록 가르쳐주십니다(마 11:25; 16:17; 참고. 갈 1:16).

소명의 열매1: (좁은 의미의) 거듭남

64. 내적 소명이 인간에게 가져오는 마음의 변화를 성경은 마음의 할례(신 10:16; 30:6), 새 마음을 주는 것(렘 24:7; 31:31-34; 32:39; 겔 11:19; 36:26-28; 욜 2:28-32), 그리고 무엇보다도 거듭남, 더 나아

---

15 이전의 두 단락은 *Magnalia Dei*에 있는 한 단락과 동일합니다. *MD*, 400.

16 이 단락의 첫 부분은 *Magnalia Dei*에 있는 한 단락과 동일합니다. *MD*, 400-1. 마지막 문장은 이 책『기독교 신앙 안내서』에만 있습니다.

가 위로부터의 태어남(요 3:3-8)이라고 말합니다. 이 주제에 대해 예수님이 니고데모에게 주신 가르침에서, 예수님은 하나님 나라에 들어가기 위해 다시 태어나는 일이 필요하다고 강조하지 않으셨습니다(물론, 이것을 중생이라고 부를 수도 있지만). 오직 위로부터(3절), 물과 성령으로(5절), 성령님으로부터(5절) 태어나야만 하나님 나라의 문이 열린다는 점을 분명히 밝히고자 하셨습니다.[17]

이 태어남은 육신의 태어남과 다릅니다. 육으로 난 것은 육이기 때문입니다(요 3:6). 이 태어남은 혈통으로나 육정으로나 사람의 뜻으로 나지 않고 오직 하나님께로부터 난 것입니다(요 1:13). 그러므로 이 태어남은 바람처럼 그 기원과 방향을 알 수 없지만, 그럼에도 불구하고 성령님에 의해 태어난 것이기 때문에 알 수 있습니다(8절). 예수님은 (둘 다 관사를 제외하고) 먼저 일반적으로 물과 영으로 난 것이라고 설명하신 후에(5절), 7절과 8절에서 (관사를 붙여) 그 성령님에게서 태어남을 말씀하셨습니다. 이것은 이 영이 하나님의 영으로서 위로부터 이 위대한 태어남의 역사를 이룰 수 있음을 나타내기 위함이었습니다. 물의 경우(5절), 예수님은 세례를 생각하지 않으셨지만, 그것으로 태어남의 본질을 설명하셨습니다. 물은 회복과 정화의 특성을 가진 태어남을 상징하며, 새로운 영적 생명을 낳습니다(겔 36:25; 마 3:11에서 성령님과 불의 관계 참고). 그것은 [170] 위로부터 태어남을 형성하는데, 그 성령님으로

---

17 이 단락은 이 책 『기독교 신앙 안내서』에만 있습니다.

인한, 하나님 자신으로부터의 태어남이기 때문입니다(6-8절).[18]

하나님에게서 난 이 태어남으로 인해, 신자는 그리스도 안에서 창조된(엡 2:10) 그분의 자녀가 됩니다(요 1:13; 요일 3:1; 약 1:18). 또한 그분의 손으로 지으신 집이며(고전 3:9), 새로운 피조물입니다(고후 5:17). 따라서 중생은 인간의 능력이 아니고, 자연적 생명의 느리고 점진적인 발전의 산물도 아니라, 옛 존재와의 단절과 새롭고 영적인 생명의 창조적인 출발입니다. 즉, 옛 사람의 죽음과 새 사람의 부활입니다(롬 6:3下).[19]

다른 한편으로, 중생은 완전한 무(無)로부터의 두 번째 창조가 아니라 부모에게서 태어나 존재했던 인간의 재창조입니다. 중생한 인간은 본질적으로 같은 인간, 같은 나, 같은 인격으로 남아 있습니다. 바울은 자신이 그리스도와 함께 십자가에 못 박혔기 때문에 더 이상 자신이 사는 것이 아니라 그 안에 그리스도께서 산다고 말하면서 계속 다음과 같이 이어갑니다. "이제 내가 육체 가운데 사는 것은 하나님의 아들을 믿는 믿음 안에서 사는 것이라(갈 2:20)" [바울이 주장하듯이] 나는 그리스도와 함께 십자가에 못 박혀 죽었지만, 그리스도와 함께 바로 부활한 것도 나입니다. 나는 멸하여 다른 존재로 바뀐 것이 아니라 다시 태어나고 새롭게 되었

---

18 이 단락은 *Magnalia Dei*에 있는 한 단락의 일부와 동일합니다. *MD*, 407.

19 이 단락은 *Magnalia Dei*에 있는 한 단락의 일부와 동일합니다. *MD*, 407-8.

습니다. 바울은 또한 고린도에 있는 일부 신자들에 대해 전에는 음행한 자요 우상 숭배자요 간음한 자였으나 주 예수의 이름과 우리 하나님의 성령으로 썻음과 거룩함과 의롭다 하심을 얻었다고 말합니다(고전 6:10-11). 인간의 연속성과 통일성과 일관성은 거듭남을 통해 파괴되지 않지만, 그럼에도 불구하고 [인간 존재에] 중요한 변화를 가져옵니다.[20]

이 변화는 영적인 본질을 가지고 있습니다. 영으로 난 것은 영이며(요 3:6), 성령님을 따라 살고 [171] 행하는 영입니다. 중생은 성령님이 그리스도로부터 그분의 부활과 관련하여 모든 것을 받아 창조하시는 새 생명의 원리를 심어줍니다(벧전 1:3). 중생은 마음속에 씨앗을 심어(벧전 1:23, 요일 3:9) 완전히 새로운 사람이 나오게 합니다. 그 씨앗은 신비하고 숨겨진 방식으로 시작하며, 인간의 인격의 중심인 자아에 그 중심을 두고 있지만(갈 2:20), 거기서부터 인간의 모든 능력과 정신(롬 12:2; 고전 2:12; 엡 4:22), 마음(히 8:10; 10:16; 벧전 3:4), 의지(롬 7:7)와 정서, 즉 정신과 영혼과 육신으로(살전 5:23; 롬 6:19) 확장됩니다. 새로 태어난 사람은 비록 완전히 성숙하지 않고 여전히 육신의 온갖 죄와 싸우고 있지만, 그럼에도 불구하고 성령님의 새로움 안에서 살고자 노력합니다(갈 5:17; 롬 6:4; 7:6).[21]

---

20 이 단락은 *Magnalia Dei*에 있는 한 단락과 동일합니다. *MD*, 408.
21 이 단락은 *Magnalia Dei*에 있는 한 단락과 동일합니다. *MD*, 408.

소명의 열매2: 믿음

65. 이 새 생명은 그 열매로 진실성과 진정성을 증명합니다. 이 일은 주로 이해력(understanding)의 측면에서는 믿음에서, 의지의 측면에서는 회개에서 나타납니다.[22]

일반적으로 우리가 일상에서 말하는 믿음은 어떤 증언을 받아들이는 것입니다. 우리는 직접 보거나 관찰하지 않았더라도, 과거나 현재에 신뢰할 수 있는 다른 사람이 말이나 글로 그것에 대해 말해주었기 때문에 믿습니다. 이 단어의 기본적인 의미는 종교적 영역에서 사용될 때 유지되고, 그 의미가 보존되어야 합니다. 우리는 사도들의 증언을 통하지 않고서는 복음의 전체 내용이나 그리스도의 온전한 인격과 사역에 대해 전혀 알 수 없기 때문입니다. [172] 우리는 오직 사도들의 말씀을 통해서만 그리스도를 믿을 수 있으며(요 17:20), 사도들과의 교제를 통해 성부와 그 아들 예수 그리스도와의 교제 안으로 들어갈 수 있습니다(요일 1:3).[23]

그러나 종교적 영역에서, 특히 성경에서 천국에 들어가는 수단으로 구체적으로 제시되는 믿음은 이 특별한 용도에 따라 매우 중요하게 수정됩니다. 누군가는 역사적 인물이나 사건에 대한 증언을 믿는 것처럼 복음을 받아들일 수도 있지만, 그 복음을 복음으로 받아들이지 않고 수용하는 믿음은 참된 믿음이 아닙니다. 씨 뿌리

---

22 이 문장은 이 책 『기독교 신앙 안내서』에만 있습니다.

23 이 단락은 *Magnalia Dei*에 있습니다. *MD*, 409.

는 자의 비유에서 예수님이 말씀하신 것처럼, 복음을 듣는 사람들이 보이는 태도는 매우 다양합니다.[24]

빌라도처럼 무관심하고 교만하며 경멸하는 미소를 지으면서 복음을 외면하는 사람들이 있습니다. 또한 교만한 바리새인들과 똑똑한 헬라인들처럼 그리스도의 십자가를 모욕과 어리석음으로 여기고 극도의 적대감과 증오심을 가지고 떠나는 사람들도 있습니다(마 12:24; 요 8:22; 고전 1:23). 믿음은 있지만 고백에 이르지 않는 사람들도 있습니다. 이들은 하나님보다 사람의 명예를 더 사랑하고(요 12:42-43), 죽을 때까지 말씀을 듣기만 하고 행하는 자가 되지 않는 사람들입니다(마 7:26; 요 13:17; 롬 2:13; 약 1:23). 사마리아 사람 시몬처럼 표적과 기사 때문에 복음을 받아들이는 사람도 있고(행 8:13下), 아그립바처럼 인생의 어느 시점에서 거의 그리스도인이 될뻔 했지만 그러지 못한 사람도 있습니다(행 26:27-28). 데마처럼 수년간 복음을 위해 섬기다가 다시 세상을 사랑한 사람도 있습니다(딤후 4:10).[25]

역사적 믿음, 일시적 믿음, 기적적 믿음 [173] 등 믿음이라는 이름은 지니고 있지만 그 내용을 갖추고 있지 못한 믿음이 있습니다. 이러한 믿음은 경건의 모양은 있지만 경건의 능력은 부인합니다

---

24 이 단락의 마지막 문장은 이 책 『기독교 신앙 안내서』에만 있습니다. 하지만 이 단락의 나머지는 *Magnalia Dei*에 있는 나머지와 동일합니다. *MD*, 409-10.

25 참고. *MD*, 411.

(딤후 3:5).[26]

참된 구원의 믿음은 앞서 언급한 모든 형태의 믿음과 세 가지 측면에서 구별됩니다. 첫째, 그 기원이 다릅니다. 역사적, 일시적, 기적적 믿음 자체는 잘못된 것이 아니며, 완전한 불신앙과 격렬한 적대감보다는 낫습니다. 일시적인 효용도 있습니다. 그럼에도 불구하고 이런 믿음은 단지 하나님의 일반 은총의 선물일 뿐이며, 자연적인 사람들에게도 주어지는 것입니다. 그러나 구원하는 믿음은 하나님의 특별 은혜의 선물이고(빌 1:29), 선택의 결과이며(행 13:48; 롬 8:30; 엡 1:5), 성령님의 사역이자(고전 12:3), 중생의 열매(요 1:12-13)입니다.[27]

둘째, 구원하는 믿음은 본질적으로 다른 모든 믿음과 구별됩니다. 그것은 지식을 포함하고 모든 의심에 맞서지만, 이 지식은 일상생활에서 관찰과 사고를 통해 얻는 지식과는 완전히 구별되는 특별한 종류의 지식입니다. 신앙의 지식은 사람의 생명과 영혼, 구원과 관련된 문제이기 때문에 실천적인 지식이고, 머리보다는 마음에 속한 지식이며, 가장 내적인 관심을 가진 지식입니다. 한 마디로, 구원하는 지식은 예수 그리스도의 얼굴 안에서 그분을 보내신 유일하신 참 하나님을 아는 지식이며, 이 지식은 영생과 연결되

---

26 이전의 두 단락은 *Magnalia Dei*에 있는 한 단락과 대체로 동일합니다. *MD*, 411.

27 이 단락은 *Magnalia Dei*에 있는 한 단락의 일부와 동일합니다. *MD*, 411-12.

어 있습니다(요 17:3).

셋째, 구원하는 믿음은 그 대상에 있어 다른 모든 믿음과 구별됩니다. 역사적 믿음은 기록에만 머물고 더 깊이 파고들지 못하며, 역사적 믿음은 그 메시지에서 어떤 아름다움을 보고 기뻐하지만 실제 내용은 무시합니다. 기적을 믿는 믿음은 표적과 능력에 집착하지만 궁극적으로 그것을 행한 분에 대해서는 무관심합니다. [174] 그러나 구원하는 믿음은 말과 행동에서 멈추지 않고, 그것들이 나오는 분에게까지 파고들어갑니다. 믿음은 그리스도를 받아들이는 것입니다. 그리스도에 대한 사도들의 증언을 받아들이는 것뿐만 아니라, 그리스도 자체를 받아들이는 것입니다(요 1:12). 이는 그리스도로 옷 입는 것(갈 3:27), 그리스도와 함께 죽고 함께 사는 것(롬 6:4), 그분과의 교제 속에서 사는 것(갈 2:20), 포도나무 속 가지처럼 그분 안에 거하는 것(요 15:4)을 포함합니다. 그리스도를 통해 그리고 그리스도 안에서 하나님은 그들의 아버지가 되시고, 그들은 그분의 자녀가 됩니다(고후 6:18).[28]

소명의 열매3: 회심

66. 양심에 대한 중생의 열매가 믿음인 것처럼, 회심에서 새 생명은 의지와 관련하여 나타납니다. 이스라엘이 불신앙과 불순종

---

28 이전의 두 단락은 이 책 『기독교 신앙 안내서』에만 있습니다.
    참고. MD, 412-14.

의 죄를 지었고, 하나님은 선지자들을 통해 그들에게 회개를 전파하셨기 때문에(왕하 17:13), 이것은 이미 구약성경에서 반복하여 언급되었습니다. 모든 선지자는 회개와 회심을 전하는 설교자였지만, 죄 용서와 완전한 구원을 전하는 설교자이기도 했습니다. 그래서 그들은 또한 세례 요한과 그리스도의 전령이자 선구자이기도 합니다. 세례 요한과 그리스도는 모두 공적 사역을 하나님 나라가 가까웠으니 회개하고 복음을 믿으라는 메시지로 시작했습니다(막 1:4, 15).[29]

회심을 나타내기 위해 헬라어 신약성경은 두 단어를 사용합니다.[30] 첫 번째 단어는 마태복음 3장 2, 8, 11절, 9장 13절, 11장 20절, 사도행전 2장 38절, 고린도후서 7장 9-10절에서 명사[회개] 또는 동사[회개하다] 형태로 나타나며, 도덕적 성향의 변화를 겪음으로 일어나는 내적이고 영적인 변화를 나타냅니다. 다른 단어[돌이키다]는 마가복음 13장 16절,[31] [175] 누가복음 1장 16-17절, 22장 32절, 사도행전 9장 35절, 11장 21절, 14장 15절, 15장 19절, 26장 18, 20절에서 찾을 수 있습니다. 이 단어는 내적 변화의 표현이자 결과인 외적 변화, 삶의 방향의 변화에 더 중점을 두고 있습

---

29 참고. *MD*, 414-15.

30 바빙크가 염두에 두고 있는 것은 다음과 같습니다.
   (1) "회개하다(μετανοέω)"와 (2) "돌이키다(ἐπιστρέφω)"입니다.

31 여기서 바빙크는 "돌이키다"에 대한 구절 예시로 마태복음 13장 16절을 제시하고 있습니다. 이 구절에서 이 단어는 나타나지 않습니다. 그래서 이 구절을 마가복음 13장 16절로 바꿉니다.

니다. 사도행전 3장 19절과 26장 20절에서 두 단어는 연결되어 사용됩니다. "그러므로 회개하고 돌이키라." 즉, 마음과 생각과 행동을 변화시켜 회개하고 돌아오라는 말씀입니다.[32]

기독교 교회가 유대인과 이방인의 세계로 확장되어야 했던 한, 회심은 내적 변화일 뿐만 아니라 외적 변화였습니다. 벙어리 우상을 숭배하던 일(고전 12:2; 살전 1:9), 약하고 천박한 초등학문(갈 4:3, 9; 골 2:8, 20), 죽은 행실(히 9:14; 살전 1:9), 공적인 죄와 허물(고전 6:10; 엡 2:2-3; 골 3:5, 7; 딛 3:3)을 버리고, 이제부터 살아 계신 참 하나님을 섬기고(히 9:14; 살전 1:9) 주님께 붙음(고전 6:15-20)을 의미했습니다. 이러한 회심은 거룩한 세례에서 표와 인을 받았습니다(행 2:38).[33]

그러나 이 선교 기간이 끝나고 교회가 부모에서 자녀에 이르기까지 가정에서 스스로 전파되면서, 회심의 본질은 변하지 않았지만, 태어날 때부터 은혜 언약에 포함되어 그 표징으로 세례를 받은 신자의 자녀들에게서 다른 형태로 나타났습니다. 때때로 회심은 내적인 영적 의미를 완전히 상실하기도 했으며, 로마교는 회심을 죄의 결과에 대한 회개와 뉘우침을 확신할 수 있는 고해성사로 변질시켰습니다. 종교개혁은 이에 저항하여 회심을 본래의 영적

---

32 이 단락은 *Magnalia Dei*에 있는 한 단락의 일부와 동일합니다. *MD*, 416.

33 이 단락의 마지막 문장은 이 책 『기독교 신앙 안내서』에만 있습니다. 하지만 이 단락의 나머지는 *Magnalia Dei*에 있는 한 단락의 일부와 동일합니다. *MD*, 417.

의미로 회복했습니다. 따라서 회심은 가인과 에서와 유다에게 나타난 죄의 결과에 대한 회개나 세상 근심(고후 7:10), 또는 피상적이고 외적인 변화와는 구별됩니다[176]. 그리고 아무도 회심의 정도와 범위를 결정할 수 없지만, 회심은 본질적으로 마음이 찔리는 것(시 51:17; 행 2:37)과 하나님의 뜻과 행하심에 따라 죄에 대해 슬퍼하는 것 그리고 이런 고백을 하며 아버지께로 돌아가는 것으로 나타납니다. "아버지여, 내가 하늘과 아버지께 죄를 지었습니다(눅 15:18)."[34]

그러므로 이 참된 회심은 중생의 열매입니다. 참된 회심은 구원하는 믿음과 가장 밀접한 관련이 있고, 일평생 계속되기 때문에, 하이델베르크 교리문답에서는 슬픔이나 구속의 교리가 아니라 감사의 교리에 대한 부분에서 다루어집니다.[35]

---

34 이 단락은 이 책 『기독교 신앙 안내서』에만 있습니다.

35 이 단락은 이 책 『기독교 신앙 안내서』에만 있습니다. 하이델베르크 교리문답은 세 부분으로 나누어져 있습니다. 1. 우리의 죄와 슬픔(제1-4주일). 2. 우리의 구원(제5-31주일). 3. 우리의 감사(제32-52주일). 회심은 제33주일에서 논의되고 있습니다.

⋯ 토론과 나눔을 위한 질문 ⋯

1. 개혁파 교회는 어떻게 말씀과 성령님 사이의 연결과 구분을 유지했을까요?

2. 외적 소명은 무엇이며, 왜 구원에 이르는데 충분하지 않을까요?

3. 내적 소명은 어떻게 구원에 이르게 할까요?

4. 중생에서 인격은 유지될까요? 이 사실이 중요한 이유는 무엇일까요?

5. 구원하는 믿음의 세 가지 측면은 무엇일까요?

6. 회심이 하이델베르크 교리문답에서 슬픔의 교리나 구속의 교리가 아니라 감사의 교리에서 논의되는 이유는 무엇일까요?

Guidebook for Instruction in the Christian Religion

16. 칭의

Handleiding bij het Onderwijs in den Christelijken Godsdienst

16. 칭의

성경에 나타나는 정의, 공의, 칭의

67. [177] 믿음과 회개의 열매로 나타나는 중생은 하나님 나라로 가는 문을 열어줍니다. 그래서 하나님 나라의 시민이 된 사람은 누구든지 즉시 하나님의 나라의 내용이자 유익인 의로움과 거룩함과 구원의 세 주제로 요약되는 모든 혜택을 받게 됩니다. 이 영광스러운 유익 중 첫 번째가 여기서 언급됩니다.[1]

의로움은 일반적으로 이성적인 존재가 각자에게 주는 변함없고 확고한 의지입니다. 여기에는 첫째로 의로움이 주어지는 사람의 도덕적 성품(자질, 상태), 둘째로 이러한 태도에서 비롯된 다른 사람

---

1 이 단락은 *Magnalia Dei* 21장에 있는 첫 번째 단락과 동일합니다. *MD*, 420.

에 대한 태도와 대우, 그들이 받을 권리를 인정하는 태도가 포함됩니다. 의로움은 한 사람이 스스로 가지고 있는 정의와 다른 사람에게 베푸는 정의입니다. 전자를 "정의", 후자를 "공의"라고 부릅니다.[2] 이런 의미에서 성령님은 반복적으로 하나님을 의롭다 칭합니다(신 32:4). 그분은 자신의 심판을 선포하는 입법자이시고(신 4:8), 그 심판을 지키시는 왕이시며(출 19:5; 미 6:8; 암 5:14-15; 사 1:16-17), 의인을 의롭다 하시고 악인을 정죄하시는 재판장이시기 때문에(신 10:17; 16:19; 25:1; 시 7:10; 11:7; 33:5; 96:13 등) 의로우십니다.

그러나 어떤 인간도 이 기준으로는 [178] 하나님 앞에 설 수 없기 때문에(시 130:3, 143:2) 하나님의 언약 안에 있는 은혜의 계시의 의로움은 점차 다르고 더 깊은 의미를 갖게 됩니다. 의로움은 점점 더 자주 (대립하지 않고) 하나님의 자비와 진리와 신실함과 연관되어(시 40:11; 89:15; 103:17; 116:5) 경건한 자들이 간구하는 구원과 속죄의 원리가 되는데(시 4:1, 143:1),[3] 하나님은 마음과 뜻을 시험하시는 의로우신 하나님으로서 감찰하시고(시 7:9), 건지시며(시 31:2), 죄 없다 하시고(시 34:23), 변호하시며(시 35:23), 용서하시고(시 51:16), 응답하시며(시 65:5), 생명을 주시고(시 119:40), 들으시며(시 143:1), 환난에서 끌어내시기(시 143:11) 때문입니다.

---

2 이 단락의 첫 절반 부분은 *Magnalia Dei*에 있는 한 단락의 일부와 거의 동일합니다. *MD*, 420. 이 단락의 나머지는 이 책 『기독교 신앙 안내서』에만 있습니다.

3 참고. *MD*, 423-24.

하나님의 의로움 개념을 둘러싼 이 가장 중요한 변화는 신자들이 스스로 의롭게 여기고 하나님께 무죄 선언을 받을 자격이 있다고 생각하는 것이 아니라, 신자들이 주님 앞에서 가장 겸손한 방식으로 자신의 죄악을 고백한다는 사실에 있습니다. 이것은 다음과 같이 설명됩니다. 하나님은 그분의 언약 안에서 약속과 맹세를 통해 자기 백성의 원수들에게 공의를 행하시고, 자기 백성을 구원으로 인도하시겠다고 약속하셨습니다. 하나님이 그들을 위해서가 아니라 하나님의 이름과 언약과 영광과 명예를 위해서 그들의 죄를 용서하시고 구원을 베푸십니다(시 25:11; 31:4; 79:9; 105:8; 109:21; 143:11; 사 48:9, 11; 렘 14:7, 21; 겔 20:9, 14, 22, 44; 단 9:19). 하나님의 백성이 신실하지 못하고 배도하더라도, 하나님은 자신의 언약을 기억하시고 그 언약을 영원히 견고하게 하십니다(시 105:8; 111:5; 사 54:10).[4]

경건한 이스라엘이 주장하는 하나님의 의로움은 이와 모순되지 않습니다. 오히려 하나님의 의로움은 그분의 인자하심과 구원과 관계되어 있으며, 그분의 진리와 신실함과 밀접하게 관련되어 있습니다. 하나님의 의로움은 하나님을 자신의 말씀과 약속에 헌신하게 하여 자기 백성을 [179] 오직 은혜로만 모든 고난에서 구원하도록 의무를 다하게 합니다.[5]

---

4 (*Magnalia Dei*에도 있는) 마지막 문장을 제외하고, 이 단락은 이 책 『기독교 신앙 안내서』에만 있습니다. *MD*, 427.

5 이 단락은 *Magnalia Dei*에 있는 한 단락의 일부와 동일합니다.

하나님께서 이전 시대에 계속해서 이스라엘을 그 모든 원수에게서 구원하신 것처럼(출 2:24; 삿 2:1; 사 37:20), 미래에는 훨씬 더 영광스럽게 그 일을 하실 것입니다. 자신의 위대한 이름을 위해 그들의 죄를 씻어주시고, 의를 입히시며, 새 언약을 맺고, 그분의 영을 부어주실 것입니다. 그때 그들은 새로운 이름으로 불릴 것입니다. 여호와께서 우리의 의로움입니다(사 43:25; 45:24-25; 46:13; 54:17; 62:2; 렘 23:6; 33:16; 31:31-34 등). 이 예언은 그리스도 안에서 성취되었습니다. 하나님은 율법과는 별개로, 겉으로 율법이 있음에도 불구하고 그리스도 안에서 의로움을 계시하시고(롬 1:17; 3:21), 그분의 피를 믿는 믿음을 통해 화해를 이루셨습니다(롬 3:25). 그리고 그리스도께서는 우리에게 하나님으로부터 온 의로움이 되셨습니다(고전 1:30; 고후 5:21; 빌 3:9). 그리스도 안에서 하나님의 의는 그분의 백성의 의로움이 됩니다. 그래서 하나님은 (악인을 정죄하도록 명령하는 율법과 반대되는 것처럼 보이지만) 악인을 무죄로 판결하고 예수님을 믿는 자들을 의롭게 하시면서도 그분 자신이 완전히 의로우실 수 있습니다(롬 3:26; 4:5).[6]

칭의의 법정적 특성

68. "의롭다 하심" 또는 "칭의"라는 용어는 하나님께서 죄인

MD, 427-28.

6 이 단락은 이 책『기독교 신앙 안내서』에만 있습니다.

의 죄책과 형벌을 면해주시고 영생의 권리를 주시는 풍성한 은혜이면서도 동시에 공의로운 법정적 행위로 이해해야 합니다.[7] 로마교와 인간의 칭의의 근거를 전적 혹은 부분적으로 인간 자신에게서(믿음, 선행, 우리 안에 계신 그리스도, 새로운 삶의 원리 등에서) 찾으려는 모든 사람은 이런 칭의의 유익을 성화의 유익과 혼동합니다. 그래서 그들은 이러한 칭의에 대한 법정적 선언은 [180] 거짓이며 하나님께 걸맞지 않다고 주장합니다. 그들의 말처럼 만일 우리의 칭의의 근거가 전적으로 우리 외부에 있고 믿음과 선행이 하나님 앞에서 우리의 의로움의 일부로 어떤 식으로든 기여하지 못한다면, 의롭다 함을 받은 사람은 실제로는 의롭지 않으며, 하나님께서 그런 사람에게 공정하지 못하고 불의한 판단을 하신 것이 됩니다. 그 사람은 **선언받은 그대로의 존재가 아니기** 때문입니다.

성경은 칭의를 언제나 법정적 행위로 이해한다는 사실을 유의해야 합니다. 성경은 하나님 앞에서 죄인들의 의로움을 반복해서 언급하며, 언제나 법적 의미를 지닌 법정적 용어에서 유래한 단어를 사용합니다. 하나님은 이스라엘의 재판장들에게 의인에게 의롭다고 하고 악한 자를 정죄하라고 명령하셨고(신 25:1; 시 82:2-3; 잠 17:15; 24:24; 사 5:23), 악한 자를 의롭다 하지 않으시고 의인을 죽이지도 않으시는 것으로써 자신의 의로움을 나타내셨습니다(창

---

7 이 단락의 나머지는 *Magnalia Dei*에 있는 한 단락과 동일합니다. *MD*, 438.

18:25; 출 23:7; 대하 6:23).[8]

이 용어는 영적 영역에서 전달될 때는 마태복음 11장 19절과 누가복음 7장 29절에서 분명하게 가르치는 것처럼 "의롭게 하다" 또는 "거룩하게 하다"라는 도덕적 의미가 완전히 배제된 법적 의미를 유지합니다. 특히 바울이 죄인의 구원에 대해 이 단어를 사용할 때도 마찬가지입니다. 바울은 예수님을 믿는 자를 의롭다 하시는 하나님께서 자기의 의로우심을 나타내실 뿐만 아니라(롬 3:26), "의롭게 하다"와 "의를 전가하다"라는 표현을 서로 같은 의미로 사용하시며(롬 4:3, 5-6, 11), 의로운 자를 저주 받은 자, 곧 정죄 받은 자와 대조하신다고 말합니다(롬 8:33-34). 로마서 5장 18절에서 바울은 (아담의) 한 번의 범죄로 인해 정죄를 받은 것과 같이, [181] (그리스도에 대한) 단 한 번의 의로움의 판결을 통해 받는 (생명을 포함하고, 생명에 이르는) 칭의를 말합니다. 바울은 이어지는 구절에서 아담의 불순종으로 인해 많은 사람이 죄인이 된 것처럼, 그리스도의 순종으로 인해 많은 사람이 의롭게 되었다고 더욱 강력하게 말합니다.[9]

또한 여기에 반대하는 사람들은 어떤 것이 우리에게 주어지는 데 두 가지 방법이 있다는 사실을 잊고 있습니다.[10] 첫째는 법정의

---

8 이 단락은 *Magnalia Dei*에 있는 한 단락의 일부와 동일합니다.
   MD, 438.

9 이 단락은 이 책 『기독교 신앙 안내서』에만 있습니다. 하지만 이 단락은
   *Magnalia Dei*와 여러 유사성이 있습니다. *MD*, 438-39.

10 첫 번째 문장이 이 책 『기독교 신앙 안내서』에만 있지만, 이 단락의 나

판결을 통해 소유권을 얻는 것이고, 둘째는 그 법정의 판결을 근거로 곧 또는 나중에 그것을 실제로 가지는 것입니다. 합법적 유언장에서 상속인으로 지명된 사람은 이미 미래에 상속받을 재산에 대한 권리를 받았지만, 그가 실제로 소유주로서 행동할 수 있는 것은 몇 년 후에 일어날 수도 있습니다. 법과 현실이 동시에 일치하는 경우에도 여전히 둘 사이에는 큰 차이가 있습니다. 소유권은 법적인 것이고, 소유는 실물에 대한 실제적인 권한입니다.

이는 영적 영역에서도 마찬가지입니다. 우리는 하나님 앞에서 법적 관계에 서 있긴 하지만, 오로지 법적 관계만은 아닙니다. 하나님은 우리의 창조주이시며 따라서 우리의 율법을 세우신 분이고, 왕이시며, 재판장이십니다(창 18:25; 시 47:3; 사 33:22; 히 4:12; 약 4:12). 하나님께서 율법 외에 복음 안에서 자신의 의로움을 계시하셨기 때문에 이 법적 관계는 복음 안에서 폐지된 것이 아니라 회복되고 성취됩니다(롬 1:17; 3:21-26). 그러므로 만일 구원이 그리스도를 위해 우리에게 온전하게 주어져야 한다면, 먼저 우리에게 정확하게 전가되고, 그 후에 실제로 우리에게 전달되어야 합니다(사 1:27).

따라서 칭의와 성화는 함께 속해 있으며, 서로 분리될 수 없이 연결되어 있습니다. 둘 다 [182] 인류가 구속의 온전한 참여자가 되도록 하는 데 똑같이 필요하지만, 여전히 구별됩니다. 종교개혁이 바울을 재조명했던 것처럼, 이 구별은 매우 중요합니다. 이 구

머지는 *Magnalia Dei*에 있는 한 단락의 일부와 동일합니다. *MD*, 436.

별을 무시하거나 없애고 자신의 의를 세우려 하는 사람은 그리스도 안에 있는 하나님의 의로움의 완전성과 충족성을 거부하고, 복음을 새로운 율법으로 바꾸며, 영혼의 위로를 빼앗고 구원을 인간의 공로에 의존하게 만듭니다.

칭의의 근거

69. 이러한 위로의 의미에서 칭의를 유지하기 위해서 칭의의 근거가 완전히 우리의 외부, 즉 그리스도와 그분의 의로움에 있다는 사실을 강조해야 합니다. 칭의는 하나님의 은혜에 그 기원을 두고 있지만, 구속의 토대는 그리스도로 말미암아 이루어집니다(롬 3:24). 그러므로 은혜와 정의, 용서와 화해는 상충되지 않습니다. 오히려 그리스도 안에서 인간에게 주어진 의로움의 길에서 하나님은 자신의 은혜를 영화롭게 하십니다. 우리는 성부의 사랑과 성자의 은혜에 모든 것을 빚지고 있습니다(요 3:16; 롬 5:8; 고후 8:9). 그 사랑과 은혜로 그리스도께서 우리의 의로움이 되시고 우리 죄를 위한 화목제물이 되어주셨습니다(롬 3:25; 고전 1:30; 고후 5:21; 갈 3:13). 이 의로움은 너무나 완전하고 충분하기 때문에 우리 측에서 그 어떤 것도 보충할 필요가 없습니다.[11]

게다가 죄인으로서 인간은 하나님 앞에 나타나거나 영생에서 죄 용서를 요구할 수 있는 어떠한 의로움도 가지고 있지 않습니

---

11 이전의 세 단락은 이 책 『기독교 신앙 안내서』에만 있습니다.

다. 어떤 육체도 율법의 행위로 의롭다 하심을 얻을 수 없습니다(행 13:39; 롬 3:20, 28; 8:3, 8; 갈 2:16; 3:11). 오히려 율법은 죄인을 정죄하고 그 형벌을 받게 합니다(롬 1:18; 3:19-20; 4:15; [183] 갈 3:10). 중생한 사람이 믿음으로 행하는 선행도 칭의의 근거가 될 수 없습니다. 이 모든 행위가 여전히 매우 불완전하고 죄로 오염되어 있으며, 신자가 선을 행하기를 원하더라도 언제나 악이 있는 곳에서 자신을 발견하게 되기 때문입니다(롬 7:21).[12] 반면, 이 모든 선한 행위는 이미 그리스도께서 주시고 믿음으로 받아들인 의로움에 기초한 것으로, 신자는 오직 하나님께서 만드신 작품으로, 그리스도 예수 안에서 선한 일을 위하여 지으심을 받았습니다(엡 2:10).

칭의에 대한 신앙고백

그러나 칭의에 대한 신앙고백은 하나님께서 더 이상 우리에게 율법의 의를 요구하지 않으시고, 율법과 별도로 그리스도 안에서 우리에게 다른 의를 계시하셨다는 것을 의미합니다. 이 의는 수동적이고 능동적인 순종으로 하나님 앞에서 우리의 모든 죄를 용서하기에 충분하며(마 20:28; 26:28; 행 2:36, 38; 5:30-31; 롬 3:25; 요일 2:2), 동시에 우리에게 하나님의 자녀로 입양이 되거나 가족이 되

---

12 첫 번째 문장은 이 책 『기독교 신앙 안내서』에만 있지만, 마지막 부분은 *Magnalia Dei*에도 있습니다. *MD*, 435.

어 하늘에서 영원한 생명을 상속받을 권리를 주셨습니다(롬 8:14-17; 갈 4:5-7). 그러므로 하나님께서 우리를 의롭다 하시고 영생의 권리를 주시는 의로움은 하나님으로부터 온 의로움입니다. 우리의 행위의 일부라도 의존하지 않는 전적인 하나님의 선물이며, 거저 주시는 은혜의 선물입니다(빌 3:9; 딤후 1:9; 딛 3:5). 그리스도, 다른 어떤 것도 아닌 십자가에 못 박히시고 영화롭게 되신 그리스도 자신이 바로 이 의로움이십니다(고전 1:30).

이신칭의

그렇기 때문에 하나님께서 그리스도 안에서 우리에게 주신 이 의로움은 오직 우리의 믿음으로만 받아들일 수 있습니다. 따라서 이 믿음은 수용기관으로서, 선물을 받는 손처럼, 그리스도와 그분의 의로움에 대한 영혼의 확신으로 나타납니다. 그러나 [184] 성경이 믿음으로 말미암은 의가 우리에게 전가된다고 반복해서 표현하는 것이 사실이지만(창 15:6; 롬 4:3, 5, 9, 22; 갈 3:6; 약 2:23), 이것으로 믿음의 내적 특성으로 인한 선한 도덕적 행동 때문에 믿음 그 자체가 의롭게 한다는 의도가 전혀 아닙니다.

무엇보다도 믿음으로 말미암거나 믿음을 통해(결코 믿음 때문이 아닌) 이루어지는 칭의는 율법의 행위로 말미암은 칭의와 항상 정반대입니다(롬 3:20, 28; 4:4下; 갈 2:16; 3:11下). 이 대조는 다른 대조와 번갈아 나타납니다. 즉, 믿음을 통한 칭의는 은혜로 말미암은 칭의이며, 그러므로 모든 자랑과 공로를 배제합니다(롬 3:24, 4:4下; 딛

3:5). 로마서 4장 16절에서 사도는 상속자가 되는 것이 믿음으로 말미암은 것이라고 명시하여 은혜로 말미암아 받게 된 것임을 분명히 합니다. 그러나 만일 믿음 자체가 그 내적 가치와 능력으로 인해 사람을 의롭게 하는 것이라면 이렇게 말할 수 없습니다. 마지막으로, 믿음이 이 역할을 한다면 그리스도는 칭의에서 가지는 모든 중요성을 잃을 것입니다. 그러면 중요한 것으로 누가 무엇을 믿는가만 남을 것입니다. 그러나 성경에 따르면 중요한 것은 분명히 의롭게 하는 믿음의 내용과 대상입니다. 믿음이 율법으로 말미암은 의로움을 대체하고 의로 전가될 수 있는 이유는, 그 믿음이 하나님께서 그 보혈의 능력을 통해 화목제물로 삼으신 예수 그리스도에 대한 믿음이기 때문입니다(롬 3:25). 그분은 우리의 저주를 짊어지시고(갈 3:13), 우리를 위해 죄가 되셨으며(고후 5:21), 죽으시고 다시 살아나셨으며, 하나님 우편에서 우리를 위해 간구하시는 분이십니다(롬 8:34). 그러므로 그리스도는 우리를 위해 하나님의 의가 되셨고(고전 1:30), 그 안에서 우리는 하나님의 의가 되십니다(고후 5:21).[13]

한 마디로, 믿음이 [185] 의롭다 함을 이루는 이유는 그 믿음이 그리스도의 의에 참여하기 때문입니다. 그리스도의 의는 율법이 요구하는 의만큼 완전하고 충분하며, 이제 그리스도 안에서 하나님의 은혜로 말미암아 복음으로 주신 것입니다(빌 3:9). 믿음은 그

---

13 이전의 세 단락은 이 책 『기독교 신앙 안내서』에만 있습니다.
참고. *MD*, 440-41.

내적 가치 때문이 아니라 그 내용, 즉 그리스도의 의로움 때문에 의롭게 합니다.[14]

믿음으로 말미암은 칭의가 주는 위로와 유익

70. 오직 믿음으로 말미암은 칭의의 유익은 그리스도인을 위한 풍성한 위로를 포함합니다. 죄 용서, 미래에 대한 소망, 영원한 구원의 확신은 한 사람이 이생에서 얻는 거룩함의 정도에 의존하는 것이 아니라 하나님의 은혜와 그리스도 예수 안에 있는 구속에 고정되어 있습니다.[15] 실제로, 만일 그리스도인이 선행으로부터 그 견고함을 얻어야 한다면 언제나 불안한 채로 있을 것입니다. 그러나 그리스도인은 이제 그리스도 안에 고정되어 있기 때문에, 그가 가진 의로움과 구원은 결코 흔들릴 수 없습니다. 그의 집은 반석 위에 세워져 있어 폭우와 파도, 풍랑의 격렬함을 견딜 수 있습니다.

또한 오직 하나님의 은혜에 근거하고 죄 용서를 확신하는 믿음은 먼저 선한 일을 행할 능력을 줍니다. 우리가 구원을 우리가 하는 선한 일에 근거하도록 여기는 한, 우리는 여전히 불안과 두려움 속에 머물 것이며, 삯을 받기 위해 일하는 종으로 존재할 것입니다. 그러나 우리가 믿음으로 그리스도 안에서 구원을 확신한다면,

---

14 이 단락은 *Magnalia Dei*에 있는 한 단락과 동일합니다. MD, 441-42.

15 이 단락의 처음 부분은 *Magnalia Dei*에 있는 한 단락의 일부와 동일합니다. *MD*, 446. 하지만 나머지는 이 책 『기독교 신앙 안내서』에만 있습니다.

우리는 아버지를 영화롭게 할 선한 일을 하는 데 모든 관심을 쏟을 수 있습니다. 그러므로 우리는 하나님에 대하여 살기 위해 율법에 대하여 죽었습니다(갈 2:19). [16]

율법에서 해방된 그리스도인은 마침내 그리스도께서 그를 자유케 하신 그 자유 안에 있게 됩니다. 신자는 [186] 자기 마음대로 살 수 있다는 의미로 율법에서 해방된 것이 아닙니다. 죄악된 본성의 성향과 방향에 따라 자신을 방탕하게 하는 것은, 오늘만이라고 해서 용납될 수 없습니다. 오히려 신자는 이전보다 훨씬 더 강력하게 율법에 메입니다. 믿음은 율법을 파괴하지 않고 오히려 세우기 때문입니다(롬 3:31). 그 율법은 육신을 따라 행하지 않고 영을 따라 행하는 사람들에게 성취됩니다(롬 8:4). 죄에 대하여 죽은 우리가 어찌 그 가운데 더 살 수 있겠습니까?(롬 6:2) [17]

그러나 신자와 율법 사이의 관계는 그가 예전에 율법 앞에 서 있던 관계와는 완전히 다릅니다. 신자는 여전히 감사의 규칙으로써 율법에 매여 있지만, 율법의 요구와 저주로부터 해방되어 있습니다. [18] 신자는 더 이상 구약 시대의 이스라엘처럼 종이나 장성하지 못한 아들이 아니라(갈 3:23-24; 4:1-2), 자녀로 입양되어 양자의 명분을 얻습니다(갈 4:5). 더 이상 율법 아래 있지 않고 은혜 아래

---

16 이 단락은 이 책 『기독교 신앙 안내서』에만 있습니다.

17 이 단락의 첫 번째 문장은 이 책 『기독교 신앙 안내서』에만 있습니다. 참고. *MD*, 448.

18 이 단락의 이 부분은 *Magnalia Dei*에 있습니다. *MD*, 448. 이 단락의 나머지는 *Magnalia Dei*을 보세요. *MD*, 449.

있으며(롬 6:15), 모든 피조물 위에 자유합니다(마 6:25下; 롬 8:35, 39; 고전 7:20-24; 딤전 4:4). 신자는 그리스도의 것이기 때문에 모든 것이 신자의 것입니다(고전 3:21-23). 또한 신자는 하나님을 사랑하고 그 뜻대로 부르심을 입었기 때문에 모든 것이 합력하여 선을 이룹니다(롬 8:28).

1. 하나님 나라의 세 가지 유익은 무엇일까요?

2. 성도가 예수님을 믿으며 자신의 악함을 고백할지라도, 하나님 께서 자신의 의로움을 전가하시는 이유는 무엇일까요?

3. 칭의를 법적 행동으로 이해하는 것이 중요한 이유는 무엇일까요?

4. 칭의와 성화는 어떤 의미에서 연결되어 있고, 또 구별되어 있을 까요?

5. 우리 외부의 의로움은 누구의 것이며, 우리의 무엇을 통해 얻 어질 수 있을까요?

6. 칭의의 믿음은 우리를 무엇에서 자유롭게 할까요?

17. 성화

17. 성화

성경에서 거룩함의 의미

71. [187] 하나님의 형상이 지식과 의로움뿐만 아니라 거룩함에도 존재한다면, 재창조는 인간을 하나님과의 올바른 관계로 회복시키고 거룩한 율법의 요구에 따라 내적으로 새롭게 해야 합니다. 죄는 죄책일 뿐 아니라 오염이기도 합니다. 칭의는 인간을 죄책에서 벗어나게 하고, 성화는 죄의 오염에서 자유롭게 합니다. 칭의를 통해 인간의 의식이 변화되고, 성화를 통해 인간의 존재가 변화됩니다. 칭의를 통해 인간은 다시 선해지며, 성화로 말미암아 인간은 다시 선해지고 선을 행할 수 있게 됩니다.[1]

---

1 이 단락은 *Magnalia Dei* 22장의 첫 번째 단락과 동일합니다. *MD*, ch. 22 (450), "De Heiligmaking."

히브리어에서 **거룩**이라는 단어는 짐작컨대 "차단하다/분리하다"를 뜻하는 어근에서 파생되었으며, 성경의 거의 모든 페이지에 등장합니다. 가장 먼저 거룩은 모든 피조물과 구별되고 높이 계신 하나님께 속한 속성입니다. 특히 하나님은 죄와 상관하지 않으신다는 점에서 거룩하십니다(출 15:11; 삼상 2:2; 사 5:16; 6:3). 하나님에게서 나온 모든 것, 곧 그분의 이름(레 20:3), 그분의 팔(시 98:1), 그분의 언약(단 11:28), 그분의 말씀(시 105:42), 그분의 영(시 51:11; 사 63:10, 17)이 거룩합니다. 더욱이 이 모든 것은 세상과 분리되어 하나님과 관계를 맺고 그분의 소유[거룩한 것]가 됩니다. 그분의 백성(출 19:6; 29:43-46; 레 11:44; 19:2), 거룩한 것을 다루며 그 사역에 엄숙히 성별된 제사장과 레위인(출 29장), 여호와를 섬기기 위해 성별되고 예비된 장소, 시간, 희생 제물, 도구, [188] 제사장의 의복, 성전, 제단 등이 여기에 포함됩니다.[2]

하나님은 자신의 모든 계시에서 거룩하십니다. 그래서 그분은 자신과 자기 백성을 거룩하게 하셨던 거룩하신 그리스도 안에서 특별히 거룩하십니다(눅 1:35; 막 1:24; 요 6:69; 행 4:27; 계 3:9). 그리스도는 스스로 그 백성의 죄를 지고 형벌을 받으셨을뿐 아니라 그들을 위해 하나님의 율법에 복종하여 모든 의를 이루시고 순종을

---

2 "§20. Liturgiek" (no date), Box 346, Folder 227, Archive of Herman Bavinck, Vrije Universiteit of Amsterdam, Amsterdam, Netherlands. 이 신학백과사전에서, 바빙크는 예전에 대해 짧은 부분을 씁니다. 바빙크는 이 단락과 조화를 이루면서 모든 예전이 거룩한 장소, 거룩한 시간, 거룩한 인물, 거룩한 행동을 가지고 있다고 제시합니다.

배우셨으며, 십자가에서 죽기까지 순종하셨습니다(마 3:15; 빌 2:8; 갈 4:4; 히 5:8). 그래서 그분은 온전히 그리고 무조건적으로 자신을 거룩하게 하셨습니다. 모든 시험에도 하나님께 자신을 맡기셨고 (요 17:19), 또한 고난을 통해 이 거룩함을 완성하셨습니다(히 5:8-9). 그래서 그분은 우리의 거룩함이 되셨고, 우리도 진리로 거룩함을 얻게 되었습니다(요 17:19; 고전 1:30).

수동적 성화: 하나님의 은혜의 선물

그러므로 성화의 유익을 이해하기 위해서는 그리스도께서 우리의 의로움이 된다는 사실과 같은 의미에서 우리의 거룩함이 된다는 사실도 분명하게 이해해야 합니다. 우리가 반드시 참여해야 하는 거룩은 그리스도께서 획득하셨으며, 그분 안에 있고, 그분 자신을 위해 완전히 준비되어 있습니다. 성화는 칭의와 마찬가지로 하나님의 은혜의 선물이자 복입니다. 그리스도는 먼저 우리에게 자신의 모든 복을 전가하신 후에, 그분의 모든 충만함을 전달하십니다.[3]

따라서 구약성경에서 이미 하나님께서 마음에 할례를 베푸시고(신 30:6), 돌 같은 마음을 살처럼 부드러운 마음으로 바꾸시며(겔 11:19), 새로운 마음과 영을 주시고(시 51:12; 겔 12:19; 36:26), 마음에 율법을 새기셔서 그분의 길을 따라 행하게 하신다고(렘

---

3 이전의 세 단락은 이 책『기독교 신앙 안내서』에만 있습니다.

31:33; 32:38; 겔 36:27-28 등) 말했습니다.[4] 더 강하게 말하자면, 신약성경은 신자가 그리스도 예수 안에서 선한 일을 위해 지음 받은 하나님의 작품이며(엡 2:10), 새로운 [189] 피조물(고후 5:17; 갈 6:15), 하나님의 사업(롬 14:20), 하나님의 밭이요 하나님의 집(고전 3:9; 엡 2:20; 골 2:7; 벧전 2:5)이라고 말합니다. 이 모든 것이 하나님께로부터 났습니다(고후 5:18). 신자가 그리스도와 함께 죽고 살아났을 때 그분 안에서 씻음을 받고 거룩하게 되었습니다(고전 1:2; 6:11; 딛 3:5). 신자는 성자의 형상과 같아질 때까지(롬 8:29; 고전 15:49; 빌 3:21) 계속해서 거룩해집니다(요 17:17; 고후 3:18; 살전 5:23; 엡 5:26; 딛 2:14; 히 13:20-21). 구원의 사슬은 처음부터 끝까지 하나님의 사역이기에 끊어질 수 없습니다. 하나님은 미리 아신 자들을 부르시고 의롭다 하시고 영화롭게 하십니다(롬 8:30).

성화의 사역은 하나님께서 그리스도의 영을 통해 교회 안에서 이루신 것입니다. 이 성화의 사역에 기초해서 신자는 언제나 성경에서 성도라는 이름으로 언급됩니다. 이스라엘은 이미 옛날에도 이렇게 불렸습니다(출 19:6). 그들은 만민 중에서 구별되어 여호와의 소유가 되었고(레 20:26), 그분의 길을 따라 행했습니다(출 19:5). 미래에 하나님께서 새 언약을 세우실 때, [이스라엘]은 더욱 정확하고 심오하게 거룩한 백성, 여호와의 구속받은 자로 불릴 것입니

---

4 이 단락의 첫 번째 부분은 이 책 『기독교 신앙 안내서』에만 있습니다. 이 단락의 나머지는 *Magnalia Dei*에 있는 단락의 일부와 동일합니다. *MD*, 457.

다(사 62:12; 욜 3:17; 옵 17; 슥 8:3; 14:20). 신약시대에는 대제사장이 자기 백성을 위해 스스로를 거룩하게 하여, 그 백성도 진리 안에서 거룩하게 되었습니다(요 17:19). 마찬가지로 신자들도 곧바로 성도라는 이름을 받았습니다(행 9:13, 32, 41; 26:10; 롬 1:7; 고전 1:2 등).

이것은 성도가 도덕적 의미에서 모든 죄에서 자유롭고 초월해 있다는 사실을 의미하는 것이 아닙니다. 신약의 교회가 그리스도 안에서 거룩해져 [190] 성령님의 성전이 되었기 때문에(요 17:19; 고전 1:30, 3:16; 6:11, 19), 옛 이스라엘의 자리를 대신하여 주님의 소유가 되었다는 사실을 나타내는 것입니다(고후 6:16; 갈 6:16; 벧전 2:5).[5]

능동적 성화: 인간의 책임과 의무

72. 그러나 그리스도 안에서 교회에 주어지고 성령님에 의해 처음 전달된 이 거룩함은 신자에게 값비싼 의무를 부과합니다. 성화는 하나님의 사역이지만, 신자 자신이 하나님의 능력으로 함께하는 일이 되도록 의도되었습니다.

구약성경에서는 여호와께서 친히 자기 백성을 거룩하게 하시고(출 31:13; 레 20:8, 21:8), 또한 그 백성이 스스로 거룩하게 해야 한다고 말합니다(레 11:44; 20:7; 민 11:18). 때로는 여호와께서 마음에 할례를 베푸시며(신 30:6), 때로는 이스라엘 스스로 마음 가죽을 베

---

5 이전의 두 단락은 *Magnalia Dei*에 있는 한 단락과 동일합니다.
   MD, 458-59.

로 할례를 행하도록 부르신다고 말씀하십니다(신 10:16; 렘 4:4). 회심은 하나님의 사역인 동시에(렘 31:18; 애 5:21) 인간의 의무입니다(렘 3:12-13).

마찬가지로 신약에서 성화는 그리스도 안에서 하나님의 선물로서 신자들을 거룩하게 하는 성령님의 사역으로 나타납니다(요 17:17, 19; 고전 1:2; 살전 5:23). 그러나 그들은 하늘에 계신 아버지의 온전하심과 같이 온전하고(마 5:48), 아버지를 영화롭게 하는 선한 일을 하며(마 5:16; 요 15:8), 그들의 지체를 거룩함에 이르게 하고(롬 6:19), 모든 행실에 거룩하며(벧전 1:15; 벧후 3:11), 하나님을 경외함으로 거룩함을 추구하고 완성하도록(고후 7:1; 살전 3:13, 4:3), 그렇지 않으면 아무도 주를 보지 못할 것이라고(히 12:14) 권면 받습니다.[6]

하나님의 사역과 신자의 역할은 전혀 모순되지 않습니다. 오히려 신자들이 자신의 성화를 이루는 일은 하나님께서 그들 안에서 성화를 이루시기에 가능합니다. [191] 은혜는 자연을 파괴하는 것이 아니라 회복합니다. 인류는 죄로 인해 여호와의 길을 따라 행할 열망과 능력을 잃어버렸습니다. 그러나 재창조를 통해, 적어도 원칙적으로는 하나님의 계명 중 일부가 아닌 **전체**를 따라 성실하게 살 수 있는 성향과 능력을 다시 얻습니다.[7]

---

6 이전의 세 단락은 *Magnalia Dei*에서 한 단락으로 합쳐져 있습니다.
   MD, 458.
7 이 단락은 *Magnalia Dei*에 있는 한 단락의 일부와 동일합니다.
   MD, 458-59.

믿음은 칭의에서 그리스도를 그분의 모든 유익과 함께 받아들이는 것으로, 마찬가지로 성화에서도 효력으로 작용하며, 두 가지 측면에서 적절하게 손과 비교됩니다. 우리는 한 손으로 어떤 것을 받으고, 동시에 우리의 일을 계속하려는 욕망이 있습니다.[8] 의롭게 하고 구원하는 믿음은 죽은 믿음이 아니라 살아있는 믿음입니다. 믿음은 그 본성대로 선행의 열매를 맺으며, 사랑 안에서 역사합니다(갈 5:6). 사랑으로 인해 의롭게 되는 것은 아니지만, 의롭게 하는 믿음은 사랑 안에서 그 생명력과 능동적인 힘을 보여줍니다. 사랑 없이 믿음은 참되고 구원하는 믿음이 아닙니다(고전 13:1). 그리고 참된 믿음은 항상 사랑의 행함을 수반합니다(살전 1:3). (모든 사도의 설교에서) 이 계명의 목적은 청결한 마음과 선한 양심과 거짓 없는 믿음에서 우러나오는 사랑이기 때문입니다(딤전 1:5). 이 사랑은 믿음의 열매로서 모든 두려움을 몰아내는 완전한 사랑이며(요일 4:18), 또한 율법의 완전한 성취입니다(마 22:37-40; 롬 13:8-10; 갈 5:14; 약 2:8).

삶의 규칙으로 주어진 율법

따라서 복음은 율법을 폐하지 않으며, 오히려 회복하고 지지합니다. 그리스도께서 자신을 율법 아래 두시고 그 요구를 성취하시

---

8 이 단락의 첫 번째 부분은 이 책 『기독교 신앙 안내서』에만 있습니다. 하지만 나머지는 *Magnalia Dei*에 있습니다. *MD*, 464-65.

며 그 저주를 감당하셨기 때문에, 율법의 요구와 저주는 끝났습니다.[9] 그러나 신자에게 율법은 감사의 규칙으로서 그 권위와 효력을 여전히 유지합니다. 믿음은 율법의 어떤 위협보다 훨씬 더 크게 [192] 하나님을 본받는 자가 되고, 성령님 안에서 행하며, 모든 죄에서 피하고, 하나님의 몸과 영으로 하나님을 영화롭게 하도록 요구합니다(마 5:48; 롬 6:1下; 8:4下; 고전 6:15下 등). 구약과 신약에서 도덕법은 하나이자 동일하며, 사랑의 계명에 포함되어 있습니다 (마 22:37-40; 롬 13:8-10; 갈 5:14; 약 2:8).

계명과 권고

이러한 이유로 십계명을 통해 그리스도인의 도덕, 인류의 미덕과 의무를 십계명을 통해 설명하는 것이 점차 습관이 되었습니다. 특히 종교개혁자들은 선행의 특징 중 하나가 하나님의 뜻에 따라 이루어지는 것이라고 생각했기 때문에 이 관습을 채택했습니다. 그래서 그들은 인간의 제도에 근거한 행위를 선행으로 간주하는 로마교의 입장에 반대했습니다. 로마교는 계명과 권고를 구분합니다. 로마교는 계명을 모든 그리스도인에게 필수적인 것으로 여기지만, 권고의 경우 마태복음 19장 11-12절과 고린도전서 7장 7절 하반절에 근거로 소위 미혼이나 독신의 상태를 포함하여 그 지속성의 여

---

9 이 단락의 첫 두 문장은 *Magnalia Dei*에 있습니다. *MD*, 459. 이 단락의 나머지는 이 책 『기독교 신앙 안내서』에만 있습니다.

부를 인간의 선택에 맡깁니다. 또한 여기에는 마태복음 19장 21절과 고린도전서 9장 14절을 근거로 한 청빈이나 이 땅의 모든 소유의 포기, 마태복음 16장 24절과 누가복음 14장 26-27절의 예시를 따른 자신을 지도하는 권위에 대한 완전한 순종, 마태복음 5장 29, 39, 42절 등과 관련한 모든 종류의 금욕, 징계, 자학 등을 포함합니다.[10]

종교개혁이 이러한 구분에 동의하지 않았다는 사실은 말할 필요도 없습니다. 인간 본성의 부패를 깊이 확신한 종교개혁은 거듭난 사람도 율법을 완전히 지킬 수 없고, 그들의 최선의 행위도 여전히 죄로 오염되어 있으며, 가장 거룩한 사람조차도 절대 순종이라는 작은 원칙에서 더 나아갈 수 없다는 것을 발견했습니다.[11]

---

10 참고. *MD*, 466-67. 바빙크는 *Magnalia Dei*에 있는 이 단락에서 『하이델베르크 교리문답』 91문을 인용합니다. 『하이델베르크 교리문답』 33주일 91문: "선한 행위는 무엇입니까?" 답: "오직 선한 일은 참된 믿음에서 이루어지고, 하나님의 율법에 일치하며, 하나님의 영광을 위해 이루어집니다. 선한 행위는 우리 자신의 의견 또는 사람의 전통을 따르지 않습니다."

11 참고. *MD*, 467. 바빙크는 *Magnalia Dei*에 있는 이 단락에서 『하이델베르크 교리문답』 제62문과 제114문을 인용합니다. 『하이델베르크 교리문답』 제24주일 제62문: "왜 우리의 선한 행위가 하나님 앞에서 우리의 의로움이 될 수 없으며, 적어도 우리의 의로움의 일부도 될 수 없습니까?" 답: "하나님의 심판을 넘어갈 수 있는 의로움은 반드시 온전해야 하며, 반드시 모든 측면에서 하나님의 율법에 들어맞아야 하기 때문입니다. 그러나 심지어 이생에서 우리의 최고의 행동조차 온전하지 못하며 죄로 오염되어 있습니다." 『하이델베르크 교리문답』 제44주일 제114문: "하지만 하나님께 회심한 사람들이 이런 계명을 온전하게 순종할 수 있습니까?" 답: "아닙니다. 이생에서 심지어 가장 거룩한 사람조차 이런 순종을 미약하게 시작할 뿐입니다. 그런데도 이런 사람들은 진정한 목적을 다해서 하나님의 계명의 일부뿐 아니라 전체를 따라 살아가기 시작합니다."

신자는 이미 계명을 지키는 것만으로 할 일이 충분하기 때문에
[193] 권고를 따르는 것은 기대할 수 없습니다. 그러나 또한 하나
님은 도덕법에서 우리가 마음을 다하고 뜻을 다하여 하나님을 사
랑하고 이웃을 내 몸과 같이 사랑하도록 요구하십니다(마 22:37; 눅
10:27).[12] 이러한 계명에 어떤 부수적인 권고가 있으며, 이 계명을
따를지 말지의 여부가 우리에게 달려 있다고 할 수 있겠습니까? 따
라서 십계명의 율법은 반드시 예수님 자신의 말씀과 성경 전체에
주어진 확장과 적용에 따라 그 깊고 영적인 의미에서 이해되고 설
명되어야 합니다. 십계명의 율법은 영적인 것이며(롬 7:14), 원칙적
으로 인간이 하나님과 이웃, 자신과 자연 전체의 관계에서 발견하
는 모든 관계를 지배합니다. 신자는 거룩하고 의로우며 선하기 때
문에 확실하게 율법을 사랑하며, 속사람을 따라 그것을 기뻐합니
다. "내가 주의 법을 어찌 그리 사랑하는지요 내가 그것을 종일 작
은 소리로 읊조리나이다(시 119:97)!"

이생에서 성도의 불완전함

73. 중생한 신자들은 곧바로 모든 선한 행위에서 하나님의 뜻
에 따라 살고자 하는 내적 욕구와 사랑을 받지만, 한 번에 완전해
지지 않으며 심지어 이생에서 결코 완전함에 도달하지도 못합니

---

12 이 단락의 이 부분은 *Magnalia Dei*에 있는 한 단락과 거의 동일합니다.
   MD, 467. 하지만 나머지는 이 책 『기독교 신앙 안내서』에만 있습니다.

다. 성화는 칭의와 다릅니다. 칭의는 한 번의 행위로 완성되는 하나님의 무죄 선고로 존재하며, 성화는 계속되어 양심에 적용되지만 보충되거나 증가하지 않습니다. 그러나 성화의 삶은 모든 피조물의 삶과 마찬가지로 발달의 법칙을 따릅니다. 성화는 중생에서 시작되고, 강화되고 성장하기 위한 양분이 필요하며, 그리스도와 함께 온전하게 드러날 때에만 그 정점에 도달합니다.[13]

그렇기 때문에 성경은 항상 어린 양과 젖먹이 아기(사 40:11; 참고. 사 61:1-3; [194] 겔 34:16), 작은 자와 큰 자, 먼저 된 자와 나중 된 자(마 11:11; 20:16), 약한 자와 강한 자 (롬 14:1下; 고전 8:7下), 육신에 속한 자와 영에 속한 자(고전 3:1-3; 갈 6:1), 어린아이와 어른(고전 3:2; 히 5:12; 벧전 2:7), 아이와 아비(요일 2:12-14) 사이를 구분합니다. 자연 세계와 마찬가지로 영적 세계에서도 인간은 작고 연약하게 태어나며, 그리스도에 대한 은혜와 지식에서 끊임없이 성장해야 합니다(벧후 3:18).

그러나 이런 정상적인 발달에는 다른 많은 장애물이 있습니다. 그리스도인의 삶은 조용한 성장이 아니라 악의 영(엡 6:12)과 세상의 정욕(요일 2:15-17)과 같은 외부의 원수와의 끊임없는 싸움입니다. 또한 자신의 가슴 속에 살고 있는 원수, 즉 옛 사람이 새 사람을 대적하듯 성령님에 대적하는 육신의 원수와도 싸워야 합니다 (롬 7:14下; 갈 5:17-22; 엡 4:22-24; 골 3:9-10). 이 싸움의 중요성은 교

---

13 이 단락은 *Magnalia Dei*에 있는 한 단락과 동일합니다. *MD*, 470.

회 전체나 신자 개인에게 완전한 도덕적 승리가 죽는 순간까지도 이 땅에서 완전히 이루어질 수 없다는 믿음으로 이끕니다.[14]

모든 성도를 통해 궁극적으로 완전함을 이룰 수 있다고 생각하는 모든 사람에게, 성경은 그들이 모두 넘어지며 다윗과 베드로처럼 심각한 죄에 빠질 수 있다고 분명하게 증언합니다. 우리가 누구의 말을 듣든 그리스도인의 입에서 종종 들리는 "나는 더 이상 죄가 없습니다."라는 말을 결코 듣지 못할 것입니다. 반대로 성경에서 말하는 모든 경건한 사람, 곧 아브라함(창 12:12), 이삭(창 26:6), 야곱(창 27:36), 모세(민 20:7-12; 시 106:33), 다윗(시 51편), 솔로몬(왕상 8:46), 이사야(사 6:5), 다니엘(단 9:4下), 바울(롬 7:7-8; 갈 5:17; 빌 3:12), 요한(요일 1:8-10) [195] 등은 모두 자신의 죄와 잘못을 고백합니다. 그들은 완전함을 추구했지만 그것을 얻지 못했습니다. 모세와 이스라엘 백성의 선지자들, 그리스도와 그분의 제자들, 교회의 사도들이 이를 증거합니다(롬 6:19; 고전 3:1-4; 갈 3:1; 빌 1:6; 약 3:3; 요일 1:8). 영광 받으신 그리스도께서 요한의 입을 통해 소아시아의 일곱 교회에 증언하신 것은 말할 것도 없습니다(계 2-3장).[15]

성도의 견인

74. 그러나 이런 실망스러운 경험에도 불구하고 신자는 현재와

---

14 이전의 두 단락은 이 책 『기독교 신앙 안내서』에만 있습니다.

15 참고. *MD*, 479–80.

미래의 구원에 대한 확신을 가질 수 있습니다. 그러한 확신이 삶에 대한 허황된 확신과 경박함을 불러일으킬 수 있다는 두려움 때문에, 많은 사람들이 그 확신을 거부하고 성도의 견인을 반대했습니다. 그러나 여기서도 성경은 분명한 증거를 제시합니다.[16] 구약과 신약 시대에 우리를 앞서간 모든 성도는 이 구원의 확신을 공유합니다. 아브라함(창 15:6; 롬 4:18下), 야곱(창 49:18), 다윗(삼하 22:2下), 하박국(합 3:17-19)뿐 아니라, 시편과 잠언의 기자와 선지자들을 통해 그 상황이 묘사된 모든 신자도 마찬가지입니다. 그들은 종종 원수들에 의해 깊은 슬픔과 압제, 박해, 조롱을 받습니다. 네 하나님이 어디 있느냐? 네가 여호와께 의탁하니 그가 너를 구원하실 걸 하노라(시 22:8; 42:3; 71:11)! 때로는 하나님께서 그들을 잊으시고 자비를 진노로 바꾸신 것은 아닐까 하는 의심이 그들의 영혼을 사로잡습니다(시 10:1, 11; 13:2; 28:1; 44:10下; 77:8下). 또한 그들은 자신의 죄를 고백하며 하나님의 심판의 정당함을 인정합니다(시 51:6; 느 9:33; 단 9:14).

그럼에도 불구하고 하나님은 그들의 아버지이시고, 그들은 그분의 백성이며, 그분의 목장에 있는 양입니다(시 95:7; 100:3; 사 63:16; [196] 64:8). 하나님은 자기 언약을 위해 그들을 결코 떠나지도 버리지도 않으십니다(시 79:8-9). "그의 노염은 잠깐이요 그의 은총은 평생이로다(시 30:5)" "우리의 죄를 따라 우리를 처벌하지는

---

16 이 단락의 첫 번째 부분은 이 책 『기독교 신앙 안내서』에만 있습니다. 하지만 이 단락의 나머지는 *Magnalia Dei*에 있습니다. *MD*, 487.

아니하시며 우리의 죄악을 따라 우리에게 그대로 갚지는 아니하
셨으니(시 103:10)" 하나님은 그들의 허물을 사하시고 죄를 가리십
니다(시 32:1). 여호와께서 그들의 반석과 요새, 피난처와 산성, 방
패와 구원의 뿔, 빛과 기쁨이시며, 그들의 하나이자 전부이십니다
(시 18:2; 73:25).[17]

　　신약의 사도들과 신자들이 자신의 구원에 대해 말하는 어조도
마찬가지로 확실합니다. 여기에는 의심의 여지가 없습니다. 그들
은 하나님께서 자기 아들을 아끼지 아니하시고 그들 모두를 위해
내어 주셨고, 이제 그 아들과 함께 모든 것을 주신다는 사실을 알
고 있습니다(롬 8:32). 그들은 믿음으로 의롭다 하심을 받아 하나님
과 화평을 누리고 더 이상 누구에게도 고발당하지 않을 것을 알고
있습니다(롬 5:1; 8:33). 그들은 산 소망으로 거듭났으며 사망에서
생명으로 옮겨졌음을 알고 있습니다(벧전 1:3; 약 1:18; 요일 3:14). 또
한 그들은 양자로 삼는 성령님을 받았고, 이 성령님이 그들이 하나
님의 자녀인 것을 자신의 영으로 증거한다는 사실을 알고 있습니
다(롬 8:15-16).

　　이런 지식은 현재 자신이 누구인지에 관한 것뿐 아니라, 미래
에 자신이 어떤 존재가 될 것인지에 관한 것에까지 확장됩니다. 성
부께서 세상에 기초를 놓으시기 전에 그리스도 안에서 그들을 택
하시고(엡 1:4), 영생을 예정하셨으며(행 13:48), 그분의 아들의 형

17　이 단락은 *Magnalia Dei*에 있는 한 단락의 일부와 동일합니다.
　　MD, 487.

상을 본받게 하셨습니다(롬 8:29). 이 선택은 불변하며(롬 9:11; 히 6:17), 때가 되면 소명과 칭의와 영화에 이르게 해줍니다(롬 8:30). 그리스도 안에서 하나님의 모든 약속이 예와 아멘이 되었습니다 (고후 1:20). 그분은 아버지께서 자기에게 주신 자들을 위해 죽으심 으로 [197](요 17:6, 12), 그들에게 영생을 주시고 그들 중 누구도 잃 지 않도록 하셨습니다(요 6:39-40; 10:28; 17:12). 그들을 부활시키신 성령님은 영원히 그들과 함께 계시며(요 14:16), 구속의 날까지 그 들을 인치십니다(엡 2:13; 4:30).[18]

은혜 언약은 맹세로 세워지고 확증됩니다(히 6:16-18; 13:20). 이 는 깨지지 않는 결혼(엡 5:31-32)이나 유언(히 9:17)과 같습니다. 이 언약 덕분에 하나님은 택한 자들을 부르시고, 그들 안에 율법을 기 록하시며, 그들의 마음에 하나님을 경외하도록 하십니다(히 8:10; 10:14下). 또한 그들이 감당하지 못할 시험 당함을 허락하지 않으시 고(고전 10:13), 그들 안에서 시작하신 착한 일을 이루고 완성하시 며(고전 1:9; 빌 1:6), 그리스도의 미래를 위해 그들을 보전하시고, 하 늘의 유업에 참여하게 하십니다(살전 5:23; 살후 3:3; 벧전 1:4-5). 그 리스도께서는 성부와 중보를 통해 항상 그들을 위해 일하십니다. 그래서 그들의 믿음이 떨어지지 않고(눅 22:32), 악한 자로부터 세 상에서 보전되며(요 17:11, 20), 온전히 구원받고(히 7:25), 죄 용서를 받으며(요일 2:1), 언젠가 그분과 함께 있어 그분의 영광을 보게 하

---

18 이전의 두 단락은 *Magnalia Dei*에 있는 두 단락과 동일합니다. *MD*, 487-88.

십니다(요 17:24). 성령께서 우리를 참여하도록 하시는 그리스도의
유익은 상상을 초월하며(롬 11:29) 서로 밀접하게 연결되어 있습니
다. 부르신 그들을 또한 의롭다 하시고 의롭다 하신 그들을 또한
영화롭게 하십니다(롬 8:30). 하나님의 자녀로 입양된 자는 영생을
유업으로 받을 자입니다(롬 8:17; 갈 4:7). 심지어 지금 당장 여기서
믿는 자도 영원한 생명을 얻습니다(요 3:16). 그 생명은 영원할 뿐
만 아니라 불변합니다. 그리고 죄를 지을 수도 없고(요일 3:9), 영원
히 죽을 수도 없습니다(요 11:25-26).[19]

성도를 지키시겠다는 하나님의 약속에 근거하고, 성령님의 증
거를 통해 신자들의 마음에 [198] 심어진 구원의 확신은 신자들이
성화를 추구하도록 하는 강력한 수단입니다. 성화 없이는 아무도
하나님을 볼 수 없습니다. 하나님은 그들을 강요하지 않으시고 합
리적인 방식으로 인간과 함께 일하십니다. 하나님은 신자들을 잘
못된 의미에서 수동적으로 만들지 않으시고, 오히려 약속과 권면
을 통해 그들을 위해 예비하신 선한 일을 하도록 자극하십니다. 하
나님은 신자들을 진리로 거룩하게 하십니다(요 17:17; 15:3).[20]

그러므로 하나님의 보전에 대한 믿음은 참된 신자들을 교만하
고 세속적으로 안일하게 만드는 것이 아니라, 참된 겸손과 어린아

---

19 이 단락은 *Magnalia Dei*에 있는 한 단락의 일부와 거의 동일합니다.
   MD, 484.

20 이 단락은 이 책 『기독교 신앙 안내서』에만 있습니다.
   참고. *MD*, 484-85.

이와 같은 경외심, 참된 경건, 모든 갈등 가운데 나타나는 인내, 간절한 기도, 십자가에 대한 확고함과 진리에 대한 고백, 하나님 안에서의 굳건한 기쁨의 근원입니다. 이 은혜를 묵상하는 일은 성경의 증언과 성도의 모범이 잘 보여주듯이, 신자들에게 감사와 선행을 진지하고 지속적으로 실천하도록 하는 동기가 됩니다.[21]

---

21 참고. *MD*, 487. 이 단락은 *Magnalia Dei*에 있는 단락과 거의 동일합니다. 이 책 『기독교 신앙 안내서』에서 생략된 부분은 『도르트 신조』 다섯 번째 교리 제12항에 대한 언급입니다. "그러나 이런 견인의 확신은 참된 신자를 오만하게 하고 육체적으로 자기만족을 이루는 일과는 거리가 멉니다. 오히려 진정한 겸손, 어린 아이와 같은 존경, 진정한 경건, 모든 갈등에서 나타나는 인내, 간절한 기도, 십자가를 지는 일에 있어 확고함, 진리에 대한 신앙고백, 하나님 안에서 확고한 기쁨에 대한 참된 뿌리입니다. 이런 유익에 대한 묵상은 성경의 증언과 성도의 모범에서 분명하게 나타나듯 감사와 선한 행동을 진지하고 꾸준히 실천해 나가도록 자극합니다."

1. 칭의가 죄책에서의 자유라면, 성화는 무엇에서 자유롭게 할까요?

2. 신자는 왜 성도라고 불릴까요?

3. 복음이 율법을 폐하지 않고, 오히려 회복하고 지지하는 이유는 무엇일까요? 이런 관점은 로마교와 어떤 측면에서 다를까요?

4. 이생에서 성화가 완전에 이르지 못할지라도 구원의 확신을 가질 수 있는 이유는 무엇일까요?

5. 구원의 확실성이 신자의 교만함과 태평함과 거리가 먼 이유는 무엇일까요?

Guidebook for Instruction in the Christian Religion

18. 그리스도의 교회

Handleiding bij het Onderwijs in den Christelijken Godsdienst

18. 그리스도의 교회[1]

그리스도와 그 은혜의 공동체

75. [199] 그리스도께서 이 땅에서 자신의 신자들에게 풍성한 복을 주십니다. 신자들은 죽음 이후에 그들을 기다리는 영광 가운데서 완전함과 면류관을 받을 것인데, 이는 심판의 날 이후에 완전히 이루어질 것입니다.[2] 그러나 우리가 이 유익에 대해 논하기 전에, 그리스도께서 어떻게 자신의 신자들에게 소명과 중생, 믿음과 회심,

---

1 참고. *MD*, 492. *Magnalia Dei* 23장의 제목은 이 책 『기독교 신앙 안내서』와는 약간 다릅니다. *Magnalia Dei*에는 "그리스도의 교회[Kerk]"라는 말 대신 "그리스도의 회중[Gemeente]"이라는 말을 쓰고 있습니다. (편집자 주: 한역본에서는 Gemeente(영어: congregation)라는 단어를 문맥과 상황을 고려하여 교회, 회중, 신자, 성도, 공동체, 백성이라는 단어로 혼용했습니다.)

2 이 문장은 *Magnalia Dei*에 있는 한 문장과 동일합니다. *MD*, 492. 이 단락의 나머지는 이 책 『기독교 신앙 안내서』에만 있습니다.

칭의와 양자 삼음, 중생과 성화의 유익들을 확립하고 유지하며 강화하시는지 생각해 보아야 합니다. 소명을 다룰 때[15장 참조], 우리는 그분께서 자신의 말씀과 성령님을 통해 이 모든 복을 주신다는 사실을 이미 보았습니다. 이제 우리는 그분께서 또한 신자들을 하나로 묶어 주는 교제 안에서만 이런 복을 주신다는 사실에 주목해야 합니다. 그분은 [이러한 복을] 소외된 몇몇 개인에게 나누어 주시는 것이 아니라, 처음부터 역사적 연속성, 즉 유기적 전체를 이루는 많은 사람에게 나누어 주십니다.

타락 직후 하나님께서 인간과 맺으신 은혜 언약에서, 하나님은 한 사람을 다른 모든 사람과 분리하여 부르시는 것이 아니라 그 한 사람 안에서 그의 가족과 혈통을 동시에 부르십니다. 하나님은 아담, 노아, 아브라함, 이스라엘 백성도 그렇게 부르셨습니다. 구약성경에서 민족적 연합체와 종교적 공동체 [200] 사이에 밀접한 관계가 있었습니다. 많은 불신과 배교의 결과로 분열과 분리가 있었을 때조차 경건한 자들은 서로의 교제 안에서 연합하고 강화되었습니다(시 1:1; 16:3; 22:23; 26:4-12; 35:18; 40:16; 66:16; 122:1下; 133:1下).[3]

이 분열은 세례 요한과 예수님의 설교로 계속되었지만, 동시에 그리스도께서는 제자들을 주위에 모아 자신의 이름에 대한 신앙고백으로 그들을 연합하셨습니다.[4] 이 신앙고백은 그들을 긴밀하

---

3 이 단락은 이 책 『기독교 신앙 안내서』에만 있습니다. 참고. *MD*, 494.

4 이 책 『기독교 신앙 안내서』에서 바빙크가 언급하는 언급은 다소 불분명합니다. 그러나 *Magnalia Dei*에서 나타나는 확장된 부분으로 돌아간

게 묶어주었고, 메시아가 그들을 떠난 후에도 그들은 서로 하나가 되어 기도와 간구를 계속 이어나갔습니다(행 1:14).[5] 오순절에 그들은 위로부터 권능으로 띠를 띠고 성령님 안에서 독립된 삶의 원리를 받았습니다. 이 원리는 그들을 민족적 속박에서 자유롭게 하고, 세상의 중심에서 민족과 나라로부터 독립된 그들만의 공동체를 형성했습니다.[6] 성령님의 부으심은 그리스도의 백성에게 독립적인 존재를 부여했습니다.[7]

교회(회중)의 의미

처음부터 예수 그리스도를 주님으로 고백하는 신자들의 모임은 회중(gemeente) 또는 교회(kerk)라는 이름으로 불렸습니다.[8] 히

다면, 이 구분은 매우 분명해집니다. *MD*, 494. 이 구분은 하나님의 백성과 불신자 사이의 구분입니다. "이런 신실한 자들이 자신을 악한 자들로부터 구별되어 있지만, 신실한 자들도 서로의 교제에서 더 함께 친밀해지고, 자신을 강화합니다. [네덜란드어: "Terwijl deze vromen van de goddeloozen zich afzonderden, sluiten zij zich onderling aaneen en sterken zich in elkanders gemeenschap."]

5 다음을 보세요. Bavinck, *The Sacrifice of Praise*, 85. 헤르만 바빙크, 『헤르만 바빙크의 찬송의 제사』, 202-03.

6 바빙크는 성령님의 활동을 주관적인 삶의 원리(levensbeginsel)를 제시하는 것으로 표현합니다. (288, 302쪽을 보세요.) 인간 내면에 있는 이런 살아있는 능력은 중생입니다. 중생은 성령님께서 활력을 불어 넣으시는 인류라는 유기체에 중요한 요소입니다. 다음을 보세요. Bruce Pass, *The Heart of Dogmatics: Christology and Christocentrism in Herman Bavinck* (Göttingen: Vandenhoek & Ruprecht, 2020), 29-35, 70, 74fn98.

7 참고. *MD*, 495.

8 이 문장은 *Magnalia Dei*에 있는 한 문장과 동일합니다. *MD*, 495. 이 단

브리어 구약성경은 이미 이스라엘 백성의 모임을 가리키는 두 단어가 있었는데, 하나는 헬라어로 **회당**(synagoge[synagogue])으로 번역되었고, 다른 하나는 **에클레시아**(ekklesia)라는 단어로 번역되었습니다.[9] 사도 시대에 유대인과 그리스도인이 완전히 분리되면서, 유대인의 모임을 **회당**, 그리스도인의 모임을 **에클레시아**(회중 또는 교회)라는 이름으로 부르는 것이 점차 관습이 되었습니다. 원래 이 두 단어 안에 이런 구분이 들어있던 것은 아니었지만(참고. 약 2:2; 히 2:12; 10:25; 행 7:38; 19:32, 39-40), 이 관습은 오늘날까지 계속되고 있습니다.

네덜란드어 성경 번역본에서 [201] **에클레시아**라는 단어는 "회중"으로 번역되었습니다. **교회**라는 단어는 아마도 "여호와의" (집)을 뜻하는 헬라어 단어에서 유래했을 것으로 보이며, 이 단어는 오직 교회 지기 또는 교회 도둑(신전 지기 또는 신전 도둑)과 관련해서만 등장합니다(행 19:35, 37). 네덜란드 흠정역 번역자들은 명확하게 **회중**이라는 단어를 선호했는데, 이 단어가 서로 교제하는 신자들의 모임을 나타내는 반면, **교회**라는 단어는 조직화된 기관으로 더 잘 알려져 있기 때문입니다. 그러나 두 단어는 여전히 상호 교환적으로 사용되고 있습니다. 신앙고백 문서들에서 교회에 대한

락의 나머지는 *Magnalia Dei*에도 있습니다. *MD*, 495.

9 네덜란드어 단어 synagoge와 "회당(synagogue)"의 음역은 똑같습니다. 바빙크가 네덜란드어 단어를 여기서 사용하고 있을 가능성이 있습니다. 그러나 에클레시아(ekklesia)에 대한 꾸준한 언급을 고려한다면, 바빙크가 "synagogue"에 대한 음역을 사용하고 있을 가능성도 더 높습니다.

언급이 지속적으로 나옵니다(『벨직 신앙고백』, 27-32항; 『하이델베르크 교리문답』, 7, 23주일).[10] 이 두 단어는 서로 반대되는 것이 아니라, 다른 관점에서 신자의 모임을 보게 하며 아름다운 방식으로 서로를 보완합니다.[11]

교회라는 단어는 그리스도께서 처음 사용하셨습니다(마 16:18; 18:17). 예수님이 사용하신 히브리어 단어는 구약성경에 여러 번 등장하고 잘 알려졌다는 점을 고려할 때 이상한 점이 없습니다. 단지 새로운 점은 그리스도께서 이 단어를 그분의 제자들의 집단에 적용하여, 그분의 회중이 이스라엘 백성의 집단을 대체할 것임을 이미 시사하셨다는 사실입니다. 또한 예수님은 이 단어를 통해 지역적인 신자들의 모임이 아니라 사도들의 말씀을 통해 언젠가 자신을 믿게 될 모든 사람을 지칭하시면서, 가능한 한 일반적으로 이 단어를 사용하십니다. 이 단어는 이후에 교회의 발전에 따라 더 구체적인 의미를 갖게 되었습니다.[12]

사도행전 2장 47절, 5장 11절, 8장 1절, 11장 22절에서는 예루살렘에 있었던, 처음에는 사실상 단독으로 존재했던 신자들의 지

---

10 바빙크는 『하이델베르크 교리문답』의 7, 21주일을 언급합니다. 그러나 여기서 이 질문에서 교회에 대한 언급은 없습니다. 교회에 대한 언급은 23문에 있습니다.

11 이 단락의 마지막 문장은 이 책 『기독교 신앙 안내서』에만 있습니다. 이 단락의 나머지는 *Magnalia Dei*에 있는 한 단락과 거의 동일합니다. *MD*, 497. 이 단락은 *Magnalia Dei*의 초판의 영어 번역에서는 생략되어 있습니다.

12 이 단락은 *Magnalia Dei*에 있는 한 단락과 동일합니다. *MD*, 498.

역 모임에 대해 교회라는 이름이 사용되었습니다. 그 후 제자들의 설교를 통해 다른 곳에서도 신자들의 모임이 형성되었고, 교회라는 이름이 각 [202] 지역의 회중에도 적용되었습니다. 예루살렘의 신자들은 다른 지역에 분열을 일으키는 단체가 아니었고, 오히려 그들 옆에 자신의 모임을 형성한 신자들도 있었습니다.[13]

안디옥 교회(행 11:26; 13:1), 루스드라와 더베 및 그 주변 지역의 교회(행 14:20-21), 수리아와 길리기아에 교회가 있습니다(행 15:41). 바울은 로마, 고린도, 에베소, 빌립보, 골로새 등에 있는 모든 지역 신자들의 모임에 계속해서 교회라는 이름을 사용하고, 갈라디아(갈 1:2) 또는 유대(갈 1:22)에 있는 교회를 복수형으로 말하기도 합니다.[14] 심지어 가정 교회, 즉 많은 사람이 한 곳에 모일 수 없어서 서로 다른 형제자매들의 집에서 함께 모이게 된 신자들의 모임에도 교회라는 이름이 주어졌습니다(행 2:46; 5:42; 롬 16:5; 고전 16:19; 골 4:15; 몬 2절).

그럼에도 불구하고 이 모든 교회는 하나였으며, 그렇기 때문에 모두 함께 교회라는 이름을 가질 수 있었습니다. 그렇습니다. 이 이름은 이미 하늘에 갔거나(승리한 교회; 참고. 히 12:23) 오늘날 이 땅에서 여전히 전투하는 교회로 살고 있거나 살게 될 모든 신자를

---

13 이 단락은 *Magnalia Dei*에 있는 한 단락과 동일합니다. *MD*, 498.

14 이 단락의 첫 번째 부분은 *Magnalia Dei*에 있는 한 단락의 일부와 동일합니다. *MD*, 498. 이 단락의 나머지는 이 책 『기독교 신앙 안내서』에만 있습니다.

포함합니다. 모든 교회는 그리스도의 몸이고(엡 1:22-23, 4:15-16;
골 1:18, 24), 어린 양의 신부이며(엡 5:32; 고후 11:2; 계 21:2), 하나님
의 집과 성전입니다(고전 3:10-16; 엡 2:20-22; 딤전 3:15; 벧전 2:5; 계
21:3). 모든 성도는 "택하신 족속이요 왕 같은 제사장이요 거룩한
나라요 그의 소유된 백성이니 이는 너희를 어두운 데서 불러 내어
그의 기이한 빛에 들어가게 하신 자의 아름다운 덕을(벧전 2:9)" 부
름 받은 자들입니다.[15]

교회의 속성1: 통일성

76. 이 교회는 여러 놀라운 특성을 가지고 있습니다. 첫째는 **통
일성**입니다. [203] 교회 안에는 다양한 은사, 사역, 역할이 존재합
니다. 교회는 많은 지체를 가진 몸이며, 각 지체는 자신이 가진 은
사로 서로를 섬겨야 하기 때문에, 이는 당연한 것입니다(롬 12:6; 고
전 12:4下; 14:12, 25; 엡 4:7; 벧전 4:10). 그러나 이런 다양성에도 불구
하고, 교회는 **통일성**을 이룹니다.[16]

이 사실은 오직 한 교회만 존재했고, 언제나 하나의 교회만 존
재할 것이라는 의미뿐만 아니라, 교회는 언제 어디서나 같은 유익
과 특권과 보물을 지니고 있는 동일한 교회라는 의미이기도 합니

---

15 이 단락은 *Magnalia Dei*의 초판에 있는 한 단락과 거의 동일합니다.
    (다음을 보세요. *MD* 초판, 592).

16 이 단락은 이 책 『기독교 신앙 안내서』에만 있습니다.
    참고, *MD*, 499-501.

다. 이러한 통일성은 외부에 의해 강요되거나 공동의 적에 맞서 일시적으로 체결된 계약에 의해 만들어진 것이 아닙니다. 또한 종교 생활의 사회적 본능에서 나오는 것도 아닙니다. 오히려 본질적으로 영적이며, 아버지와 중보자이신 그리스도의 연합에 그 토대와 모범을 두고 있습니다(요 17:21-23). 통일성은 온 몸이 머리에서 자라듯(엡 4:16) 자신에게서 뻗어 나온 모든 가지를 만들어 내고 영양분을 공급하시는 포도나무이신 그리스도로부터 나옵니다(요 15:5).[17] 그리고 이 통일성은 우리 모두를 한 아버지께로 인도하시는 한 성령님에 의해 이루어집니다(고전 12:13; 엡 2:18; 4:4). 비록 이 통일성은 현재의 현실에서 매우 불완전하고 결함이 많으며 가장 비참한 방식으로 분열되어 있지만, 그럼에도 불구하고 모든 기독교 교회가 하나의 동일한 세례로 세상과 분리되고 사도신경의 열두 조항의 신앙고백을 붙들며, 다양한 형태로 성찬과 기도를 지킨다는 점에서 통일성을 이룹니다. 교회의 통일성은 믿음의 대상입니다. 비록 우리가 원하는 만큼 분명하게 보지 못할지라도, 통일성은 존재하며 언젠가 그 충만함을 이룰 것입니다(요 17:21; 엡 4:13).

교회의 속성2: 거룩성

마찬가지로 [204] 교회에게 속하는 두 번째 속성도 존재하는

---

17 이 단락의 이 부분은 *Magnalia Dei*에 있는 한 단락의 일부와 동일합니다. *MD*, 501. 이 단락의 나머지는 다음을 참고하세요. 참고. *MD*, 501-2.

데, 바로 **거룩성**입니다.[18] 교회는 거룩한 백성이며, 신자는 [개인적으로] 성령님의 성전이기 때문에(고전 3:16-17; 6:19) 성도입니다(롬 1:7; 고전 1:2 등). 그들은 성령님으로 씻음 받고 그리스도 예수 안에서 거룩하게 되었기 때문에(요 17:17, 19; 고전 1:2; 6:11; 엡 5:26-27), 모든 죄와 육신을 따라 행하는 모든 일, 세상의 정욕을 피하고 피흘리기까지 싸워야 합니다(갈 5:19; 골 3:5; 히 12:1, 4). 다른 한편으로 그들은 모든 덕을 실천하고, 모든 선한 일을 증진해야 합니다(갈 5:22; 빌 4:8; 골 3:12; 딛 2:14 등). 사랑은 모든 미덕 중 가장 크고(고전 13:13), 온전하게 매는 띠이며(골 3:14), 율법의 완성이기 때문에(롬 13:10) 그리스도인은 반드시 사랑의 삶을 살아야 합니다(엡 5:2).[19] 그러나 사도 시대에는 이런 거룩함의 많은 부분이 부족했습니다. 우리는 그 사실을 사도들의 서신을 통해 배우게 되며, 이후 몇 세기 동안 교회의 깊은 종교적, 도덕적 타락을 목격하게 되었습니다.

그러나 교회가 무너질 때마다 그리스도의 영을 통해 부흥과 회복이 일어났습니다. 교회의 거룩함 역시 그리스도께서 신자를 위해 얻으시고 신자 안에서 이루시는 특성이며,[20] 따라서 언젠가는 완전히 교회의 속성이 될 것입니다(요 17:19; 계 21:2).

---

18 이 문장은 이 책 『기독교 신앙 안내서』에만 있습니다.

19 이 단락의 이 부분은 *Magnalia Dei*에 있는 한 단락의 일부와 동일합니다. *MD*, 504.

20 이 부분은 *Magnalia Dei*에 있는 분리된 단락의 일부와 동일합니다. *MD*, 504. 나머지는 이 책 『기독교 신앙 안내서』에만 있습니다.

교회의 속성3: 보편성

마지막으로 교회는 공교회성 또는 **보편성**이라는 속성을 가지고 있습니다. 이 이름은 속사도 시대의 기록에 처음 등장하며, 온갖 이단과 분열에 직면하여 참된 교회는 감독을 따르고 전체로 머무는 교회라는 의미를 갖습니다. 그리스도께서 계시는 곳은 보편적 공교회이기 때문입니다. 나중에 이 이름에 대해 온갖 설명이 주어졌습니다. 교회는 전 세계에 퍼져 있고, 그 시작부터 오늘까지 모든 [205] 신자를 포함하며, 모든 진리와 은혜를 나누고, 따라서 모든 사람에게 적절한 구원의 수단이라고 이해했습니다. 교회가 예를 들어 로마 교회처럼 단지 한 교파만을 의미하는 것이 아니라 서로 다른 수준의 순수함을 가지고 함께 계시로 나아가는 기독교의 회중을 의미한다면 이런 설명은 틀린 것이 아닙니다.[21] 실제로 교회는 참으로 보편적입니다. 이 교회는 태초부터 존재했으며(창 3:15), 이스라엘 아래에서 이 땅의 모든 민족을 위해 한시적으로 제한된 형태로 나타났습니다(창 12:2; 욜 2:32; 미 4:1-2; 습 2:11; 사 25:6-10). 예수님은 천국의 입구를 중생, 믿음, 회심이라는 영적인 특성으로만 제한하셨고(막 1:15; 요 3:3), 부활하신 이후에는 제자들에게 모든 피조물에게 복음을 전하고 모든 민족을 제자로 삼으라는 사명을 주셨습니다(마 28:19; 막 16:15).

---

21 이 단락의 첫 절반 부분은 *Magnalia Dei*에 있는 한 단락과 동일합니다. *MD*, 598-99. 이 단락의 나머지는 이 책 『기독교 신앙 안내서』에만 있습니다.

따라서 교회가 소유한 보물은 금이나 은, 권력이나 힘이 아니라 성령님을 통한 의와 화평과 기쁨이라는 영적인 본질이기 때문에, 교회는 보편성이라는 특성을 갖출 자격이 있습니다. 이 교회는 특정한 땅과 민족, 시간과 장소, 인종과 나이, 돈과 재물에 얽매이지 않습니다. 또한 세상의 모든 차별과 갈등으로부터 독립적이며, 모든 피조물에게 복음을 전합니다. 그 복음은 언제나 유일하게 기쁜 소식이며, 모든 사람에게 모든 시대, 모든 상황, 모든 환경에서 적합하고 필요합니다. 하나님 나라는 오직 죄에만 적대적입니다. 언젠가는 온 땅이 여호와를 아는 지식으로 충만해질 것입니다(사 11:9; 합 2:14; 마 24:14).[22]

교회의 조직: 특별 직분과 일반 직분

77. 처음부터 신자들의 모임인 이 교회는 [206] 특정한 조직을 가지고 있었습니다. 사람들이 많은 모든 조직은 혼란과 붕괴를 피하고, 그 설립 목적을 이루기 위해 모임과 필요한 활동을 위한 규정이 필요합니다. 이처럼 그리스도의 교회도 인간 사회의 일반 법칙을 따릅니다. 하나님은 혼돈의 하나님이 아니라 화평의 하나님이십니다. 모든 피조물을 위해 질서를 세우셨고, 회중 안에서도 모든 일이 적절하고 질서있게 이루어지기를 원하십니다(고전 14:33, 40).[23]

---

22 참고. *MD*, 506-7.

23 이 단락은 *Magnalia Dei*에 있는 한 단락의 일부와 동일합니다. *MD*, 507.

그러므로 아름답고 유기적으로 존재하는 신자들의 모임에 제
도가 존재했습니다. 은사와 권능, 직분과 사역의 특별한 설립을 통
해 이 땅에서 살아가고 성장하며 번성하고 깊이를 더할 수 있었습
니다. 이를 통해 다양한 부르심에 한 마디로 응답할 수 있었습니
다. 족장 시대에 아버지가 자기 가족의 제사장이었으며, 할례를
행하고 희생 제사를 드렸습니다(창 17:23; 22:2; 26:25 등). 시내산 율
법은 특별한 제사장직과 제의를 확립했고, 나아가 이스라엘의 전
반적인 삶을 규제했습니다. 이후에는 왕과 선지자가 백성들을 여
호와의 길로 인도하도록 더해졌고, 그 후에는 유대인들이 사는 곳
마다 회당이 세워져서 사람들이 안식일에 모여 성경을 읽고 죄를
고백하며 찬송과 기도로 하나님의 이름을 부르게 되었습니다(눅
4:16; 행 15:21).

교회의 특별 직분(비상 직분)

신약 시대에도 그리스도는 지상에 있는 자신의 백성에게 특별
한 구조와 정치체제를 주셨습니다. 우선, 그분이 지상에 계시는 동
안 개인적으로 또 실제적으로 제자들의 스승이자 인도자였습니
다. 그리고 부활과 승천 후에는 주님과 그리스도, 왕과 구속주(행
2:36; 3:15; 5:31), 교회의 머리(엡 1:22), 그분의 [207] 백성의 왕으로
(고전 15:24下; 히 2:7) 높임 받으셨습니다. 따라서 교회의 정치체제
는 존재할뿐만 아니라 영적인 면에서 엄격한 군주제입니다. 오직
한 분, 그리스도만을 주인으로 가지고 있습니다(마 23:8, 10). 그분

은 신성과 위엄, 은혜와 성령님을 따라 자신의 백성과 함께 계시지만(마 28:20), 승천으로 인해 육체적으로는 잠시 백성으로부터 떠나 계십니다.

그러므로 그리스도는 많은 제자들 가운데서 열두 사도를 택하셨고(눅 6:13), 이들은 그리스도께 직접 가르침을 받고 특별한 방법으로 성령님과 비상한 권능을 갖추었습니다(마 16:19; 18:18; 28:19; 요 20:22). 그들은 그분의 증인으로 행하고(행 1:8, 22; 2:32 등), 세상에서 교회를 세우며(마 16:18; 28:19), 말씀으로 신자를 인도하고 양육하기 위해(요 21:15-17; 행 1:15; 2:38, 42; 4:37; 5:2; 8:13-25; 9:31-32; 벧전 5:2-3) 선택되었습니다. 교회가 확장됨에 따라 사도들은 바나바, 마가, 누가, 디모데, 디도, 실라 등의 복음 전도자들과(엡 4:11; 딤후 4:5), 아가보와 같은 선지자들의(행 11:28; 21:9-10; 고전 12:28; 엡 4:11 등) 지원을 받았습니다.[24]

사도, 선지자, 복음 전도자와 같은 모든 직분은 그 직분을 담당한 사람들이 사망하자 사라졌으며, 그 직분의 본질상 다른 사람으로 대체되지 않았습니다.[25] 이런 직분은 교회가 이 땅에 세워져야 하는 특별한 시대에 필요했습니다. 그러나 그들의 사역은 주님 안에서 헛되지 않았습니다. 그들은 참으로 예수 그리스도의 터 위에 교회를 세웠고(고전 3:11), 또한 그들의 증언은 신약성경, 즉 복음서

---

24 이전의 세 단락은 이 책 『기독교 신앙 안내서』에만 있습니다. 참고. *MD*, 510-13.

25 이 문장은 이 책 『기독교 신앙 안내서』에만 있습니다.

와 서신서, 사도행전과 요한계시록에서 오늘날까지 교회 안에서 살아 숨쉬고 있기 때문입니다. "그들이 사도의 가르침을 받아 서로 교제하며 떡을 떼며 [208] 오로지 기도하기를 힘쓰니라(행 2:42)."[26] 교회는 그들의 신앙고백 위에 세워졌습니다(마 16:18; 엡 2:20; 계 21:14). 사도직은 교회의 기초이며, 계속 그대로 남아있습니다. [사도들]과 그의 말씀과의 교제를 통하지 않고는 그리스도와 교제할 수 없습니다(요 17:20; 요일 1:3).[27]

교회의 일반 직분(항존 직분)

이런 비상 사역에 더해서 그리스도께서 그분의 교회에 일반 직분(항존 직분)도 세우셨습니다.[28] 처음에는 사도들도 자비의 선물을 나누어 주었지만(행 4:37, 5:2), 신자의 수가 상당히 많아지자 더 이상 사도들이 이 일을 감독할 수 없었습니다. 일상적인 사역에 대해 교회 안에서 분쟁이 발생하면서, 사도들은 믿음과 성령님으로 충만한 일곱 사람을 식탁 봉사자로 선출해야 한다고 제안했습니다(행 6:1-6).[29] 사도들이 말씀과 기도의 사역을 계속했던 반면(행 6:4), 그 일곱 사람은 식탁 봉사, 즉 공동 식사와 성례 그리고 가난한 사

---

26 이 부분은 *Magnalia Dei*에 있는 한 단락과 거의 동일합니다. *MD*, 513.

27 이 부분은 이 책 『기독교 신앙 안내서』에만 있습니다.

28 이 문장은 이 책 『기독교 신앙 안내서』에만 있습니다.

29 이 단락의 이 부분은 *Magnalia Dei*에서 한 단락으로 합쳐져 있습니다. *MD*, 514. 이 단락의 나머지도 그 단락에 포함되어 있습니다.

람들에게 헌물을 분배하는 모든 사역을 맡았습니다. 여기에서 집사 직분이 세워졌을 가능성이 높습니다. 이 집사 직분은 나중에 다른 교회에도 확대되었습니다(빌 1:1; 딤전 3:8; 참고. 롬 12:8; 고전 12:28). 사도들이 예루살렘에서 그랬던 것처럼(요 6:3), 바울은 나중에 집사 직분에 대한 요건을 세웠습니다(딤전 3:8下).

집사 직분과 더불어 장로 직분도 곧 교회 안에 생겨났습니다. 장로 직분의 기원에 대한 언급은 없지만, 사도행전 11장 30절에서 이미 장로들이 부조를 받는 장면이 등장하며, 사도행전 15장 2절 하반절에서는 장로들이 선교 사역을 위임하기 위해 예루살렘 회의에 사도들과 함께 참여합니다. 이 직분 또한 곧 다른 교회에 도입되었습니다(행 14:23; 20:28; 고전 12:28; 엡 4:11; 빌 1:1 등).[30] 디모데전서 3장 1절 하반절과 [209] 디도서 1장 6-9절에서 바울은 장로의 자격 요건을 밝히고, 디도서 1장 5절에서 각 교회에 장로를 세우도록 지시합니다. 이 장로들은 교회를 감독하는 책임을 맡았으며(행 20:28; 엡 4:11[목자], 벧전 5:2), 사도 시대에는 다스리는 자들과 말씀 사역과 진리를 가르치는 자들을 구별했습니다(딤전 5:17; 히 13:7; 벧전 4:11; 딤전 3:2[가르칠 수 있는 자]). 요한삼서 9절에 나오는 교회에서 으뜸되기를 좋아했지만 자신의 권력을 남용했던 디오드레베의 경우와 관련이 있을지도 모릅니다. 우리는 일곱 교회의 천사 또는 사자들을(계 2:1, 8 등) 동료 장로들과 구별되어 교회에서 중요한 직

---

30 이 문장은 이 책 『기독교 신앙 안내서』에만 있습니다. 이 단락의 나머지는 *Magnalia Dei*에 있습니다. *MD*, 515.

분을 가진 말씀 사역을 하는 교사들로 생각해야 합니다.

직분의 권세

78. 이것은 그리스도의 교회의 통치를 위해 사도 시대에 만들어진 간단한 질서였습니다. 그뿐 아니라 이 정치체제 전체에서 다스리는 권세에 대한 의문은 전혀 없었습니다(마 20:25-27; 벧전 5:3). 교회의 모든 권세는 섬김의 성격을 지니고 있었습니다. 그리스도만이 교회의 머리이시고(엡 1:22), 유일한 주인이시며(마 23:8, 10), 주님이시므로(요 13:13; 고전 8:6; 빌 2:11), 그분과 나란히 있거나 반대되는 권세는 교회에 존재할 수 없고, 오직 그분에 의해 주어지고 그분에게 매여 있는 권세만 존재할 수 있습니다.[31]

이는 그리스도께서 세상에 교회의 터를 세우기 위해 처음으로 세우신 사도, 선지자, 복음 전도자 같은 비상 직분에서도 마찬가지였습니다. 그들은 그 직분과 권세를 교회가 아니라 그리스도에게서 받았으며, 이 권세를 교회를 섬기는 일에 사용해야 했습니다(마 20:25-27; [210] 벧전 5:3).[32] 각 지체가 다른 지체의 유익을 위해 자신의 은사를 사용해야 하는 것과 같습니다(롬 12:5下; 13:8; 고전 12:12下; 14:12 등). 좀 더 강한 의미로 이것은 항존 직분에도 적용됩니다. 목사와 교사, 장로와 집사 역시 그들의 직분과 권위를 그리스도께 빚지

31　이 단락은 *Magnalia Dei*에 있는 한 단락과 동일합니다. *MD*, 515.
32　이 단락은 *Magnalia Dei*에 있는 한 단락의 일부와 동일합니다. *MD*, 515. 이 단락의 나머지는 같은 단락의 분명한 요약입니다.

고 있으며(고전 12:28; 엡 4:11), 그들 역시 성도를 온전케 하고 그리스
도의 몸을 세우는 일에 힘써야 합니다(엡 4:12).

직분 제도의 변질과 부패

그러나 교회 생활의 이러한 단순하고 아름다운 질서는 곧 부패
하고 변질되었습니다. 첫째로 소위 감독직(주교의 직분)이 등장했
습니다. 신약성경과 속사도 시대의 일부 기록에서도 여전히 장로
와 감독이라는 칭호는 같은 사람을 가리켰습니다. 감독(감독 및 치
리)은 장로의 임무에 대한 설명이거나 이 목적으로 선출된 장로에
게 부여된 임무였습니다(행 20:17, 28; 딛 1:5, 7; 벧전 5:1-2). 그러나
2세기 초 일부 교회에서는 이미 이 둘을 구분하여 감독은 장로와
집사보다 높은 지위에 있으며, 특별한 직분자, 사도의 후계자, 순
수한 교리(전통)의 수호자, 교회의 머릿돌로 간주되었습니다.[33]

이런 변화는 계층적 권위 구조가 형성되는 길을 열었습니다.
한편으로는 장로와 집사의 독립성을 박탈하고 신자를 권리 없는
평신도로 전락시켰으며, 다른 한편으로는 주교를 신자보다 높은
사제로 승격시키고 그들 중에 로마의 주교를 점차 전체 교회의 주
권자로 격상시켰습니다. 로마의 주교는 베드로의 후계자로서 하
늘나라의 열쇠를 가지고 있고, 지상에서 그리스도의 대리자이며,

---

33 첫 번째 문장은 이 책 『기독교 신앙 안내서』에만 있습니다. 이 부분의
    나머지는 두 단락 사이에 나누어져 있습니다. *MD*, 516.

교황으로서 신앙과 삶의 문제에서 무오한 권위를 입었습니다.[34]

[211] 그리스도의 교회 안에서 사제 정치체제의 발전은 한 걸음 한 걸음 나아갈 때마다 저항과 반대에 부딪혔습니다. 그러나 종교개혁이 일어나고서야 심각한 충돌이 일어났고, 그 결과 서방 기독교는 돌이킬 수 없이 둘로 갈라졌습니다. 재세례파와 같은 일부 그룹은 다른 극단으로 빠져 모든 직분과 권위와 권세가 그리스도의 교회와 충돌한다고 생각했습니다. 잉글랜드의 성공회처럼 로마교의 교황과 단절했지만 감독제도는 유지한 교회도 있었습니다. 루터파 교회는 설교의 직분을 회복했지만, 교회의 정치와 가난한 자들을 돌보는 일을 점차 시민 정부에 맡겼습니다. 이처럼 다양한 종류의 교회 정치체제가 나타났고, 오늘날까지 기독교 단체들 사이에는 신앙고백의 차이 못지 않게 교회의 조직과 정치체제에 대한 의견 차이가 존재합니다.[35] 그러나 이 모든 제도 중에서 칼뱅에 의해 회복된 장로교회 정치체제가 사도 시대의 교회 정치체제와 가장 유사합니다.[36]

---

34 이 단락은 *Magnalia Dei*에 있는 한 단락의 일부와 동일합니다. *MD*, 516.

35 이 단락의 일부는 *Magnalia Dei*에 있는 한 단락의 일부와 동일합니다. *MD*, 516-17.

36 이 문장은 *Magnalia Dei*에 있는 한 문장과 거의 동일합니다. *MD*, 518.

… 토론과 나눔을 위한 질문 …

1. 예수님이 사용하신 교회라는 단어는 어떤 의미를 가지고 있을
까요?

2. 여러 지역에 있는 사도적 교회의 회중이 모두 한 회중인 이유
는 무엇일까요?

3. 신약 시대에 교회의 구조와 정치체제는 누가 확립한 것일까
요?

4. 모든 직분은 어떤 성격을 가지고 있으며, 누구의 권세에 매여
있을까요?

5. 칼뱅의 장로회 정치체제는 어떤 의미에서 사도 시대의 정치체
제와 가장 근접하게 닮아있을까요?

19. 은혜의 수단

19. 은혜의 수단

교회: 신자의 모임이자 어머니

79. [212] 그리스도의 교회 안에 있는 모든 권세는 목회적인 성격을 지니고 있기 때문에, 그 안에 세워진 모든 제도와 직분은 하나님의 말씀에 그 중심점을 두게 됩니다. 이 말씀은 이미 4장에서 성경으로 언급되었고, 15장에서는 은혜의 수단으로써의 소명과 함께 진리의 근원으로 언급되었지만, 여기서는 교회를 위한 중요성과 연관하여 다시 한 번 사용됩니다. 그리스도의 교회는 단순히 그리스도 안에 있는 참된 신자들의 모임이 아닙니다. 그들을 받아들이고 함께 모으고 서로 연결할 뿐만 아니라, 신자들을 양육하고 자라나게 하는 어머니입니다. 자연계에서 모든 인간이 부모의 관계를 통해 태어나 가정, 가족, 민족, 인류의 일원이 되는 것처럼, 신자 역시 위로부터 하나님께서 자신과 그 후손과 함께 맺어진 은혜 언

약의 교제 안에서만 이 새 생명을 얻습니다. 이방 세계에서도 그곳에 교회를 세운 선교를 통하지 않고서는 누구도 믿음에 이르지 못하며, 신자들의 모임도 이루어지지 않습니다.

그래서 그리스도의 교회는 참으로 신자의 어머니라고 불릴 수 있습니다. 교회는 그 모든 은사와 사역을 통해 그리스도께서 이 땅에 그분의 은혜의 왕국을 세우시고 그것을 세상 끝까지 확장하시기 위해 일하시는 위대한 수단입니다. [213] 교회는 모든 신자가 그 안에 속할 뿐만 아니라 영화롭게 되신 구주께서 이 땅에서 선지자, 제사장, 왕으로서의 사역을 계속하시고 완성하시는 기관이기 때문에 그리스도의 몸입니다(엡 1:23). 교회는 또한 그리스도께서 주권자이자 지도자로서 소유하고 계신 전쟁터의 군대, 구원의 군대입니다. 그래서 모든 요새를 무너뜨리기 위해 영적이고 강력한 무기들을 그분께 받습니다(고후 10:4; 엡 6:13).

모든 신자는 이 영적 전투에 부름 받았습니다. 그들은 모두 적극적으로 섬기며, 각자가 가진 은사와 재능을 사용하여 수행해야 할 사역이 있습니다. 그리스도께서 그의 교회에게 주신 직분은 이런 은사를 없애지 않고, 오히려 마땅한 것으로 여기고 보완합니다. 직분이 없는 은사는 많지만, 은사가 없는 직분은 없습니다. 그리스도께서는 말씀의 사역자와 장로, 집사를 주신 것은 신자가 모든 수고를 그들에게 맡기고 조용히 쉬도록 하기 위한 것이 아닙니다. 모든 신자는 서로를 존경하고(롬 12:10), 가르침과 권면을 받고(골 3:16; 히 10:24-25), 서로의 짐을 지며(갈 6:2), 환대하며(롬 12:13; 벧전

4:9), 불쌍히 여기며 자비를 베풀도록(벧전 3:8) 부름 받았습니다.[1]

말씀: 참된 교회의 표지

80. 교회가 은사와 직분을 통해 행하는 모든 사역은 그리스도
께서 사도들을 통해 주신 말씀에서 그 내용을 얻고, 그 말씀을 중
심으로 합니다. 그 말씀은 교회의 진리와 순수성을 확인할 수 있
는 표지입니다. 그 말씀의 풍성한 내용 때문에 설교, 성례, 정치체
제와 권징, 신앙고백과 실천 등 여러 방식으로 관리되고 적용될 수
있습니다. 벨직 신앙고백서 [214] 29조에 언급된 세 가지 표징, 즉
순수한 복음의 설교, 성례의 순수한 집행, 교회 권징의 보존 외에
도 이 말씀의 유일한 표지를 지닐 수 있는 다른 많은 방식들이 있
습니다.[2] 이 모든 것은 말씀이라는 단 하나의 표지로 거슬러 올라

---

1 이전의 세 단락은 이 책 『기독교 신앙 안내서』에만 있습니다.

2 『벨직 신앙고백』, 29조: 참된 교회의 표지: "오늘날 세상에 있는 모든 분
   파가 "교회"라는 이름으로 자신을 주장하기에, 우리는 하나님의 말씀으
   로 참된 교회가 무엇인지를 반드시 열심히 매우 조심스럽게 알아야
   한다고 믿습니다. 우리는 여기서 교회 안에 있는 선한 사람들 사이에 섞
   여 있습니다. 그런 위선자들의 무리가 물리적으로 교회에 있더라도, 선
   한 사람들 중 일부가 아닌 위선자들의 무리를 말하는 것이 아닙니다. 오
   히려 우리는 자신을 "교회"라고 부르는 모든 분파에서 참된 교회의 몸
   과 교제를 구별하는 것을 말합니다. 참된 교회는 그 교회가 다음의 표지
   를 따를 때 알 수 있습니다. 참된 교회는 복음을 순수하게 설교하는 일에
   참여합니다. 참된 교회는 그리스도께서 제정하신 성례를 순수하게 집행
   합니다. 참된 교회는 오류를 바로잡기 위해 교회 권징을 시행합니다. 간
   단히 말해서 참된 교회는 하나님의 말씀에 반대되는 모든 것을 거부하
   고, 예수 그리스도를 유일한 머리로 붙들면서 하나님의 순수한 말씀에
   따라 다스립니다. 이런 표지로 참된 교회를 알고서 확신할 수 있습니다.

갈 수 있습니다. 교회가 (더 크거나 작게) 말씀에 일치하거나 벗어나는 정도에 따라 참되고 순수한 교회가 되거나 거짓 교회에 가까워집니다.[3] 참으로 은혜의 수단인 말씀을 통해 교회의 모든 참된 회원은 중생하고, 믿음과 회개에 이르며, 정결하고 거룩해지며, 함께 모이고 굳건해집니다. 또한 그들은 그 말씀을 지키고(요 8:31; 14:23), 말씀을 탐구하며(요 5:39), 영을 분별하고(요일 4:1), 이 교리를 가르치지 않는 모든 자를 피하도록(갈 1:8; 딛 3:10; 요이 9절) 부름받습니다. 칼뱅의 표현대로 하나님의 말씀은 참으로 "교회의 영혼"입니다.[4]

그래서 아무도 참된 교회에서 결코 분리될 수 없습니다. 참된 교회에 속한 자들에 관해서, 우리는 그리스도인에 대해 특징적인 표지로 알아차릴 수 있습니다. 곧, 참된 그리스도인은 믿음으로, 죄에서 도망침으로, 의로움을 좇으면서 한 분 유일한 구원자 예수 그리스도를 먼저 받아들였습니다. 참된 그리스도인은 우로나 좌로나 치우치지 않고, 육신과 그 행위를 십자가에 못 박음으로, 참된 하나님과 자신의 이웃을 사랑합니다. 참된 그리스도인에게 커다란 나약함이 있습니다. 그러나 참된 그리스도인은 전 생애에 걸쳐 성령님으로 말미암아, 꾸준히 구주 예수님의 보혈과 고난과 죽음과 순종에 호소하면서, 그 나약함에 대항해 싸웁니다. 예수님 안에서, 참된 그리스도인은 믿음을 통해 자기 죄를 용서 받습니다. 거짓 교회에 관해서, 거짓 교회는 하나님의 말씀보다 교회 자체와 교회의 규정에 더 많은 권위를 둡니다. 거짓 교회는 그리스도의 멍에를 매지 않으려 합니다. 거짓 교회는 그리스도의 말씀에서 명령된 성례를 집행하지 않습니다. 오히려 거짓 교회는 좋을 대로 성례를 더하거나 빼기도 합니다. 거짓 교회는 예수 그리스도보다 훨씬 더 인간에게 근거합니다. 거짓 교회는 하나님의 말씀에 따라 거룩한 삶을 살고자 하는 자들과 거짓과 탐욕과 우상 숭배를 비난하는 자들을 박해합니다. 이런 두 교회는 알아차리기 쉽고, 그래서 서로 구별할 수 있습니다."

3 이 단락의 첫 부분은 이 책『기독교 신앙 안내서』에만 있습니다. 나머지 부분은 다음을 보세요. *MD*, 526-27.

4 John Calvin, *Institutes of the Christian Religion*, ed. John T. McNeill,

말씀이 선포되는 다양한 방식

이 말씀은 교회라는 기관이나 목사들에게만 독점적으로 주어진 것이 아니라 모든 신자에게 주어진 것입니다(요 5:39; 행 17:11). 이는 성경의 인내와 위로를 통해 그들도 소망을 갖게 하고(롬 15:4), 서로 가르치고 권면할 수 있도록 하기 위해서였습니다(롬 12:7-8; 골 3:16; 히 10:24-25). 로마교는 이것을 오해했지만, 종교개혁은 성경을 모든 사람의 손에 되돌려 놓았고, 성경으로 통해 가정과 학교, 학문, 예술, 사회, 국가 그리고 모든 신자를 위한 배움과 가르침의 원천을 제공해주었습니다. 또한 하나님은 그 말씀의 공적 사역을 제공하셨습니다. 그분께서 목자와 교사들을 주셨으며, 지금도 계속 주십니다(고전 12:28; 엡 4:11; 딤전 5:17; 딤후 2:2). 목자와 교사는 공중 앞에서나 각 집에서나(행 20:20) 어린아이에게는 젖으로 먹이고 공동체의 성숙한 지체에게는 단단한 음식으로 먹이며(고전 3:2; 히 5:12; 벧전 2:2), 모든 사람, [215] 모든 연령, 모든 교회, 모든 개별 신자의 필요에 따라 말씀을 전해야 합니다(행 20:20, 27; 딤후 2:15; 4:2). 그렇습니다. 말씀의 선포는 모든 피조물에게 그 말씀을 보존, 번역, 설명, 전파, 변호, 설교하는 것을 포함합니다. 이처럼 교회는 사도와 선지자들의 터 위에서 계속해서 세워지며

---

trans. Ford Lewis Battles (Louisville, KY: Westminster John Knox, 1960), IV.ii.7. "다시, 주님의 말씀이 공개적으로 형벌을 받지 않고서 발에 짓밟히는 장소를 누가 감히 예외 없이 '교회'라는 모임으로 부르겠는가? 누가 감히 그분의 사역, 교회의 가장 중요한 힘줄, 곧 교회의 영혼 자체가 파괴되는 장소를 그렇게 부르겠는가?"

(엡 2:20), 본래 있어야 할 모습, 곧 진리의 기둥과 터가 됩니다(딤전 3:15).[5]

성례(세례와 성찬)

81. 이 말씀은 은혜 언약의 표와 인이며, 믿음을 강화하는 역할을 하는 성례에서 확증을 받습니다. 구약성경에서 하나님은 이런 목적을 위해 할례(창 17:7)와 유월절(출 12:7下)을 제정하셨습니다. 할례는 믿음으로 된 의(롬 4:11), 마음의 할례(신 30:6; 롬 2:28-29)의 인이었고, 유월절은 속죄제물과 희생 제물의 식사의 표로써 그리스도를 가리키기 때문에(요 1:29, 36; 19:33, 36), 두 표징 모두 영적인 의미를 가지고 있었습니다. 따라서 이 두 표징은 모두 그리스도의 고난과 죽음으로 말미암아 성취되었고(골 2:11; 고전 5:7), 신약성경에서는 세례(마 28:19)와 성찬(마 26:17下)으로 대체되었습니다.[6]

이 두 표징은 일반적으로 "성례"(비밀, 고전 4:1)라고 불립니다. 로마교에서는 다섯 가지 성례가 더 있지만(견진, 고해, 혼인, 성품, 병자), 성경적 근거가 없습니다. 그 밖에도, 하나님의 은혜를 국소적이고 물질적인 방식으로 담지 않고, 오히려 하나님께서 성령님을 통해 신자들의 마음에 베푸시는 그분의 은혜를 기념하고 확증하

---

5 참고. *MD*, 530-31. 이 단락은 *Magnalia Dei* 초판에 있는 한 단락과 동일합니다. (다음을 보세요. *MD* 초판, 615).

6 이 단락은 *Magnalia Dei* 초판에 있는 한 단락과 동일합니다. (다음을 보세요. *MD* 초판, 615). 이 단락은 2판에서는 생략되었습니다.

는 수많은 의식들이 늘어나고 있습니다. 성례에는 은혜 언약 전체와 그 모든 유익이 함께 담겨 있습니다. 다시 말해, 그리스도 자신이 그 내용이며 이 유익들은 믿음 외의 다른 방법으로는 공유되지 않습니다. [216] 이 성례는 신자를 위해 세워지고 그리스도 안에 있는 그들의 분깃을 확신시켜 줍니다. 성례는 말씀보다 앞서지 않고 말씀을 따릅니다. 또한 말씀으로 전달되지 않고 믿음으로 받아들일 수 없는 특별한 은혜를 주는 것이 아니라, 하나님의 은혜 언약의 제도와 인간 편에서 그 언약에 대한 동의에 기초해서 세워져 있습니다.[7]

특히 세례는 용서(행 2:38; 22:16)와 중생(딛 3:5)의 유익, 그리스도와 그분의 백성과의 교제 안으로 편입되는 사실(롬 6:4)에 대한 표와 인입니다. 따라서 세례는 복음 전도 사역을 통해 그리스도께로 인도된 성인들에게뿐만 아니라, 은혜 언약 안에 부모와 함께 포함되어 있는 신자의 자녀들에게도 주어집니다(창 17:7; 마 18:2-3; 19:14; 21:16; 행 2:39). 신자의 자녀들도 교회에 속하며(고전 7:14), 주님과의 교제에 참여하게 됩니다(엡 6:1; 골 3:20).

이 자녀들이 성장해 판단력 있는 나이가 되어 스스로를 성찰하고 주님의 몸과 피를 분별하며 공적 신앙고백을 통해 은혜 언약에 인격적으로 동의할 때(고전 11:28), 그들은 주님이 오실 때까지 온 교회와 함께 주님의 죽음을 선포함으로 그리스도와의 교제 안에

---

7 이 단락은 *Magnalia Dei* 초판에 있는 한 단락과 동일합니다. (다음을 보세요. *MD* 초판, 615-16). 이 단락은 2판에서는 생략되었습니다.

서 자신을 굳건히 하도록 부름 받습니다. 세례와 성찬 모두 본질적
으로 동일한 은혜 언약을 가지고 있고 둘 다 죄 용서의 유익에 대
한 확신을 주지만, 성찬은 그들의 입교가 아니라 그리스도와 그분
의 모든 지체와의 교제 안에서 성장하고 굳건해진다는 표와 인이
라는 점에서 세례와 구별할 수 있습니다(고전 10:16-17).[8]

열쇠의 권세

82. [217] 말씀과 성례가 그 거룩함을 보존하고 성도의 양육을
위해 계속 섬길 수 있도록 그리스도께서는 "열쇠의 권세"라는 이름
의 권세를 자신의 교회에 주셨습니다(마 16:19下; 사 22:22; 눅 11:52;
계 1:8; 3:7; 9:1; 20:1). 이 권세는 먼저 그리스도께서 베드로에게 주
셨고(마 16:19), 그 다음 모든 사도에게 주셨으며(마 18:18; 요 20:20),
그 후에는 그들의 말씀과 묶어 공적 조직에 속한 모든 회중에게 주
셨습니다(마 18:18; 고전 5:4; 살후 3:13). 열쇠의 권세는 권력자나 통
치자가 아니라 그리스도의 말씀과 성령님에게 매인(롬 10:14-15; 고
전 5:4; 엡 5:26) 종들(행 4:29; 20:24; 롬 1:1)에게 주어진 본질적이고 종
합적인 권세입니다. 따라서 본질적으로 세속적, 사회적, 정치적이
지 않고, 전적으로 영적이며 교회적입니다.[9]

열쇠의 권세는 본질적으로 교회에서 직분자들을 통해 주님

---

8 이전의 두 단락은 *Magnalia Dei* 초판에 있는 두 단락과 동일합니다. (다
   음을 보세요. *MD* 초판, 616-17). 이 단락은 2판에서는 생략되었습니다.
9 이 단락은 이 책『기독교 신앙 안내서』에만 있습니다.

의 이름으로 의인에게는 복 있으리라 말하며, 악인에게 화가 있으리라 선포하는 것으로 이루어집니다(사 3:10-11). 이는 모든 신자의 모임에서 말씀 사역을 통해 일반적이고 공개적으로 이루어집니다. 또한 개혁된 교회에서 로마교의 고해성사를 대체하고 사도적 모범에 근거한(마 10:12; 요 21:15-17; 행 20:20; 히 13:17) 공적 가정 방문(심방)을 통해서도 독특하고 개인적인 방식으로 이루어집니다. 마지막으로, 죄에 지속적으로 범할 경우 공동체에서 추방당할 수 있다는 특별한 권면을 통해서도 이루어집니다(마 18:15-17; 롬 16:17; 고전 5:2, 9-13; 고후 2:5-10; 살후 3:6, 14; 딛 3:10; 요이 10; 계 2:2).[10]

교회의 자비 사역

그러므로 교회는 그리스도의 이름으로 주님의 거룩함을 위해 완고한 [218] 범죄자들을 회중 가운데서 제하기 위해 앞장서고, 세리와 죄인을 큰 연민으로 대하며, 가난한 자와 병든 자에게 그들의 육체적, 영적 고난 가운데서 육신적, 영적 필요를 공급합니다. 그리스도께서도 직접 그렇게 하셨고(마 11:5), 제자들에게도 그렇게 하라고 명하셨습니다(마 5:42-45; 6:1-4; 25:34下; 막 14:7). 그들은 성도의 필요를 돌보고(롬 12:13), 후하게 나누고 즐거움으로 자비

---

10 이 단락은 *Magnalia Dei* 초판에 있는 한 단락과 거의 동일합니다. (다음을 보세요. *MD* 초판, 617). 이 단락은 2판에서는 생략되었습니다.

를 베풀어야 합니다(롬 12:8). 또한 고아와 과부를 그 환난 중에 돌보고(약 1:27), 병든 자를 위해 주님의 이름으로 기도하며(약 5:14), 평소 서로의 짐을 짐으로써 그리스도의 법을 성취해야 합니다(롬 12:15; 갈 6:2).[11]

　　믿음과 사랑은 주님의 교회의 힘이며, 이 둘은 모두 소망과 함께 묶여 있습니다. 어디로 가고 있는지 모르고 종종 우울과 절망에 빠지는 세상 가운데서, 교회는 기쁨에 찬 기대를 표현합니다. "나는 죄를 용서 받는 것과, 몸의 부활과, 영생을 믿습니다."[12]

11　이 단락은 *Magnalia Dei* 초판에 있는 한 단락과 거의 동일합니다. (다음을 보세요. *MD* 초판, 617). 이 단락은 2판에서는 생략되었습니다.

12　『하이델베르크 교리문답』, 7주일, 23문: "기독교 신앙고백의 조항들은 무엇입니까?" 답: "I. 나는 전능하신 아버지 하나님, 천지의 창조주를 믿습니다. II. 나는 그의 유일하신 아들, 우리 주 예수 그리스도를 믿습니다. 그는 성령으로 잉태되어 동정녀 마리아에게 나시고, 본디오 빌라도에게 고난을 받아 십자가에 못 박혀 죽으시고, 장사된 지 사흘 만에 죽은 자 가운데서 다시 살아나셨으며, 하늘에 오르시어 전능하신 아버지 하나님 우편에 앉아 계시다가, 거기로부터 살아 있는 자와 죽은 자를 심판하러 오십니다. III. 나는 성령을 믿으며, 거룩한 공교회와 성도의 교제와 죄를 용서받는 것과 몸의 부활과 영생을 믿습니다." 이 단락은 *Magnalia Dei* 초판에 있는 한 단락과 거의 동일합니다(다음을 보세요. *MD* 초판, 617). 이 부분은 2판에서는 생략되어 있습니다. 참고. 546.

··· 토론과 나눔을 위한 질문 ···

1. 그리스도께서 모든 신자에게 은사를 주신 것은 무엇을 위해서 일까요?

2. 성례와 말씀 사이의 관계와 성례와 은혜 언약의 관계에 대해서 설명해 보세요.

3. 세례와 성찬이 가지고 있는 개인의 유익과 공동체의 유익은 무엇일까요?

4. 말씀과 성례를 보존하기 위해 그리스도께서 회중에 주신 권세는 무엇이며, 이 권세는 어떤 성격을 가지고 있을까요?

5. 그리스도께서 회중에 주신 권세를 통해 직분자는 모든 신자에게 어떤 일을 할까요?

6. 그리스도의 회중은 공동체의 거룩함을 위해서 어떤 일들을 해야 할까요?

20. 세상의 완성

20. 세상의 완성[1]

불멸에 대한 다양한 종교와 철학의 입장

83. [219] 인간의 호기심은 사물의 목적과 운명, 그 기원과 본질을 관통할 수 없는 어둠 속에 묻혀 있습니다.[2] 그러나 인간은 소망 없이 살 수 없고, 그 소망을 무덤 너머와 세상의 끝까지 확장합니다. 불멸에 대한 신념은 모든 인간에게 동일합니다. 심지어 가장 잔혹하고 미개한 부족들 사이에서도 공통적으로 나타나며, 어느 곳에서든 종교와 밀접하게 연관되어 있습니다. 그렇습니다. 모든 사람은 인간이 본질적으로 불멸하는 존재라고 확신합니다. 따라서 중

---

1 *Magnalia Dei*의 두 판본은 이 장을 "영생"(Het Eeuwige Leven)이라고 번역했습니다. *MD* 초판 618, 참고. *MD*, 546.

2 이 문장은 첫 번째 판의 24장을 시작하는 문장과 동일합니다(*MD* 초판, 618쪽을 보세요). 2판에서는 사라졌습니다.

명해야 할 것은 불멸이 아니라 죽음에 대한 설명입니다. 죽음은 어느 곳에서나 부자연스럽게 느껴집니다. 많은 사람의 믿음에 따르면, 그것은 적대적인 영들이 하는 일입니다. 죽음이 존재하지 않았고 인류의 몫이 방해받지 않고 살던 때가 있었습니다.[3] 그러나 죽음 이후 영혼의 상태에 대한 다양한 개념(영혼 수면, 윤회, 죽음 숭배, 영혼의 출현, 정화 과정, 연옥, 만물이 해체될 때까지 지속되는 발전 등)이 형성되었고, 이 모든 개념은 오늘날 기독교를 배격하는 문명 사회로 되돌아왔습니다.

성경은 영혼의 불멸성 문제에 대해 독특한 입장을 취합니다. 철학은 항상 영혼의 불멸에 대한 증거를 찾아왔고, 많은 증거를 제시했습니다. 즉, [220] 불멸성의 개념에서 나오는 **존재론적 증거**, 영혼의 불용해성에서 나오는 **형이상학적 증거**, 동·식물의 영혼과 대비되는 인간 영혼의 삶의 특별함에서 나오는 **인류학적 증거**, 많은 영혼의 은사와 능력이 이생에서 발전되지 않는다는 사실에서 나오는 **목적론적 증거**, 미덕과 행복 사이, 이 세상에서 도덕성(*ethos*)과 물질(*physis*) 사이의 부조화에서 나오는 **도덕적 증거**, 인류의 공통된 믿음에서 나오는 **만인의 동의**(e consensus gentium)라는 증거, 마지막으로 심령주의자들의 집단에서 큰 가치를 얻은 죽은 영들의 출현에 대한 증거입니다.[4]

---

3 이전의 두 문장은 *Magnalia Dei*에 있습니다. *MD*, 547-48. 나머지는 이
   책 『기독교 신앙 안내서』에만 있습니다.
4 이 단락은 『기독교 신앙 안내서』에만 있습니다.

그러나 성경은 영혼의 불멸성에 대해 절대 명확하게 언급하지도, 그에 대해 어떤 증거를 제시하지도 않습니다. 구약성경은 삶과 죽음에 대해 우리가 다른 곳에서 찾아볼 수 있는 것과 완전히 다른 개념을 갖고 있습니다. 성경에서 죽음은 소멸이나 무존재와는 분명히 다른 것입니다. 죽음과 죽은 상태는, 이 땅에서 하나님과의 교제 안에서 본래 인간이 누리며 살아가도록 정해졌던 모든 것을 포괄하는 풍성하고 충만한 삶과 반대되는 개념입니다. 인간이 죽을 때, 그 몸뿐만 아니라 영혼도 영향을 받을 것입니다. 인간 존재 전체가 죽고, 이제 [육체와 영혼] 모두 죽음의 상태가 됩니다. 죽은 사람은 더 이상 이 땅의 일부가 아니라 죽은 자들의 왕국(스올)의 거주자가 됩니다. 스올은 이 땅의 깊숙한 곳과 가장 낮은 장소에 있다고 생각되는데, 이곳은 물 밑에 있고, 산들의 터가 놓인 곳입니다(민 16:30; 신 32:22; 욥 26:5; 시 63:10).[5]

죽은 자들은 여전히 거기에 있습니다. 그러나 그들의 존재는 더 이상 생명이라는 이름의 가치를 갖지 못하며, 존재한 것과 같지 않습니다(욥 7:21; 14:10; 시 39:13).[6] 그들은 더 이상 알지 못하고, 지혜나 지식도 갖지 못하며, 일하지 못하고, 해 아래에서 이루어진 일에 참여하지 못합니다(욥 14:21; 전 9:5-6, 10). [221] 그곳은 잊음의 땅(시 88:12), 어두운 땅(욥 10:21), 멸망의 땅(욥 26:6; 28:22)입니다.

---

5 참고. *MD*, 550.

6 이 문장은 *Magnalia Dei*에 있는 한 단락과 동일합니다. 이 단락의 나머지는 다음을 보세요. *MD*, 550-51.

성경이 증언하는 죽음과 생명

84. 다른 측면에서 생명은 구원과 기쁨의 충만함처럼 보였습니다. 생명은 본질적으로 풍성한 복을 포함합니다. 가장 먼저 하나님과의 교제, 그분의 백성들과의 교제와 주님이 그의 백성에게 주셨던 땅에서의 교제도 있습니다. 생명은 영혼과 육체의 연합, 하나님과의 연합, 이 세상과의 조화라는 관점에서 인간의 온전하고 풍부한 존재입니다. 이 생명은 복과 영광, 미덕과 행복, 화평과 기쁨을 포함합니다. 만약 인간이 하나님의 명령에 순종했다면, 그는 이 풍성한 생명을 누리고 죽음을 보지 않았을 것입니다(창 2:17).[7] 비록 죽음이 죄 때문에 왔지만, 하나님께서는 은혜로 인류와 다시 교제에 들어오시며, 이스라엘과 함께 그분의 언약을 세우셨습니다. 원리상, 이 언약 안에서 본래 인간과 나누셨던 온전한 교제가 회복되었습니다. 그리고 하나님과의 교제 안에서, 하나님의 백성은 이 땅의 삶에서 겪는 모든 슬픔뿐만 아니라 무덤에 대한 두려움, 죽음의 공포, 죽음의 나라에 대한 어두움도 이겨낼 수 있습니다.

악한 자들은 잠깐 번영하지만 황폐하게 되고 파멸할 것이며(시 73:18-20), 그들의 길은 죽음에 이릅니다(잠 8:36; 11:19). 그러나 신실한 자들에게 "여호와를 경외하는 것은 생명의 샘"(잠 8:35; 14:27)입니다. 여호와께서 그들을 이 세상에서 여러 번 건지셨을 뿐만 아니라 죽은 자의 영역에서 권능을 보여주셨습니다. 그분의 영이

---

7 참고. *MD*, 551. 이 단락의 나머지는 다음을 보세요. *MD*, 551-52.

그곳에도 계시며(시 139:7-8), 어떤 것도 그분에게서 숨을 수 없고, 인간 자녀의 마음에서도 마찬가지입니다(욥 26:6; 38:17; 잠 15:11). 여호와께서는 죽이기도 하시고 살리기도 하시며, 스올에 내리기도 하시고 거기에서 올리기도 하십니다(신 32:39; 삼상 2:6; [222] 왕하 5:7). 그분은 에녹과 엘리야를 죽지 않고 데려가실 수 있으며(창 5:24; 왕하 2:11), 죽은 자를 살리실 수 있습니다(왕상 17:22; 왕하 4:34; 13:21). 심지어 그분은 죽음을 파괴하실 수 있으며 죽은 자 가운데서 다시 살아나심으로 죽음을 완전히 정복하실 수 있습니다(욥 14:13-15; 19:25-27; 호 6:2; 13:14; 사 25:8; 26:19; 겔 37:11-12; 단 12:2).[8]

이것은 죄에 대한 형벌로서 죽음이 여기 이 땅에서 완전한 단절이라고 가르치는(롬 5:12; 6:23; 고전 15:21, 56; 약 1:15) 신약성경과 전적으로 일치합니다. 하지만 이 죽음은 파멸이 아닙니다(마 10:28; 눅 12:4). 사람은 죽은 이후에도 살아가며, 그가 행한 대로 보상을 받습니다(마 16:27; 롬 2:7; 14:21).[9] 그러나 그리스도를 믿는 자들에게 죽음은 공포를 주지 못합니다. 주 예수 그리스도를 통한 하나님과의 교제 안에서 죽음은 더 이상 사망이 아니기 때문입니다. 하나님께서 자신의 고유한 은혜로 만드신 언약은 완전한 구원과 영원한 생명을 보장합니다. "하나님은 죽은 자의 하나님이 아니요 살

---

8 이 단락은 *Magnalia Dei*에만 있는 한 단락의 일부와 동일합니다. *MD*, 552

9 이 단락의 이전 내용은 이 책 『기독교 신앙 안내서』에만 있습니다. 이어지는 부분은 *Magnalia Dei*에 있습니다. *MD*, 559.

아 있는 자의 하나님이시니라(마 22:32)" 누구든지 그리스도를 믿는 자는 죽어도 살고, 살아서 그리스도를 믿는 자는 영원히 죽지 않을 것입니다(요 11:25-26). "심판에 이르지 아니하나니 사망에서 생명으로 옮겼느니라(요 5:24)."

그러므로 죽을 때 신자의 영혼은 즉시 그리스도로 말미암아 천국으로 즉시 들어 올려집니다. 그들은 더 이상 죄 때문에 연옥에서 형벌을 받지 않습니다. 그리스도께서 모든 것을 이루셨고, 모든 것을 획득하셨기 때문입니다. 누가복음 16장의 비유에 의하면, 가난한 나사로는 죽은 후에 천사들에 의해 아브라함의 품으로 옮겨졌습니다. 아브라함과 함께 교제하면서 영원한 복을 누리기 위해서입니다. 예수님이 십자가 위에서 돌아가셨을 때, 그분은 자신의 영혼을 아버지의 손에 맡기셨습니다. 이 일이 일어나기 전에 그분은 [223] 강도가 그분과 함께 오늘 낙원에 있을 것이라고 하셨습니다(눅 23:43, 46). 기독교의 첫 번째 순교자인 스데반은 돌에 맞는 중에 주 예수님의 이름을 불렀고 그분께 자신의 영혼을 받아달라고 기도했습니다(행 7:59). 바울은 몸을 떠나 그리스도와 함께 있을 것이며 주님과 함께 살게 될 것이라고 확신합니다(고후 5:8; 빌 1:23). 요한계시록 6장 9절과 7장 9절 등에 의하면 순교자와 모든 복된 자의 영혼이 천국에서 하나님의 보좌와 어린 양 앞에서 길고 흰옷을 입고 손에 종려나무 가지를 들고 있습니다. 이는 지금 이후로 주님 안에서 죽은 자들에게 복이 있기 때문입니다. 그들은 이 땅에서 자신들이 행한 일과 그들을 따라다니는 일로부터 안식할 것입니다

(계 14:13; 히 4:9). 그들은 그리스도께서 다시 오실 때까지 항상 그분과 함께 살아가며 다스립니다.[10]

이스라엘과 열방에 대한 구약의 기대

85. 성경은 중간 상태에 대해 단지 조금만 가르치지만, 그것으로 충분합니다. 성경이 항상 이를 냉철하게 살펴보고 있는 것과 별개로, 이것은 구약과 신약의 신자들이 전형적으로 미래에 관해 우리와는 다른 사고 영역을 가지고 있었다는 사실로도 설명할 수 있습니다. 우리는 미래를 생각할 때 우리의 죽음과, 천국에서 우리 영혼의 즉각적인 구원에 우리의 거의 모든 관심사를 고정합니다. 그렇지만 경건한 이스라엘 사람들의 의식은 하나님과의 교제였습니다. 이것은 그분의 백성과 그분의 땅이 갖는 교제와 불가분하게 연결되어 있었습니다. 하나님은 단일한 개인이 아니라 백성과 함께 언약을 세우셨습니다. 그러므로 죽음은 주님 자신이 미래에 오셔서 그분의 백성과 함께 거하시고, 그들의 모든 죄악을 정결하게 하시고, 그들의 모든 적에게 승리를 주시며, 그들이 평화와 번영의 땅에 안전히 거하게 하실 때까지 완전히 정복되지 않았습니다. 그래서 이스라엘 사람들의 믿음에 대한 시각은 [224] 개인적 삶의 마지막에 대부분 초점이 맞추어지지 않았습니다. 오히려 그들의 시

---

10 첫 번째 문장을 제외하면 이 단락의 나머지는 *Magnalia Dei*에 있는 한 단락과 동일합니다. *MD*, 560.

선은 훨씬 더 먼 미래, 미래의 나라와 백성, "여호와의 날"에 임할 메시아 왕국의 영광과 풍요로운 영적, 물질적 복을 향해 확장되었습니다(참고, 시 2, 22, 72편; 사 11장; 40장下; 렘 31장; 겔 36장 등).[11]

이 모든 구약의 약속은 그리스도께서 육체로 나타나셨을 때 성취되기 시작했습니다. 이는 그분의 인격 안에서 그리고 그의 사역을 통해 경건한 이스라엘 사람들이 수 세기 동안 고대하던 천국이 이 땅에 세워졌기 때문입니다. 그리스도께서는 자신의 피로 여호와께서 마지막 날에 자기 백성과 세우실 새롭고 더 좋은 언약을 확증하셨습니다. 그리고 오순절에 그분은 은혜와 기도의 영을 교회에 보내셨습니다. 그 영은 마지막까지 그들을 모든 진리와 완전함으로 인도하실 것입니다. 하나의 위대한 형상으로 요약된 구약의 언약은 그 언약이 순서대로 성취됨에 따라 나누어집니다. 언약은 한 순간이나 한 날에 이루어지지 않고 오랜 시간에 걸쳐 한 조각씩 성취되었습니다. 특히 신약성경은 메시아의 오심이 선지자들이 기대했던 것처럼 단 한 번이 아니라 초림과 재림으로 구별되고 나누어진다는 사실을 우리에게 가르쳐줍니다. 예언에 따르면 메시아는 구원과 심판, 곧 자기 백성을 구원하시고 그분의 원수를 심판하시기 위해 오실 것입니다. 그러나 그 예언이 성취되면서, 이 두 목적이 각각 그리스도의 특별한 오심을 통해 이루어진다는 것이 드러났습니다.

---

11 이 단락은 『기독교 신앙 안내서』에만 있습니다. 참고. *MD*, 562-63.

그리스도의 초림과 재림에 대한 신약의 구분

사실, 예수님께서는 이 땅에 계실 때에 자신이 잃어버린 자를 찾아 구원하기 위해(눅 19:10), 섬기기 위해, 자기 영혼을 많은 사람의 대속물로 주기 위해([225] 마 20:28), 세상을 정죄하기 위해서가 아니라 구속하기 위해(요 3:17; 12:47; 요일 4:14) 이제 오셨다고 반복해서 말씀하셨습니다. 동시에 그분은 동일한 분명함과 권세로 자신이 비추는 빛으로 세상에 심판과 분리를 가져오고(요 3:19; 9:39), 어느 날 살아있는 자들과 죽은 자들을 심판하기 위해 다시 오실 것을 선언하셨습니다(요 5:22, 27-29). 이제 그분은 십자가에 못 박혀 돌아가셔야 했습니다. 그렇지만 그 후에 부활하셔서 전에 그분이 계셨던 그곳으로 승천하셨습니다(마 16:21; 요 6:62). 모든 민족을 자신 앞에 모으시고 모든 사람에게 자신이 행한 대로 갚아주시기 위해 단 한 번 마지막 날에 다시 오실 것입니다(마 16:27; 24:30; 25:32 등).[12]

그러므로 초림과 재림 사이에는 큰 차이가 있습니다. 초림에서 그리스도는 죄악된 육체의 모습으로, 종의 형체로, 자기 백성의 죄를 위해 고난 받으시고 죽기 위해 오셨습니다(롬 8:3; 빌 2:6-8). 재림에서 그분은 죄 없이, 큰 권세와 영광으로, 승리하기 위해 정복하러 나서는 왕처럼 나타나실 것입니다(마 24:30; 히 9:28; 계 6:2;

---

12 이전의 두 단락은 *Magnalia Dei*에 있는 두 단락과 동일합니다.
MD, 555-56.

19:11).[13]

그리스도의 초림과 재림 사이의 밀접한 연관성

초림과 재림은 서로 밀접하게 연결되어 있습니다. 따라서 초림과 재림은 구약의 예언에서 하나의 형상으로 요약됩니다. 초림과 재림이 함께 그리스도께서 완전하고 전능하신 구주라는 사실을 먼저 충분한 증거로 제시하기 때문입니다. 그분은 구원의 가능성뿐만 아니라 구원의 실제도 획득하셨습니다. 따라서 그분은 자신의 보혈로 사서 그분의 영으로 새롭게 되어 그분이 계실 곳에 이르게 될 모든 자를 그분의 영광의 증인이자 참여하는 자로 만드실 때까지 안식하실 수 없습니다(요 14:3; 17:24). 그분이 고난을 통하여 영광에 들어가셨던 것처럼(눅 24:26), 그분은 아버지께서 자신에게 주신 모든 자에게 영생을 주실 것입니다(요 6:39; 10:28). 그리고 그분의 모든 백성을 티나 주름 잡힌 것 없이, 어떤 흠도 전혀 없이 하늘에 계신 아버지께 함께 바치실 것입니다(엡 5:27; [226] 고전 15:23-28; 계 21:2). 그러므로 그리스도의 재림은 그분의 초림과 그분이 지상에서 이루신 사역을 따로 떼어놓고 분리할 수 있는 임의적인 추가 사항이 아닙니다. 초림은 필연적으로 재림에 속합니다. 재림은 초림을 완성하고, 초림 위에 왕관을 씌웁니다. 그분의 높아지심에서 초림은 마지막이자 가장 높은 단계에 있습니다. 그리스도의 재

---

13 참고. *MD*, 556.

림은 초림을 보완합니다.

그리스도의 초림과 재림 모두 이상적이고 현실적이기에(생각과 현실에서) 이처럼 서로 밀접히 연관되어 있습니다. 성경이 초림과 재림 사이에 지나가야 하는 시간의 기간에 대해 이처럼 독특하게 말하는 것은 이런 이유 때문입니다. 이어지는 본문은 모두 그리스도의 재림이 가까이 왔다고 말합니다. 예수님은 스스로 직접 예루살렘의 멸망에 그 시대의 완성을 묶으셨습니다(마 24:29下). 바울은 자신이나 자신의 동료 신자들이 그리스도의 재림을 여전히 경험하는 일이 불가능하다고 여기지 않았습니다(살전 4:15; 고전 15:51). 그리고 모든 사도는 신약의 신자들이 말세(고전 10:11), 마지막 때(벧전 1:20), 마지막 때(요일 2:18)를 살고 있으며 잠깐 시험을 겪게 될 뿐(벧전 1:6; 5:10)이라고 말했습니다. 이는 그날이 가깝고(히 10:25, 37), 주의 강림이 가깝고(약 5:8), 때가 가까우며(계 1:3; 22:10), 심판주가 문 앞에 서 있고(약 5:9), 그리스도께서 속히 오시기(계 3:11; 22:7, 10) 때문입니다.[14]

그러나, 이렇게 함으로 성경은 중간 시기에 대해 어떤 특별한 가르침을 주지 않았습니다. 왜냐하면 성경 다른 곳에서 그 미래의 날과 때는 인간과 천사들에게서 숨겨졌고 오직 하나님께서 그분의 능력에 따라 결정하신다고 분명히 증언하기 때문입니다(마 24:26; 막 13:32; 행 1:7). 메시아의 오심에 관한 구약의 모든 예언과

---

14 이전의 두 단락은 이 책『기독교 신앙 안내서』에만 있습니다. 참고. *MD*, 556.

마찬가지로, [227] 심판의 날 등도 신약에서 성취되었습니다. 그때와 방법은 모든 면에서 예상 밖이었으며 놀라웠습니다. 그리스도의 재림도 그러할 것입니다. 이 시간을 계산하려는 모든 시도는 적절하지도 않고 헛될 뿐입니다(행 1:7). 주님의 날은 도둑처럼 밤에, 사람이 알지 못하는 때에 임하기 때문입니다(마 24:42-44; 25:13; 살전 5:2, 4; 벤후 3:10; 계 3:3 16:15).[15]

어떤 진술에 의하면, 그날은 어떤 순간에든 올 수 있습니다. 그런데 다른 진술은 한동안 오지 않을지도 모른다고 말합니다. 예수님은 신랑의 더딘 도착(마 25:5), 주인이 돌아오기 전의 오랜 지체(마 25:19), 천국 씨앗의 조용하고 느린 성장(마 4:26-28), 추수 때까지 밀을 모으기 위한 기다림(마 13:30, 40)으로 이를 말씀하셨습니다.[16] 모든 민족에게 복음이 전해지기까지(마 24:14), 하나님 나라인 천국이 모든 것을 부풀게 할 때까지(마 13:33), 불법의 사람(살후 2:3下)이 나타날 때까지 그날은 올 수 없습니다. 그분이 오실 때 하늘과 땅에서 모든 종류의 끔찍한 일과 여러 표적이 그분에 앞서 일어날 것입니다(마 24:4-29; 계 6:19). 주님에게는 우리와 다른 시간의 척도가 있습니다. 그분에게는 하루가 천 년 같고, 천 년이 하루 같습니다. 그분의 분명한 더딤은 아무도 멸망하지 않고 모두 회개하기를 원하시는 오래 참으심입니다(벤후 3:8-9).

---

15 이 단락은 *Magnalia Dei*에 있는 한 단락의 일부와 동일합니다.
    MD, 557-58.
16 이 단락의 나머지는 *Magnalia Dei*에 있습니다. *MD*, 558.

중간 상태

86. 사도 시대의 신자들은 그리스도의 초림과 재림 사이에 이런 심오하고 진지한 연결이 있음을 깨달았습니다. 그러나 그들은 죽을 때 자신의 개인적 종말을 크게 생각하지 않고 그리스도의 재림과 하나님 나라의 완성에 그들의 모든 [228] 소망을 두었습니다. 하지만 신약성경에는 여전히 죽을 때에 일어날 일들에 대해 빛을 비춰주고 우리가 중간 상태에 대한 모든 종류의 이상한 개념을 피하고 반박할 수 있게 하는 정보가 담겨 있습니다.

어떤 사람들은 이 땅의 속박에서 벗어난 죽은 영혼이 깊은 잠에 빠지게 된다고 생각합니다. 반대로 어떤 이들은 영혼이 특정한 육체성을 유지한다고 주장합니다. 그러한 영혼이 이 땅의 환경과 교감하면서 계속 아가고, 그렇기에 모든 종류의 사안에 대해 질문을 받거나 조언을 해줄 수 있다고 여깁니다. 또 다른 사람들은, 사람이 죽음을 통해 이 땅에서 살았던 삶을 똑바로, 아름답게, 다른 형태로 이어가, 점차 악에서 벗어나거나 선에서 완전해지거나 회개하고 자신을 거룩하게 할 기회를 얻는다는 의견을 갖고 있습니다. 로마교는 소수의 성인은 이 땅에서 행한 자신의 선행으로 그들이 죽을 때 즉시 천국에 가지만, 대부분의 신자는 짧은 혹은 긴 시간 동안 연옥에 가서 (정화와 정결. 즉 정화의 불) 유형의 불로 지상에서 갚지 않은 채로 남은 죄에 대한 형벌의 양이 채워질 때까지 고통을 당한다고 가르칩니다.

이러한 가르침 중 어떤 것도 성경의 지지를 받지 못합니다. 성경은 다만 분명하고 널리 사용되는 이미지로 죽음을 잠과 같다고 비유합니다(신 31:16; 렘 51:39; 단 12:2; 요 11:11; 고전 11:30 등). 그러나 이렇게 함으로 오히려 죽음이 이 땅의 삶과 묶인 모든 것에서 완전히 끊어진다는 것을 말할 뿐입니다. 죽음은 잠, 안식, 침묵과 같으며, 죽은 자는 아름답게 잠들고, [229] 그 영혼은 의식을 가진 채로 남아있습니다(눅 16:23下; 계 6:10; 7:10). 게다가 성경은 항상 죽은 자를 살과 피를 가진 인간이라고 말합니다. 왜냐하면 우리는 결코 하나님이나 천사들처럼 영적인 존재도 인간적인 방식, 물질적인 형태를 빌리지 않고서는 말할 수 없기 때문입니다. 그러나 [성경은] 다른 곳에서 죽은 자는 영혼 또는 영이라고 명시적으로 말합니다(전 12:7; 눅 23:46; 히 12:23; 계 6:9). 또한, 그들은 이 땅의 그 어떤 물질성도 알지 못하며, 죽음 이후에 어떤 미세한 물질로 자신의 형체를 만들 수 있다는 것도 모른다고 말합니다. 고린도후서 5장 1-4절에서 바울이 하나님이 지으신 집이나 천국의 거처, 천국의 영광을 언급하는 부분조차도 마찬가지입니다.

게다가 성경은 죽은 자를 부르는 것을 점술과 마술과 마찬가지로 엄격하게 금지합니다(출 22:18; 레 19:26; 신 18:11; 사 8:19 등). 성경은 죽은 성도를 위해 기도하거나 공경하는 것에 대해서도 절대로 언급하지 않습니다. 마지막으로 죽은 자의 세계에서 복음이 전파되었다는 언급도 없습니다. 마태복음 12장 32절이나 베드로전서 3장 18-22절과 4장 6절을 인용한다 해도 마찬가지입니다. 그리고 성경에서 로마교의 연옥 교리에 대한 어떤 근거도 제시하지 않습니다. 마태복음 5장 22절과 25절, 고린도전서 3장 12-15절도 이 교리를 뒷받침하는 근거가 되지 않습니다.[17]

죽음 이후의 상태에 대한 성경의 입장

87. 죽음 이후의 상태에 대한 성경의 설명은 다른 모든 이미지와 다릅니다. 성경은 죽음과 심판의 날 사이의 시간을 완전한 의미의 중간 상태로 간주합니다. 죄의 결과로서 죽음은 침묵, 안식, 잠과 관련하여 이 땅의 모든 속박을 완전히 끊는 것입니다. 사람이 무덤 너머에서 무엇이며, 무엇을 하는지는 심판의 날에 고려되지 않습니다. 심판은 오직 몸이 행한 선한 일이나 악한 일에 대해 이루어집니다(고후 5:10). [230] 그래서 중간 상태는 종종 이와 같은 방식으로 묘사됩니다. 만약 모든 죽은 사람이 구별 없이 스올이나 음부라는 하나의 동일한 장소에 있게 된다면, 그것은 지옥이 아니며(여기서 히브리어와 헬라어 단어는 네덜란드어로 잘못 번역되었습니다), 죽은 자의 영역, 지하 세계입니다(계 6:8; 20:13). 그럼에도 불구

---

17 죽은 자에 대한 그리스도의 설교에 관한 그리스도의 관점은 자신의 요약으로 인해 바뀌거나 모호해졌습니다. 바빙크는 『개혁교의학』 4권에서 음부에서 죽은 자에 대한 설교를 계속하는 관행에 대한 개념을 반대할 것을 논증합니다. RD IV, 630-31. 헤르만 바빙크, 『개혁교의학』 4, 746-47. 바빙크는 성경이 거의 침묵하고 있으며, 우리가 가지고 있는 본문이 죽은 자에 대한 설교를 계속하는 관행에 대해 제시하지 않는다는 사실을 제안합니다. 그는 (위에서 언급한) 베드로전서 3장 19절을 사용해 "ἐκήρυξεν"이 아오리스트 형태임을 발견합니다. 그는 『개혁교의학』에서 그리스도께서 하신 이런 설교는 오직 한 번만 나타났으며, 그리스도에게만 유일하게 나타난다는 사실을 논합니다.

하고 모든 죽은 사람은 죽은 것처럼, 이 땅 아래에 있는 것처럼 여겨집니다(빌 2:10). 심지어 그리스도께서도 음부가 그분을 붙잡지 못했지만, 죽음의 상태에서 음부에 계셨었습니다(행 2:27, 31). 모든 사람은 그리스도께서 다시 오셔서 심판하실 때까지 죽음의 영역에 머물러 있습니다. 모든 사람이 죽은 후에 즉시 심판을 기다린다고 해도(히 9:27), 실제적이고 공적인 판결은 그의 영혼과 육체가 모두 부활한 후에 그리스도의 심판석 앞에 설 때 내려집니다. 그때 그는 한 개인이 아니라 모든 인류와 함께 할 것입니다.

그러나 중간 상태의 이 집합체가 모든 차이를 없애지 않습니다. 죽은 후에 곧바로 이루어지는 심판이 있습니다(히 9:27). [예를 들에 죽은 후에 부자는 음부에서 고통을 받고 나사로는 아브라함의 품에 안기게 됩니다(눅 16:22-23). 그리스도를 거부하는 불신자들은 하나님의 진노 아래 남아있습니다. 그들은 이미 이 땅에서 심판을 받았고(요 3:18, 36) 최후의 심판을 위해 포로로 사로잡혀 있습니다(벧전 3:19).

그러나 죽은 신자들은 더 이상 죽지 않습니다(마 22:32; 요 5:24; 11:25-26), 그들은 즉시 낙원에 들어가고(눅 23:43), 아브라함의 품으로(눅 16:22), 그리스도와 함께 천국에 들어갑니다(행 7:59; 고후 5:8; 빌 1:23; 히 12:23; 계 6:9; 7:9, 14-17장). 주님 안에서 죽은 자들은 복이 있습니다. 그들은 일을 마친 후에 쉬고, 그들이 행한 일은 그들을 따라갈 것입니다(계 14:13; 히 4:9). 그들은 그리스도께서 다시 오실 때까지 항상 그리스도와 함께 살아가며 다스립니다(계 20:4, 6).

[231] 그들에게는 연옥도, 형벌의 장소도, 정화의 산도 필요 없습니다. 그리스도께서 그들을 위하여 모든 것을 이루셨기 때문인데, 그것은 그리스도께서 그들을 위하여 모든 죄의 형벌을 담당하셨을 뿐 아니라 율법을 성취하시고 그들을 위하여 영생을 얻으신 것입니다. 그러므로 그들은 믿음으로 이 땅에서 즉시 영생을 얻습니다. 그들은 죄와 사망의 몸을 벗고(롬 7:24) 그리스도와의 교제 안으로 받아들여질 때(행 7:59), 그들의 영혼으로 그 교제에 완전히 참여합니다.

그리스도의 재림과 천년왕국설

88. 그러나 이 중간 상태는 의인과 악인 모두에게 제한적이고 일시적인 상태입니다. 주 안에서 죽은 자들은 즉시 천국의 복에 참여하지만, 육체의 구속을 포함하는 온전한 양자됨도 기다리므로 영혼으로는 이 복을 부분적으로만 누릴 수 있습니다(롬 8:23). 이것이 죄와 사망에 대한 완전한 승리입니다. 더욱이 소수의 사람들은 그들이 속한 교제 없이는 완전한 복을 받을 수 없습니다. 그리스도의 사랑의 충만함이 모든 성도와 함께 알려졌습니다(엡 3:18). 한 무리의 신자들은 다른 무리의 신자들 없이는 온전함에 이를 수 없습니다(히 11:40; 계 6:11).

따라서 하늘에 있는 복된 자들과 땅에 있는 신자들 사이에는 믿음과 소망, 기다림과 기도의 여지가 있습니다(계 6:10; 22:17). 그들은 함께 종말을 간절히 기다리고 있습니다. 그렇습니다. 그리스도께서 친히 하늘과 땅에 오실 것을 준비하십니다. 그분이 아버지 집에 자신의 처소를 마련하신 것처럼(요 14:2-3), 그분은 왕으로서 이 땅을 다스리시며, 자신의 백성을 하나님의 충만함으로 채우십니다(고전 15:25; 엡 1:23; 3:19; 4:13). 이제 성경의 표현에 따라 그리스도께서는 언젠가 다시 오실 뿐만 아니라 그분의 승천과 [232] 성령님의 부으심 [때문에] 항상 오신다고 말할 수 있습니다(마 10:23; 16:28; 26:64; 요 14:18-24). 그분의 나라가 이 땅에 확장됨과 같이, 그분은 아버지의 우편에서 높임을 받으신 그 위엄으로 오십니다. "이제도 계시고 전에도 계셨고 장차 오실 이"(히 10:37; 계 1:4, 8) [라고 기록된 것처럼] 그분은 오셨고, 단 한 번만 오시는 것이 아니라, 항상 오고 계십니다.

그러나 이것으로부터 가시적인 그리스도의 재림이 한 번 이상 있을 것이라고 추론해서는 안 됩니다. 천년왕국의 지지자들이 이렇게 된 이유는 주로 이방인들에게 전파된 은혜 언약의 신약시대에서 그들이 구약의 직접적이고 지속적인 성취를 보지 못하고 하나님께서 이스라엘과 맺으신 언약의 길에서 이탈했기 때문입니다. [천년왕국 지지자들은[18]] 구약에서 이스라엘에게 주어진 모든 약속이 신약의 교회에서 성취되지 않았고 앞으로도 성취되지 않을 것이며, 그리스도께서 처음으로 재림하셔서 적그리스도의 세

---

18 천년왕국(Chiliasm)이라는 단어는 고대 헬라어 단어 Χίλιοι에서 유래합니다. 이 헬라어 단어는 "천"(1,000)을 뜻하며("천 년의"[milennial]라는 단어는 라틴어에서 유래합니다), 천년왕국에 대한 믿음을 설명하기 위해 사용됩니다. 천년왕국은 *Magnalia Dei*의 다음 부분에서 주목받고 있습니다. *MD*, 563-64(chiliasten, chiliastische).

력을 물리치고 사탄을 결박하여 이스라엘 아래 지상 왕국을 세울 때 궁극적으로 성취될 것이라고 가르칩니다.

천년왕국의 기본 개념은 성경의 가르침과 조화될 수 없습니다. 인류가 이스라엘을 위하여 존재하는 것이 아니라, 오히려 온 인류의 유익을 위하여 이스라엘이 선택받아 구별되었기 때문입니다. 아브라함의 실제 자손(갈 3:16)이 이 땅의 모든 사람의 유익을 위해 존재했던 것과 마찬가지로 아브라함에게 주신 약속은 그리스도 안에서 이스라엘을 통해 이루어지도록 예정되었습니다(창 12:3; 갈 3:8, 14). 그러므로 이 그리스도께서 이 땅에 오셨을 때 하나님께서 자기 백성에게 하신 모든 약속이 성취되기 시작했습니다. 그리스도께서 친히 참된 선지자, 제사장, 왕이셨고, 그분의 완전한 희생으로 모든 율법을 성취하셨듯이, 그분의 교회 또한 아브라함의 복을 상속받는 아브라함의 참된 자손, 참 이스라엘, [233] 하나님의 참 백성입니다(갈 3:14).

그리스도의 재림에 대한 하늘과 지상의 준비

89. 수 세기에 걸쳐 이루어지는 하나님 약속의 성취는 그리스도의 초림과 재림에 따라 크게 두 부분과 시대로 나뉩니다. 그리스도께서 오시기 전까지는 먼저 육적인 것이 있었고 그 후에 영적인 것이 있었습니다(고전 15:46). 그러나 시간의 전환점이신 그리스도를 통해 이제는 그 순서가 바뀌어 영적인 것이 육적인 것에 앞서게 되었습니다.

우리는 이제 그리스도께서 승천하셔서 보이지 않게 자기 백성에게 성령님을 통한 중보 사역으로 영적 복을 전달하시는 시대에 살고 있습니다(고후 3:17).[19] 하나님의 나라는 이제 외적인 모습으로 오는 것이 아니라 우리 안에 있습니다(눅 17:20-21). 그것은 먹고 마시는 것이 아니라 의와 평강과 희락입니다(롬 14:17). 특별히 죄 사함과 중생, 회심과 성화의 유익이 이제 신자들에게 적용됩니다.

특히 여기서 언급할 가치가 있는 것은 신자가 그리스도와의 교제 안에서 죽은 직후에 그들의 영혼이 받는 구원의 유익입니다. 그들은 죽었기에 죽은 자들의 영역에 속하지만, 어떤 외곽 지역이나 연옥에서 그리스도의 재림을 기다릴 필요가 없습니다. 오히려 그들은 이미 특별한 은혜를 미리 받습니다. 요한계시록은 이 점을 강조합니다. 십자가 아래에서, 곧 세상의 환난과 시험 속에서 견디며 신실함을 유지하는 자는 즉시 생명의 면류관을 받고 흰옷을 입고 생명나무의 열매를 먹으며 이방인을 다스리는 권세를 얻습니다(계 2:7, 10, 17, 26-27; 3:5, 12, 20, 21). 그러므로 요한은 큰 환난에서 나오는 자들이 하늘에서 흰옷을 입고 [234] 걸어 다니는 것을 봅니

---

19 이 말은 바빙크 자신의 네덜란드어를 따라 읽으면 어색하게 읽힙니다. 바빙크가 여기서 전하고자 하는 바는 그리스도께서 이제 성령님을 통해 말씀하신다는 사실입니다. 그리스도께서 영을 얻으셨기에 그와 마찬가지로 우리도 "그리스도의 영"을 말할 수 있기 때문입니다. 바빙크는 이 사실을 주로 *Magnalia Dei*의 다른 부분에서 다루고 있습니다. *MD*, 369, 380. 바빙크는 예를 들어 이렇게 분명하게 말합니다. "이처럼 그리스도를 통해 성령님을 소유하는 것은 너무 완벽합니다. 그래서 사도 바울은 고린도후서 3장 17절에서 '주는 영이시니[구체적으로 높아지신 주님으로서의 그리스도]'라고 말합니다."

다. 그들은 하나님께 왕과 제사장이 되어 그분의 성전에서 밤낮으로 그분을 섬깁니다(계 4:4; 5:10; 7:13-14). [요한계시록] 20장에서 이 내용이 다시 등장합니다. 그리스도를 증거하다가 목이 베인 자들의 (아직 육체가 없는) 영혼은 주님 안에서 죽지 않은 다른 죽은 자들과 달랐습니다. 그들은 살아서 보좌에 앉아 그분이 다시 오실 때까지 그리스도와 함께 다스립니다. 그들은 이미 이 첫째 부활(이 삶과 하늘에서 그리스도와 함께 다스리는 것)에 참여했기 때문에 복되고 거룩합니다. 그들은 이미 하나님과 그리스도의 제사장이며 그리스도와 함께 다스립니다. 그들은 둘째 사망(불못, 계 20:14)을 두려워할 필요가 없습니다. 둘째 사망이 그들을 다스릴 수 없기 때문입니다.

그러나 이처럼 유익이 많이 있더라도 이것으로 충분하지 않습니다. 하나님의 약속에는 영적인 복뿐만 아니라 육적인 복도 포함됩니다. 하나님의 형상을 회복하고 낙원을 누리는 것, 하나님의 자녀로 입양되어 세상을 기업으로 물려받는 것, 예배와 문화, 미덕과 행복, 거룩함과 영광, 이 모든 것이 함께 있습니다. 하나님 나라는 무엇보다도 영적이며 내적이지만, 외적인 형태로 나타나서 이 땅에 분명히 눈에 보이게 세워져야 합니다(행 1:6-7).

그러나 이런 하나님 나라는 평범한 사건의 점진적 발전이나 의회 또는 국가의 연합으로 성취될 수 없습니다. 오직 그리스도께서 이 위대한 일을 성취하실 수 있으십니다. 왜냐하면 그분은 초림 때 이미 정의와 공의로 하나님 나라의 기초를 놓으셨기 때문입니다.

그러므로 마지막 때에는 무서운 사건들이 기다리고 있습니다. 하나님의 형상으로 창조된 인간의 처소로서 땅을 예비하기 위해 처음에 큰 재앙들이 필요했던 것처럼, 마지막 때에도 하늘과 땅을 [235] 하나님 나라로 만들기 위해 그에 못지않게 충격적인 장면들이 있을 것입니다. 이 모든 미래의 사건은 성경에 생생한 형태와 밝은 색채로 그려져 있습니다. 이렇게 다양한 이미지 속에서 우리는 무엇이 배경이고 무엇이 사건 자체인지 알 수 없는 경우가 많습니다. 그러나 사실들은 확실하며, 이것을 재림, 부활, 심판, 세상의 갱신, 영원한 영광이라는 다섯 가지 항목으로 분류할 수 있습니다.[20]

그리스도의 재림

90. 신약 어디에도 천년왕국설의 기대처럼 이 시대에 [교회가] 다시 권세와 주권을 갖게 될 것이라는 전망을 제시하지 않습니다. 오히려 제자가 그 선생보다 크지 못하고, 종이 그 상전보다 크지 못하니, 세상이 예수를 핍박하였다면 제자들에게도 그렇게 할 것이라고 말합니다(요 15:19-20). 세상에서 그들은 핍박을 받을 것이며(요 16:33), 오직 다음 시대에서야 영생을 얻게 될 것입니다(막 10:30). 지금은 그리스도와 함께 고난을 받지만, 그때에는 그분과 함께 영광을 받을 것입니다(롬 8:17). 심지어 신약은 마지막 때가 되면 불경건이 증가하고 유혹과 배도가 만연할 것이라는 전망을

20　이전의 16개 단락은 이 책 『기독교 신앙 안내서』에만 있습니다.

반복하여 말합니다(마 24:37下; 눅 17:26下; 18:8 등). 그리스도의 날이 이르기 전에 큰 배도가 있을 것이며, 불법의 사람 곧 적그리스도가 나타날 것입니다(살후 2:3下). 적그리스도의 출현은 많은 거짓 선지자와 거짓 그리스도에 의해 준비되었지만(마 7:5; 24:5, 24장; 요일 2:22; 4:3), 결국 적그리스도는 나타나서 거짓 종교(땅에서 올라오는 짐승, 계 13:11-18)의 지원을 받아 세계 제국(바다 또는 무저갱에서 올라오는 짐승, 계 11:7; 13:1-10) 안에 그의 모든 권력을 집중시킬 것입니다. 그는 바벨론에 자리를 잡고(계 17-18장), 그곳에서 그리스도와 그분의 나라를 향한 최후 공격을 감행할 것입니다.[21]

그러나 그때 [236] 아버지께서 보내신 그리스도께서(행 3:20; 딤전 6:15) 하늘의 구름을 타고 나타나실 것입니다. 하늘의 구름이 그분 아래에서 승리의 전차처럼 펼쳐질 것입니다(계 1:7). 그분은 만왕의 왕이시요 만주의 주로서 큰 권능과 영광으로(마 24:30), 입에서 날카로운 검이 나오는 흰 말을 타시고 천사들과 성도들에게 둘러싸여 오실 것입니다(마 25:31; 살전 3:13; 계 19:14). 그리고 천사장의 외침과 천사들의 나팔 소리가 그분의 오심을 알릴 것입니다(마 24:31; 고전 15:52; 살전 4:16). 그분은 단지 나타나셔서 당신의 음성을 내시기만 해도 바다와 땅에서 올라온 짐승의 권세를 영원히 끝내시고(계 19:20) 사탄을 무저갱에 던져 넣으실 것입니다(계 20:3, 10).[22]

---

21 이 단락은 *Magnalia Dei*에 있는 한 단락 안에 있습니다. *MD*, 564.

22 참고. *MD*, 562.

죽은 자의 부활

그리스도께서 나타나신 후에 죽은 자의 부활이 따릅니다. 비록 부활은 일반적으로 하나님께 속한 것으로 여겨지지만(고전 6:14; 고후 1:9), 더 구체적으로는 아들에게 속한 일입니다. 아버지께서는 아들에게 자신의 생명을 주셨고(요 5:26), 아들 자신이 부활이요 생명이시며(요 11:25), 그의 음성으로 모든 죽은 자를 무덤에서 일으킬 권능을 받으셨기 때문입니다(요 5:28-29). 이 구절과 다른 구절에서도(단 12:2; 마 10:28; 행 24:15; 계 20:12-13), 의로운 자와 불의한 자를 포함한 모든 사람의 부활이 있을 것임을 분명하게 가르치고 있습니다.[23]

그런데 두 부활 사이에 큰 차이가 있습니다. 하나는 그리스도의 능력과 공의를 드러내고, 다른 하나는 그분의 자비와 은혜를 나타냅니다. 전자는 영혼과 육체의 결합으로만 존재하며 심판 아래 놓이게 되지만(요 5:29), 후자는 생명의 부활, 곧 그리스도와의 연합과 그리스도의 영을 통해 영혼과 육체가 함께 새롭게 되는 것입니다(요 5:29; 롬 8:11; 빌 3:21).[24]

이 부활에서 육체와 영혼 모두를 비롯한 [237] 인격의 연합이 보존됩니다. 우리는 죽음이라는 엄청난 파국에서 어떻게 이런 일

---

23   이 단락은 *Magnalia Dei*에 있는 한 단락과 동일합니다. *MD*, 565.
24   이 단락은 *Magnalia Dei*에 있습니다. *MD*, 565.

이 가능한지 이해할 수 없습니다.[25] 그러나 죽은 자의 부활은 이러한 연합을 아름답게 유지합니다. 육체는 영혼의 감옥이 아니라 인간의 본질에 속하며 성령의 전이 되어야 합니다. 죽음은 죄의 결과이자 형벌이므로 영혼뿐 아니라 육체에서도 극복되어야 합니다. 그리고 완전한 구원자이신 그리스도께서는 영혼뿐 아니라 육체도 구속하셔서 당신의 형상으로 새롭게 하셔야 합니다. 그러나 성도들이 부활 때 받는 육체는 외형이나 모양, 물질적 구성 요소의 양에 있어서 이 땅의 육체와 일치하지 않고, 본질에 있어서만 일치합니다. 그것은 이 땅에서 모든 시대를 거치며 모든 신진대사 과정을 통해 육체를 형성했던 그 동일한 유기적 씨앗으로 이루어져 있습니다. 그것은 육적인 몸이 아니라 영적인 몸이며, 성생활과 감각적인 욕구를 초월합니다(마 22:30; 고전 6:13). [부활한 육체는] 불멸하고, 썩지 않으며, 영광스럽게 변화된(고전 15:42-44), 그리스도께서 높임 받으신 그 몸과 같습니다(빌 3:21).[26]

최후의 심판

91. 부활 후에 심판이 이어집니다. 하나님께서 태초부터 여자의 후손과 뱀 사이에 적의(敵意)를 두셨기 때문에, 인류는 나뉘었습니다(창 3:15). 구약에서 그 구분이 셋과 가인, 셈과 야벳, 이스라

---

25   이 두 문장은 *Magnalia Dei*에 있는 한 단락 안에 있습니다. *MD*, 565.
26   참고. *MD*, 566.

엘과 열방 사이에 있었고, 이스라엘 내에서도 약속의 자녀와 육신의 자녀 사이에 있었습니다. 그리스도께서 이 땅에 오셨을 때, 그분은 이 구분을 확증하시고 더욱 분명히 하셨습니다(마 10:34-36). 비록 그분의 초림이 세상에 대한 심판이 아니라 구원이었지만 말입니다(요 3:17). 그분은 [238] 자신의 인격과 심판에 대한 증거를 통해 이 일을 이루셨습니다. 그것은 사람들 사이의 구분(요 3:19-21)이며, 오늘날까지 계속되고 있으며 마지막 심판에서 그 결론에 이를 것입니다. 이 구분 중 하나는 모든 민족과 세대와 가족과 개인의 역사를 관통합니다. 실제로 만일 우리가 사람들의 마음의 비밀을 알았다면, 지금보다 훨씬 더 이 진리에 대해 확신했을 것입니다. 그러나 세계사는 그런 세상에 대한 이야기가 아닙니다. 너무나 많은 불의가 벌을 받지 않고, 너무나 많은 선행이 보상받지 못했기 때문에, 우리의 양심은 현시대의 상황에 만족할 수 없습니다. 인류의 머리와 마음, 이성과 양심, 철학과 종교, 세계의 모든 역사는 최후의 의롭고 결정적인 심판을 요구합니다.

우리는 성경의 증언에 따라 그러한 심판대 앞에 서게 될 것입니다(마 25:31-46; 롬 2:5-11; 고후 5:10; 골 3:24-25; 계 20:12-15). 하나님만이 모든 사람의 유일한 입법자이시며 심판자이시지만(창 18:25; 시 50:6; 사 33:22; 약 4:12), 마지막 심판은 더 구체적으로 그리스도께서 행하십니다. 아버지께서는 인자(人子)이신 그리스도에게 그 일을 맡기셨습니다(요 5:22, 27; 행 10:42; 17:31; 롬 14:9). 산 자와 죽은 자를 심판하시는 것은 중보자로서 그분의 사역의 완성이며, 그분의 높아지심의 마지막 사건입니다. 심판은 그리스도께서 아버지께서 그분에게 하라고 주신 모든 일을 다 이루셨고, 모든 원수를 그분의 발아래 복종시키셨으며, 그분의 모든 백성을 끝까지 영원히 구원하셨다는 것을 증명할 것입니다.

만일 그리스도께서 심판자시라면, 우리는 그분이 어떠한 분이실지 알 수 있습니다. 그분은 자비롭고 은혜로우시며, 동시에 엄격하게 공의로우실 것입니다. 왜냐하면 그리스도께서는 인간을 아시고, 인간 안에 있는 모든 것을 아시기 때문입니다. 그분은 마음의 숨겨진 곳을 아시고 모든 악의와 죄악을 드러내시지만, [239] 또한 거기에 있는 가장 작고 연약한 믿음과 사랑의 씨앗도 보십니다. 그분은 외모로 판단하지 않으시며 사람의 겉모습을 보지 않으시고, 의와 진리로 판단하십니다. 그분은 율법과 복음을 기준으로 사람들의 행위(마 25:35下), 말(마 12:36), 생각(롬 2:16; 고전 4:5)을 심판하실 것입니다. 왜냐하면 감추인 것이 드러나지 않을 것이 없고, 모든 것이 밝히 드러날 것이기 때문입니다(마 6:4; 10:26). 베드로와 같이 "주님 모든 것을 아시오매 내가 주를 사랑하는 줄을 주께서 아시나이다"라고 말할 수 있는 모든 사람에게는 이 심판이 위로의 근원이 됩니다. 그러나 이 그리스도께서 자신을 다스리시는 왕이 되시는 것을 원하지 않았던 모든 사람에게는 이 심판이 두려움과 공포의 원인이 될 것입니다.

이 심판은 인류 사이에 완벽하고 영원한 분리를 확립합니다. 이스라엘 백성 중에도 "여호와가 보지 못하며 야곱의 하나님이 알아차리지 못하리라"(시 94:7)라고 말하거나, "너희가 말하기를 모든 악을 행하는 자는 여호와의 눈에 좋게 보이며 그에게 기쁨이 된다 하며 또 정의의 하나님이 어디 계시냐"(말 2:17)라고 말하는 자들이 있었던 것과 같습니다. 오늘날에도 많은 사람들이 최후의 심판이 없다고, 즉 이 세상과 세상의 역사가 끝난 후에도 회개의 가능성이 열려 있을 수 있다고, 따라서 결국에는 모든 사람, 심지어 마귀들까지도 구원에 참여하게 될 것이라고 생각합니다. 반대로 어떤 이들은 계속해서 마음을 굳게 하는 악인들은 결국 영원히 멸절될 것이라고 믿습니다.

그러나 양심과 성경은 이런 헛된 환상에 동일하게 반대합니다. 세상의 역사는 영원한 분리로 끝납니다(눅 17:34-36). 의인들은 영생에 들어가지만, 불의한 자들은 영원한 형벌에 들어갑니다(단 12:2; 마 25:46; 요 5:29). 영광의 천국이 있는 것처럼, 게헨나(힌놈, 우상 숭배가 처음으로 행해졌던 [240] 힌놈의 아들의 골짜기; 참고. 대하 28:3; 33:6; 왕하 23:10, 후에는 온갖 더러운 것이 그곳에 버려졌습니다), 곧 구더기도 죽지 않고 불도 꺼지지 않는 지옥(막 9:44), 슬피 울며 이를 가는 곳(마 8:12), 어둠이 지배하고 멸망과 영원한 죽음이 있는 곳(마 7:13; 8:12; 살후 1:8; 계 21:8)이 있습니다. 그곳은 하나님의 진노가 그 모든 두려움으로 드러날 곳입니다(롬 2:8; 9:22; 히 10:31; 계 6:16-17).

모든 악인에게 영향을 미치는 이 영원한 형벌은 강도와 정도에 큰 차이가 있을 것입니다. 모세 율법을 알지 못했던 이방인들은 양심을 통해 본성적으로 알려진 율법을 거스려 죄를 지었으므로, 그들은 율법 없이도 멸망할 것입니다(롬 2:12). 심판 날에 소돔과 고모라 땅과 두로와 시돈은 가버나움과 예루살렘보다 더 견디기 쉬울 것입니다(마 10:15; 11:22, 24). 주님의 뜻을 알고도 행하지 아니한 자는 더욱 매를 맞을 것입니다(눅 12:47). 악한 영들의 경우에도 그들의 악행에 따라 차이가 있습니다(마 12:45). 그러므로 각 사람은 자기 행위대로 보응을 받을 것입니다(마 16:27; 롬 2:6; 계 22:12). 그 심판은 너무나 공의로워서 아무도 저항할 수 없을 것입니다. 그의 양심은 그 심판에 대해 '예'와 '아멘'이라고 말해야 할 것입니다. 그리스도께서 이 땅에서 영적인 무기 외에 아무것도 가지고 싸우지 않으셨던 것처럼, 그 심판 날에도 그분은 자신의 말씀과 영으로 모든 사람의 양심 속에서 자신을 변호하실 것입니다.

결국 그분은 의로움을 따라서만 전쟁을 수행하시는 신실하고 참되신 분이십니다. 그분의 입에서 나오는 날카로운 검은 말씀의 검입니다(계 19:11, 15, 21). 그러므로 마지막 날에 기꺼이 혹은 마지 못해서 "하늘에 있는 자들과 땅에 있는 자들과 땅 아래 있는 모든 자들로 모든 무릎을 예수의 이름을 꿇게 하시고 모든 입으로 예수 그리스도를 [241] 주라 시인하여 하나님 아버지께 영광을 돌리게 하셨"습니다(빌 2:10-11). 궁극적인 목표는 불경건한 자들에 대한 형벌 자체가 아니라, 그리스도께서 그분의 모든 원수들에 대한 승리 안에서 드러나는 하나님의 영광입니다. "죄인들을 땅에서 소멸하시며 악인들을 다시 있지 못하게 하시리로다 내 영혼아 여호와를 송축하라 할렐루야"(시 104:35).

세상의 회복

92. 최후의 심판과 악인들의 추방 이후에는 세상의 회복이 이어집니다. 성경은 이에 대해 여러 번 강력한 어조로 말합니다. 하늘과 땅이 사라지는데, 연기처럼 사라지며, 옷처럼 낡아질 것이며, 그 후에 하나님께서 새 하늘과 새 땅을 창조하실 것이라고 분명하게 말합니다(시 102:26-27; 사 34:3; 51:6; 65:17; 66:22; 마 24:35; 히 1:11-12; 벧후 3:10-13; 요일 2:17; 계 21:1). 그러나 완전히 새로운 창조를 상상하는 것은 불가능합니다. 지금 하늘과 땅은 그 외형이 사라질 것이며(고전 7:31), 옛 땅이 홍수의 물로 뒤덮였던 것처럼 불에 태워지고 정화될 것이기 때문입니다(벧후 3:6-7, 10). 인류가 그리스도에 의해 재창조되지만 멸망되지 않고 새롭게 창조되는 것처럼(고후 5:17), 세상도 그 본질은 보존될 것입니다. 비록 새 하늘과 새 땅이라고 불릴 수 있을 정도로 변화될지라도 말입니다. 온 세상은 다시 태어나는 위대한 날을 향해 나아가고 있습니다(마 19:28).

하나님 나라의 완성

이 새 창조에서 하나님은 그분의 나라를 세우실 것입니다. 이는 그리스도께서 중보자로서 행하도록 정해진 일을 완수하셨기 때문입니다. 그분은 모든 원수를 그의 발아래 두시고, 아버지께서 그에게 주신 모든 자를 영원한 생명으로 일으키실 때까지 왕으로서 다스리셨습니다. [242] 그 후로도 그리스도께서는 영원히 그 백성의 머리로 남아 그분의 영광을 주시고 그분의 충만으로 채우실 것입니다(요 17:24; 엡 1:23). 그러나 그분의 구속 사역은 끝났습니다. 그리스도께서 그 나라를 완성하셨습니다. 이제 중보자로서 만물을 그분 아래에 두도록 그 나라를 아버지 하나님께 바치십니다. 하나님께서 만유의 주로서 만유 안에 계실 수 있게 하실 것입니다(고전 15:24-28).[27]

이 새 창조에서 하나님은 하늘뿐 아니라 땅에도 그의 나라를 세우실 것입니다. 구약성경과 함께 신약성경은 신자들이 땅을 기업으로 받을 것이라고 가르칩니다(마 5:5). 그들은 하나님의 약속대로 의가 거하는 새 하늘과 새 땅을 기대합니다(벧후 3:13; 계 21:1). 허무함에 굴복된 현재의 모든 피조물은 언젠가 썩어짐의 속박에서 해방되어 하나님의 자녀들의 영광의 자유를 얻게 될 것입니다(롬 8:19-22). 식물과 동물의 세계도 그것을 공유할 것입니다(사 11:6下; 65:21下). 현재 위에 있고 하나님께서 그분의 백성과 함께 살아가는 도시를 나타내는 새 예루살렘은 그때 땅으로 내려올 것입니다(계 21:2). 이 새 예루살렘에는 죄도, 질병도, 죽음도 없을 것입니다. 죽음은 승리에 삼켜지고, 죽음의 영역은 [사탄]과 함께 불못에 던져집니다. 모든 시민이 하나님과의 교제 안에서 참여하는 영원하고 거룩하며 복된 삶의 계시와 열매로서(고전 13:12; 요일 3:2; 계 21:3; 22:1-5).물질세계에서도 권세와 영광과 영원한 통치가 있을 것입니다(고

---

27 이전의 아홉 단락은 *Magnalia Dei*에 있는 아홉 단락과 동일합니다. *MD*, 566-69.

전 15:42下; 계 7:16-17; 21:4).[28]

이 완성된 나라에서 다양성이 통일성 안에서 보존될 것입니다. 작은 자와 큰 자(계 22:12), 먼저 된 자와 나중 된 자(마 20:16)가 있을 것입니다. 민족과 국가의 구분은 남아있을 것입니다. [243] 이스라엘과 민족들은 서로 해체되지 않고 각자 자신의 자리와 사명을 유지할 것입니다(마 19:28; 25:32; 행 3:19-21; 롬 11:26). 구원받은 열방은 새 예루살렘의 빛 안에서 걷게 될 것이며, 땅의 왕들은 그들의 영광과 존귀를 그 새 예루살렘으로 가져올 것입니다(계 21:24; 22:2). 비록 모든 사람이 동일한 구원, 동일한 영원한 생명, 하나님과의 동일한 교제에 참여하지만, 그들 사이에는 계급과 지위, 은사와 부르심, 영광과 광채에 있어서 온갖 차이가 있을 것입니다. 아버지 집에는 거할 곳이 많습니다(요 14:2). 땅에서 어떻게 신실했는지, 자신의 달란트를 어떻게 사용했는지, 그리스도를 위해 어떻게 고난받고 수고했는지에 따라 하나님 나라에서 더 높은 자리와 더 큰 영광을 받게 될 것입니다(마 5:12; 6:1, 6, 18; 25:14下; 고후 9:6; 계 2-3장).

이 풍성한 다양성은 통일성을 해치지 않을 것입니다. 모든 사람이 하나님의 얼굴을 보고, 그분과 같이 될 것이기 때문입니다(마 5:8; 요 3:2; 계 22:4). 하나님께서 나를 아신 것 같이 온전히 알게 될 것이고(고전 13:12), 모두 선지자, 제사장, 왕이 될 것입니다. 그때에 창조에 대한 하나님의 목적이 이루어질 것입니다. 피조물이 그

---

28 참고. *MD* 초판, 644, 그리고 *MD*, 569.

분의 영광을 선포하고, 모든 곳에서 그분의 능력을 보게 될 것이기 때문입니다. 하나님께서 만드신 모든 것을 보시고 자신이 하신 일을 기뻐하시며 "보시기에 심히 좋았더라!"라고 말씀하실 것입니다 (고전 15:24-28).[29]

---

29 이전의 세 단락은 이 책 『기독교 신앙 안내서』에만 있습니다.

1. 신자에게 죽음은 왜 더 이상 사망이 아닐까요?

2. 예수님의 초림과 재림 사이에는 어떤 연속성과 불연속성이 있을까요?

3. 중간 상태는 무엇이며, 그 상태에서 신자와 불신자에게 어떤 차이가 있을까요?

4. 예수님의 승천과 재림 사이의 시기 동안 신자에게 어떤 일이 일어날까요?

5. 예수님의 재림 때 죽은 자들은 부활합니다. 이런 부활이 육체와 어떤 관계가 있을까요?

6. 심판은 신자와 불신자를 어떤 점에서 나누며, 그 이후는 어떻게 될까요?

7. 완성된 하나님의 나라에서 신자가 누리는 유익은 무엇일까요?

8. 완성된 하나님의 나라에서 다양성은 통일성 속에서 어떻게 보존될까요?

주제색인

ㄱ

가난(빈곤)　85, 221, 231, 267
가난한 자　221, 389, 393, 404, 413
가정(presupposition)　61, 83
가정(family, 가족)　32, 227-8, 244-
　5, 323-4, 336, 348, 377, 381, 387,
　396, 400, 404, 433
감각　59-60, 80-1, 85, 140, 219, 432
감사(gratitude)　352, 362
감사(thanksgiving)　55, 86, 179, 197,
　337, 372
감정(감각, 느낌)　81, 117-8, 143
개념(관념)　33, 43, 60, 66, 72, 74, 78,
　86, 107-8, 116, 118, 121-2, 142, 144-5,
　149, 185-6, 191, 200, 206, 226, 236,
　239, 259, 342, 409-10, 420, 422,
　426
개혁 신학　46
개혁파 신앙고백　34, 40-1, 48, 50, 52,
　324
거듭남　309, 314, 327, 331
　또한 '중생'을 보라
거주민(거주자)　141, 410
거짓됨(잘못됨, 틀림)　86, 124, 132-
　3, 222, 236-7, 263, 271-2, 319,
　333, 344, 362, 371, 385, 399, 430
결혼　206, 274, 370
경건　155-6, 247, 277, 332, 341-2, 367,
　372, 377, 414-5
경험　64, 96, 116-20, 122, 208, 222,
　242, 320, 323, 325, 367, 418
계시의 역사　61-2, 76, 79, 90, 92, 95-
　100, 109-11, 114-5, 161, 165-7
고난 받는 종　259, 268, 288
고난　165, 253, 258-9, 261, 267-8, 280-
　2, 285, 288, 290, 298, 307, 342, 358,

399, 401, 404-5, 416-7, 429, 439
　또한 '고통'을 보라.
고통　59, 83, 118, 143, 221, 229-30,
　420, 423
　또한 '고난'을 보라
고해　336, 401, 404
공간　81, 149-50, 190-1, 193
공동체　33, 96, 124, 128-30, 283, 312,
　319, 376-8, 400, 404
공로　312, 347, 349
교만　216, 226, 228, 332, 371
교제　또한 '성찬'을 보라
　성도의 교제　130, 310-1, 377-9,
　389, 405, 411
　그리스도와의 교제　115, 312, 331,
　334, 389, 402-3, 424, 427
　하나님과의 교제　42, 64, 173, 231,
　238, 241-2, 272, 292, 295, 299, 309,
　410-2, 414, 438, 439
교황　124, 312, 393
교회의 보편성　41, 134, 275, 385-6
교회의 사도성　132
교회의 통일성　135, 382-3
구원하는 믿음　333-4, 337, 362
권리　84, 141, 172, 295, 341, 344, 346,
　349, 392
권위　112, 123, 133, 220, 264, 363-4,
　391-3, 399
　교회의 권위　131
　종교개혁에 의한 권위　124
　로마교에 의한 권위　123, 393
권징　113, 135, 398
　또한 '치리'를 보라.
규례(율례)　109-11, 167
규정　46, 110, 132, 246, 277, 386, 399
금욕　364

기도　176, 184, 254, 260, 265, 311, 372, 378, 383, 387, 389, 405, 413, 415, 421, 424

기독교　65, 68, 78, 85-6, 123, 128-31, 134-6, 145, 177, 237, 252-5, 275, 296, 318, 322, 324, 336, 383, 385, 393, 405, 409, 413
　　또한 '신학'을 보라

기름 부음 받은 자　257-9, 265, 268, 284

기름 부음　167, 172, 305

기적　77, 92-4, 163, 182, 235, 285, 287, 308, 332-4

ㄴ

낙관주의　85

낙원　205-6, 211, 217, 223, 230, 413, 423, 428

낮아지심(낮아지심의 상태)　268, 282-3, 297, 300, 306

네덜란드　30, 33, 35-6, 38, 40-2, 44-7, 50-3, 58, 62, 68, 84, 110, 133-4, 144, 150, 156, 160, 174, 188, 194, 292, 309, 378-9, 422, 427

네스토리우스　274-5

노동(일, 작업, 노력)　84, 196, 230

노바투스파　135

노아　79, 94, 238, 242-3, 377

높아지심, 높아지심의 상태　268, 282, 285, 295-300, 305-6, 417, 427, 434

능동적 믿음　362

니고데모　309, 328

니체, 프리드리히　117-8

니케아 공의회　134, 273, 275

니케아 신조　134-5

ㄷ

다스리는 장로　390

다윗의 자손　115, 166, 256-61, 265, 267

대속물　267, 282, 287, 289, 291, 416

대체(대리)　206, 223, 241-2, 254, 265, 291, 350, 380, 388, 401, 404

덕　64, 75, 143, 228, 382, 384
　　또한 '미덕'을 보라.

덕과 행복　409, 411, 428

도덕법　213, 220, 322, 363, 365

동물　59, 84, 191-2, 204, 207-8, 219, 242, 267, 291, 438

두 본성 교리　271, 273-6

두려움(공포, 무서움, 경외)　60, 141, 143, 152, 156, 164, 166, 222, 230, 241, 351, 361-2, 368, 370, 372, 411-2, 429, 434-5

ㄹ

라오디게아 공의회　130

로마교　123-4, 135-6, 146-7, 210, 223, 263, 275, 297, 319, 336, 344, 363, 393, 400-1, 404, 420-1

ㅁ

마리아　167, 223, 262-3, 276, 281-2, 306, 405

마술　86, 236, 421

마음　59-61, 64, 75, 80, 84-6, 90

마지막 날　166, 238, 415-6, 436

만족　60, 80, 87, 146, 255, 294, 321, 433
　　또한 '속죄'를 보라

말씀 사역　390-1, 404

말씀　87

메시아　166, 256-8, 260, 265-8, 305, 378, 415, 418

멜기세덱　166, 287, 299

모세 율법　435

모세　92, 94-5, 106, 109-12, 149, 164, 166, 234, 259, 261, 286, 367

목사　31, 391, 400

목자　136, 143, 390, 400

목회(사역)　396

무신론　83, 92, 144-5, 147, 152

묵상　64, 83, 122, 372

문화　60, 64, 84, 206-8, 321, 428

물질　54, 60, 64, 150, 186, 188, 207, 219, 225, 227, 272, 312, 401, 409, 415, 421, 432, 438

미덕　143, 148, 363, 384, 409, 411, 428
　　또한 '덕'을 보라.

미리 아심　119, 176

미리 정하심　281, 294
　　또한 '예정'을 보라.

미신　86, 96, 118, 273

민족(족속)　79, 82-3, 86-7, 97, 99, 101, 108, 114, 136, 176, 227, 235, 237, 245, 253, 259, 289, 299, 307, 324, 377-8, 385-6, 396, 416, 419, 433, 439

ㅂ

바리새인　261, 332

바벨　79

바벨론　205, 430

바울　66, 76, 86-7, 98, 113, 115, 120, 123, 129-30, 183, 197, 220, 226, 235, 259, 288, 308, 311, 319, 329-30, 345-6, 367, 381, 390, 413, 418, 421, 427

박해　283, 368, 399

반율법주의　318

방언　174, 307-8

배교　110, 235, 377

뱀　217, 235, 242-3, 432

번제　291

범신론　92, 144-5, 147, 152, 177, 185, 196, 200

베드로　113, 120, 129, 259, 265, 367, 392, 403, 434

보상　412, 433
　　또한 '상급'을 보라.

보존　73, 79, 99, 108, 114, 124, 131, 133, 142, 168-70, 172, 175, 178, 182, 186, 193-6, 200-1, 235-6, 238, 240-1, 244, 255, 257, 270, 274, 276, 299, 305, 313, 319, 331, 398, 400, 403, 431, 437

복(축복)　42, 77, 84-5, 143, 156, 163, 165, 175-6, 179, 188, 190, 212, 231, 234-5, 263, 270, 292, 294, 312-4, 358, 376-7, 404, 411, 413, 415, 423-4, 426-8, 438

복수　143, 229

복음 전도(복음 전도자)　388, 391, 402

본디오 빌라도　332, 405

봉사　389
　　또한 '섬김'을 보라.

부르심　73, 111, 113, 238, 244, 294, 359, 370, 377
　　또한 '소명'을 보라.

부정　140, 146-7, 154-5, 197, 222, 226, 230, 292, 294

부패　83, 86, 184, 220, 225, 227-8, 235, 263, 364, 392

부활　94, 100, 168-9, 172, 176, 212, 272, 281, 295-8, 300, 329-30, 370, 385, 387, 405, 416, 423, 428-9, 431-2

부흥　39, 384

분리　62, 66, 96, 107, 109, 112, 135, 147,

155, 191, 194, 199-200, 220, 244, 247, 254, 275, 284, 286, 312, 322, 346, 357, 377, 379, 383, 399, 416-7, 434-5

분파   32, 135-6, 398

불멸(불멸성)   211, 287, 297, 408-10, 432
    또한 '영생'을 보라.

불순종   216-7, 220, 235, 243, 334, 345

불신(불신앙)   218, 333-4, 377

불신자   66, 378, 423

불안   43, 129, 241, 351

비관주의   85

비밀   111, 301, 433
    또한 '신비'를 보라.

빛   59, 75-8, 83, 85, 87, 113, 118, 143-4, 150, 156, 169, 191, 199, 219, 221, 253, 257, 274, 298-9, 369, 382, 416, 420, 439

ㅅ

사도   61, 94, 96, 106-7, 112-5, 120-3, 128-30, 134, 167-9, 176, 266, 270-1, 276-7, 281, 288, 298-9, 311, 326, 331, 334, 350, 362, 367, 369, 379-80, 384, 388-93, 398, 400, 403-4, 418, 420

사도신경   134, 271, 383

사벨리우스주의   177

사제   125, 254, 312, 319, 392-3
    또한 '제사장'을 보라.

사탄   198, 216-7, 242-3, 285, 295, 426, 430, 438

삯   351

삼위일체 교리   134-5, 176-7, 275

삼위일체   43, 55, 134-5, 160, 176-9, 189, 299

삼위일체의 위격   161, 169-71, 174-5, 177-8

상급   240
    또한 '보상'을 보라.

상상   83, 92, 117-8, 218, 221, 234, 236, 266, 287, 312, 371, 437

새 생명   77, 319, 330-1, 334, 397

새 예루살렘   102, 438-9

새 창조   437-8

새 하늘과 새 땅   101, 437-8

생명나무   427

서기관   261, 264

성품   401

선교 사역   114, 390, 397

선악을 알게 하는 나무   206, 213

선지자   61, 90, 95-6, 106-7, 109-13, 120-23, 130, 164, 166, 171, 198, 257, 259, 261, 264, 267, 284-6, 290, 298, 309, 311, 335, 367-8, 387-8, 391, 397, 400, 415, 426, 430, 439,

선한 기쁨   141, 176, 190, 239, 319, 324

선한 행위(선행)   344, 348, 351, 362-5, 372, 420, 433

섬김   85, 267, 282, 391
    또한 '봉사'를 보라.

설교   66, 114, 130, 263, 281, 285-6, 288, 309, 320, 362, 377, 381, 393, 398, 400, 422

섭리   55, 68, 83, 92, 108, 144, 162, 193-7, 199-201, 235, 239, 245

성경의 권위   112, 123-4, 128, 131, 133, 363

성경의 명료성   124

성경의 영감   32, 96, 121-3, 224

성경의 필요성   124

성인   254, 420

성도의 견인   367-8, 372

성령님에 대한 신성모독   175, 229

성령님의 증거(증언)   133, 174, 177, 295, 299, 321, 326

성례   389, 398-9, 401-3,

또한 '세례', '성찬'을 보라

성육신　167, 256-7, 280, 282, 290, 304

성전　100, 164, 175, 211, 257, 259, 265, 304-7, 311, 357, 360, 382, 384, 428

성찬　265, 267, 383, 401, 403
　　또한 '성례'를 보라

성화　86, 170, 176, 184, 313, 344, 346, 356, 358-62, 366, 371, 377, 427
　　능동적 성화　360-62
　　수동적 성화　358-60

세례 요한　263, 265, 286, 305, 335, 377

세례　67, 134, 167, 172, 175-6, 265, 270, 272, 283, 328, 336, 383, 401-3
　　또한 '성례'를 보라.

셋 족속　96, 238, 257, 324, 432

소돔과 고모라　436

소명　59, 132, 170, 174, 284, 298, 313-4, 318, 320, 322-4, 326, 370, 376-7, 396
　　내적 소명　324, 326-7
　　실물적 소명　320-2
　　외적 소명　323, 325, 327
　　또한 '부르심'을 보라.

소크라테스　228

속죄　176, 259, 289, 292-4, 299, 341
　　또한 '화목', '화해'를 보라

수단　55, 77, 91-5, 99, 106, 108, 119, 121, 143, 184, 189, 228, 234, 240, 289, 292, 293, 331, 371, 385, 396-7, 399

수치　222, 230

순결　59
　　또한 '순수'를 보라.

순교자　413

순수　64, 99, 108, 124, 146, 150, 153, 198, 208, 224, 237, 272, 325, 385, 392, 398-9
　　또한 '순결'을 보라.

순종　82, 164, 206, 211, 213, 225-6, 242, 261, 265, 282-3, 285, 290-3, 322, 345, 357-8, 364, 399, 411
　　능동적 순종　290-1, 348
　　수동적 순종　291, 348

스랍　208

스올　410, 412, 422

슬픔　85, 143, 201, 230-1, 260, 292, 337, 368, 411

시(시인)　117-8, 144

시간(때)　65, 81, 93, 98, 149-50, 153, 169, 172, 187, 190-2, 197, 216, 234, 239, 244, 252, 263, 269, 273, 284, 357, 386, 415, 418-20, 422, 426

시내산　92, 387

시온　300, 307

시험　156, 199, 211, 213, 217, 219-20, 248, 260, 282-3, 300, 341, 358, 370, 418, 427
　　또한 '유혹'을 보라.

식물　191-2, 204, 409, 438

신 존재 증명　81

신뢰　62, 75, 82, 113, 131, 150, 185, 277, 331

신비　117, 219, 230, 238, 264, 277, 330
　　또한 '비밀'을 보라.

신성의 감각　80

신앙고백　34, 40-1, 48, 50, 52, 55, 67-8, 73, 131-6, 175, 177-8, 184, 265-6, 271, 275, 277, 324, 348, 372, 377, 379-80, 383, 389, 393, 398, 402, 405

신앙의 규칙　130, 133

신학 백과사전　33, 36, 46, 357

신학　또한 '기독교'를 보라
　　루터파 신학　146-7, 275-6, 297, 319, 393
　　개혁 신학(개혁파 신학)　36-7, 39-42, 46, 146-7, 200, 210, 224, 275, 319
　　로마 가톨릭 신학　123, 146-7, 210,

223, 263, 275, 297, 319, 336, 344, 363, 400-1, 421

　　학문으로서 신학　36, 54-5, 65-7

십자가　184, 261, 266, 280-1, 283, 287-8, 290, 295-6, 329, 332, 349, 358, 372, 399, 405, 413, 416, 427

ㅇ

아담

　　아담과 그리스도　225, 241, 345

　　하나님과 맺은 언약　244

　　아담의 후손(자손)　79, 222, 377

　　아담의 불순종　222, 345

　　타락 이전의 아담　213, 282

　　아담과 인간의 운명　222-3, 225-6, 282

　　죄의 전가　225-6

　　자연적 육체　212

　　대표자로서 아담　206, 225

아름다움(미)　334

아리우스　273

아리우스주의　177

아브라함　92, 96-9, 101, 108, 114, 163, 242, 244, 256-7, 260, 291, 324, 367-8, 377, 413, 423, 426

아우구스티누스　41-5, 60-1, 191, 224, 228

아타나시우스　134-5

악(악인)　79, 85, 1116, 119, 136, 140, 155, 184, 192, 199, 201, 206, 213, 217-20, 223, 226-9, 234, 236-7, 242, 244, 291-2, 309, 321, 324, 341-4, 348, 352, 366, 369-70, 378, 404, 411, 414, 416, 420, 422, 424, 434-7

　　또한 '죄인'을 보라.

악　85, 199, 217, 223, 309, 436

마귀　136, 217, 228, 435

악한 영　116, 436

안식일　387

양심　33, 59, 80, 82, 133, 184, 199, 219, 226-7, 229-30, 320-2, 334, 363, 366, 433, 435-6

어린 양　211, 366, 382, 413

어린이　31, 67

언약

　　노아 언약　84

　　새 언약　100, 265, 289, 326, 343, 359

　　시내산 언약　98

　　아브라함 언약　97-9, 101, 114, 242, 244, 324, 377, 426

　　은혜 언약　55, 98, 101, 156, 227, 234, 239-47, 294, 313, 319, 322-3, 336, 370, 377, 401-3, 425

　　자연 언약　94, 97

　　행위 언약　213, 225, 227, 240-1, 322

언약의 사자　92, 163-4, 166, 257

여호와　151, 163-4

여호와의 영　164, 166, 309, 326

여호와의 종　166, 259, 268, 288, 291

여호와의 사자　163-4, 257

연옥　409, 413, 420-1, 424

연합

　　영혼과 육체의 연합　410, 431

　　두 본성의 연합　274-7

　　그리스도와의 연합　240, 264, 295, 318, 431

영(영혼)　또한 '영적 세계'를 보라

　　영혼과 육체　221, 330, 411, 423, 431

　　영혼과 본성　54, 60, 312, 330

영생(영원한 생명)　62, 64-5, 73, 115, 141, 156, 211, 238, 240, 271, 295, 322-3, 326, 333, 344, 347, 349,

369-71, 405, 408, 412, 417, 424, 429, 435, 437, 439

영원한 죽음   115, 231, 435
영원한 형벌   199, 435
영적 세계   366
영적 육체   212, 432
영적 죽음   231
영적 축복   427-8
영혼 수면   409
예루살렘   114, 211, 265, 304, 306, 380-1, 390, 418, 436
예배   55, 86, 163, 277, 289, 292, 428
예술   60, 117, 119, 143, 164, 321, 400
예언   77, 100, 111, 113, 116, 121-2, 164, 167, 174, 237, 257-60, 262, 264-5, 268, 286, 288, 304, 308, 343, 415, 417-8
예정   183, 239, 369, 426
    또한 '미리 정하심'을 보라.
오성   76, 78, 80
    또한 '이해력'을 보라.
오순절   273, 304, 306, 326, 378, 415
우림과 둠밈   92
우상 숭배   86, 96, 161, 236, 330, 399, 435
우연   81-2, 109, 184, 201, 224, 240
우주   42, 55, 82, 192
원래의 의로움   210-1
원죄   224-6
웨스트민스터 교리문답   67
위반   98, 218, 220, 227
유기적(유기물의, 생물의)   55, 66, 95, 112, 121, 123, 208, 244-6, 377, 387, 432
유기체(생물)   93, 378
유물론   92, 185
유월절   289, 401
유혹   133, 216-7, 429
    또한 '시험'을 보라.
육체(몸)
    육체의 부활   212, 405, 423, 431-2

육체와 영혼   221, 330, 410-1, 420, 423, 431-2
    인간의 육체(몸)   166, 207, 209, 211, 219, 221, 225, 228, 230-1, 260, 348, 404, 410, 424, 431-2
    자연적 육체   212
    하나님의 속성과 육체   76, 153, 209, 270, 277, 287, 301, 307, 313, 402
은혜의 수단   55, 396, 399
의롭다 하심   99, 227, 244, 294, 323, 330, 341, 343-5, 348-50, 359, 369, 371
    또한 '칭의'를 보라.
의무   54, 100, 156, 184, 205, 227, 246, 342, 360-1, 363
의식   또한 '양심'을 보라.
    자의식   42, 60, 73-5, 79-80, 82, 116, 174, 123
    의식성   74
의식(의식함)   59, 66, 73-4, 76, 82-3, 93, 95, 100, 115-6, 118, 122, 148, 153, 162, 183, 207, 222, 230, 236, 259, 263, 288, 314, 321, 356, 402, 414, 421
의심   86, 119, 161, 218, 261, 333, 368-9
의존(의존성)   72, 81, 149, 188-9, 198, 209, 211, 213, 321, 347, 349, 351
이교   128, 152
이교 사상   99, 132, 144, 161, 178, 272, 277
이성   59, 76, 80, 82, 122, 141, 198, 200, 207-9, 220, 245, 320, 322, 340, 433
이신론   92, 144-5, 147, 152, 177, 194, 197, 200, 272
이해력   163-4, 331
    또한 '오성'을 보라.
인류(인간)   60, 78-9, 82-7, 96-7, 101-2, 108, 114, 143, 182, 184, 186, 191, 193, 198, 200-1, 204-6, 217, 222-

5, 227, 234-8, 243-6, 255, 262, 274, 296, 324-5, 346, 361, 363, 378, 396, 409, 411, 423, 426, 432-4, 437
일반 계시　32, 55, 73, 77-8, 84-7, 90, 96, 101, 106
일반 은총　32, 77-8, 84, 235, 333
임마누엘　166, 258
임시 계명　217, 219-20
입양(양자됨, 양자 삼음)　99, 170, 239-40, 295, 313-4, 348, 352, 369, 371, 377, 424, 428

ㅈ

자기지식　74-5
자녀　32, 62, 64, 99, 120, 142, 164, 170, 205, 208, 223, 239-40, 247, 252, 295, 300, 320, 324, 329, 334, 336, 348, 352, 369, 371, 402, 412, 428, 433, 438
　또한 '어린이'를 보라.
자연 과학　36, 66, 68
자연 질서　84
자연 법칙　94
자유 의지　241, 296
자유　72-4, 77, 99-100, 108, 117, 119, 132-3, 150, 183-4, 189, 191, 198, 200, 206, 208, 213, 217, 222-3, 229, 241, 245-6, 262, 264, 271, 295-6, 313-4, 324, 352-3, 356, 360, 378, 438
장로　31, 164, 390-3, 397
장로교회 정치체제　393
재세례파　123-4, 276, 393
　기독론　276
　교회에 대해　393
저주　115, 198, 229, 235, 345, 350, 352, 363

적그리스도　425
전지　82, 154, 175, 269
전통　36, 41, 65, 108, 124-5, 146, 200, 364, 392
절대적 초월성　141, 144, 146, 148
절망　226, 405
절정　46, 76, 205, 253, 288
　또한 '정점'을 보라.
접근
　교회에 대해　37
　하나님에 대해　311
　하나님 나라에 대해　309
정경　130, 186
정점　94, 292, 298, 366
　또한 '절정'을 보라.
제물　289, 292, 347, 350, 357, 401
제사장　111, 164-6, 257, 259, 268, 282, 284-5, 287-8, 290, 292-3, 298-300, 318, 357, 360, 382, 387, 397, 426, 428, 439
　또한 '사제'를 보라.
제의　289, 387
족장　163, 257, 260, 324, 387
종교　33, 46, 81-7, 97, 99, 150, 192, 197, 207-8, 236-7, 253-5, 272, 289, 321, 324, 331, 377, 383-4, 408, 430, 433
종교개혁　32, 123-4, 135, 186, 336, 346, 364, 393, 400
종교의 씨앗　81, 85
종교의 역사　85, 238
죄 사함　154, 289, 296, 427
　또한 '죄 용서'를 보라.
죄 용서　77, 156, 229, 264-5, 271, 285, 289, 295, 313-4, 323, 335, 341-2, 347-8, 351, 370, 399, 402-3, 405
　또한 '죄 사함'을 보라.
죄의 굴레(죄의 속박)　289, 438
죄인　63, 99, 154-5, 198, 210, 222, 225, 228, 294, 343-5, 347-8, 404, 436
죄책　222-3, 225, 227-8, 230-1, 262-3,

292, 314, 344, 356

주교   392

죽은 자   172, 231, 271, 281, 295-6, 405, 410-3, 416, 421-4, 427-8, 431-3

중간   186, 414, 418, 420, 422-4

중보자   94, 170, 252-5, 300, 305-6, 383, 433, 437-8

중생   77, 176, 313-4, 318, 328-30, 333-4, 337, 340, 348, 365-6, 376-8, 385, 399, 402, 427
  또한 '거듭남'을 보라.

지식
  인격적인 지식   63-4, 74, 125, 140-2, 144, 146
  학문적인 지식   65, 116, 123, 400, 410

지역 교회   130, 380

지옥   85, 283, 295, 297, 422, 435

지혜
  지혜와 창조   164, 183, 219, 410
  하나님의 지혜   75-7, 87, 90, 142-3, 147-8, 166, 208-9, 240, 253, 308
  지혜와 지식   120
  지혜와 성경   100, 102, 153, 162-3

진보   84, 160-1, 227

짐승   217, 430

징계   364

창조주   141, 168-9, 185, 188, 197, 244-5, 269, 273, 346, 405

처녀 잉태   167, 172, 262, 282, 305-6, 405

천국   59, 85, 212, 241, 256, 295, 297-9, 331, 385, 413-5, 419-21, 423-4, 435
  또한 '하나님 나라', '하늘나라'를 보라.

천국의(하늘의) 예루살렘   211

천년왕국설   424-6, 429

천사   76, 92, 136, 163, 168, 171, 173, 192, 204, 207-8, 212, 216-7, 220, 261, 268, 272, 390, 413, 418, 421, 430

철학   36, 62, 66, 86, 131, 142, 145, 152, 185, 188, 224, 277, 408-9, 433

초자연적   172, 254, 272, 319

총회   30-2, 132

최후의 심판   423, 432-3, 435, 437

출발점   167, 185, 187

치리   392
  또한 '권징'을 보라.

치유   308

칭의   184, 313-4, 340, 343-51, 356, 358, 362, 366, 370, 377
  또한 '의롭다 하심'을 보라.

ㅊ

차라투스트라   86, 118-9

찬송   55, 100, 144, 387
  또한 '찬양'을 보라.

찬양   56, 76, 131, 172, 177, 270, 276
  또한 '찬송'을 보라.

참된 믿음(신앙)   67, 331, 333, 362, 364

창조자   182, 187, 244, 270, 305

ㅋ

칼뱅, 장   44-5, 67, 81, 283, 393, 399

칼케돈   134-5, 275

ㅌ

타락   96, 99, 210-2, 216-220, 222-6, 230, 235, 237-8, 241, 243, 261, 282,

320-1, 323, 377, 384

타락한 인간   211, 237, 241, 321

특별 계시   32, 55, 73, 77-9, 87, 90-2, 94, 6, 101-2, 106-9, 125, 237-8

ㅍ

팔레스타인   205, 307

페르시아   86

펠라기우스   222-4, 318

펠라기우스주의   194

표적   92, 107, 285, 287, 332, 334, 419

플라톤   228

ㅎ

하나님 나라   43, 259-60, 263-5, 286, 309, 325, 328, 335, 340, 386, 419-20, 428-9, 437, 439
또한 '천국', '하늘나라'를 보라.

하나님의 경륜   101, 119, 121, 170, 183-5, 187, 189, 195, 205, 235, 239-40, 245, 252-3, 264, 281, 288, 322

하나님의 다양성   55, 72, 74, 81, 91, 102, 123, 160-1, 167, 175, 178, 209, 253

하나님의 모양   58, 143, 166, 205, 207, 209, 260
또한 '하나님의 형상'을 보라

하나님의 나오심(발출)   170, 173-4, 178-9, 306

하나님의 보좌   211, 216, 287, 300, 413, 428

하나님의 본질과 속성   68, 75, 78, 81, 147, 149-50, 154, 160, 162, 165, 170, 175, 178, 190, 273-6

하나님의 불가해성(이해할 수 없는 속성)   74, 140-1

하나님의 선택   80, 113, 170, 179, 187, 192, 213, 238-9, 241, 244, 304, 306, 324, 327, 333, 370, 388, 426

하나님의 속성   또한 '하나님의 이름'을 보라

거룩성   59, 77, 97, 117, 145, 148, 151, 154-5, 165, 173, 199, 229, 236, 246, 281, 307, 323, 356-8, 404

공유적 속성   146-7, 151-2

공의   166, 235, 340-2, 344, 428, 431, 434, 436

독립성   82, 147, 149-51, 184

내재성   145, 147, 178

무한성   75, 82, 93, 140, 145, 147, 149, 151, 182, 197, 209

불가시성   59, 140, 153, 270

불변성   148-51, 184-5, 239, 269

비공유적 속성   146-51

사랑   43-4, 60-1, 63, 74, 85, 151, 154, 165, 169-71, 176, 179, 187, 240-1, 245-6, 256, 269, 312-3, 347, 362-3, 365, 384, 424

삼위일체   43, 55, 134-5, 160, 167, 176-9, 189, 275, 299

선하심   75, 77, 142, 147-8, 154, 208, 219, 321

영광   55, 60, 65, 76, 79, 84, 95, 99, 101-2, 155-6, 160, 163, 170, 172, 175, 177, 189-90, 193, 256, 259, 263-4, 277, 284, 286, 297, 306, 314, 342-3, 364, 367, 370, 416-7, 430, 436, 440

영원성   59, 63-4, 81, 84, 140, 145, 148-52, 160, 169, 172, 175, 177, 185, 187, 197, 239, 241, 256, 269, 273, 285-6, 320

완전하심   73, 75, 148, 150, 154, 176, 241, 255, 260, 262, 270, 284, 296, 307, 343, 347, 350, 362, 415, 417, 432

오래 참으심(인내) 154, 235, 313-4, 372, 400, 419

은혜 63-4, 67, 74, 77-8, 114, 140, 151, 154, 156, 163, 183, 190, 209, 227, 235, 237-42, 244, 253, 268, 286, 293, 312-3, 323, 326, 341-2, 347, 350-1, 358, 366, 401, 411, 415, 431, 434

의지(뜻) 43, 59, 75, 93-4, 143, 153, 174, 183, 195, 245-6

자비 77, 102, 143, 148, 151-2, 156, 182, 184, 208, 237, 240, 246, 252, 282, 285, 287, 294, 300, 312, 341, 368, 431, 434

전능성 75, 77, 80, 82, 93, 97, 118-9, 150-1, 154, 166, 173, 175, 184, 187, 195-6, 201, 239, 242, 246, 252-3, 258, 269, 271, 273, 405, 417

절대성 119

정의 166, 184, 268, 323, 340-1, 347, 428, 435

주권 30, 245, 297, 392, 397, 429

지식 55, 58, 61-6, 68, 72-6, 83, 107, 111, 120-1, 125, 140-4, 146-7, 153, 166, 172, 210, 284, 308, 319, 333, 356, 366, 369, 386

지혜 75-7, 87, 90, 102, 113, 120, 142-3, 147-8, 151, 153, 162-4, 166, 183-5, 189, 208-9, 240, 246, 253, 323

진리 33, 44, 63, 66-7, 77-8, 101, 114-5, 119, 124-5, 130, 132-3, 148, 150, 155-6, 177, 195, 271, 285-6, 288, 295, 298-9, 341-2, 358, 360, 371-2, 385, 390, 396, 398, 401, 415, 433-4

초월성 141, 144-8, 178

편재성 82, 93, 148, 150-1, 175, 196, 269

하나님의 아들 76, 90, 115, 168, 171, 205, 258, 265-6, 268-9, 271, 273, 280-2, 297, 306, 329

하나님의 우편 100, 258, 268, 271, 285, 287-8, 295, 297, 300, 350, 405, 425

하나님의 이름(들)
　엘로힘 149, 151, 161, 163
　엘 샤다이 151
　여호와 151, 163-4

하나님의 형상 58, 80, 94-5, 143, 172, 188, 205, 207-13, 222, 231, 241, 268, 270, 277, 284, 295, 314, 356, 428-9, 432
　또한 '하나님의 모양'을 보라.

(하나님의) 단순성 148-9

(하나님의) 명예(존경) 190, 268, 273, 277, 297, 342, 372

(하나님의) 존재 43, 64, 68, 74-5, 81-3, 92-3, 95, 100, 144-8, 151-2, 160-1, 165, 167, 169, 171-3, 177-8, 185, 187, 195-7, 200, 209, 211, 256, 275-6, 310

(하나님의) 진노 99, 155, 199, 229, 235, 292-4, 323, 368, 423, 435

(하나님의) 통일성 55, 123, 160-1, 167, 176, 178

(하나님의) 통일성과 삼위일체 55, 178

하늘나라 192, 263, 288, 392
　또한 '천국', '하나님 나라'를 보라.

하늘나라의 열쇠 392, 403

하와 84, 218, 222, 242

할례 283, 327, 358, 360-1, 387, 401

해와 달과 별들 191, 204

행복 118, 236, 409, 411, 428

형벌 184, 199, 229-30, 234-5, 290, 344, 348, 357, 400, 412-3, 420, 424, 432, 435-6

형상 숭배 161, 236

화목(속죄, 화목제물) 281, 292-5, 323,

347, 350

또한 '속죄', '화해'를 보라.

화해(화목)   208, 292, 343, 347
또한 '속죄', '화목'을 보라.

확신   111-2, 115, 131-2, 240, 253, 257, 336, 349, 351, 364, 368, 371-2, 398, 402-3, 408, 413, 433
또한 '확실성'을 보라.

확실성(확신)   118, 241
또한 '확신'을 보라.

환경   219, 386, 420

회당   265, 286, 379, 387

회복   45, 84, 135, 164, 170, 176, 179, 224, 235, 241, 245, 284, 309, 314, 322, 328, 337, 346, 356, 361-2, 384, 393, 411, 428, 437

회심   263, 294, 314, 318, 334-7, 361, 364, 376, 385, 427

회개   230, 246-7, 296, 313-4, 325, 331, 335-7, 340, 399, 419-20, 435

회중   22, 66, 124, 132, 253, 376, 378-81, 385-6, 403

　　교회   32, 120, 129-33, 247, 308, 326, 360, 376, 378-93, 397, 402-4, 415, 425, 429

　　공동체   128, 376

　　백성   238, 288, 376, 378, 387, 402, 417, 425-6, 434, 437

　　성도   67, 376

　　신자   69, 376, 380-1, 384, 389, 392, 397

희생 제사   100, 259, 287, 289-93, 387

성구색인

구약

창세기

1 204-5	4:20-22 84
1:1 187, 190	4:25 238
1:2 119, 162, 305	4:26 257
1:3 162	5:24 412
1:20-21 208	6-9 79
1:24 208	6:5 223, 226
1:26 205	6:8 238
1:26-27 161	6:12 238
1:27-28 205	6:13 91
1:31 193, 217	8:21 85, 223, 226
2 204-6	8:21-22 84
2:1 192	8:22 84, 94
2:1-2 191	9:1 84
2:2 196	9:2 84
2:2-3 182	9:5-6 84
2:4-25 205	9:6 210
2:16 91	9:7 84
2:17 229-30, 411	9:26-27 257
2:18 91	11:7-8 79
3 216	11:8 84
3:1 217	12:1 238
3:1-6 218	12:1-3 91
3:7 222	12:2 385
3:7-15 238	12:2-3 257
3:14-15 242	12:3 426
3:15 96, 257, 385, 432	12:7 91
3:16-19 84	12:12 367
3:19 230	13:14 91
3:22 161	13:14-17 97
3:24 208	14:19 187
4:3 289	14:22 187
4:6 91	15:1 97

15:6   349, 368
15:16   96
15:17   92
15:17-21   97
16:6   163
16:13   163
17:1   97-8, 151, 161, 238
17:7   401-2
17:23   387
18   163
18:1   96
18:2   92
18:10   97
18:14   93, 153
18:17   111
18:25   345-6, 433
22:2   387
22:8   195
22:13   291
22:17-19   97
24:27   156
26:6   367
26:25   387
27:36   367
28:13   163
29:35   257
31:13   163, 257
32:1   92
32:10   156
32:28   163
32:29   142
32:30   163
39:21   154
41:32   183
48:15-16   257
48:16   164
49:8-10   257
49:18   368

출애굽기

2:24   343
3   110
3:2   92, 163, 257
3:2-4   163
3:6   161, 257
3:8   164, 257
3:14   185
3:14-15   151, 161
4:16   149
4:21   198, 229
4:22   268
6:1   110
6:2   151
6:9   110
6:12   110
7:2   149
12:7   401
13:21   92, 163
14:17   190
14:19   163
14:21   164, 257
15:11   357
17:14   109
18:9-12   96
19:5   341, 359
19:5-6   155
19:6   284, 357, 359
19:9   92
20   199
20:2-5   161
20:3   149
20:5   155
20:5-7   155
20:11   187, 191, 196
22:18   421
23:7   345
23:20   92, 164, 257
23:20-23   163
23:21   164

24:3-4　109
24:7　109
24:8　289
25:16　92
28:3　164, 305
28:30　92
29　357
29:43-46　357
31:3　60, 305
31:3-5　164
31:13　360
31:17　191, 196
31:18　92
32:34　163
33:2　163
33:11　95, 110
33:14　257
33:18-23　95
33:20　153
34:6　156
34:7　229
34:10　182
34:27　109
35:31　60
35:31-35　164

레위기

4:7　292
8:12　257
8:30　257
11:44　357, 360
11:44-45　155
16:2　92
16:21　291
17:11　289
19:2　357
19:26　421
20:3　357

20:7　360
20:8　360
20:26　359
21:8　360

민수기

6:24-26　165
11:15　164
11:17　305
11:18　360
11:25　164, 305
11:29　164
11:25-29　95
12:6　95
12:8　95
13:16　261
14:18　229
14:19　154
15:27　228
15:30　228
16:30　410
20:7-12　367
20:16　163
21:14　122
24:2-3　164
33:2　110

신명기

1:31　171
2:30　198
4:2　110
4:8　341
4:12　153, 162
4:15-17　153
4:16　153
4:20　238

4:33   92
4:35   161
4:39   161
5:26   92, 152
6:4   150, 152
6:4-5   161
7:6-8   238
8:5   171
10:16   327, 361
10:17   341
12:31   110
13:1-5   95
14:1   171, 268
16:19   341
18:11   421
18:18   166
25:1   341, 344
27:26   229
29:29   153
30:6   327, 358, 360, 401
31:16   421
31:19   110
31:22   110
32   110
32:4   183, 199, 341
32:6   168, 170-1
32:8   79, 84, 198
32:18   171
32:22   410
32:39   161, 412

여호수아

3:10   152
10:13   122
11:20   198
21:45   156
22:22   161
24:2   96
24:14-15   96

사사기

2:1   343
3:10   164
6:34   164
11:29   164
13:18   142
14:6   164, 305
15:14   164

사무엘상

2:2   357
2:3   60
2:6   412
2:8   192
3   111
10:1   257
15:22   228
16:1   195
16:7   248
16:23   257

사무엘하

2:4   257
5:3   257
7:9-16   257
7:11-14   171, 268
7:12   258
7:12-16   166
7:22   161
7:28   156
16:10   198
22:2   368
22:32   161
23:2   95
23:5   240
24:1   198

열왕기상

2:19   297
8:46   223, 367
17:22   412
19:16   257
22:23   198

열왕기하

2:11   412
4:34   412
5:7   412
13:21   412
17:13   335
23:10   435

역대상

21:1   198, 217
28:12   164

역대하

6:23   345
25:16   183
28:3   435
33:6   435

느헤미야

9:4   194
9:6   187
9:33   368

욥기

1:6   217
7:21   410
10:21   410
14:4   223, 226
14:10   410
14:13-15   412
14:21   410
19:25-27   412
22:2-3 189
26:5   410
26:6   410, 412
26:12   189
26:13   162
27:3   163
28:20   189
28:20-28   153, 162
28:22   410
32:8   163, 305
33:4   119, 162, 173, 189, 194, 305
34:10   155, 199, 229
34:11   229
34:19   182
36:26   142
38:7   171, 268
38:17   412
40:4   142

시편

1:1   377
2   288, 415
2:6   300
2:7   171, 183, 258
2:8-9   301
4:1   156, 341
5:4   199
5:5   229
7:9   341

7:10	156, 341	35:18	377
8	79	35:23	156, 341
10:1	368	36:7	194
10:11	234, 368	36:9	150, 153, 199
10:13	234	39:13	410
11:7	341	40:11	341
13:2	368	40:16	377
14	223	42:3	368
14:1	80, 234	44:10	368
16:3	377	45:6-7	229
18:2	369	45:7	155
19:1	79, 190	45:10	297
20:7	156	47:3	346
22	415	48:14	156
22:8	368	48:15	156
22:23	377	49:1-2	193
25:7	226	49:7-8	60
25:11	342	50:6	433
26:4-12	377	51	367
28:1	368	51:5	226, 229
29:3-9	92	51:6	368
29:3-10	162	51:11	357
29:4	162	51:12	164, 173, 326, 358
30:5	368	51:13	305
31:2	156, 341	51:13-14	309
31:4	342	51:16	156, 341
32:1	369	51:17	337
33:4	182	53	223
33:5	341	57:4	156
33:6	92, 119, 141, 162-3, 170, 173, 175, 305, 319	62:12	229
		63:10	410
33:9	92, 141, 162, 187, 194, 196, 319	65	79
33:11	183, 239	65:5	341
33:12	156	66:16	377
33:13	198	71:11	368
33:15	198	72	288, 415
34:7	164	72:2-7	300
34:22	156	72:8	301
34:23	341	73:18-20	411
35:5-6	164	73:25	369

77:8　368
79:8-9　368
79:9　342
82:1　149
82:2-3　344
82:6　149, 268
82:6-8　171
86:15　156
88:12　410
89:6　142
89:15　341
89:19-38　257
90:2　150, 185, 187
90:7　234
92:5　182
94:7　234, 435
95:7　368
96:13　341
98:1　357
100:3　368
102:26-27　437
102:26-28　185
103:3　223
103:7　111
103:8　156
103:10　369
103:17　156, 341
103:20　208
104　79
104:24　154, 162, 189, 321
104:30　119, 162, 175, 186, 194-6, 319
104:31　183
104:35　436
105:8　156, 342
105:15　257
105:42　357
106:29　166
106:33　367
107:26　196
109:21　342

110　265
110:1　166, 258
110:1-2　301
110:4　166, 259, 287, 299
111:5　342
111:7　182
115:3　153, 188
116:5　341
119:40　341
119:97　365
119:105　125
119:130　125
122:1　377
130:3　341
133:1　377
133:2　257
138:8　156
139:1-16　119
139:6　142
139:7　162, 175, 196
139:7-8　150, 412
139:14　182
143:1　341
143:2　223, 341
143:10　164, 305, 326
143:11　341-2
145　79
145:7　321
145:8　156
145:9　154
145:10　182
145:17　182
147　79
147:15　196
147:18　162
147:19　111
147:20　111

잠언

1:7   60
2:6   60
4:23   59
5:21   120, 198
6:30   229
8:11   60
8:22   189
8:22-31   153, 162
8:31   192
8:35   411
8:36   411
11:19   411
14:27   411
15:11   412
16:4   75
16:9   120, 198
16:33   92
17:15   344
19:21   120, 183, 239
20:9   223
21:1   119, 153
21:2   120
24:12   229
24:24   344
30:4   142
30:6   110

전도서

3:11   59
7:20   223
9:5-6   410
9:10   410
12:7   421

이사야

1:1   111
1:16-17   341
1:27   346
2:1   111
3:10-11   404
5:9   111
5:16   357
5:23   344
6   111
6:2   208
6:3   173, 357
6:5   367
6:8   161
6:9   111
7:14   166, 258
7:15-16   258
8:1   110-1
8:19   421
8:20   124
9:5   300
9:6   166, 256, 258
10:23   183
11   415
11:1   166, 258
11:1-5   300
11:2   166, 305
11:6   438
11:9   386
13:1   111
14:27   183, 239
19:25   182
22:14   111
22:22   403
25:6-10   385
25:8   412
26:19   412
28:22   111
28:29   184
29:13   125

29:16　198
30:8　110
32:15　166, 304, 309, 326
33:16　166
33:22　346, 433
34:3　437
37:20　343
40　79, 415
40:7　163
40:10-11　258
40:11　366
40:13　162
40:15-18　142
40:26-28　196
42:1　166
42:8　151
43:10-15　151
43:25　190, 343
44:3　166, 304
44:6　151
45:5　161
45:7　186, 195
45:9　198
45:18　84
45:24-25　343
46:10　153, 183-4, 239
46:13　343
48:9　342
48:11　151, 342
49:8　183
51:6　437
52:13　259
53:2　166, 258
53:5　291
53:10　183
53:12　259
54:10　154, 241, 342
54:17　343
55:11　325
57:15　145

60:10　183
61:1　166, 284, 286
61:1-3　366
61:2　183
62:2　343
62:12　360
63:6　268
63:9　257
63:9-12　165, 305
63:10　165, 357
63:10-11　173
63:17　357
63:16　168, 170, 368
64:1　237
64:8　170, 368
65:17　437
65:21　438
66:22　437

예레미야

1　111
1:2　111
1:4　111
1:5　122
1:9　111
1:11　111
2:1　111
2:13　153
3:6　111
3:12-13　361
3:15　223
4:4　361
9:23-24　156
10:12　162
10:23　198
11:20　153
13:23　309
14:7　342

14:21   342
17:25   257
18:6   198
20:7-9   111
22:4   257
23:5   166, 259
23:6   258, 343
23:23   196
23:33   111
24:7   327
25:13   110
30:2   110
31   415
31:18   361
31:31   304
31:31-34   167, 327, 343
31:33   326, 359
32:19   184, 229
32:27   153
32:38-41   167
32:38   359
32:39   327
33:15   259
33:16   258, 343
33:20   84
33:25   84
33:39   326
36:2   110
36:27-32   110
51:12   183
51:15   162
51:39   421

예레미야 애가
5:21   361

에스겔
1-3   111
1:1   111
2:1   111
3:1   111
3:16   111
3:26-27   111
11:19   326-7, 358
11:19-20   167
12:19   358
20:6   195
20:9   342
20:14   342
20:22   342
20:44   342
24:2   110
33:20   229
34:16   366
34:23-24   258
36   415
36:25   328
36:26   326, 358
36:26-27   167, 304
36:26-28   327
36:27   309
36:27-28   166, 359
37:11-12   412

다니엘
4:35   142, 153, 188, 198
6:27   152
7:1   111
7:13   258, 267
8:13   92
9:4   367
9:14   182, 368
9:19   342
9:25   257-8

11:28 357
12:2 412, 421, 431, 435
12:4 110

호세아

1:7 166
3:5 257
6:2 412
11:1 171
13:14 412

요엘

2:28 304, 326
2:28-29 166
2:28-32 327
2:32 385
3:17 360

아모스

1:3 111
1:6 111
1:9 111
3:7 111
3:7-8 111
3:8 111
4:13 195
5:14-15 341
7:15 111
9:11 257

오바댜

17 360

미가

3:8 164, 305
4:1-2 385
5:2 256, 258
5:3 258
6:8 341

나훔

1:2 229

하박국

2:2 110
2:14 386
3:17-19 368

스바냐

2:11 385

학개

2:5-6 165

스가랴

1:9 92
3:1 217
3:8 259
6:13 259, 287
8:3 360
8:6 153
9:9-10 288

12:10   166, 304
14:20   360

말라기

2:7   234
2:17   435
3:1   166, 257

신약

마태복음

1:1   115
1:18   262
1:20   92, 167, 262, 276
1:21   261
1:22   121
2:15   121
2:17   121
2:23   121, 261
3:2   335
3:3   121
3:8   335
3:11   328, 335
3:12   247
3:15   100, 260, 280, 358
3:15-17   265
3:16   305
3:16-17   168
3:17   61, 92, 171, 269
4:2   217
4:3   269
4:4   112
4:8-10   287

4:14   121
4:26-28   419
5-7   286
5:5   438
5:8   64, 325, 439
5:12   439
5:16   361
5:17   100,
5:22   229, 422
5:25   422
5:29   364
5:39   364
5:42   364
5:42-45   404
5:45   79, 84, 154, 321
5:48   154, 361, 363
6:1   439
6:1-4   404
6:4   434
6:6   439
6:9   263
6:12   263
6:13   170
6:18   439
6:25   353
6:26-30   79
7:5   430
7:13   435
7:15   269
7:21   64, 153
7:26   332
7:29   264
8:4   112, 266
8:12   435
8:17   287
9:6   264
9:13   335
9:30   266
10:1   113-4
10:9   113

10:12	404	13:29	247
10:15	436	13:30	419
10:16	217	13:33	419
10:18	154	13:34	266
10:23	425	13:40	419
10:26	434	13:41	264
10:28	412,	13:55	261
10:30	153	14:23	287
10:32	133	15:4-9	125
10:34-36	433	15:7	112
10:40	256	16:16-17	265
11:2	266	16:17	95, 327
11:3-6	265	16:18	264, 380, 388-9
11:4	266	16:19	388, 403
11:5	266,	16:20	266
11:11	264, 286, 366	16:21	288, 416
11:13	264	16:24	364
11:19	345	16:26	60
11:20	335	16:27	229, 412, 416, 436
11:21	229	16:28	425
11:22	436	18:2-3	402
11:24	436	18:3	64
11:25	145, 327	18:10	76, 208
11:26	154, 170, 183-4,	18:15-17	404
11:27	61-3, 74, 153, 169, 171-2, 269, 312	18:17	380
		18:18	388, 403
11:27-30	264	19:11-12	363
12:16	266	19:14	402
12:24	332	19:21	364
12:26	112	19:26	93, 153
12:28	168, 264	19:28	437, 439
12:31-32	175, 229	20:16	366, 439
12:32	421	20:20	265
12:36	434	20:21	264, 297
12:41-42	286	20:25-27	391
12:45	217, 436	20:25-28	287
12:50	153	20:28	267, 282, 287, 289, 291, 348, 416
13	286		
13:13	266	21:2	265
13:23	171	21:11	261

21:12	265	25:35	434
21:16	402	25:46	435
21:33	264	26:17	401
21:27	171	26:26	265
21:38	264	26:26	260
21:42	301	26:28	100, 289, 348
22:2	171, 264	26:38	260
22:14	324, 327	26:39	290
22:30	212, 432	26:63	269
22:32	231, 413, 423	26:64	268, 425
22:37	365	26:69	261
22:37-40	362-3	27:46	170
22:42	265	27:50	260
22:43	112, 122	28:18	297, 301
22:45	122	28:18-20	298
23:8	261, 286, 387, 391	28:19	114, 134, 175, 270, 385, 388,
23:8-10	261		401
23:10	286, 387, 391	28:20	269, 388
24	430		
24:4-29	419		
24:5	430		
24:14	193, 386, 419	**마가복음**	
24:15	112	1:1	115
24:26	418	1:4	335
24:29	418	1:15	223, 246, 264, 335, 385
24:30	416, 430	1:24	117, 357
24:31	430	2:17	256
24:35	437	2:19	264
24:36	208	3:13	113
24:37	430	3:15	260
24:42-44	419	3:31	263
25:1	264	6:3	261
25:5	419	6:4	262
25:13	419	6:15	261
25:14	439	7:22	226
25:19	419	7:28	261
25:31	430	8:28	261
25:31-46	298, 433	9:44	435
25:32	416, 439	10:30	429
25:34	404	10:45	256, 282

10:47   261
12:6   169, 256
12:6-7   269
12:29   150
12:36   256
13:16   335
13:32   269, 277, 418
14:7   404
14:62-64   266
16:15   114
16:15-16   76, 223
16:15-20   298
16:15   385
16:17   307
16:19   297

누가복음

1:3   122
1:1-4   115
1:15   305
1:16-17   335
1:26   262
1:32-33   287
1:33   300
1:35   167, 262, 305, 357
1:41   305
1:42   263
1:42-43   263
1:52   276
1:70   121, 193
2:1   193
2:14   56, 154, 239
2:26-27   305
2:34   199
2:40   260, 277
2:49   265
2:52   260, 277
3:29   261

3:38   168, 268
4:1   305
4:14   305
4:16   265, 288, 387
4:18-19   305
4:21   286
4:43   256
6:13   113, 388
7:16   286
7:29   345
7:30   239-40
9:1   113, 286
9:20   171
10:21   260
10:27   365
11:2   169
11:20   264
11:52   403
12:4   412
12:20   112
12:32   154
12:47   436
12:47-48   64
12:50   291
14:26-27   364
15:18   337
16   413
16:22   423
16:22-23   423
16:23   421
17:20-21   427
17:26   430
17:34-36   435
18:8   430
19:10   416
22:19-20   291
22:29   264
22:30   264
22:32   335, 370
23:38   287

23:42 287
23:43 413, 423
23:46 413, 421
24:13 298
24:19 286
24:26 417
24:27 259
24:44 113
24:45 327
24:46 281
24:51 297

요한복음

1:1 169, 172, 269-70, 277, 286
1:1-3 189
1:1-9 77
1:3 172, 257, 270
1:4 257
1:5 87
1:8 74, 153
1:9 320
1:10 87, 193
1:11 257
1:12 170, 334
1:12-13 333
1:13 262, 328-9
1:14 61, 78, 94, 169, 260, 270, 277, 281, 286
1:16 313
1:17 44, 63, 286
1:18 61, 75, 168, 171, 177, 269, 286
1:23 122
1:29 288-9, 401
1:29-52 265
1:34 269
1:36 401
1:38 261
1:45 261

1:46 259
1:50 269
2:4 263
2:11 287
2:19 288
2:24 287
3:2 287, 439
3:3 175, 223, 309, 385
3:3-8 328
3:5 309, 326
3:6 223, 226, 295, 328, 330
3:13 256, 269
3:14 288
3:15 64
3:16 61, 76, 154, 167, 170, 172, 269, 347, 371
3:17 416, 433
3:18 269, 423
3:19 416
3:19-21 433
3:29 264, 301
3:34 305
3:35 312
3:36 65, 76, 423
4:19 286
4:24 153, 173, 209
4:25 258
4:34 263, 281, 283, 290
4:54 287
5:17 182, 194, 196
5:18 169, 269
5:19 168
5:19-20 263
5:20 169, 283
5:21 172, 270
5:22 416, 433
5:23 172
5:24 256, 413, 423
5:26 150, 170-2, 176, 270, 431
5:27 270, 433

5:27-29   416
5:28-29   431
5:29   431, 435
5:30   256, 263, 283
5:36   256
5:39   100, 124-5, 259, 399-400
5:43   256
5:46   122
6:3   390
6:33   325
6:38   167, 256, 283, 290
6:39   417
6:39-40   370
6:42   261
6:46   153
6:62   416
6:68-69   265
6:69   357
6:70   114
7:16   283
7:17   64
7:38   112
7:39   306
7:41-42   262
8:21   231
8:22   332
8:24   231
8:26   263
8:28   263, 283
8:31   399
8:34   226, 325
8:38   263
8:39   168
8:44   217
8:46   263
8:58   256
9:3   190
9:4   182
9:11   261
9:39   416

10:15   291
10:16   136
10:17-18   288
10:18   281, 283, 288, 291
10:28   370, 417
10:30   269
10:33-35   149
10:34   268
10:35   112
10:38   269
11:11   421
11:25   297, 431
11:25-26   65, 212, 371, 413, 423
12:24   288
12:34   267
12:42-43   332
12:46   256
12:47   416
12:49-50   284
12:50   263
13:3   256
13:13   391
13:13-14   286
13:17   332
14-16   309
14:1   277
14:2   439
14:2-3   300, 425
14:3   417
14:6   177, 243
14:9   44, 63, 94, 270
14:10   284
14:13   277
14:16   304, 321, 326, 370
14:18-24   425
14:23   399
14:24   284
14:26   114, 122, 173-4, 299
15:1-2   301
15:2   247

15:3   371
15:4   334
15:5   326, 383
15:8   361
15:19-20   429
15:26   170, 173-4, 177, 299, 304, 306
15:26-27   114
16:7   304
16:8-11   327
16:13   114, 174, 295, 299
16:13-14   174, 176
16:13-15   312
16:14   114, 177
16:15   176, 312
16:27   170
16:33   295, 429
17:2   270
17:3   61-2, 141, 150, 152, 167, 277, 334
17:4   114, 177, 190, 263, 281, 284, 296
17:5   172, 256
17:6   62, 74-5, 168, 177, 263, 286, 370
17:8   263
17:10   312
17:11   370
17:12   370
17:17   359, 361, 371, 384
17:19   155, 358, 360-1, 384
17:20   331, 370, 389
17:21   310, 383
17:21-23   383
17:24   169, 172, 187, 256, 371, 417, 438
17:25   170
18:5   261
18:7   261
18:33   300
18:36-37   288
19:19   261
19:30   281, 296
19:33   401
19:36   289, 401

20-21   298
20:16   261
20:17   169-70
20:20   403
20:22   388
20:28   172, 270
20:30   107
20:31   115
21:15-17   388, 404
21:25   107

사도행전

1:2   305
1:1-12   297
1:3-9   298
1:4   304
1:6   266
1:6-7   428
1:7   418-9
1:8   114, 388
1:14   378
1:15   388
1:16   121
1:22   388
1:24   269
2   304
2:4   307
2:16   304
2:17-18   304
2:23   183-4, 281, 288
2:24   168
2:27   423
2:31   423
2:32   388
2:33   304
2:36   270, 296-7, 300, 348, 387
2:37   337
2:38   323, 335-6, 348, 388, 402
2:39   402

2:42	388-9		7:59-60	269
2:43	114		8:1	380
2:46	381		8:7	308
2:47	380		8:13	308, 332
3:6	308		8:13-25	388
3:14	288		8:15	174
3:15	387		8:29	95
3:18	121		8:39	308
3:19	336		9:13	277, 360
3:19-21	439		9:31	308
3:20	430		9:31-32	388
4:8	308		9:32	360
4:10	288		9:35	335
4:11	301		9:41	360
4:12	243, 321		10:19	308
4:25	121		10:36	270
4:27	357		10:42	183, 270, 433
4:28	184, 281, 288		10:43	243
4:29	403		10:44	174
4:31	308		10:45	304
4:37	388-9		10:46	307
5:2	388-9		11:15	174
5:3-4	175		11:21	335
5:5	308		11:22	380
5:11	380		11:24	308
5:12	114, 308		11:26	266, 381
5:15-16	308		11:28	308, 388
5:30-31	348		11:30	390
5:31	270, 296-7, 300, 387		13:1	381
5:42	381		13:2	174, 308
6:1-6	389		13:32	100
6:3	308		13:39	348
6:4	389		13:48	183, 240-1, 333, 369
6:5	308		13:52	308
6:10	308		14:15	152, 335
7:22	122		14:16	80, 235
7:38	379		14:17	80, 236, 320-1
7:45	261		14:16-17	84
7:55	308		14:20-21	381
7:59	277, 413, 423-4		14:23	390

15:2 390
15:8 174, 307
15:11 243
15:19 335
15:21 387
15:28 174, 308
15:41 381
16:6 308
16:6-9 308
17:11 125, 400
17:24 193
17:25 149, 189
17:26 79, 84, 183, 198, 320
17:26-27 320
17:27 76, 80, 196
17:27-28 150
17:28 80, 93, 119, 143, 168, 196, 210
17:31 183, 270, 433
19:2 174
19:6 308
19:32 379
19:35 379
19:37 379
19:39-40 379
20:17 392
20:20 400, 404
20:22 308
20:23 308
20:24 323, 403
20:27 239, 400
20:28 289, 390, 392
21:9-10 388
21:11 308
22:8 261
22:16 277, 402
24:15 431
26:10 360
26:18 335
26:20 335-6
26:27-28 332

로마서

1:1 403
1:2 100, 243
1:3 260, 305, 323
1:3-4 168, 262, 297
1:7 360, 384
1:16 325
1:17 343, 346
1:18 155, 199, 229, 348
1:19 80, 236
1:19-20 61, 79, 84
1:20 320
1:20-23 63
1:21 197, 226
1:21-23 86
1:24 199
2:2-11 155
2:5-11 433
2:6 229, 436
2:7 412
2:8 199, 435
2:12 436
2:13 332
2:14-15 80, 84, 199, 320
2:16 434
2:18 323
2:20 323
2:28-29 401
2:29 247
3:8 240
3:9-20 223
3:13-17 226
3:19-20 63, 348
3:20 220, 323, 348-9
3:21 343
3:21-26 323, 346
3:24 227, 347, 349
3:25 154, 289, 292-3, 343, 347-8, 350
3:26 343, 345
3:28 348-9
3:31 352

4   98
4:3   243, 345, 349
4:3-8   323
4:4   349
4:5   343, 349
4:5-6   345
4:9   349
4:11   243, 345, 401
4:15   323, 348
4:16   350
4:17   187
4:18   368
4:22   349
4:25   291, 297
5:1   295, 369
5:1-2   323
5:8   291, 347
5:9   289
5:10   281
5:10-11   293
5:11   294
5:12   225, 230, 412
5:16   225
5:17   225
5:18   345
5:18-19   225
5:19   226
5:20   98, 323
6:1   363
6:2   352
6:3   295, 329
6:4   330, 334, 402
6:13   226
6:15   100, 353
6:19   330, 361, 367
6:20   325
6:23   230, 412
7:1   295
7:5   323
7:6   330

7:7   98, 330
7:7-8   367
7:12   323
7:14   323, 365, 366
7:21   348
7:24   424
8:2   311
8:3   260, 281, 289, 291, 348, 416
8:4   311, 352, 363
8:7   226, 325
8:8   348
8:9   173, 311, 323
8:11   431
8:13   323
8:14   120, 326
8:14-17   349
8:15   170, 295, 311
8:15-16   311, 369
8:17   295, 371, 429
8:19-22   438
8:23   424
8:27   174
8:28   183, 239, 353
8:28-30   327
8:29   172, 210, 240, 295, 301, 359, 370
8:29-30   183
8:30   295, 333, 359, 370-1
8:31   295
8:32   61, 171, 269, 291, 369
8:33   369
8:33-34   345
8:34   300, 350
8:35   353
8:38   295
8:39   353
9:5   172, 260, 262, 270, 276
9:6   247
9:6-8   324
9:8   247
9:11   183, 239, 370

9:15-16   241
9:16   327
9:18   198
9:20-21   198
9:22   435
10:9   247
10:9-10   133
10:12-13   269, 277
10:14-15   403
10:20   122
11:5   239
11:26   439
11:29   371
11:32   225-6
11:33   76, 154
11:36   69, 75, 149, 187, 189-90, 196
12:2   330, 323
12:4   311
12:5   311, 391
12:6   382
12:6-8   308
12:7-8   400
12:8   390, 405
12:10   397
12:13   397, 404
12:15   405
13:8   391
13:8-10   362-3
13:10   384
14:1   366
14:9   296, 433
14:17   311, 427
14:20   359
14:21   412
15:4   400
15:18   308
15:19   114
16:5   381
16:17   404
16:27   153

고린도전서

1:2   359-61, 384
1:9   370
1:21   87
1:23   332
1:30   172, 343, 347, 349-50, 358, 360
1:31   156
2:4   115, 327
2:7   240
2:10   153
2:10-13   115, 189
2:11   173-5
2:12   120, 330
2:14   325
3:1-3   366
3:1-4   367
3:2   66, 366, 400
3:6-9   327
3:9   329, 359
3:10-16   382
3:11   388
3:12-15   422
3:16   175, 360
3:16-17   311, 384
3:21-23   353
3:23   171
4:1   401
4:5   434
4:6   125
5:2   404
5:4   403
5:7   289, 401
5:9-13   404
6:7   311
6:10   336
6:10-11   330
6:11   295, 359-60,
6:12   271
6:13   212, 432
6:14   431

6:15   363
6:15-20   336
6:19   311, 360, 384
7:7   363
7:14   402
7:20-24   353
7:31   437
8:1   271
8:4   167
8:6   170-1, 173, 391
8:7   366
9:14   364
9:20-22   66
10:11   418
10:13   370
10:16-17   403
10:31   60
11:8   206
11:25   289
11:28   402
11:30   421
12:2   336
12:3   120, 177, 311, 326, 333
12:4   382
12:4-6   175
12:8   120
12:8-10   308
12:11   174
12:12   391
12:13   383
12:28   390, 392, 400
13   308
13:1   362
13:1-13   64
13:2   60
13:12   438-9
13:13   384
14:6   308
14:12   382, 391
14:18   308

14:23-24   66
14:25   382
14:33   386
14:40   386
15:2   325
15:3   291
15:3-4   259, 281
15:21   230, 297, 412
15:22   225
15:23-28   417
15:24   387
15:24-28   297, 438, 440
15:25   288, 296, 298, 301, 425
15:25-27   301
15:27   269
15:42   439
15:42-44   432
15:45   230, 305
15:45-49   212
15:46   426
15:47   230
15:49   359
15:51   418
15:52   430
15:55   295
15:56   230, 412
16:19   381

고린도후서
1:9   431
1:20   100, 370
1:22   311
2:5-10   404
2:16   325
2:17   115
3:5   326
3:6   319, 323
3:13   170, 175

3:17   305, 427
3:18   359
4:4   270
4:6   327
4:13   133
5:1-4   421
5:8   413, 423
5:10   155, 229, 422, 433
5:14-15   291
5:17   329, 359, 437
5:18   359
5:18-20   293
5:21   263, 289, 291, 343, 347, 350
6:16   152, 360
6:18   268, 334
7:1   361
7:9-10   335
7:10   337
8:9   256, 347
9:6   439
10:4   397
10:17   156
11:2   382
12:1-7   308
12:12   308
13:5   248
13:13   175-6, 270

갈라디아서

1:1   115
1:2   381
1:8   115, 399
1:11   326
1:12   115
1:15   122
1:16   327
1:22   381
2:2   308

2:16   348-9
2:19   295, 352
2:20   295, 329-30, 334
3   98
3:1   367
3:6   349
3:8   243, 426
3:10   229, 323, 348
3:11   99, 348-9
3:13   291, 295, 323, 347, 350
3:14   426
3:15   98
3:16   260, 426
3:17-19   98
3:19   98, 323
3:21-4:7   99
3:23-24   352
3:25   295
3:27   334
4   100
4:1-2   352
4:3   336
4:4   172, 238, 260, 262, 276-7, 358
4:5   295, 352
4:5-7   349
4:7   371
4:9   336
5:1   295
5:6   362
5:14   362-3
5:17   330, 367
5:17-22   366
5:19   384
5:22   384
6:1   366
6:2   397, 405
6:15   359
6:16   360

에베소서

1:3   169
1:4   170, 187, 240-1, 369
1:5   183, 239-40, 333
1:6   190, 269
1:7   289
1:9   170, 183, 239
1:9-10   101
1:10   239
1:11   170, 183-4, 239
1:13   311
1:17   156
1:18   327
1:20-23   296-7
1:21   193, 208
1:22   269, 301, 387, 391
1:22-23   382
1:23   269, 298, 311, 313, 397, 425, 438
2:1   231
2:2-3   325, 336
2:7   154
2:8   154, 241
2:10   329, 348, 359
2:13   370
2:14-15   101
2:18   226, 311, 383
2:19-21   124
2:20   359, 389, 401
2:20-22   382
2:22   311
3:2-8   115
3:6   323
3:9   189, 327
3:10   154, 209
3:11   183, 239
3:13   208
3:15   144, 168, 170
3:18   424
3:19   298, 313, 425
4:4   383

4:5-7   67
4:7   382
4:8   297
4:8-10   305
4:9-10   296
4:10   269, 276
4:11   388, 390, 392, 400
4:12   392
4:13   313, 383, 425
4:15   301
4:15-16   382
4:16   313, 383
4:18   325
4:20   311
4:22   330
4:22-24   295, 366
4:24   210
4:30   295, 326, 370
5:2   287, 289,
5:8   325
5:23   301
5:25   301
5:26   359, 403
5:27   417
5:26-27   155, 384
5:31-32   370
5:32   382
6:1   402
6:12   366
6:13   397

빌립보서

1:1   390
1:6   367, 370
1:23   413, 423
1:29   333
2:6   172, 256, 277
2:6-7   262

2:6-8 276, 416
2:7 260, 262, 276, 277, 281
2:7-8 280
2:8 260, 287, 290, 358
2:9 277
2:9-10 296
2:9-11 297, 300
2:10 423
2:10-11 436
2:11 190, 391
2:13 120, 327
3:9 343, 349-50
3:12 367
3:21 359, 431-2
4:8 384

골로새서

1:9-11 327
1:13 269
1:15 172, 256-7, 270
1:16 189, 208, 270
1:17 196
1:18 172, 301, 382
1:19 313
1:20 289
1:24 311, 382
2:3 271
2:7 359
2:8 336
2:9 270, 313
2:10 208
2:11 401
2:15 297
2:16 271
2:17 100
2:19 301
2:20 336
3:5 336, 384

3:7 336
3:9-10 366
3:10 210
3:12 384
3:14 384
3:16 397, 400
3:20 402
3:24-25 433
4:11 261
4:15 381
4:16 129

데살로니가전서

1:3 362
1:5-6 327
1:9 336
2:13 115, 325
3:13 361, 430
4:3 361
4:6 229
4:15 418
4:16 430
5:2 419
5:4 419
5:10 291
5:23 330, 359, 361, 370

데살로니가후서

1:8 435
1:11 154
2:3 419, 430
2:11 199
2:15 115
3:3 370
3:6 404
3:13 403
3:14 115, 404

디모데전서

1:1   270
1:5   362
1:12   115
1:17   153, 201
2:3   270
2:5   167
2:6   291
3:1   390
3:2   390
3:6   217
3:8   390
3:15   152, 382, 401
4:4   353
5:17   390, 400
6:13   288
6:15   153, 156, 201, 301, 430
6:16   153
6:17   152

디모데후서

1:9   183, 349
1:10   270, 297
2:2   400
2:15   400
2:20   247
3:5   247, 333
3:15-16   113
3:16   67, 116, 124, 318
4:2   67, 400
4:5   388
4:10   332

디도서

1:3   270

1:4   270
1:5   390, 392
1:6-9   390
1:7   392
1:15   226
2:14   359, 384
3:3   336
3:5   349-50, 359, 402
3:6   304
3:10   399, 404

빌레몬서

2   381

히브리서

1:1   90, 286
1:2   189
1:2-3   196, 257
1:3   61, 172, 195, 270, 277, 319
1:3-4   300
1:3-13   256
1:6   172, 277
1:8-9   172, 270
1:11-12   437
1:14   208
2:4   114
2:7   387
2:8-9   297
2:9   291
2:10   280, 300
2:11   301
2:12   379
2:14   260, 297
2:17   260, 282, 289, 292, 300
2:18   300
3:2   284

3:5-6 284
3:7 112
4:8 261
4:9 212, 414, 423
4:12 325, 346
4:13 153
4:15 260, 282, 300
5:5 284
5:7-8 261
5:8 358
5:8-9 358
5:12 366, 400
5:12-14 66
6:4-8 229
6:16-18 370
6:17 184, 239, 370
7:14 260, 287
7:17 287, 299
7:21 287
7:24 287, 299
7:25 300, 370
7:26 263
8:1 287
8:2 299
8:10 330, 370
9:12 289, 292, 299
9:14 168, 175, 289, 305, 336
9:17 370
9:22 289
9:24 299
9:26 289
9:27 423
9:28 296, 416
10:1 100
10:5-9 290
10:6 291
10:10 287, 296
10:12 296
10:14 296, 370
10:16 330

10:18 291
10:24-25 397, 400
10:25 379, 418
10:25-29 229
10:31 152, 435
10:37 418, 425
11:3 186, 188
11:40 195, 424
12:1 384
12:4 384
12:9 168, 170
12:14 361
12:15-17 229
12:23 381, 421, 423
12:24 289
12:27 100
13:7 390
13:8 241, 269
13:11 289
13:17 404
13:20 370
13:20-21 359

야고보서

1:13 199
1:14-15 227
1:15 230, 412
1:17 60, 85, 149, 199
1:18 329, 369
1:22 324
1:23 64, 332
1:27 405
2:2 379
2:8 362-3
2:10 228
2:19 64
2:23 349
3:3 367

3:9 210
4:12 346, 433
5:8 418
5:9 418
5:14 405

베드로전서

1:2 176, 209, 270, 289
1:3 330, 369
1:4 300
1:4-5 370
1:5 212, 239, 241
1:6 418
1:10-11 257
1:10-12 113
1:11 100, 259, 263
1:12 76
1:15 361
1:17 229
1:19 289
1:20 284, 418
1:23 330
1:25 325
2:2 66, 400
2:4-8 301
2:5 359-60, 382
2:7 366
2:9 155, 284, 382
2:21 288, 291
2:22 263
2:24 287
3:4 330
3:8 398
3:15 133
3:18 289, 291
3:18-22 421
3:19 168, 422-3
3:20 297

3:22 168, 297, 305
4:6 421
4:9 397-8
4:10 382
4:11 390
5:1-2 392
5:2 390
5:2-3 388
5:3 391
5:7 195
5:10 418

베드로후서

1:1 270
1:11 270
1:14 210
1:17 92
1:19-21 113
1:21 95, 120, 122
2:4 217
3:6-7 437
3:8-9 419
3:10 419, 437
3:10-13 437
3:11 361
3:13 101, 438
3:15-16 129
3:18 366

요한일서

1:1 269-70
1:1-3 115, 122
1:3 331, 389
1:5 150, 199
1:7 289
1:8 367

1:8-10   367
1:9   156
2:1   174, 300, 370
2:2   291-3, 348
2:12-14   66, 366
2:15-17   366
2:17   437
2:18   418
2:20   120
2:22   430
3:1   329
3:2   438
3:4   220
3:5   263
3:8   217, 295
3:9   212, 330, 371
3:14   369
3:16   291
3:24   120
4:1   399
4:2-3   133, 260
4:3   430
4:6-13   120
4:8   154
4:9   269
4:10   291-3
4:14   416
4:18   362
4:19   44, 63
5:4-6   176
5:6   289
5:16   229
5:19   223
5:20   62

요한이서
9   399
10   404

요한삼서
9   390

유다서
유다서   130

요한계시록
1:3   418
1:4   175, 269, 425
1:4-6   176, 270
1:5   289, 301
1:6   284
1:7   430
1:8   69, 403, 425
1:11   256
1:17   256
1:19   296
2-3   367, 439
2:1   390
2:2   404
2:7   174, 427
2:8   390
2:10   427
2:11   231
2:17   427
2:26-27   427
3:1   305
3:3   419
3:5   427
3:7   403
3:9   357
3:11   418
3:12   427
3:14   270
3:20   427

3:21 297, 427
4:4 428
4:11 186-7, 189, 194, 196
5:6 289
5:9 289
5:10 284, 428
6:2 416
6:8 422
6:9 413, 421, 423
6:10 421, 424
6:11 424
6:16-17 435
6:19 419
7:9 413, 423
7:10 421
7:13-14 428
7:15 211
7:16-17 439
9:1 403
9:6 327
11:7 430
12:9 217
12:10 171, 295
13:1-10 430
13:11-18 430
14-17 423
14:13 212, 414, 423
15:3 182
16:14 327
16:15 419
17-18 430
17:14 301
19:6 201
19:10 100
19:11 417, 436
19:13 270
19:14 430
19:15 436
19:16 269, 301
19:20 430

19:21 436
20 428
20:1 403
20:3 430
20:4 423
20:6 231, 423
20:10 430
20:12-13 431
20:12-15 433
20:13 422
20:14 231, 428
21:1 437-8
21:2 301, 382, 384, 417, 438
21:2-4 102
21:3 382, 438
21:4 439
21:8 231, 435
21:9 301
21:14 389
21:24 439
21:25 211
22:1-5 438
22:2 439
22:4 439
22:5 211
22:7 418
22:10 418
22:12 229, 436, 439
22:13 256, 269
22:17 424
22:18-19 116
22:20 277

헤르만 바빙크의 기독교 세계관

혼돈의 시대를 살아가는 그리스도인을 위한 치유

헤르만 바빙크 지음 | 김경필 옮김 | 강영안 해설 | 15,000원 | 248쪽

바빙크는 온갖 사상이 범람하는 시대 상황에서 오직 하나님께서 사유와 존재를 합치하도록 세상을 창조하셨으며, 그리스도의 십자가만이 죄로 인한 분열을 치유한다는 것을 말하는 기독교 세계관만이 참된 세계관이라고 주장합니다. 본서를 통해서 독자들은 기독교 세계관이 이 시대를 향해 제공하는 학문적 사상적 치유와 회복을 얻을 수 있을 것입니다.

헤르만 바빙크의 찬송의 제사

신앙고백과 성례에 대한 묵상

헤르만 바빙크 지음 | 박재은 옮김 | 양장 | 208쪽 | 14,000원

신앙고백의 본질과 의미, 그리고 그 실천을 교회 언약 공동체의 은혜의 방편인 성례의 의미를 통해 때로는 날카롭고, 때로는 잔잔하게 그려내는 책입니다. 갈수록 공적 신앙고백과 성례의 진중함과 깊은 의미가 퇴색되어가고 형식적으로만 남는 이 시대에 신앙고백과 세례, 입교, 유아세례, 그리고 성찬의 의미를 다시 한번 굳건히 되새기는 기회가 될 것입니다.

헤르만 바빙크의 설교론

설교는 어떻게 사람을 변화시키는가

헤르만 바빙크 지음 | 신호섭 옮김 | 15,000원 | 232쪽

바빙크의 유일한 설교문이 수록되어 있는 이 작품은 역사상 가장 위대한 개혁 신학자 가운데 한 사람이었던 바빙크 역시 설교자이자 목회자이었으며, 설교가 얼마나 중대한 교회의 사역임을 잘 보여주고 있습니다. 바빙크는 이 책에서 설교가 무엇이며, 설교자는 어떤 사람이어야 하는지를 적실성 있게 설명합니다. 모든 설교자가 읽어야 할 필독서입니다.

헤르만 바빙크의 계시 철학

개정·확장·해제본

헤르만 바빙크 지음 | 박재은 옮김 및 해제 | 33,000원 | 548쪽

이 책은 헤르만 바빙크가 1908년 미국 프린스턴 대학교의 스톤 강연에서 했던 강의들의 모음집으로, 『개혁교의학』에서 이미 선보였던 진리 체계를 '계시'라는 공통분모 위에 확장·적용해, 보다 포괄적으로 갈무리하는 성격을 지닌 소중한 자료입니다. 특히 개정·확장·해제의 형식을 지니고 있어 이전 판들과는 뚜렷한 차별성을 가지고 있습니다.

바빙크

비평적 전기

제임스 에글린턴 지음 | 박재은 옮김 | 이상웅 감수 | 53,000원 | 744쪽

이 책은 보편교회를 사랑한 전환기의 개혁신학자 헤르만 바빙크의 삶에 대한 이야기입니다. 저자는 이 책에서 특별하고도 정통적인 한 칼뱅주의 신학자가 급속도로 현대화되는 문화에 어떻게 참여하게 되었고 그 안에서 어떤 발전을 경험하게 되었으며 어떻게 고뇌했는지를 살핌으로써, 개인의 서사가 신학적일 수밖에 없는 그리스도인이 급변하는 세상 속에서 신앙의 삶을 사는 것이 가능한지를 끊임없이 탐구하여 제시합니다.

헤르만 바빙크의 현대 사상 해석

현대의 종교, 학문, 사회에 대한 개혁신학적 비판

헤르만 바빙크 지음 | 존 볼트 엮음 | 박하림 옮김 | 35,000원 | 516쪽

그리스도인은 성경의 렌즈로 세상을 바라보아야 할 의무와 책임이 있습니다. 그러할 때 세상을 사랑의 눈으로 관심있게 보게 되고, 하나님 나라의 법과 질서로 개혁할 대상으로 볼 수 있습니다. 당대의 사회적 이슈들과 사람들의 관심, 커다란 방향 전환을 이루고 있던 체계들에 대해 바빙크는 이 책에서 역사적 개혁주의 기독교의 렌즈를 끼고 성경 말씀을 근거로 비판하고 대안을 제시합니다.

아브라함 카이퍼의 영역주권

인간의 모든 삶에 미치는 하나님의 주권

아브라함 카이퍼 지음 | 박태현 옮김 및 해설 | 12,000원 | 132쪽

1880년 10월 20일 카이퍼가 암스테르담 새교회(De Nieuwe Kerk)에서 전했던 신설 자유대학교(Vrije Universiteit) 개교연설의 핵심 메시지인 이 유명한 선언은 그의 뼛속 깊이 뿌리박힌 성경적 사상을 표현하고 있습니다. 즉 정치, 경제, 사회, 문화, 종교, 예술, 교육, 스포츠 등 인간 삶의 모든 영역에서 하나님의 영광과 주권을 구현해야 하며, 하나님께서 영광을 받으시도록 만유의 주권 자이신 그리스도의 통치가 구체적으로 실현되어야 한다는 주장을 집약적으로 표현한 것입니다.

아브라함 카이퍼의 칼빈주의 강연

문화 변혁의 기독교 세계관 선언서

아브라함 카이퍼 지음 | 박태현 옮김 | 25,000원 |368쪽

본서는 네덜란드 개혁신학자 아브라함 카이퍼(Abraham Kuyper, 1837-1920)가 1898년 미국 프린스톤 신학교의 스톤 강좌에서 했던 여섯 개의 강연을 싣고 있습니다. 이 강연들은 모두 '칼빈주의'(Het Calvinisme)라는 주제를 중심으로 전개되고 적용됩니다. 카이퍼 자신이 고백하듯이, 그는 옛 16세기 제네바의 개혁자 장 칼뱅(Jean Calvin, 1509-1564)의 신학적 유산을 답습하거나 과거로 돌아가는 것에 결코 만족하지 않았습니다. 오히려 그는 칼뱅의 신학 사상을 20세기 당대의 사회와 그리스도인들의 삶에 적용하기를 추구했습니다. 따라서 그는 성경의 가르침을 따라 하나님의 절대주권과 영광을 추구하며, 모든 백성이 하나님을 경외함으로 복을 누리는 20세기 '신칼빈주의'(Neo-Calvinisme)의 선구자가 되었습니다.